디지털 혁신으로 이루는 미래 비전

디지털 혁신으로 이루는 미래 비전

2021년 10월 10일 초판 인쇄
2021년 10월 15일 초판 발행

지은이 | 노규성 · 김동성 · 김승환 · 김영미 · 김준연 · 김진화 · 김 협 · 문승권 · 박강민 · 서평강 ·
        안재광 · 유정수 · 이건웅 · 이병태 · 이서령 · 이승환 · 이승희 · 이웅규 · 이원주 · 이정욱 ·
        이주연 · 임기흥 · 임재환 · 장현종 · 조경호 · 조병우 · 표창균 · 현우진 · 황동현
교정교열 | 정난진
펴낸이 | 이찬규
펴낸곳 | 북코리아
등록번호 | 제03-01240호
주소 | 13209 경기도 성남시 중원구 사기막골로 45번길 14
       우림2차 A동 1007호
전화 | 02-704-7840
팩스 | 02-704-7848
이메일 | ibookorea@naver.com
홈페이지 | www.북코리아.kr
ISBN | 978-89-6324-791-5 (93320)

값 25,000원

디지털 혁신으로 이루는 미래 비전

노규성·김동성·김승환·김영미·김준연·김진화·

김 협·문승권·박강민·서평강·안재광·유정수·

이건웅·이병태·이서령·이승환·이승희·이웅규·

이원주·이정욱·이주연·임기흥·임재환·장현종·

조경호·조병우·표창균·현우진·황동현 지음

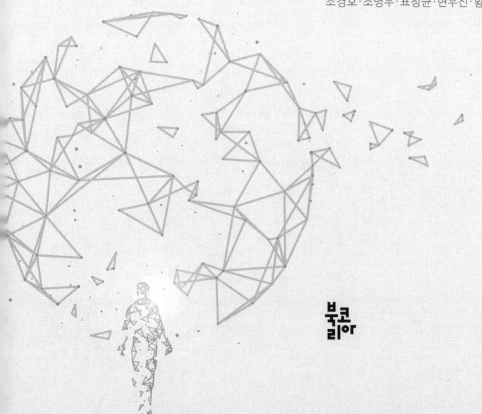

북코리아

추천사:
디지털 강국을 향한 도전과 과제

4차 산업혁명이라는 큰 물결과 코로나라는 유례를 찾아보기 힘든 상황 속에서 전 세계는 대변혁의 시기를 맞이했습니다. 변화의 거센 파도 앞에서 대한민국과 문재인 정부는 디지털 강국의 면모를 유감없이 보여줌과 동시에, 코로나19에 대한 선제적 방역대응으로 '세계를 선도하는 대한민국'의 위상을 다졌습니다. 특히나 '한국판 뉴딜', '디지털 뉴딜'은 국가 경제사회 전반에 걸쳐 디지털 대전환을 추진함으로써 디지털 초격차를 만들어내고 이를 토대로 디지털 초강국이 되고자 하는 선도적 정책입니다.

현대 사회에서 변화의 속도는 기하급수적으로 작용해 우리가 인지하고 난 뒤에 대응하는 것은 의미가 없습니다. 변화에 적응하지 못하면 도태된다는 것을 우리는 쓰라린 역사의 경험을 통해 잘 알고 있습니다. 따라서 격변하는 국제정세 속에서 더 이상 열강들 사이의 새우가 아닌 돌고래의 역할을 하기 위해 우리는 더욱 철저히 그리고 두텁게 미래를 준비해야 합니다.

'디지털 뉴딜'이 바로 그 선봉에 설 것입니다. 기존 아날로그 방식으로 운영되던 모든 산업에 ICT를 접목하고 디지털화함으로써 코로나로 인한 경제위기를 극복하고 나아가 4차 산업혁명 시대에 최강국으로 도약할 정책입니다. 교육인프라를 디지털로 전환하고, 비대면 산업을 적극 육성하며 SOC(사회간접자본)까지도 디지털화해

'디지털 국가'로서의 위용을 갖추고자 하는 것입니다.

그러나 이러한 대규모 정책이 단순히 일회성으로 끝나서는 안 됩니다. 현재 실행되고 있는 디지털 뉴딜의 성공적인 마무리를 정부가 책임져야 한다면, 이후 방향성을 정립해 정책의 연속성을 확보하는 것은 학계와 전문가들의 몫입니다. 그런 면에서 디지털 뉴딜 이후의 상황을 예측하고, 선제적으로 대응하기 위해 '디지털 혁신으로 이루는 미래 비전'에 대한 연구는 당면한 필수 과제라 할 것입니다.

이번에 발간하는 『디지털 혁신으로 이루는 미래 비전』은 4차 산업혁명이라는 소용돌이 속에서 세계를 선도하는 디지털 강국으로서의 위상을 갖기 위해 각계의 전문가들이 모여 진솔한 목소리를 내는 것으로서 고무적인 일이 아닐 수 없습니다. 특히 DNA(데이터, 네트워크, 인공지능) 생태계 강화를 위한 디지털 인프라 확충, 디지털 기반 기존 산업의 혁신과 디지털 산업의 경쟁력 강화, 전 국민의 디지털 역량 강화, 디지털 기반 지역균형 발전과 양극화 해소, 재난안전관리와 스마트 복지 등 다양한 디지털 혁신 주제를 가지고 각계의 전문가와 학자들이 모여 미래발전을 위해 고민하여 집필한 저서로서 대한민국의 미래발전에 큰 기여를 할 것으로 믿어 의심치 않습니다. 그런 만큼 국회에서도 이에 못지않게 4차 산업혁명과 포스트 코로나 시대의 새로운 변화 속에서 디지털 초강대국이 될 수 있도록 힘쓰겠습니다. 다시 한번 전문가 여러분의 노고에 깊이 감사드립니다.

2021년 10월

국회의원 노웅래 (더불어민주당 민주연구원장)

머리말

　우리나라는 2017년 4차 산업혁명 대응계획에 이어 DNA 중심의 디지털 뉴딜 정책을 추진하면서 본격적인 디지털 시대를 맞이하고 있다. 여기에 장기적 저성장 극복과 2020년 발생한 코로나19로 인한 비대면 사회가 도래하면서 디지털 방식은 최근 들어 새로운 기준(new normal)으로 정착되었고, 디지털 시대로의 전환을 더욱 가속화했다.

　문재인 정부는 코로나19 팬데믹으로 인한 경제위기 극복을 위한 긴급처방으로 '디지털 뉴딜', '그린 뉴딜', '사회안전망 확충'을 기반으로 한 '한국판 뉴딜'정책을 추진하게 되었다. '한국판 뉴딜'정책은 코로나19를 극복하기 위한 핵심 솔루션이 되었고 시간이 지남에 따라 수정·보완되었으며, 한국판 뉴딜 2.0으로 진화하고 있다.

　'한국판 뉴딜'은 경기부양을 위한 긴급 처방이다 보니 공공 주도 추진이 불가피했고, 수요자 니즈를 충분히 고려하지 못한 부분이 있었다. 체계적인 투자전략과 세부 실행계획에서도 아쉬운 부분이 있었다. 또한 단기적 경기부양을 위한 양적인 일자리 창출을 우선적으로 추진하다 보니 지역적 특성 고려, 선순환 산업 활력 유도와 신성장 동력 확충 측면에서 다소 미진한 부분도 있었다.

　원래 뉴딜 같은 경기부양책은 오랜 기간 장기적으로 추진되면 그 효과가 감소되거나 장기화에 따른 또 다른 문제가 발생할 수 있다. 따라서 위기상황이 지나면 경재 상황을 시급히 정상화하는 것이 무엇보다 중요하다. 코로나19도 백신접종이 본격화되고 한국판 디지털 뉴딜정책 추진 성과도 가시화되면서 국·내외 경제는 본격적인 성장 국면으로 돌아갈 것으로 예상된다.

그러나 지구 온난화와 기후변화에 따른 지구 생태계 혼란은 계속될 것이다. 이에 따라 코로나19의 변종 바이러스나 또 다른 감염병이 출현할 수 있다. 이런 점에서 비대면 사회문화와 비대면 경제는 또 다른 바이러스와 함께 가야 할 내일의 모습일 수도 있다. 위기는 준비하는 자에게는 기회가 될 수 있다. 즉, 코로나19를 조속히 극복하고 디지털 혁신을 총력적으로 추진해가는 국가가 세계 경제를 선도할 강자로 등극하게 될 것이다. 우리가 함께 디지털 혁신을 고민하고 이 저서를 집필한 이유가 여기에 있다.

한미정상회담과 G7회담에서 보았듯이 우리나라는 'K-방역'을 넘어 여러 분야에서 명실상부한 선진국으로 자리매김했다. 여기에는 우리의 강한 디지털 기술의 지대한 공이 숨겨져 있다. 그러므로 이제는 포스트 코로나 시대를 이끌 디지털 융합 신산업 육성과 비대면 경제사회를 리드한 디지털정책을 수립하여 미래를 준비해야 할 것이다.

그간 추진해온 '한국판 뉴딜'의 성과를 딛고 디지털 혁신으로 이루는 미래 비전을 준비해 모든 국민이 더불어 행복한 명실상부한 혁신적 포용국가로 거듭나야 할 것이다. 조금만 더 체계적으로 노력한다면 '디지털 융합 경제'시대를 이끌 더 강한 대한민국이 될 것이라 확신한다.

그런 의미에서 이 책은 한국판 뉴딜정책에 대해 진단하고 그 성과를 기반으로 더 큰 보폭으로 디지털 혁신 시대를 준비하기 위해 집필되었다. 여기에는 뉴노멀 트렌드를 고려한 전통산업의 디지털 전환, 디지털 산업의 신성장, 비대면 시대의 신산업 트렌드, 뉴노멀 시대 신인류와 교육혁신, 지역균형발전과 양극화 해소, 재난안전관리와 스마트 복지, 스마트 정부와 공공혁신 등의 주제에 대해 각 분야의 전문가와 학자들이 1년여 동안 연구한 내용이 담겨있다.

이 책이 어둡고 긴 터널을 지나 빠른 경제회복과 성장에 밝은 희망의 빛이 될 수 있기를 바라면서 늘 전문가들의 연구에 격려를 아끼지 않으신 더불어민주당 노웅래 의원님께 깊이 감사드리며, 원고 집필을 위해 수고하신 30여 분의 모든 저자 분께 격려의 박수를 보낸다. 또한 편집과 출판을 기꺼이 도와주신 이건웅 대표님과 북코리아 이찬규 대표님 및 직원분들께도 깊은 감사의 말씀을 드린다.

2021년 10월
저자 일동

CONTENTS

CONTENTS

들어가는 글

이승희

왜 디지털 뉴딜인가?

대한민국은 과거 20년 동안 총수출에서 12대 전통 제조업이 차지하는 비중이 80% 전후를 보이면서 미래를 위한 새로운 산업구조의 변화가 거의 없었다. 단지 선진국의 우수기술을 쫓아가는 추격형 경제에서 벗어나지 못했고, 이는 산업경쟁력을 약화시키며 장기적인 저성장으로 이어졌다.

이러한 현상은 2018년 1인당 국민소득 3만 달러 달성에 도달할 때까지 1997년 이후 5년마다 평균 1%씩 하락하는 경제구조로 나타나게 되었다. 이제 이를 극복하고 성장하기 위해서는 과감히 선도형 경제로 산업구조를 전환해야 하고, 디지털 역량을 바탕으로 한 미래 신산업 육성에 더욱 박차를 가해야 하는 터닝포인트에 도달했다고 할 수 있다.

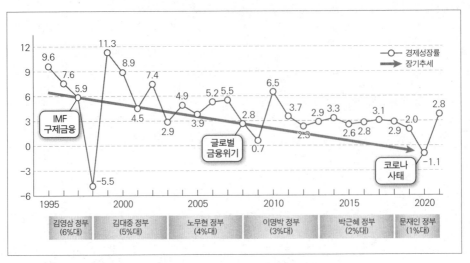

출처: 한국생산성본부, 포용적 혁신성장을 위한 디지털 뉴딜 포럼(2019)에서 참조하여 작성함

우리나라 경제성장 추이

디지털 기술은 새로운 산업과 신규 일자리를 만들고 생산성 향상을 통해 국가 경쟁력을 제고함과 동시에 효율적으로 자원을 배분함으로써 사회 전반의 제도까지 혁신할 수 있다. 더욱이 4차 산업혁명 시대가 도래하면서 디지털 기술을 활용한 혁신성장은 산업의 생산성 향상, 새로운 산업과 일자리 창출을 통해 신속한 불황 극복과 경제 발전의 기회가 될 것이다.

특히, 코로나19 사태는 세계 경제를 대봉쇄하는 마비 상태로 만들면서 초유의 글로벌 경제위기를 가속화시켰다. 이러한 최악의 경제 상황을 극복하기 위한 의도적이고 계획적인 밑그림이 바로 한국판 뉴딜정책이다.

과거 선진국의 전통적인 뉴딜과 달리 우리가 중점적으로 추진하는 뉴딜의 핵심은 디지털 뉴딜이다. 4차 산업혁명과 비대면을 관통하는 기술들이 모두 디지털에 있기 때문이다. 디지털은 그 자체로 혁신이다. 디지털 뉴딜은 '포용성장'과 '혁신성장'의 결합이다. 역동적이었지만 모든 경제 주체들에게 따뜻하지 않았던 낡은 성장 동력과의 결별이기도 하다. 디지털 뉴딜이 꿈꾸는 세상은 '모두가 더불어 사는 사회, 성장의 과실이 골고루 돌아가는 경제'다.

한국판 뉴딜은 앞으로도 계속 진화할 것이다. 지역으로, 민간으로 확산되어 대한민국을 역동적으로 변화시킬 것이다. 더 나아가 우리 정부는 세계의 변화에 앞장서서 다음 정부로 계속 이어지고 발전해나갈 것이다.

한국판 디지털 뉴딜의 목표는 DNA(Data · Network · AI) 기반의 혁신성과 역동성이 강화되는 디지털 중심지로서, 글로벌 메가 트렌드를 주도하는 스마트한 나라다.

무엇을 위한 디지털 뉴딜인가?

문재인 정부는 2020년 7월 14일 '한국판 뉴딜' 국민보고대회에서 코로나 사태로 인한 극심한 경기침체 극복과 글로벌 경제 선도를 위한 국가발전전략으로 한국판 뉴딜 추진을 발표했다. 문 대통령은 "한국판 뉴딜 종합계획은 대한민국 대전환의 시작이다. 변화에 뒤처지면 영원한 2등 국가로 남게 될 것"이라고 말했다. 소득주도성장과 공정경제, 혁신성장 등 3대 축으로 이끌어온 기존의 경제정책 기조하에 '디지털 뉴딜'과 '그린 뉴딜', '사회안전망 확충'이라는 새로운 3대 축을 더하겠다는 구상이다. 코로나 위기를 극복하고 4차 산업혁명을 성공적으로 추진하면서 우리가 안고 있던 구조적 모순 또한 혁신하겠다는 의지의 표명이다.

'한국판 뉴딜' 중 중요한 뉴딜은 디지털 뉴딜이다. 디지털 뉴딜은 우리 경제 구조를 디지털로 대전환하게 하여 선도형 선진 국가를 달성하는 데 있기 때문이다. 이는 경제적 약자들을 포함하여 모든 경제 주체가 디지털로 무장하여 강한 경쟁력과 높은 생산성을 이루고 좋은 일자리를 창출하여 결국 사람 사는 좋은 세상을 만드는 데 기여할 것이다. 즉 중소기업과 소상공인의 디지털 전환, DNA 등 디지털 생태계 강화, 교육인프라 디지털 전환, SOC 디지털화, 새로운 일자리로의 이동을 위한 교육훈련, 취업지원 및 디지털 격차 해소 등을 추진하여 모든 경제 주체가 디지털로 무장한다는 것이다.

이와 같이 디지털 뉴딜은 장기적인 저성장과 코로나19로 인한 경기침체를 극복할 수 있는 해법이다. 또한, 미래 디지털 경제 시대로의 전환에 대비하기 위한 국가전략이자 정책방향이다. 디지털 뉴딜 정책을 바라보는 다양한 시야와 의견들이 있지만 지금의 위기를 극복하고 재도약을 위해 국가적으로 모든 역량을 결집해 실천해나가야 할 것이다.

한국판 뉴딜은 현재도 진행 중이다. 다만, 실천하면서 긍정적인 성과도 나타나지만 예상치 못한 여러 가지 문제점과 개선점도 나타나고 있다. 정부는 다양한 뉴딜 정책을 실행해나가면서 모니터링도 하고 그 성과에 대한 피드백도 필요하다. 뉴딜정책을 실현하면서 무엇보다 투자의 실효성 제고와 성과를 극대화시키는 방향으로 슬기롭게 추진해나가야 할 것이다.

세계는 지금 디지털 패권을 차지하기 위해 치열한 경쟁을 하고 있다. 특히 코로나19 같은 팬데믹(Pandemic) 시대에는 디지털로 무장하지 않으면 경쟁력을 지킬 수 없

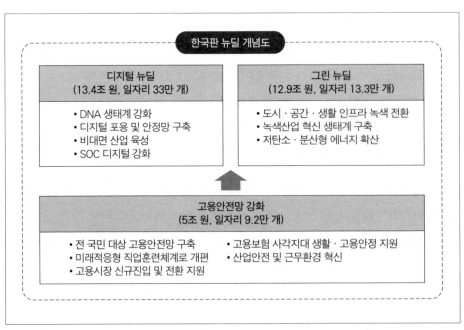

출처: 관계부처 합동, 한국판 뉴딜 종합계획(6차비상경제회의), 2020.6

한국판 뉴딜정책의 방향

다. 디지털 뉴딜은 디지털 대전환으로 가기 위한 힘찬 출발과 촉매제가 될 것이다. 이러한 디지털 대전환은 단순히 산업 측면에서뿐만 아니라 경제, 사회, 문화, 행정 모든 분야에서 전환이 되었을 때 그 시너지 효과를 극대화할 수 있다.

한국판 뉴딜정책의 과제와 디지털 혁신 방향

한국판 뉴딜정책의 과제

한편, 정부가 발표한 '한국판 뉴딜'정책은 다음과 같은 과제를 안고 있다.

첫째, 이번 정책에 포함된 대부분의 사업은 공공부문 주도로 정보통신 인프라를 공급하는 데 초점이 맞춰져 있다는 것이다. 이들 사업은 실제 수요자의 니즈에 기반한 것이 아니다. 또한, 사후 유지관리에 대한 충분한 사전계획 역시 미진하다는 문제점이 존재한다. 따라서 향후에는 민간 주도로 수요자 니즈를 반영한 정책수립과 추진 후 사후관리에도 철저를 기해야 한다.

둘째, 체계적인 스마트 인프라 투자 전략 부재를 지적한다. '디지털 · 그린 경제'

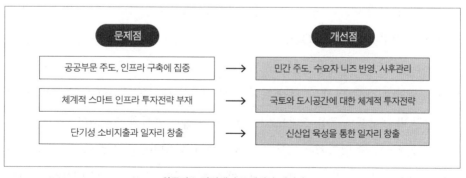

문제점		개선점
공공부문 주도, 인프라 구축에 집중	→	민간 주도, 수요자 니즈 반영, 사후관리
체계적 스마트 인프라 투자전략 부재	→	국토와 도시공간에 대한 체계적 투자전략
단기성 소비지출과 일자리 창출	→	신산업 육성을 통한 일자리 창출

한국판 뉴딜정책의 문제점과 개선점

로의 전환 과정에서 핵심은 바로 스마트 인프라에 대한 체계적인 투자와 그를 통한 국토·도시 공간의 스마트화, 즉 '스마트시티' 구현이다. 하지만 현재 '한국판 뉴딜' 정책에서는 그러한 구상이 부재하다는 것이다. 따라서 향후에는 국토와 도시공간에 대해 깊이 있고 체계적인 투자전략과 스마트화가 필요하다.

셋째, 이번 '한국판 뉴딜' 사업의 목표 중 하나는 신산업 창출을 통한 일자리 창출이다. 하지만 이번에 포함된 대부분의 사업은 단기성 소비 지출의 성격이 강해 신산업 창출 기반 구축과는 다소 거리가 있다. 오히려 단순 노동에 대한 수요를 줄여 중장기적으로는 일자리를 감소시킬 가능성이 있다. 따라서 앞으로는 신산업 육성을 통한 양질의 지속 가능한 일자리를 창출해나가야 한다.

디지털 혁신정책의 방향

그동안 추진해온 한국판 뉴딜정책이 안고 있는 문제점과 개선점을 해결하기 위한 방향으로 다음을 제시하고자 한다.

첫째, 단순한 재정지출 확대가 아니라 미래 전략 부문의 기술 선점과 기존 산업의 경쟁력 보강을 위한 R&D 투자 중심으로 전환이 필요하다. 사업추진 방식 역시 공급자 중심이 아니라 수요자 중심으로 전환하고, 정책의 시계(視界)를 중장기로 연장하는 것이 필요하다.

둘째, 분산된 인프라 투자 계획을 총괄하는 스마트 인프라 구축사업으로 재구조화하는 것이다. '생활형 SOC', '노후 인프라', '광역교통망', '도시재생 뉴딜' 등 분산·추진되고 있는 사업들을 '스마트 인프라 사업'의 형태로 통합하여 추진하는 방안을 모색해야 한다. 또한, 경제적 효과가 클 것으로 예상되는 100조 원 규모의 '공공·민간 빅 프로젝트'들을 스마트 인프라 구축사업과 연계해 추진해야 한다.

셋째, 한국판 뉴딜정책은 그동안 각 부처에서 추진되어온 사업들과 연관성 없이 별도로 추진되어온 부분도 있다. 따라서 앞으로는 기존 부처 사업과 연계하여 함께 성과를 가져올 수 있도록 해야 한다. 예를 들어 스마트시티 사업으로의 확대 추진이다. '경기부양정책 방향'에 포함된 상당수의 사업을 기존 '스마트시티 사업'에 포함해 체계적으로 추진하는 것이 필요하다. 더 나아가 민간의 자발적인 투자가 곤란한 다양한 신기술의 실증과 실적 확보가 함께 이루어질 수 있는 '테스트 베드' 구축 중심으로 현재의 스마트시티 사업을 추진할 필요가 있다.

넷째, 앞으로 한국판 뉴딜정책은 지역의 특성(도시형, 도농복합형, 농산어촌형)에 따라 디지털 전환이 가능한 지역의 전략산업(관광, 농업, 공단도시, 수산업 등)을 육성할 수 있도록 추진함이 바람직하다.

다섯째, 지역균형발전 차원에서 추진하고 있는 혁신도시 사업과도 연계해야 할 것이다. 앞으로 한국판 뉴딜사업을 혁신도시 시즌 2 사업과 연계 협력해야 한다. 혁신도시 시즌 2 사업의 경우 시즌 1과 다르게 주변 지역과의 상생발전과 지역산업 육성이 있어 함께 협업하는 안도 추진할 필요가 있다.

여섯째, 중장기적으로 4차 산업혁명, 5G 시대를 선도하는 미래 신산업을 육성해야 한다. 과거의 전통 제조업은 이제 경쟁력을 잃고 성장동력이 되지 못하고 있다. 따라서 4차 산업혁명, 5G에 기반한 새로운 신산업을 육성해서 산단 내의 산업 체질

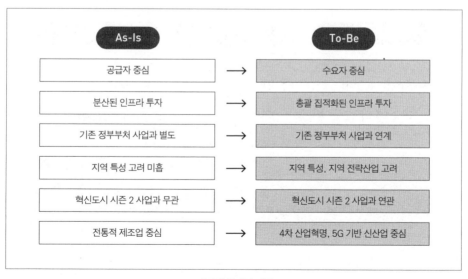

As-Is		To-Be
공급자 중심	→	수요자 중심
분산된 인프라 투자	→	총괄 집적화된 인프라 투자
기존 정부부처 사업과 별도	→	기존 정부부처 사업과 연계
지역 특성 고려 미흡	→	지역 특성, 지역 전략산업 고려
혁신도시 시즌 2 사업과 무관	→	혁신도시 시즌 2 사업과 연관
전통적 제조업 중심	→	4차 산업혁명, 5G 기반 신산업 중심

디지털 혁신의 방향

을 바꾸고 변신을 꾀해야 한다.

'21년 7월 그동안 한국판 뉴딜의 문제점과 개선점을 반영한 정부 관계부처 합동 한국판 뉴딜 2.0이 발표되었다. 한국판 뉴딜 2.0이 필요했던 이유는 그동안 새로운 대내외적인 환경변화가 있었고, 이에 새롭고 빠르게 대응이 필요했다는 점이다.

내부적으로는 코로나19로 인해 저소득층, 청년층, 소상공인 등이 상대적으로 큰 타격을 받아 위기 이후 양극화가 더욱 심화되었고, 코로나19가 장기화되면서 온라인·비대면 수요가 확대됨에 따라 경제, 사회 전 분야로 디지털 전환의 필요성이 가속화되고 있다는 것이다. 대외적으로 각국은 전 세계적인 디지털 경쟁에서 경쟁우위를 점하고 선도적 지위 유지가 절실히 필요하게 되었다는 것이다. 또한, 탄소중립의 뉴노멀 시대에 적극적으로 대응해나가기 위해 선제적으로 사업구조도 재편해야 했다는 점이다.

또한, 지역활력을 제고하고 국가균형발전 차원에서 지역균형 뉴딜도 중요하게 되었다. 한국판 뉴딜 2.0에서 디지털 뉴딜 분야에서는 메타버스 등 초연결 신산업 육성이 신규분야로 추가되었고, 그린 뉴딜에서는 탄소중립 추진기반 구축이 추가되

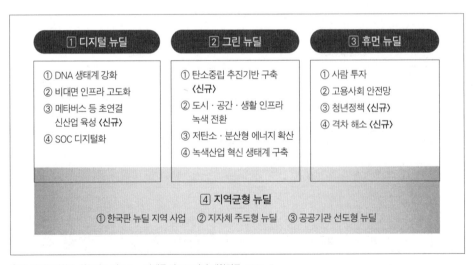

출처: 관계부처합동, 한국판 뉴딜 2.0 – 미래를 만드는 나라 대한민국, 2021. 7

한국판 뉴딜 2.0 추진과제

었다. 휴먼 뉴딜 분야에서는 청년정책과 격차해소가 추가되었다. 또한, 한국판 뉴딜 2.0에서는 지역균형 뉴딜이 강화되어 한국판 뉴딜 지역 사업, 지자체 주도형 뉴딜, 공공기관 선도형 뉴딜 등이 강조되고 있다(관계부처합동, 2021).

대내외 환경변화 대응을 위한 디지털 혁신 방안

4차 산업혁명과 5G 정보통신혁명은 ICT기술의 발달과 산업 전반에 기술혁신의 급속한 변화를 초래하고 있다. 또한, 산업화에 따른 온실가스 증가에 따른 기후변화는 세계 곳곳에 이상기후 발생으로 인한 재난재해가 급증하고 있다. 이러한 가운데 코로나19의 세계적 대유행의 장기화는 세계경제를 마비시키고 있다. 따라서 최근 일어나고 있는 대내외적으로 환경변화를 살펴보고 이에 대응하기 위한 디지털 혁신 방안을 제시해본다.

첫째, 4차 산업혁명과 5G 정보통신혁명 시대를 맞이하여 기존 산업들은 쇠퇴하고 전통산업과 디지털 기술이 융합된 신산업과 신기술을 바탕으로 한 새로운 신산업들이 출현하며 새로운 시장을 창출하고 있다. 이에 따라 신산업 육성에 필요한 전문인력 양성과 신산업 창출을 위한 플랫폼 구축 및 지속적인 신산업 성장을 위한 제도적인 개편과 정부의 정책적 지원이 필요하게 되었다.

둘째, 포스트 코로나 시대를 대비하기 위해 세계 주요국들은 비대면 산업육성을 위해 앞다투어 산업기반을 조성하고 신비즈니스 창출을 위한 법과 제도를 정비하고 각종 규제를 완화하는 정책을 추진하고 있다. 코로나19로 급성장 중인 비대면 산업은 온라인 쇼핑, 택배업, OTT 시장, 온라인 교육, 자율주행 및 로봇, 원격진료, 메타버스 산업 등의 성장세가 예상되며, 산업단지의 경우도 비대면 생산방식인 스마트공장, 비대면 유통방식인 스마트 물류플랫폼, 비대면 판매·서비스인 스마트 K-팩토리를 활성화해야 한다(이현정, 2020).

셋째, 대외적으로 세계경제구조의 불안정이다. 트럼프 정부 시절 미국의 자국 우선주의 정책으로 세계경제질서가 흔들리고 최근 미·중 간 기술패권의 경쟁으로 갈등이 고조되면서 주변 국가들에도 커다란 영향을 미치고 있다(연원호 외, 2020). 또한, 한일 간의 화이트리스트 제외 조치로 인한 무역마찰도 대한민국의 글로벌 가치사슬과 공급망체계를 어렵게 하고 있다. 이렇게 지금의 대한민국은 대외적 경제구조와 국가 간 다양한 이해관계 속에서 어려움을 극복하고 기회를 포착해서 경기를 부양하고 성장을 지속해야 하는 절박한 상황이다.

넷째, 디지털 전환(Digital Transformation) 시대를 맞이하여 신기술 융합에 의한 새로운 교육방식과 인재양성이 요구된다. 최근 SW 신기술 발전에 따라 기존 산업 간, 온·오프라인 간 경계가 모호해지는 빅블러(Big Blur) 현상이 일어나고 있다(서영희, 2020). 급변하는 기술과 신산업 환경에서 국가경쟁력을 갖기 위해서는 핵심인력 양성이 절실하다. 이러한 핵심인력 양성을 위해서는 혁신적인 교육시스템과 대학의 혁신, 디지털 전문가 양성이 절실하다.

다섯째, 디지털 기반 국가균형발전의 실현과 디지털 글로벌 협력 및 디지털 기반 남북경협 활성화다. 수도권 집중화와 수도권과 비수도권 간의 양극화는 점점 심화되어 지방경제의 침체와 인재유출, 지방대학·지방 소멸 등의 문제까지 확대되고 있다. 세계 각국은 다핵화된 광역적 공간전략으로 국가균형발전 문제를 극복하기 위해 지역균형발전에 중장기적으로 대응하고 있다는 점을 잘 인식해야 한다(박경현 외, 2021).

여섯째, 지구온난화를 방지하기 위한 온실가스 감축을 통한 친환경·저탄소 사회로의 전환은 탄소중립이라는 세계적인 추세와 더불어 환경친화적 국가의 미래를 결정하는 핵심이 되고 있다. 기후변화에 대응하면서 친환경 산업을 육성하고 이를 통해 녹색산업의 생태계를 조성해야 한다. 미세먼지 및 온실가스 감축, 신재생에너지 보급과 RE100의 실현 등을 활성화하여 이제 미래 저탄소·녹색성장을 위한 미래 신산업에 선제적으로 대응해나가야 한다.

일곱째, 코로나19에 따른 디지털 정부 혁신이 가속화될 수 있도록 정부의 민원

서비스의 비대면을 확대해야 하고 공공데이터와 AI를 활용하고 5G통신과 IoT기술을 공공행정에 활용하여 반영해야 한다. 이를 위해 디지털 공공서비스 플랫폼을 구축하고, 관련한 규제를 혁신하고, 디지털 기반의 공공거버넌스를 혁신하고, 필요한 지자체의 디지털 역량과 비대면 민원서비스에 대한 적용과 역량을 강화해야 한다.

디지털 혁신정책의 구성

디지털 혁신정책은 총 6부로 나누어 추구하고자 하는 목표와 세부적인 추진과제와 실행방안에 대해 구성했다. 장별로 정부의 기존 정책 진단과 국내외 정책비교 및 실행을 위한 방안 등이 제시되고 있다.

1부는 전통산업의 디지털 전환과 디지털 산업의 초격차 강화 부문으로, 전체 경제의 큰 비중을 차지하고 있는 기존 산업단지의 현주소를 진단해보고 스마트그린산단으로의 대개조와 혁신의 필요성을 언급한 스마트그린산단과 제조 강국의 실현을 다루었다. 또한, 1차 산업인 농업을 디지털 기반으로 경쟁력을 강화하는 방안과 디지털 산업의 핵심인 인공지능(AI) 육성 전략, 데이터와 플랫폼에 기반한 디지털 혁신정책을 다루었다. 또한, 5G와 6G 정보통신혁명 시대 통신산업의 고도화와 전국 공공 WiFi망 구축방안과 방향에 대해 다루었다.

2부는 코로나19로 인해 급성장하고 있는 비대면 신산업 융합의 활성화 부문으로, 의료융합산업의 육성과 방송통신 융합의 차세대 전략, 글로벌 경쟁우위를 가진 에듀테크 산업육성, 민군IT융합산업의 활성화, 디지털 콘텐츠 산업의 변화와 혁신 등 다양한 분야에서의 비대면 신산업 육성에 대해 살펴보았다.

3부는 디지털 전환을 위해 선제적으로 필요한 디지털 기반 교육혁명과 인재양성 부문으로, 디지털 융합 활성화를 위한 공교육 혁명과 디지털 전환시대 대학의 역할 혁신과 교육 역량 강화를 통한 인재양성에 대해 살펴보았다.

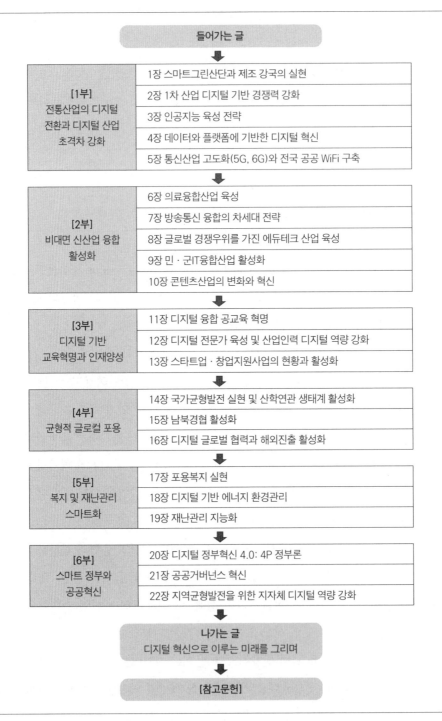

들어가는 글

[1부] 전통산업의 디지털 전환과 디지털 산업 초격차 강화	1장 스마트그린산단과 제조 강국의 실현
	2장 1차 산업 디지털 기반 경쟁력 강화
	3장 인공지능 육성 전략
	4장 데이터와 플랫폼에 기반한 디지털 혁신
	5장 통신산업 고도화(5G, 6G)와 전국 공공 WiFi 구축

[2부] 비대면 신산업 융합 활성화	6장 의료융합산업 육성
	7장 방송통신 융합의 차세대 전략
	8장 글로벌 경쟁우위를 가진 에듀테크 산업 육성
	9장 민·군IT융합산업 활성화
	10장 콘텐츠산업의 변화와 혁신

[3부] 디지털 기반 교육혁명과 인재양성	11장 디지털 융합 공교육 혁명
	12장 디지털 전문가 육성 및 산업인력 디지털 역량 강화
	13장 스타트업·창업지원사업의 현황과 활성화

[4부] 균형적 글로컬 포용	14장 국가균형발전 실현 및 산학연관 생태계 활성화
	15장 남북경협 활성화
	16장 디지털 글로벌 협력과 해외진출 활성화

[5부] 복지 및 재난관리 스마트화	17장 포용복지 실현
	18장 디지털 기반 에너지 환경관리
	19장 재난관리 지능화

[6부] 스마트 정부와 공공혁신	20장 디지털 정부혁신 4.0: 4P 정부론
	21장 공공거버넌스 혁신
	22장 지역균형발전을 위한 지자체 디지털 역량 강화

나가는 글
디지털 혁신으로 이루는 미래를 그리며

[참고문헌]

포스트 디지털 뉴딜정책의 구성

디지털 혁신으로 이루는 미래 비전

4부는 균형적 글로컬 포용 부문으로, 디지털 기반을 통한 국가균형발전의 실현과 산학연관 생태계 활성화, 남북경협 활성화, 디지털 글로벌 협력과 해외진출 활성화에 대해 살펴보았다.

5부는 복지 및 재난관리 활성화 부문으로, 디지털 기반의 포용복지 실현과 디지털기술을 활용한 에너지 환경관리 시스템 및 디지털 기반의 재난관리 지능화에 대해 살펴보았다.

6부는 스마트 정부와 공공혁신 부문으로, 디지털 정부 4.0(4P 정부론)과 공공거버넌스 혁신 및 지역균형발전을 위한 지자체 디지털 역량 강화 등에 대해 다루었다.

그리고 마지막 나가는 글에서는 디지털 혁신으로 이루는 미래 비전의 모습을 부문별로 정리하면서 이 책을 마무리하고자 한다.

1부

전통산업의 디지털 전환과 디지털 산업 초격차 강화

1장
스마트그린산단과 제조 강국의 실현

이승희

1. 산업단지의 현주소

산업단지는 그동안 전체 생산의 63.9%, 전체 수출의 65.7%, 전체 고용의 49.2%를 차지하며 국가경제발전을 주도해왔으나 최근 전통 제조업의 쇠퇴와 지역경제의 공동화 현상, 기술보호주의와 글로벌 가치사슬 재편, 지역 청년고용 문제의 심각성 등으로 위기에 처해 있다. 이에 따라 산업 측면에서는 가동률과 생산성이 하락하고, 공간 측면에서는 에너지 소비가 과다하게 증가하고 환경오염도 심각하게 증가하고 있다. 한편, 사람 측면에서는 청년들이 산업단지 내 열악한 근로여건과 정주여건으로 취업을 기피하여 유출되면서 필요한 전문인력이 부족한 상황에 처해 있다. 특히, 수도권으로 자금과 기업, 우수 인력이 몰리면서 수도권과 지방의 산단도 양극화가 심화되면서 더욱 어려움이 배가되고 있다.

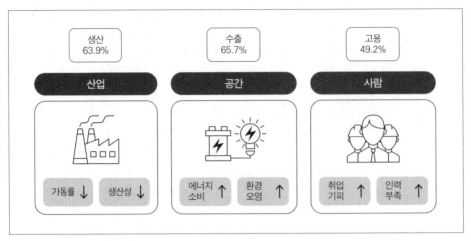

출처: 산업통상자원부, 디지털 · 친환경 기반 지역경제의 신성장 거점: 스마트그린산단실행전략, 2020

[그림 1-1] 한국산업단지 현황과 문제점

1.1 전통 제조업의 쇠퇴

　　IMF 경제위기(1998) 이후 2010년까지 연평균 6%의 경제성장률을 보이던 우리나라는 원자재 가격 상승, 환율 하락 및 세계 경기 침체에 따른 수출 부진 등으로 2011년부터 연평균 경제성장률이 2~3%대에 그치고 있다. 이는 자동차, 조선, 철

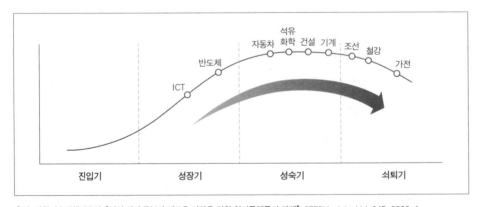

출처: 과학기술정책연구원, "지역 위기 극복과 새로운 성장을 위한 혁신플랫폼의 과제", STEPI Insight, Vol. 245, 2020. 1

[그림 1-2] 전통 제조업의 생애주기

강, 가전, 기계 등 국내 경제성장을 견인해온 우리나라 주력 전통 제조업의 생애주기가 성숙기·쇠퇴기로 접어들면서 성장한계에 도달했기 때문이다(산업입지, 2020).

1.2 지역 경제 공동화 현상

산업단지의 위기는 지역경제의 공동화에 기인한다. 즉 생산 기지의 해외이전, 산업 경쟁력 약화, 인구 감소 등으로 지역 산단의 경우 경제의 공동화 현상이 가속화되고 있다. 예를 들어, 군산의 GM과 현대중공업의 철수, 구미의 LG디스플레이와 삼성전자의 국내외 유출 등으로 지역 산업의 침체 및 지역 정주여건의 악화와 맞물려 지역 산업 생태계의 악순환이 지속되고 있다.

1.3 기술보호주의와 글로벌 가치사슬 재편

세계는 점점 보호무역의 강화, 주요국의 내수 중심 경제구조 전환, 선진국과 신흥국 간 생산비용 격차 축소로 글로벌 가치사슬(GVC)이 약화되고 있다. 전 세계 GVC 참여도가 2008년(14.1%)을 정점으로 2015년 13.2%까지 하락(한국은행, 2018)했고, 국가별로는 신흥국 중심, 유형별로는 국가 간 분업 정도가 높은 복합 GVC 참여가 약화되고 있다(국가균형발전위원회, 2019).

2. 산업단지 혁신을 위한 정부 정책 추진 방향

최근 정부는 코로나 위기 시대 장기적 경기침체와 지역 불균형 해소 및 산업단지 혁신을 위한 한국판 뉴딜정책을 대대적으로 추진하고 있다. 한국판 뉴딜정책의 10대 대표 사업 중의 하나가 바로 스마트그린산단 사업이다.

스마트그린산단으로의 대개조를 위한 바람직한 방향으로 정부(산업부)의 입장은 먼저, 산업 측면에서 디지털 기술을 활용하여 기존의 전통산업과 굴뚝산업을 첨단 신산업으로 전환해야 한다는 것이다. 둘째, 공간 측면에서 그린 뉴딜과 디지털 뉴딜을 통해 고탄소·저효율, 오염·사고 산단을 저탄소·고효율, 친환경·안전 산단으로 변화시키는 것이다. 셋째, 사람 측면에서 휴먼 뉴딜을 통해 정주여건이 열악하고 청년층이 기피하는 산단에서 살기 좋은 환경, 청년인재가 유입되는 산단으로 탈바꿈하는 것이다.

스마트그린산단 사업을 통해 정부가 추진하고자 하는 추진전략은 산업, 공간, 사람 측면에서 디지털 뉴딜, 그린 뉴딜, 휴먼 뉴딜의 추진이며, 이를 통해 1단계는 지

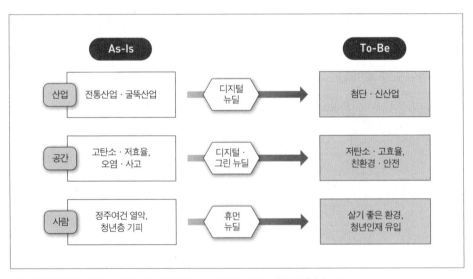

출처: 산업통상자원부, 디지털·친환경 기반 지역경제의 신성장 거점: 스마트그린산단실행전략, 2020

[그림 1-3] 산업단지 대개조를 위한 바람직한 방향

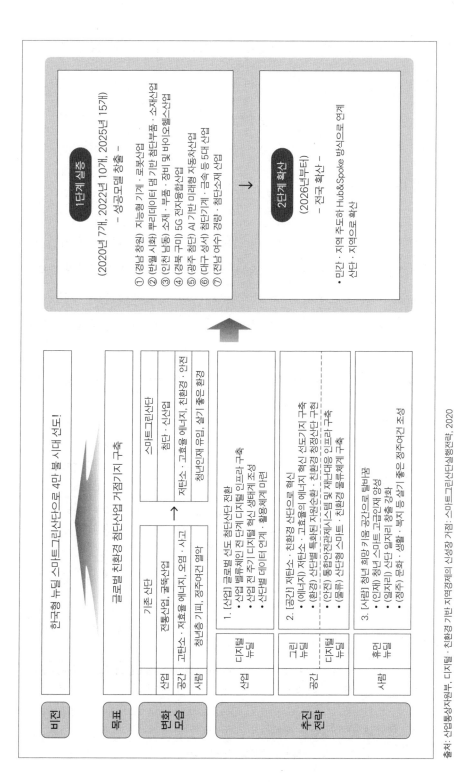

[그림 1-4] 스마트그린산단과 정부 정책 추진 방향

출처: 산업통상자원부, 디지털·친환경 기반 지역경제의 신성장 거점: 스마트그린산업행정보판, 2020

역별로 특화된 스마트그린산단 성공모델을 창출하고 2단계는 스마트그린산단을 중심으로 인근 산단으로 확산하는 것이다.

3. 산업단지의 기능 변화

지난 50여 년간 지정된 전국의 산업단지는 1,220여 개소에 달한다. 국가산업발전과 경제발전을 위해 그동안 지역 제조업 발전의 중추적 위치를 차지하며 지역의 산업화에 크게 기여해왔다. 한편, 50여 년의 세월이 흐르면서 산업단지는 제조업 중심에서 제조업과 서비스업, 생산과 연구개발 및 유통이 복합된 산업단지로 발전해왔다고 할 수 있다.

또한, 단순히 생산기능의 역할을 담당하던 산단에서 기업이 필요로 하는 각종

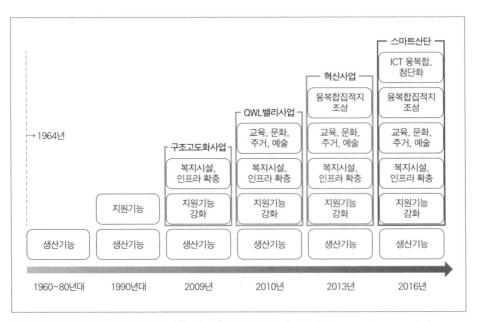

출처: 이승희, "산업경쟁력 강화를 통한 구미5단지 활성화 방안", 장석춘의원실 정책토론회, 2019

[그림 1-5] 산업단지의 기능 변화

지원업무가 강화되고 근로자에게 필요한 복지시설 및 편의시설 등의 인프라가 확충 돼왔다고 할 수 있다. 더 나아가 근로자의 주거환경 개선과 더불어 근로자가 일하고, 문화예술을 향유하며, 삶의 질을 높일 수 있도록 산단 내 환경개선기능도 강화되었 다고 할 수 있다.

최근 들어 전통적인 제조업에서 벗어나 4차 산업혁명과 5G 시대를 맞이하여 새 로운 미래 융복합 산업으로 변신을 꾀하고 있으며, 생산방식도 맞춤형 대량생산 시 대에 걸맞은 스마트공장 도입과 각종 정보 공유와 산단 내 에너지, 물류시스템의 디 지털 전환(digital transformation)을 통해 전체 산단을 스마트 생태계로 조성하는 혁신적인 스마트산단으로 변모하고 있다.

4. 산업단지 추진과제

어려움에 처해 있는 산업단지의 위기를 극복하고 정부의 혁신정책과 산업단지 발전을 위한 바람직한 기능 변화가 필요한 시점에서 앞으로 산업단지가 추진해야 할 과제를 정리해보면 다음과 같다.

4.1 전체 가치사슬상의 디지털 전환 추진

가치사슬상의 산단 기업들을 대상으로 디지털 전환을 추진해야 한다. 먼 저, 디자인, 설계, 시제품 제작과정에서도 디지털 전환을 통해 제반 공정혁신을 추진 해야 하며, 전면적으로 생산방식을 혁신하기 위해 개별기업의 스마트공장화를 추진 해야 한다. 더 나아가 제조된 제품의 유통과 물류도 디지털 전환을 통해 공유형 물류 체계로 혁신해야 한다. 이렇게 가치사슬상의 디지털 전환 추진과 더불어 전 · 후방

출처: 산업통상자원부, 디지털 · 친환경 기반 지역경제의 신성장 거점: 스마트그린산단실행전략, 2020

[그림 1-6] 전체 가치사슬상의 디지털 전환

기업 간의 공유형 스마트공장화를 통해 제조데이터를 공유하고 상호 활용할 수 있도록 해야 한다.

4.2 기업 성장주기별 디지털 전환

기업의 성장주기인 창업 → 성장 → 재편 단계별로도 디지털 전환이 필요하다. 창업단계에서도 디지털 신산업 분야의 창업을 유도하고, 창업허브 조성 시에

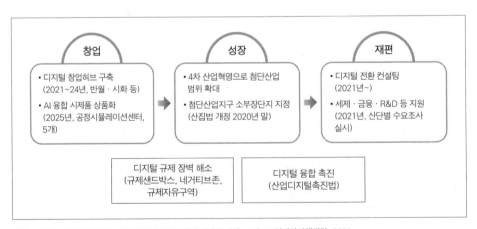

출처: 산업통상자원부, 디지털 · 친환경 기반 지역경제의 신성장 거점: 스마트그린산단실행전략, 2020

[그림 1-7] 기업 성장주기별 디지털 전환

도 디지털 환경이 갖춰진 집적지를 조성해야 한다. 기존 기업의 경우에는 4차 산업혁명이나 5G 시대 신융합 분야로의 신산업 전환이나 핵심 미래 소재부품의 국산화를 위해 노력해야 한다. 한편, 기존 산업의 쇠퇴와 전통방식의 비즈니스에서 디지털 전환을 통해 새로운 업종으로의 재편이나 필요한 분야의 세제, 금융, R&D 지원을 위해서도 노력해야 한다.

4.3 스마트에너지 플랫폼 및 친환경 재생에너지 활용

산단 내 에너지 발전 · 소비를 실시간 모니터링 · 제어하는 마이크로그리드 기반 스마트에너지 플랫폼 조성으로 ICT 기반 데이터 수집 및 에너지 흐름의 시각화, 전력망의 통합관제가 필요하다. 한편, 에너지원도 태양광, 수소연료발전 등 친환경 재생에너지 활용의 비중을 높여 고효율의 청정 산단환경을 조성해야 한다.

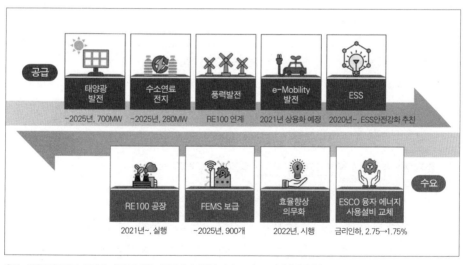

출처: 산업통상자원부, 디지털 · 친환경 기반 지역경제의 신성장 거점: 스마트그린산단실행전략, 2020

[그림 1-8] 스마트에너지 플랫폼 및 친환경 재생에너지 활용

4.4 친환경 청정산단 구축

산단 내 친환경 청정산단 조성이 필요하다. 공장 내 미세먼지, 환경오염을 최소화하는 클린팩토리, 생태공장을 조성하여 작업장 진단, 설비교체 등 생산방식의 전환이 필요하고, 각종 산업 폐기물과 폐에너지를 재활용하는 자원재생 순환산단을 조성해야 한다.

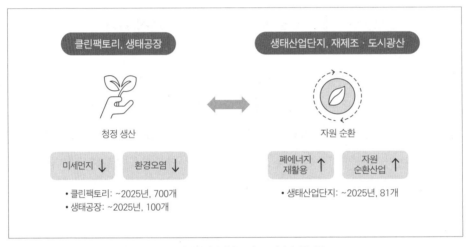

출처: 산업통상자원부, 디지털 · 친환경 기반 지역경제의 신성장 거점: 스마트그린산단실행전략, 2020

[그림 1-9] 친환경 생태공장 및 생태산업단지 조성

4.5 재난 및 산업안전을 위한 안심산단 구축

산단의 노후한 인프라를 ICT 기반으로 교체해야 한다. 5G, IoT, 지능형 CCTV를 기반으로 한 유해물질 관리 및 재난-방범 통합관제센터를 구축하고 산단 내 송유관, 가스관 등 노후 배관을 IoT와 인공지능을 이용해서 스마트 안전망을 구축토록 해야 한다.

출처: 산업통상자원부, 디지털 · 친환경 기반 지역경제의 신성장 거점: 스마트그린산단실행전략, 2020

[그림 1-10] 재난 및 산업안전을 위한 통합안전관제시스템 구축

4.6 스마트 물류공동체계 구축

산단 내 중소기업들을 대상으로 스마트 공동물류체계를 구축해야 한다. 기업의 구매-생산 · 품질-판매 · 유통-A/S 전 과정의 디지털 전환이 필요하다. 개별기업의 디지털화를 넘어 기업 간 네트워크 생산성 향상을 위해 디지털 전환이 필요하

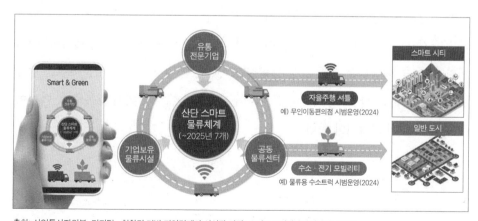

출처: 산업통상자원부, 디지털 · 친환경 기반 지역경제의 신성장 거점: 스마트그린산단실행전략, 2020

[그림 1-11] 스마트 물류공동체계 구축

다. 이를 위해 영세한 소규모 기업의 플랫폼 기반 디지털 전환을 지원토록 해야 한다.

4.7 스마트 전문인력 양성

스마트공장 전문인력 양성 및 재직자 대상 스마트공장 근로자의 재교육을 해야 한다. 스마트공장이 활성화되고 지속적으로 확대 · 발전하기 위해서는 스마트 공장 전문인력 양성이 무엇보다 중요하다. 그런데 중소기업 스스로 전문인력 양성과 재직자 교육이 어려우므로 재직자를 대상으로 스마트공장 공동훈련과정을 통해 필요한 인력을 공급해야 한다. 또한, 빅데이터, AI 등 고급기술인력을 양성하기 위해 대학 등의 학위과정을 통한 인력양성에도 주력해야 한다.

4.8 미래 신산업 창출 및 정주여건 개선

산단 내 신산업 창출을 위한 인프라를 구축하기 위해 메이커스페이스를 조성하고 창업 집적지인 스타트업파크를 조성해야 한다. 또한, 산단 내에 필요한 일자리를 매칭하기 위해 산단 내 일자리센터를 통한 온 · 오프라인 채용박람회 등의 활동을 적극적으로 추진해야 한다. 한편, 산단 내 작업환경 및 근로환경 개선을 위해 미세먼지 차단 숲, 아름다운 거리 조성 등의 인프라를 조성하고 근로자의 문화예술 향유를 위한 복합문화센터를 구축하여 근로자의 정주여건 개선을 위해 행복주택, 어린이집 등을 더 많이 만들어야 한다.

4.9 지역별 산업단지 특성화

지역 산단별로 타 산단과 비교했을 때 경쟁우위의 특화된 전략산업이 다를 수 있다. 경기도의 반월시화산단은 타 산단에 비해 뿌리공정 데이터 댐 기반의 첨단·부품 소재산업을 특화해서 육성해야 할 것이다. 광주첨단단지의 경우는 기아현대차를 중심으로 기반조성이 잘되어 있는 산단으로, 미래형 자동차산업으로 특화해야 할 것이다. 경북구미산단의 경우는 국내 최대의 전자산업단지로 국내 최초 5G 테스트베드이므로 5G 선도형 전자융합산업으로 특화해서 육성해야 할 것이다. 이렇게 대표적인 스마트그린산단별로 지역전략산업을 특성화해서 육성해나가야 할 것이다.

5. 제조 강국의 실현과제

장기적 저성장과 침체 위기의 산업단지를 회복하기 위해서는 산업단지가 새로운 혁신생태계로 거듭날 필요가 있다. 산업단지의 생태계를 획기적이고 바람직하게 변화할 수 있는 대변신이 디지털 전환이다. 또한, 산업단지도 이제 제조혁신은 물론 전통 제조업에서 벗어나 신산업으로의 대변신을 꾀해야 한다.

한편, 지역 산단도 디지털 전환을 통해 수도권 산단과의 격차를 줄여나가야 할 것이다. 제조 강국 대한민국을 실현하기 위해서는 제조업과 서비스업의 융합, 지역 거점을 중심으로 한 지역특화전략, 혁신도시 시즌 2 사업과 지역별 뉴딜정책을 수립하고 이를 견고히 실천해나가야 할 것이다.

5.1 제조업의 서비스화 추진

　　4차 산업혁명 시대에는 단순히 제조 기능에만 국한하지 말아야 한다. R&D, 디자인, 서비스, 마케팅 등 고부가가치를 창출하는 영역에도 집중하는 제조 외의 GVC(Global Value Chain) 체계 서비스의 모든 영역에서 영향을 발휘해야 한다. 소위 '서비타이제이션(Servitization)'이라 불리는 제조업의 서비스화는 제조과정의 디지털화와 신규 비즈니스 모델 창출까지 포함하는 개념으로 미국을 중심으로 지속적으로 발전해왔다.

　　기존의 제품을 확장하고 타 산업과의 융합 등을 통해 신규 서비스 창출 또는 제품과 서비스를 융합하는 서비타이제이션 확산도 필요하다. 제조업의 서비스화 사례로 미국의 중장비 회사 캐터필러(Caterpillar)는 중장비에 센서를 부착하고 실시간 부품의 마모 정도나 교체 시기를 제공하는 서비스와 'Cat Product Link Ⓡ'이라는 위성 및 인터넷과 결합하여 장비 추적 및 예방 보수 일정을 제공하는 비즈니스 모델이 있을 수 있다.

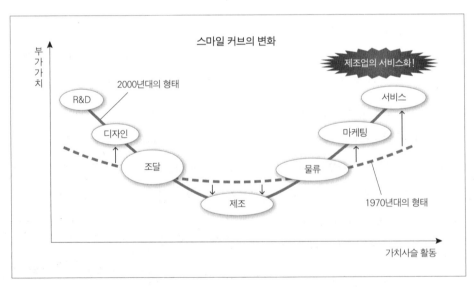

출처: R. Baldwin, "Global Supply Chains." KIET(2013)에서 재인용

[그림 1-12] 제조업의 서비스화

5.2 제조업 혁신 생태계 조성

제조업의 혁신을 위해서는 사람 중심 비즈니스 모델(BM) 혁신이 선행되어야 한다. 단순 생산 효율성만으로는 차별화된 경쟁력을 확보하기 어렵기 때문이다. 또한, BM 혁신과 이를 뒷받침할 기술 및 R&D 혁신, 제조시스템 혁신, 글로벌 역량, 인재 혁신, 인프라 혁신 등으로 이어지는 다양한 혁신과 전략 로드맵이 필요하다. 한편, 미래에는 앞서 언급한 제조업의 서비스화를 넘어 제조업과 금융서비스의 융합, 플랫폼 기업과의 연합, 새로운 비즈니스 모델의 지속적인 개발과 적용이 필요하다.

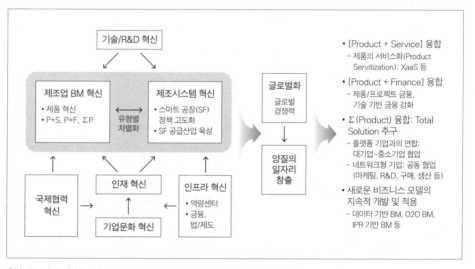

출처: 주영섭, 구미상공회의소 CEO포럼: 4차산업혁명 시대 기업혁신전략, 2019.5.23

[그림 1-13] 제조업 혁신 생태계 조성

5.3 제조업 르네상스 비전 및 목표

정부가 2030년까지 산업구조의 스마트화·친환경화·융복합화 혁신을 통해 세계 4대 제조 강국으로 도약한다는 내용의 비전과 전략을 발표했다. 제조업 르네상스 추진을 통해 현재 25% 수준인 제조업 부가가치율을 선진국 수준인 30%로 끌어올리고, 제조업 생산액 중 신산업·신품목 비중을 16%에서 30%로 높여 현재 6위(수출규모 기준)에서 4대 제조 강국 중 하나로 도약한다는 계획이다.

제조업 르네상스 계획의 주요 내용은 우선적으로 스마트공장, 스마트산업단지 설립 계획을 차질 없이 추진하고 인공지능(AI) 기반 산업지능화를 본격 시도한다. 친환경시장의 선두국가로 도약한다는 목표로 친환경차, 선박, 공기산업, 에너지신산업 등의 기술개발, 인프라 구축 등을 지원한다는 것이다.

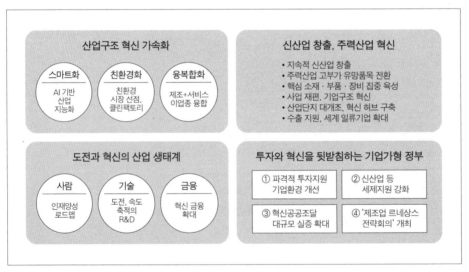

출처: 관계부서 합동, 제조업 르네상스 비전 및 전략, 2019

[그림 1-14] 제조업 르네상스 비전 및 전략

5.4 제조의 스마트화

제조의 스마트화는 침체기를 맞이한 국내 제조업계에 다시 한번 혁신적인 성장기를 불러올 핵심 열쇠로 주목받고 있다. 즉, 단순 자동화 공장을 넘어 여러 첨단 기술 간의 융합을 통해 생산과 유통을 포괄하는 전 제조과정에서의 스마트화를 추진해야 한다. 한편, 단순 자동화 수준의 공장을 넘어 제어방식부터 설비, 공정, 가상화, 유통 등 전반적인 제조 과정에 걸쳐 스마트화를 이루기 위해 스마트공장의 수준에 대한 정확한 진단과 현장에서 발생하는 제조데이터를 효율적으로 활용할 방안도 마련해야 한다.

5.5 산단 대개조사업의 적극적 추진

산업단지는 산업여건 변화, 도시화 등에 대한 대응 부족으로 산단의 활력이 저하되고, 주변 지역 및 산업생태계와의 부조화 문제 등이 발생하고 있다. 최근 제조업의 구조조정 가능성과 고용위기 우려가 커지면서 '일자리와 제조업 부흥의 원천'인 산단의 혁신을 통한 역할 재정립이 절실한 상황이다.

그러나 산업단지 관련 지원사업이 부처별로 산재되어 있고, 현재 부처별 중장기 재정운영계획에 반영되어 있지 못하여 예산확보가 어렵다. 추진의 동력 주체가 대통령자문위원회인 일자리위원회여서 실행력에 한계가 있다. 또한, 현 정부합동 공모 사업은 부처별 사업의 합동 설명회 수준으로 운영되고 있어 개선이 필요하다. 따라서 허브산단 중심의 지역혁신을 종합지원하고, 지역주도로 산단 중심 혁신계획 수립이 필요하며, 범부처 차원의 패키지 지원 제공이 필요하다.

비전·목표	일자리 수요가 풍부한 산업단지의 대개조를 통해 혁신성장과 일자리 문제 해결의 기반 마련 〈목표: 향후 5년간 산업단지 내 일자리 5만 개 + α 추가 창출〉

지원 정책 전환	지역이 주도하는 산업단지 → [지역자율] '산업단지 중심의 지역 일자리 거점 혁신계획' 수립 → [인센티브] ① 범부처 차원의 패키지 지원서비스 제공 ② 진흥 방식의 사전·사후 관리체계 도입 ③ 중장기 계획 이행 지원

분야별 지원 사업 및 제도 개선 과제	일자리 창출: 정책적 지원 강화	제조혁신 및 투자활성화를 통한 일자리 창출 ① 산업단지 스마트화로 입주기업 체질 개선 ② 제조·서비스 융합으로 제조창업 및 신산업 창출 ③ 산단 조성·관리 개선으로 투자 촉진 및 기업 지원 강화
	일자리 창출: 애로 해소 및 기피요인 제거	산단 내 일자리 미스매치 문제 해소 ① 청년인재 양성 및 취업연계 ② 쾌적한 근로·정주환경의 산단 조성 ③ 환경 친화적이고 안전한 산단 구현
	선택과 집중: 효율성 고려	일자리 효과가 높은 산단 유형별 맞춤형 과제 추진 ① 도심 내 노후산단 → 혁신성장 거점으로 개조* *산단 상상허브, 산단 생활권 재생사업, 산단형 스마트시티 조성 ② 지역·산업별 맞춤형 신규 산단* 조성 *지역 특화형 국가산단, 창업 지원형 도첨산단 등

성공 사례	산단 유형별* 일자리 친화형 산단 발전모델 구축 및 성공사례 창출 *① 스마트산단, ② 도시첨단산단, ③ 노후산단 재생

출처: 일자리위원회, 관계부처 합동, 일자리창출과 제조업혁신을 위한: 산업단지 대개조 계획(안), 2019

[그림 1-15] 산업단지 대개조 기본방향

2장
1차 산업 디지털 기반 경쟁력 강화

이웅규

1. 들어가는 글

1.1 1차 산업 디지털 기반 경쟁력 강화의 추진 필요성 및 환경

1.1.1 1차 산업의 스마트화 · 친환경화 · 융복합화로 산업구조 혁신 가속화 필요

산업통상자원부가 집계한 2019년 대한민국의 산업구조에 따르면, 1차 산업은 1.85%, 생산과 건설처럼 완성된 재화를 취급하는 2차 산업이 36.05%, 국제 무역과 통신 및 서비스 계열의 3차 산업이 62.09%를 차지하고 있다. 각 산업의 역량을 살리는 정부 정책으로 부가가치가 큰 3차 산업이 절반 이상을 차지하지만, 그에 따른 산업 불균형을 고민해야 할 시점이다(동아닷컴, 2020). 수십 년간 계속된 산업구조 개선으로 인해 구조적 개선이 배제된 균형발전은 매번 실패를 거듭해왔기 때문이다. 하지만 4차 산업혁명 시대를 맞이하면서 지역 균형발전을 위해 전체 산업을 재편해야 할 필요가 발생했다.

정부는 1차 산업의 스마트화·융복합화·친환경화를 가속화하여 산업구조를 혁신하고자 특정 농산어촌 지역에 강점을 가진 1차 산업 중심의 스마트팜, 스마트수산, 푸드테크 등을 적극적으로 추진하여 적용하고 있다. 우리나라의 높은 정보통신기술(ICT, Information Communication Technology) 역량을 반영하여 빅데이터, 모바일, 사물인터넷(IoT, Internet of Things), 클라우드, 인공지능, 블록체인 기술 적용을 활발하게 추진하고 있다(산업연구원, 2017a).

이 외에도 상대적으로 음성인식기술, 사이버물리시스템(CPS, Cyber-Physical Systems) 활용을 적극적으로 추진해야 하며, 기술 특성상 나노기술(NT, Nano Technology)은 농산어촌의 환경공학기술(ET, Environmental Technology), 생명공학기술(BT, Bio Technology)은 풍요로운 먹거리 제공(그린바이오), 쾌적한 환경 조성(화이트바이오), 클라우드 등을 1차 산업에 전반적으로 활용해야 한다.

1.1.2 1차 산업 주요 생산품에 미치는 영향

ICT 기술 발전에 따라 1차 산업 주요 생산품의 특성이 생산자 중심형에서 소비자와 시장 친화형으로 변화하며, 4차 산업혁명 기술이 결합되어 네트워크형 생산품으로 진화하고 있다. 이는 지금까지 개별적인 개체로 존재하던 주요 생산품이 네트워크로 서로 연결되어 이전에 없던 기능과 서비스를 창출한다는 의미다(산업연구원, 2017b). 즉, 1차 산업 주요 생산품도 이전의 생산자 중심적인 상품의 대량 생산 경쟁력 위주가 아닌, 네트워크를 기반으로 하는 서비스 플랫폼의 경쟁력을 중요시해야 한다는 의미다(김문연 외, 2017; 최주원 외, 2020).

1차 산업 분야에 미친 4차 산업혁명의 물결로 인해 스마트화가 농촌, 산촌, 어촌 등의 주요 생산품에 영향을 미치고 있다. 현재는 새로운 농장(農場)과 어장(漁場) 등의 형태로 진화하는 등 1차 산업의 생산 · 유통 · 가공 · 소비 분야에서 다양한 방식으로 4차 산업혁명이 확산하고 있다.

스마트농업이 온실이나 축사 환경을 스마트폰으로 관리하는 것을 넘어서 농업 드론 로봇과 인공지능(AI) 등이 결합된 자율주행 농기계로까지 확대되고 있다. 또한, 온라인 실시간 경매 및 무인상점 등으로 1차 산업 주요 생산품의 유통 변화도 촉진하고 있다. 특히, 청년층 및 귀농 · 귀어층 등이 스마트농어업에 대한 관심이 높아 실제로 스마트팜 및 스마트수산을 실행하는 경우가 늘고 있다(농민신문, 2020.7.15). 이는 1차 산업의 4차 산업혁명이 청년층 및 귀농 · 귀어층 등을 농어촌으로 오게 하는 매력적인 요인이 되고 있음을 보여주고 있다.

1.1.3 생산 · 유통 · 가공 공정에 미치는 영향

4차 산업혁명의 주요 핵심기술이 적극적으로 활용되면서 1차 산업에서는 가치사슬 전 단계에 걸쳐 연계성을 갖는 공정혁신이 진행되고 있다. IoT, 빅데이터, 블록체인 및 인공지능 등이 접목된 스마트팜 등의 도입으로 이전의 단순한 자동화와는 차원이 다른 개인화되고 개별화된 상품을 대량생산 가격에 맞추어 제공할 수 있게 됐다(김관모, 2020).

스마트팜 등 관련 시설 내 · 외부의 설비와 기계가 서로 연결되고 자율화된 형태로 작동하게 되면서 1차 산업의 상품 수요에 대한 개인의 요구사항을 반영하게 되었다. 특히, 비용 상승 없이 개인화된 상품을 생산할 수 있는 유연하고 가벼운 생산구조로 전환되었다(산업연구원, 2017a). 이는 1차 산업의 4차 산업혁명 관련 정보통신기술이 노령화되고 인구 감소로 인해 노동력 부족에 시달리는 1차 산업의 구조적인 문제를 풀 해결책이 됨을 의미한다(농민신문, 2020.7.15). 결국, 1차 산업의 스마트화 · 융복합화 · 친환경화가 유연한 생산 및 지속적인 학습을 통한 작업공정 습득, 인간과 협업할 수 있는 로봇이 적극적으로 활용되면서 1차 산업 공정상의 안전성과 효율성이 크게 향상될 것으로 기대된다(곽수일·김연성, 2019).

빅데이터 이용과 클라우드 기술이 활용되면서 소프트웨어 중심의 생산 환경이 중요해지고, 1차 산업 생태계 내에서 ICT기업의 역할이 늘어날 것으로 전망된다(국회예산정책처, 2017; 이세용, 2016). 이로 인해 투입과 산출의 불일치가 컸던 1차 산업의 문제점이 크게 개선될 것이다.

1.1.4 4차 산업혁명 주요 핵심기술이 1차 산업 가치사슬에 미치는 영향

아직은 4차 산업혁명이 주요 1차 산업의 가치사슬에 미치는 영향이 크지 않지만, 5년 이내에 그 영향은 점차 커질 것으로 전망된다. 현재는 생산·가공·소비에서의 변화가 상대적으로 빠른 편이다. 반면, 1차 산업의 고질적인 문제인 유통 설계와 혁신적인 상품 유통은 아직 느리게 진행되고 있지만, 이 분야도 빠르게 진행될 것으로 예상된다. 특히 산업 간 연계성이 높아지고 비즈니스 모델의 변화로 1차 산업 서비스화가 빠르게 진행되면서 산업 간·산업 내 융복합화가 활발하게 이루어질 것으로 전망된다(산업연구원, 2017c).

현재 주요 산업에서 4차 산업혁명의 주요 핵심기술이 활용되면서 주로 영향을 미치는 1차 산업의 가치사슬 영역은 생산·공정, 원료·조달·가공, R&D, 물류, 유통 및 판매·소비 관련 서비스 분야이지만, 아직은 초기 단계에 머물러 있다. 생산·공정·소비에서 부분적 적용이 활발한 편이며, 생산품 경쟁력 제고를 위한 정보 획득, 이를 활용한 기획 및 연구개발, 소비자 선호를 반영하기 위한 판매 서비스 영역에서 빠르게 영향을 미치는 것으로 분석되고 있다(한국산업단지공단, 2017).

향후 주요 4차 산업 핵심기술의 적용이 더욱 강화되면서 1차 산업 생산 공정 내 데이터의 수집과 분석을 통한 가치사슬에 미치는 변화가 더욱 뚜렷해질 것으로 예상된다(조형익, 2017). 특히, 생산 및 가공·소비 공정의 경우, IoT, CPS(Cyber-Physical System), 모바일, 클라우드 컴퓨팅, 푸드테크, NT(Nano Technology) 및 BT(Bio Technology) 등이 종합적으로 적용될 것이지만, 물류 및 유통의 경우 전통적 산업인 1차 산업의 구조 특성상 전면 교체를 위한 이해관계자들의 저항으로 인해 다른 영역에 비해 상대적으로 속도가 더딜 것으로 예상된다(국회예산정책처, 2017).

1.2 1차 산업 스마트화의 추진 목적

1.2.1 국가 차원의 농산어촌 지역의 균형적 발전

우리나라의 도시와 농산어촌 간에는 심각한 수준의 격차가 있고, 농산어촌 간에도 격차가 존재하기 때문에 국토의 균형발전 차원에서 접근이 필요하다. 소득에서부터 주거환경, 문화향유, 여가선용, 의료수준 등의 격차가 심화되어(최봉선, 2018) 농업, 축산업, 임업이나 수산업 등에 매진해도 타산이 맞지 않는 상황이다. 특히, 일자리도 많지 않은 상황에서 자녀들의 교육환경이 좋지 않아 젊은 층들이 도시로 떠나고 있다. 이러한 상황은 농산어촌 인구수의 절대적 감소로 이어져 주거환경이나 의료복지 수준을 날로 퇴보시키고, 또다시 생활환경 여건을 황폐화하는 원인으로 작용하여 악순환의 고리를 끊지 못하고 있다(김윤영·이석환, 2020).

결국 농산어촌 지역 주민의 고령화와 과소화로 이어져 국가 식량안보 차원에서뿐만 아니라 국가 전체의 균형발전에도 심각한 불균형을 초래해 미래 한국사회의 다양한 문제점을 발생시킬 수 있다. 갈수록 고령화되어가고 있는 농산어촌 지역이 정치, 경제, 사회, 문화 등 모든 분야에서 소외되어 1차 산업의 기반이 붕괴함에 따라 1차 산업에 종사하는 분들의 삶의 기반마저 사라져버릴 수 있다는 차원에서 특별한 스마트화 정책이 필요한 시점이다(배정은, 2017). 주로 농업, 축산업, 임업, 수산업 등의 1차 산업에 의존하며, 그 생산 활동과 지리적 위치에 따라 농촌, 산촌, 어촌으로 구분되는 지역사회 복원과 국가발전에 이바지하는 공간으로 조성하기 위한 차원에서 스마트화 추진의 첫 번째 목적이 있다.

1.2.2 기후변화의 위기대응

기상이변은 다양한 방식으로 1차 산업 경영에 막대한 영향을 미치고 있다. 전통적으로 기상변화에 가장 민감한 농어업 및 축산업 등의 1차 산업은 생산에 차질이 빚어지면 1차 생산물시장에 교란이 발생하게 된다.

1차 산업은 기상이변 대응을 스마트화 추진의 한 축으로 인식해야 한다. 즉 정부가 유가, 환율, 금리 등과 같이 기상(氣象)을 위험 관리 대상 정책으로 삼아야 한다는 의미다(Michela Coppola et al., 2019). 이를 위해 1차 산업 차원의 위험 관리 전담 조직을 빨리 구성해야 한다. 또한, 기상이변에 대한 예측 및 대응 관련 산업 기준과 설명서를 마련하고, 수시로 예방훈련과 점검을 시행해야 한다(이지훈, 2010).

특히, 기상이변이 1차 산업 생산물의 생산, 가격, 유통, 판매 및 소비 등에 미치는 영향을 정확하게 파악해 대응 조치를 마련해야 한다. 날씨보험, 날씨파생상품 등을 통해 기상이변에 따른 위험을 분산하는 것을 더욱 확대해야 한다(Michela Coppola et al., 2019). 1차 산업의 손실을 회피하는 다양한 금융상품 개발도 서둘러야 한다. 실제 손해액을 평가해 보상하는 날씨보험과는 달리 '지수'를 바탕으로 사전에 약정된 금액을 보상하는 등의 1차 산업 스마트화 추진이 두 번째 목적이다.

1.2.3 환경오염의 선제적 방지

기후변화 등에 의해 발생할 수 있는 1차 산업 생산물의 생산량을 조절하기 위해 행해지는 다량의 농약과 비료 사용에 의한 위해성에 대해 4차 산업혁명 핵심기술이 활용되는데, 낮은 수준의 영향을 미치고 있다. 따라서 1차 산업의 스마트화를 통해 국민 건강 보호, 1차 산업 생산물의 경제적인 생산과 환경오염의 제거, 생산원가가 저렴한 생산 공정 등으로 누릴 수 있는 편익을 극대화해야 한다(김대윤, 2020). 이를 위해 환경오염의 선제적 방지를 통한 영토보전 사업의 스마트화가 필요하다.

현재 1차 산업은 1차 산업의 생산적 기능, 즉 식량과 1차 산물을 생산하고 공급하는 기능과 동시에 물과 해양수산자원의 함양, 녹지 및 해양의 보전, 대기의 정화 등 환경에 대한 순기능을 지니고 있다. 또한, 사회문화적 기능에 이르는 보편적 공익 기능을 강조하고 있다(김대윤, 2020). 국내외를 막론하고 전통적인 1차 산업의 궁극적인 목표는 식량과 쾌적한 영토로 전환될 수 있는 물질을 생산하여 국민에게 충분한 음식물 확보와 편히 생활할 수 있는 안정적인 삶의 기반을 제공해야 한다. 이에 환경오염에 대한 1차 산업의 선제 대응을 위한 스마트화 추진이 세 번째 목적이 된다.

1.2.4. 식량안보에 대한 적극 대응

현재 산업 활동의 급속한 발전과 경제성장을 배경으로 1차 산업이 미래의 산업에서 차지하는 비중은 점차 감소하고 있으며, 1차 산업 형태의 변화에 따른 산업생태계와 자연생태계에 악영향을 초래하게 될 것을 염려하고 있다. 그러나 "먹는 산업은 영원불멸의 산업이다"라는 말도 있듯이 아무리 산업이 발전한다고 해도 1차 산업은 주목받을 수밖에 없다. 국민의 삶에 대한 총체적인 기여도를 고려하고 식량안보 차원에서 볼 때 미래에 1차 산업은 더욱더 주목받는 산업이 될 것이다(윤병선, 2008).

기상이변이 잦아지고 코로나19 같은 신종 바이러스 감염증 사태가 장기화할 경우 예측할 수 없는 세계 식량위기 발생 가능성에 대한 위기감이 커지고 있다(농민신문, 2020.8.31). 농협미래경영연구소가 최근 발간한 「코로나19발(發) 글로벌 식량위기 우려와 시사점」 보고서를 통해 "우리나라는 곡물자급률이 30% 미만인 '세계 5대 식량수입국'이자 식량위기에 아주 취약한 곡물 수입구조를 가지고 있다"라며 "안보적 차원에서 식량문제에 접근하지 않으면 앞으로 큰 위협에 직면할 수 있다"라고 경고했다.

국내 식량안보 현주소는 열악하여 곡물 수입 의존도가 매우 높은 편이다. 만약, 식량위기가 발생하면 경제력과 상관없이 식량을 확보하기 어렵다는 점에서 안정적인 식량 생산과 지속 가능한 1차 산업의 기반이 되는 환경을 위해 스마트화하여 대응해야 한다(박재완, 2020). 향후 닥치게 될 국제사회의 다양한 영토전쟁과 갈등, 예측하지 못한 기상이변과 바이러스 등의 위기에 대응해야 하는 식량안보의 당위성을 위해 1차 산업 스마트화를 추진하는 것이 네 번째 목적이다.

1.2.5 건강한 먹거리로 국민생명 보호

국내 1차 산업의 지속 가능한 성장을 위해서는 식품 안전, 가축 질병 등 농수축산물의 안전 관리가 필수다. 농수축산물 생산부터 유통, 소비자에 이르기까지 관련 농수축산물의 생산·관리·유통·소비 등의 안전 제고의 중요성은 더욱 높아지고 있다. 이에 1차 산업 스마트화를 통해 1차 산업 종사자의 농수축산물 생산·관리·유통·소비 과정에서의 위험 감소는 물론 농수축산물 안전에 대한 소비자 신뢰도 제고를 추진해야 한다.

신선한 먹거리에 대한 소비자의 기대치가 높아지면서 수직농장(Vertical Farm) 또는 식물공장(Vegetable Factory) 등 사람들의 욕망을 충족시키는 1차 산업 모델이 급부상하고 있다(전창후, 2019). 이에 실내에서 식물을 기르는 식물공장 등이 주목받고 있다. 이는 해충에 노출될 염려가 없어 농약 등을 사용하지 않는 것이 현대인의 건강한 먹거리 욕망을 충족시킨 덕분이다. 스마트 시스템으로 식물에 필요한 최적의 환경을 조성해주기 때문에 맛과 영양이 더욱 풍부한 채소 재배가 가능해졌다. 날씨나 미세먼지 등 외부환경의 영향을 받지 않아 안정적인 수확을 기대하면서 건강한 먹거리로 국민생명을 보호한다는 차원에서 1차 산업의 스마트화를 추진하는 다섯 번째 목적이 되고 있다.

2. 1차 산업 디지털 기반 경쟁력 강화의 주요 이슈

2.1 경쟁 원천의 변화

4차 산업혁명은 기존의 산업 간 연계를 수직적 분업 관계에서 수평적 협업 관계로 대전환을 가속화하고 있다(포스코 뉴스룸, 2017). 이에 외부 역량의 활용 능력이 산업 혹은 기업의 경쟁 원천이 되고 있다. 기존의 생산 효율성, 상품 혁신 같은 구분을 뛰어넘어 산업 간 연계의 동시성과 통합성이 진행되고, 원료부터 생산, 수요 여건 변화에 대한 적절한 대응 역량이 중요하게 되었다(산업연구원, 2017a). 이에 따라 1차 산업의 개방형·융합형 혁신생태계 구축이 필수이며, 1차 산업 생태계의 건강성과 지속 가능성을 가질 수 있는 체제로 전환하는 것이 필수다.

따라서 1차 산업의 가치사슬에 대한 4차 산업혁명 정보통신기술 활용을 통해 유통과 생산, 1차 산업 관련 업체와 소비자와의 직접 연결에 적극적으로 대응해야 한다. 이를 위해 4차 산업혁명에 의한 1차 산업 가치사슬의 전반적인 업그레이드를 추진해야 한다. 이 과정에서 경쟁 원천은 생산·유통에서 가공·소비 서비스 플랫폼 구축으로 변화할 것으로 전망되고 있다(최주원 외, 2020). 따라서 그린바이오와 화이트바이오, 푸드테크 등이 주목받을 것이고, 전후방 연관 산업과의 네트워크화, 연결성을 기반으로 하는 플랫폼 형성이 1차 산업 관련 기업 혹은 산업생태계 생존의 필수 조건이 될 전망이다(산업연구원, 2017d).

2.2 비즈니스 방식의 변화

4차 산업혁명은 1차 산업 부문의 가치사슬 영역별로 다른 산업 혹은 다른 영역과의 전면적인 융복합화 현상을 진행할 것이며, 새로운 비즈니스 모델의 출현을 촉진해 경쟁방식도 변화시킬 것으로 예상된다(포스코 뉴스룸, 2017).

　　최근 4차 산업혁명의 핵심기술이 적용되어 1차 산업 작업의 무인화·지능화가 이루어지고, 1차 산업에 없어서는 안 될 요소인 노동력, 지식, 경험 등을 빅데이터가 대신하는 새로운 시대에 접어들었다. 1차 산업 스마트화 시대를 맞이하여 빅데이터에 기반한 '팜 인텔리전스(Farm Intelligence)'가 농업에 적용되면서 농업 환경이 변화하고 있다. 이전에는 불가능했던 한 해 수확량 계산 및 예측, 수확 시기 진단, 작황 상태 모니터링, 병충해 진단, 지표 상태 측정, 토지의 수분량 측정 등이 가능하게 됐다(비피기술거래·비피제이기술거래, 2020). 1차 산업 스마트화의 중심에는 스마트팜이 자리해있으며, 각종 스마트 시설과 장비에 빅데이터와 센서가 결합하여 첨단 산업화로 농업의 비즈니스 패러다임이 변화하고 있다. 이처럼 1차 산업 스마트화 시대에서는 빅데이터에 기반을 둔 농업이 가능해지면서 농업 생산성이 대폭 향상되고 향후 1차 산업과 ICT(정보통신기술) 및 생명공학기술 등의 융복합으로 스마트한 1차 산업으로의 진전이 더욱 가속화될 것으로 예상된다.

2.3 산업구조의 변화

　　4차 산업혁명은 그동안 형성되어온 1차 산업구조의 변화를 스마트화·융복합화·친환경화로 구조 혁신을 촉진시키고, 다양한 형태와 양상으로 분화시키면서 1차 산업을 현재와는 다른 산업구조로 전환시킬 것으로 전망된다. 예를 들면 기존에는 농기계의 한 형태로 구분하던 경운기가 IoT와 AI 기술의 활용으로 지능형 로봇으로 진화할 것이다. 또한, 농어업용 드론 및 소셜로봇 등의 신제품 및 산업이 창출되고, 생산용 기계에서 서비스용 기계, 항공 및 로봇산업과의 교집합을 구성하게 될 것이다(산업일보, 2017).

　　일반 농어업용 기계산업은 로봇산업으로 분화되고, 서비스화 및 플랫폼화되면서 엔지니어링산업으로 그 영역을 확장할 것이다. 특히, 농약과 비료, 수산업은 각각 농수산업, 서비스업으로 구분되었으나 IoT, 빅데이터, 모바일, AI 등과 같은 4차 산업혁명 핵심 범용기술의 활용으로 '스마트팜 케어산업'이라는 신산업을 출현시키면서 산업 간 경계를 무너뜨릴 것이다.

2.4 기술적 가능성과 현실화의 시차

4차 산업혁명 핵심기술이 적용됨에 따라 실제 현장에서의 기술적 가능성에 대한 인식과 더불어 산업 측면에서의 변화를 명확하게 인식해야 한다. 특히, 1차 산업의 자동화 · 스마트화로 세상이 급격하게 변화하여 사람들이 적응하는 데 혼란을 겪고 있기 때문이다. 기존의 산업정책과 1차 산업에 대한 이분법적인 고정관념에서도 벗어나야 한다. 즉, 정부 주도 또는 민간 주도 산업정책, 1차 산업과 서비스업이라는 이분법적 사고에서 벗어나야 한다. 이는 새로운 여건 변화에 신속한 대응이 가능한 역량도 높여야 하고, 기술적 가능성에 대한 명확한 대응으로 현실화된 스마트화에 적응해야 하기 때문이다(산업연구원, 2017e).

4차 산업혁명은 '전 분야의 스마트화'를 추구한다. 1차 산업도 이 거대한 물결에 동참했기 때문에 생산성을 높이기 위한 각종 ICT 기술이 적용되기 시작했다. AI와 로봇이 농사를 짓는 농장의 등장으로 뜨거운 햇볕 아래 고무장화와 밀짚모자를 착용한 땀 흘리는 농업인은 점차 사라질 것이다(강진우, 2020). '스마트팜(Smart Farm)'이 불러온 극적인 변화상이 집 안에서 스마트폰으로 농장을 관리하는 사람을 만들어낸 것이다. 또한, 농장과 소비자를 직접 연결하는 실시간 직거래 쇼핑몰 및 플랫폼 등이 등장하고 있어서 이러한 기술적 가능성에 의해 만들어지는 현실적 상황에 적응하게 하고 그 차이를 극복하게 하는 대응책도 마련해야 한다(김명화, 2020).

3. 1차 산업 디지털 기반 경쟁력 강화 추진 방향

3.1 개방성과 융합성의 추진

4차 산업혁명은 속도와 범위에서 유례없이 빠르게 진행될 것으로 예상되므로 1차 산업의 진화가 아니라 혁명이라는 관점에서 '과거로부터의 단절'이 필요하고 개방성과 융복합화가 무엇보다 중요할 것이다(김진하, 2016). 민간 부문은 기존의 혁신시스템을 유지하는 것이 장애가 될 가능성이 크므로 창조자적 관점에서 경쟁방식을 바꿔나가야 하며, 새로운 1차 산업 거버넌스를 구축하는 것이 필요하다. 또한, 공공부문에서는 이해관계자 간 경쟁을 촉진하고 글로벌 역량을 갖춘 1차 산업 종사자와 인력의 효과적 활용을 추진하는 것이 필요하다.

우리나라 1차 산업의 가치사슬별 4차 산업혁명에 대한 대응 수준이 높은 영역은 생산·가공 공정이다. 하지만 여전히 소비자의 요구 수준이 높은 영역은 유통과 소비 부문이라는 점을 인식해야 한다. 이를 위해 1차 산업 분야에서 시장의 요구사항이 높은 유통과 소비 분야의 개방성과 융복합화를 강화하여 관련 분야에 창의적으로 대응할 필요가 있다.

3.2 1차 산업의 사회적 책임과 국가안보 차원의 대응 역량 강화

4차 산업혁명을 통해 1차 산업 관련 인간노동이 기계·지능으로 대체되면서 기업의 가치와 사회적 책임은 더욱 커지고 있다. 특히, 글로벌 가치사슬, 생산·물류·유통·소비 부문에서의 변화가 적극적으로 요구되고 있다. 우리나라처럼 농축수산물에 대한 대외 교역의존도가 높은 국가는 타격이 예상되므로 정부 차원의 민간 혁신역량 강화가 필요한 시점이다. 따라서 1차 산업의 스마트화에 따른 4차 산업혁명 추진에 필요한 인프라에 대한 투자와 늘어나는 건강한 먹거리 수요에 대한 대응 전략 수립이 매우 중요하다.

또한, 1차 산업 환경을 구성하는 재배작물 및 작물과 유관한 동·식물 같은 생명체와 토양 인자들도 중요시해야 하지만, 이제는 기존과는 다른 물, 기후인자 등과 같은 물리적 환경도 중요시해야 한다. 이러한 전반적인 것에 대한 관리, 보전 및 이용 관련 기술들의 발전을 위해서는 디지털 기반의 첨단 ICT 기술이 필요하다는 점을 명확하게 인식해야 한다.

특히, 식량안보 대비에 힘쓰지 않으면 미래 먹거리 확보가 어려워지는 상황에 직면했다는 점에서 우리나라는 이 같은 현실을 극복하기 위한 각종 첨단기술과 생명과학 기술이 접목된 1차 산업의 스마트화가 현재의 식량 생산 수준을 증대시킬 방안 중 하나이며, 식량안보 차원의 국가안보와 직결된다는 방향으로 정책을 추진해야 한다.

3.3 창의와 혁신에 기반한 제도 혁신과 농산어촌 여건 조성

4차 산업혁명에 대응하는 1차 산업의 스마트화를 위한 정부의 역할은 R&D 투자 확대보다 창의와 혁신에 기반한 제도 혁신과 여건 조성이 무엇보다 중요하다. 왜냐하면, 1차 산업 정책의 기존 거버넌스가 장애요인이 될 수도 있어 기술성장 단계에서부터 이러한 여건을 조성해야 하기 때문이다.

이런 여건 개선에도 1차 산업의 4차 산업혁명은 초보 단계를 벗어나는 데 시간이 오래 걸릴 것이다. 이는 무엇보다 농산어촌 지역에 4차 산업혁명을 구현하려면 막대한 비용이 들고, 이를 구현할 농산어촌 인구의 노령화와 과소화로 인해 정보통신기술(ICT)에 의한 스마트화를 주도할 수 없다는 점 때문이다. 특히, 청년층의 경우는 대다수가 농장 마련과 스마트팜 설치비용 등을 감당하지 못하는 상황이기 때문이다. 이와 같이 고령화된 1차 산업 종사자들을 위한 스마트화 교육이 부족하거나 어려움을 겪게 되고, 시스템 관리의 어려움을 호소하는 1차 산업 종사자도 적지 않다는 점을 반드시 고려해야 한다(김상철, 2017).

이에 정부 정책은 창의와 혁신에 기반을 둔 농산어촌의 여건 조성을 위해 자급자족이 가능한 도시로서 주거뿐만 아니라 해당 농산어촌 내에서 일과 생활이 완전히 원스톱(one stop)으로 가능한 '주상복합행정아파트(가칭)'를 내세운 로컬(local)형 스마트 에코 자족도시(Self-Contained City)를 건립해야 한다. 현재의 대학과 지방 국도 주변에 자족 기능을 갖춘 스마트 에코 자족도시를 건설해야 한다. 이러한 대규모 로컬형 신도시 개발 개념으로 "새 집 줄게 헌 집 다오"로 농산어촌 경관을 보존하고 노년층(복지정책시행 편리, 폐가 정리)과 청년층(농산어촌으로 오게 하는 유인 정책)의 관심을 끌어내야 한다. 영구 무상임대형 등 파격적인 주택정책 추진으로 이슈를 선점하고 지역 균형 발전정책과 연계하는 정책이 되어야 한다. 이는 결국 1차 산업 중심지인 농산어촌 생태계와 환경을 유지·보전하면서 안전한 농산물, 축산물, 임산물, 수산물을 생산하는 기본적인 기능을 지속 가능하게 한다.

4. 세부 추진과제별 방안

4.1 단계별 추진 방안

1차 산업 스마트화의 단계별 추진과제를 제시하면, 1단계는 청년 농어업인에게 희망을 주는 영구 무상임대형 '스마트 에코 자족 신도시' 건설이다. 이 제안의 배경은 1인 독거노인(폐가 정리 효과) 및 청년 농어업인 주거복지 안정화 필요성 때문이다. 그 내용은 1인 독거노인 가옥 매입기준을 개선해 매입물량을 확대하고, 귀농·귀어 청년 농어업인에게 저렴한 비용으로 주거공간을 지원해 안정적인 정착을 지원하는 것이다.

2단계는 스마트 에코 자족도시를 중심으로 한 '스마트 공동관리센터' 운영이다. 이 제안의 배경은 농산어촌의 1차 산업 스마트화를 총량적으로 관리하는 센터 운영에 대한 필요성이 제기되기 때문이다. 그 내용은 농산어촌 1차 산업 스마트화를 공동으로 관리하고 운영하는 '안심스마트화관리센터' 모델 발굴, 1차 산업 스마트화 경쟁력 강화를 위한 주민교육 지원, 미래 1차 산업에 대한 신뢰 확보(기후변화와 자연재해 등 극복), 새로운 1차 산업 스마트화 확산을 지원하는 것이다.

3단계는 1차 산업 스마트화 도입을 통한 개선 영역을 발굴하는 것이다. 제안 배경은 불필요한 업무를 줄여 효율적인 업무 추진이 가능한 영역을 발굴할 필요성 때문이다. 그 내용은 스마트팜, 스마트수산, 푸드테크 등 1차 산업의 스마트화 · 서비스화 · 친환경화 · 플랫폼화 등 4대 트렌드 전환이 시급한 상황에서 단순 반복 및 주먹구구 업무 처리시간 단축 및 대국민 건강한 먹거리 제공서비스의 경쟁력을 강화하는 것이다(최주원 외, 2020). 예를 들면, 공공데이터를 활용한 '도체AI예측시스템'으로 우시장 출품 소경매의 스마트화가 있다. 이는 농가의 사육방식에 따른 30개월 후의 소 성장예측도 가능하게 하고 있다.

4단계는 국내산 농축수산물 소비를 위한 농림축산식품부 및 해양수산부의 적극 행정이다. 이 제안의 배경은 기상이변, 자연재해 등에 대응한 농수축산물의 거래량 감소 및 농어가 등 업계 피해를 최소화하기 위함이다. 그 내용은 국내산 농축수산물 소비를 위한 판로, 즉 채널 확대, 농어가에 긴급자금 지원 등을 위한 맞춤형 스마트재난복지시스템 구축을 통해 경영 및 재난 위기의 농어가 소득 및 주거안정 도모다.

5단계는 1차 산업의 디지털 기반 농축수산식품의 수출 혁신이다. 이 제안의 배경은 K-방역, K-한류로 자리매김한 '한국'의 음식문화를 어려워진 농산어촌의 식재료 및 식품 수출과 연계할 필요성 때문이다. 그 내용은 생산 · 유통 · 물류 등에 대한 스마트 적기 시스템 지원으로 식재료 수출 지원, 1차 산업 가공식품이나 제품에 대한 온라인 채널 확대로 수출 피해를 최소화하는 것이다.

6단계는 '1차 산업 산물 클라우드 창고'를 통한 긴급 상황에 대한 위기 극복이다. 이 제안의 배경은 기후변화(과잉 및 과소생산)와 자연재해 등으로 농산어촌 경영위기 등의 피해 발생 시 빅데이터로 관리되는 유통·물류거점 중심의 클라우드 창고의 필요성 때문이다. 그 내용은 빅데이터와 인공지능으로 관리되는 디지털 기반 클라우드 창고 건설, 전 국민에게 안정적인 가격에 농축수산물을 공급해 과잉 또는 과소 생산된 농축수산물 소비, 관련 1차 산업 종사자의 경영위기 극복, 관리를 위한 일자리 창출, 국민 건강증진 및 식량안보 등에 이바지함이다.

4.2 정부, 민간 분야 협력을 위한 추진 방향 정립

정부와 민간 분야 협력을 위한 추진 방향은 첫째, 1차 산업 스마트화의 원활한 추진을 위한 '농산어업인 전담공무원' 제도의 추진이다. 이 제안의 배경은 고령 농어업인과 청년층을 위한 전문 1차 산업 경영 개선 및 지원의 필요성 때문이다. 그 내용은 행정안전부·지자체 협업으로 시·군 단위 지역대학 출신의 전담 공무원을 선발하여 1차 산업 스마트화에 적극적으로 대응하고 1차 산업 종사자의 편의 증진을 지원하는 것이다.

둘째, 1차 산업 스마트화를 위한 신생 분야 발굴과 연계성 강화를 위한 신사업 추진이다. 이 제안의 배경은 1차 산업 종사자들이 투자하기에는 비용이 많이 들어가는 특성을 개선하기 위한 필요성 때문이다. 그 내용은 중앙 및 지자체 그리고 지역대학과 기업 협업으로 시·군 단위에 최적화된 디지털 기반 신생 분야 발굴과 연계성 강화를 위한 스마트화 사업의 추진을 지원하는 것이다.

5. 기대효과

국내 1차 산업은 4차 산업혁명의 주요 핵심기술 중 우리의 강점인 ICT 기술과 1차 산업 스마트화 추진이 활발하게 적용될 것으로 기대된다. 현재 농어업 분야의 스마트팜과 스마트양식장 등을 중심으로 조사 · 검토, 계획 수립 초기 단계를 지나 활발하게 운영되고 있기 때문이다(임태호, 2020). 특히, 우리나라의 높은 ICT 역량을 반영하여 빅데이터, 클라우드, 모바일, IoT 기술의 적용이 활발한 편이지만(산업연구원, 2017a) AI와 블록체인은 아직 지원 초기 단계에 있는데, 이에 대한 지원이 1차 산업에도 적극적으로 이루어질 것으로 기대하고 있다. 이 외에도 음성인식기술, CPS 활용을 상대적으로 적극 추진하고 있으며, 기술특성상 NT는 농산어촌의 환경, BT는 풍요로운 먹거리 제공(그린바이오), 쾌적한 환경 조성(화이트바이오), 클라우드는 1차 산업에서 전반적으로 활용이 부진한 편이어서 적극적으로 추진하는 데 이바지할 것으로 기대된다.

또한, 1차 산업의 스마트화로 인해 생산 · 유통 · 가공 · 소비 공정상의 변화와 아울러 1차 산업 가치사슬상 인적 자원의 결합 관계가 변화하고 있다. 특히, 고용에서는 양적 변화와 함께 질적인 측면에서도 구조 변화가 진행될 것으로 기대된다(산업연구원, 2017d). 이로 인해 빅데이터의 활용, 스마트팜과 스마트수산 확대 등에 의해 특정 산업 및 공정에서의 고용 규모는 줄어들 가능성이 크다. 하지만 동시에 데이터의 수집과 분석을 위한 인력, 스마트팜과 스마트수산 등에 투입되는 장비와 소프트웨어를 생산하는 산업에서의 고용은 늘어나는 효과가 있을 것이다(산업일보, 2017). 아울러 푸드테크, 스마트팜, 스마트수산 관련 개발, 마케팅, 생산 등 1차 산업 가치사슬상 인력에 요구되는 직무나 직능이 달라질 것으로 예상된다(권인영 · 김태호, 2020). 이로 인해 1차 산업 인력에 대한 직능 수준이 높아지거나 단순해지는 양극화가 예상된다. 따라서 인력양성은 1차 산업에 대한 전문성과 아울러 ICBM[IoT, 클라우드(Cloud), 빅데이터(BigData), 모바일(Mobile)], AI 등 4차 산업혁명의 주요 기술을 습득하도록 하는 역량 확보에 주력해야 한다.

현재 중앙정부가 추진할 계획인 종자산업, 동물용 의약품, 마이크로바이옴(Microbiome), 대체식품·메디푸드, 기타 생명소재 등 그린바이오 5대 유망산업 규모가 오는 2030년까지 2배 이상으로 성장하는 효과를 기대할 수 있다(농림축산식품부, 2020). 즉, 1차 산업 스마트화로 인해 정부가 추진하는 그린바이오 핵심기술 개발 로드맵에 의한 '그린바이오 융합형 신산업 육성방안'이 탄력을 받을 것으로 기대된다. 특히, 그린바이오 융합형 신산업 육성방안의 핵심은 산업기반을 구축하고 기업의 기술개발, 자금 마련, 시험 및 평가, 시제품 출시 등 전 주기를 지원해 선순환할 수 있는 그린바이오 생태계를 조성하는 데 이바지할 수 있다. 이를 통해 정부는 스마트화로 인한 1차 산업의 규모를 키우고 고용 규모를 늘릴 수 있는 경쟁력을 갖추게 될 것이다.

또한, 1차 산업 스마트화로 디지털 농어업이 더욱 추진되어 ICT와 만난 1차 산업은 하드웨어와 소프트웨어 그리고 데이터웨어 산업군이 새롭게 등장할 것이다. 이로 인해 1차 산업이 이전과는 완전히 다른 거대한 시설·장치·스마트산업으로 진화할 것이다(지식산업정보원, 2020).

이러한 정부 추진 정책은 향후 1차 산업의 영역을 종자산업, 동물용 의약품, 마이크로바이옴, 대체식품·메디푸드, 기타 생명소재 분야의 연구개발로 이끌 것이며, 시설원예·축산 스마트팜의 도시농업으로도 확대되고(권경석, 2017), 무인·자율농기계로 인해 노동집약적 1차 산업의 특성을 완전히 뒤바꾸는 첨단 산업이 됨으로써 해외 기업농과의 경쟁에서 뒤지지 않는 경쟁력을 갖추게 될 것이다.

3장
인공지능 육성 전략

김진화

1. 인공지능 현황 분석

세계 인공지능(AI) 시장 규모의 성장 전망은 다른 산업에 비할 수 없다. 2025년까지 매년 평균 30~40% 사이의 성장률을 예상한다. 2025년 최종적으로 약 204조 원의 시장 규모를 형성할 것이라는 예측이 지배적이다. 현재 글로벌 시장에서 인공지능을 주도하고 있는 국가는 미국이다. 2019년 한해 무려 세계 시장의 30.7%를 차지하고 있다. 중국, 영국 등이 그다음 시장점유율을 차지하고 있다. 세계적으로 널리 알려진 인공지능 회사는 구글 딥마인드(영국), 페이스북, IBM(미국)이 있다. 국내 AI 관련 리더 기업은 SKT, kt, 네이버, 카카오, 카이런 소프트, 셀바스 AI 등을 들 수 있다 (연합뉴스, 2020.12).

이미 미국뿐만 아니라 세계를 리드하는 페이스북, 애플, MS, 구글, 아마존은 인공지능에 많은 투자를 하고 있다. 이들 기업은 주로 신생 벤처 인공지능기업을 인수·합병하여 인공지능에 관한 자사의 역량을 확대해나가고 있다. 우리나라는 미국, 중국 같은 인공지능 선진국과의 대표 기업, 기술, 역량, 인재 확보, 기술에서 상당한 격차가 있으며 최근에 그 격차가 더욱 심화되고 있다고 평가된다. 특히 글로벌 역량을 갖춘 AI 분야의 인재양성이 시급한 과제로 부상하고 있다. 또한 이러한 인재를 효율적으로 관리하고 활용할 수 있는 사회적 시스템 형성이 시급하다. 오늘날 국가 차원의 인공지능 발달을 위해 산학연 공동의 노력이 어느 때보다 절실한 상황이다(산업연구원, 2019).

한국정보화진흥원(NIA)이 2019년 발표한 우리나라 AI 수준 조사에 따르면 대부분의 AI 지표에서 각 분야를 리드하고 있는 AI 리더 국가들과 비교했을 때 우리나라의 AI 인프라는 많이 부족하다. 2018년 미국, 중국, 일본, 영국, 독일, 인도, 이스라엘 등 인공지능 글로벌 리더 주요 7개국을 비교 대상으로 데이터 기반의 AI 경쟁력 수준을 조사한 결과 해외 국가별 인공지능 관련 기업 수는 미국이 2,028개, 중국 1,011개, 영국 392개, 인도 152개, 이스라엘 121개, 독일 111개, 일본 40개였다. 우리나라의 AI 기업 수는 26개였으며, 이는 미국의 1.3%에 해당하는 수치다(연합뉴스, 2020.12).

2019년 발행된 「인공지능 기술·활용·인재 현황과 시사점」 보고서를 분석해 보면 전 세계적 인공지능 핵심 인재 500명 중 한국은 7명에 불과하다. 미국은 73명, 중국은 65명을 보유하고 있으며, 우리나라는 홍콩(29명), 터키(19명), 대만(9명)에도 미치지 못하는 숫자의 인재를 보유하고 있다. 인공지능에 관련된 기술력 역시 선진국보다 많이 뒤진다는 평가를 받는다. 인공지능 기술 1위 국가 미국을 100%로 했을 때 한국은 81.6%였으며, 유럽은 90.1%, 중국은 88.1%, 일본은 86.4%였다. 인공지능 기술과 가장 관련이 높은 연관 기술인 빅데이터 기술 수준에서도 한국의 수준은 미국의 83.4%였다. 반면에 중국의 빅데이터 기술 수준은 87.7%, 일본은 84.8%였다. 한국 정부는 2019년 12월 "IT강국을 넘어 AI강국으로"라는 슬로건과 함께 범정부적 총역량을 결집하여 4차 산업혁명 시대의 인공지능 주도 국가가 되기 위한 미래 비전과

[그림 3-1] 인공지능(AI) 국가전략

전략을 발표했다. 이를 위해 경제·사회 전반의 혁신을 위한 3대 분야 9대 전략, 100
대 실행과제를 제시하고, 인공지능을 통해 경제효과 최대 455조 원을 창출하고자 하
는 계획을 발표했다(박설민, 2020).

2. 인공지능 해외 주요 정책 사례

세계 각국은 생산성 향상, 경쟁력 제고, 국가안보 증진, 사회문제 해결 솔루션
등에 인공지능을 활용하기 위해 정부 이니셔티브를 추진 중에 있다. 인공지능 기초
기술과 다양한 부문에 적용하는 인공지능 활용기술의 발전이 지속되면서 전 세계 국
가들 사이에는 포괄적이고 계획된 인공지능 국가전략이 경쟁력 유지에 중요하다는
인식이 확산되고 있다(ETRI Insight, 2020).

인공지능의 발전은 국가 경제 발전에 핵심이라고 평가된다. [그림 3-2]와 같이
미국, 핀란드, 영국 같은 인공지능 선진국에서는 인공지능이 경제성장률을 획기적으

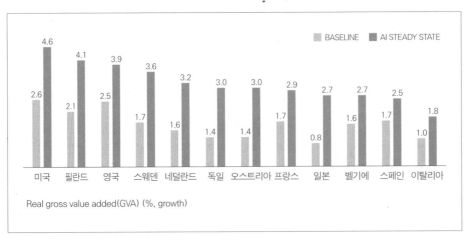

출처: THE ECONOMIC IMPACT OF AI, https://www.accenture.com/lv-en/_acnmedia/PDF-33/Accenture-Why-AI-is-the-

[그림 3-2] 인공지능과 생산성 예상

로 두 배가량 증대시키리라 예상한다. 인공지능은 노동 생산성에 획기적 변화를 가져올 것이다. 이들 국가는 인공지능이 2035년까지 30% 이상의 노동생산성을 향상시킬 것이라 예상한다.

　　미국, 중국, 영국, 독일, 일본, 프랑스 등 세계 각국은 인공지능을 국가 주요 어젠다로 추진하면서 국가 차원의 인공지능 발전 계획과 투자 계획을 발표하여 국가 간의 인공지능 발전 경쟁을 가속화하고 있는 현실이다. 인공지능 경쟁에 불을 붙인 나라는 미국으로 현 정부 이전의 트럼프 정부는 AI 정책의 추진 방향을 구체적으로 제시하고, 관련 연구개발(R&D)을 우선 과제로 설정하는 등 AI 발전을 위한 정책을 추진하는 「미국인을 위한 AI(AI for American People)」 보고서를 선도적으로 발표했다. 이 정책 보고서는 AI R&D 우선 지원, AI 교육 강화, 규제개선 등 인공지능 정책추진 방향을 제시했다.

2.1 미국의 인공지능 육성 전략

미국은 가장 먼저 인공지능 개발 정책을 수립하고 추진한 나라로 주목받고 있다. 인공지능 연구개발 투자를 위해 연방기관들은 장기적인 안목으로 AI 연구개발 투자를 최우선적으로 추진하고 있다. 인공지능 인프라 개방을 위해 데이터, 모델, 컴퓨팅 리소스를 AI 연구자에게 개방하는 정책을 시행하고 있다. 이와 관련하여 「정부 데이터 법(OPEN Government Data Act)」을 시행했다.

거버넌스 표준화를 위해 인공지능 시스템 개발 지침 수립과 인공지능 시스템 기술표준을 개발했다. 인공지능 관련 전문인력 확충을 위해 펠로우십 및 연수 프로그램을 운영하며, 국민의 인공지능 잠재력 향상을 위한 STEM(Science, Technology, Engineering, Mathematics) 교육을 함께 확대해나가고 있다. 또한, 인공지능과 관련하여 국제 공동 연구 및 개발을 위해 국제협력 차원에서 인공지능 R&D를 장려하고 시장 창출이 가능한 국제적 환경을 조성하도록 하고 있다. 인공지능을 이용하여 자국의 이익을 보호하고 경제안보를 지키기 위한 액션플랜 역시 개발 중이다. 미국의 AI 분야 정책은 AI 중요성 및 필요성 제기, R&D 집중, 분야별 세부전략 수립 및 가이드 개발, 국가 전 분야 전략 수립의 흐름으로 전개되고 있다(김규리, 2019).

2.2 중국의 인공지능 육성 전략

중국은 정부 주도의 인공지능 육성 정책을 대규모로 하고 있다. 대기업을 통한 적극적인 인공지능 발전도 도모하고 있다. 인공지능과 함께 빅데이터 활성화 역시 그 발전을 도모하고 있다. 빅데이터 활용 발전을 위해 인공지능 학습을 위한 공공데이터 구축, 빅데이터 거래소 설립, 데이터 활용을 위한 개인정보보호 규제 철폐를 통해 인공지능과 관련된 데이터 활용 기반 구축에 역점을 두고 있다. 인공지능 창업투자에 적극적인 활성화 전략을 구상하고 있으며, 여러 가지 규제 개혁을 통해 국제적인 경쟁력을 갖춘 기업의 창업을 적극적으로 유도하고 있다. 중국은 '차세대 AI 발전 계획'에서 향후 10년 안에 미국을 앞서 인공지능 분야 선도 1위 국가가 되기 위한 3단계 전략 목표를 제시하고 있다. 또한 국가와 대기업 중심으로 의료, 교통, 농업, 금융, 물류, 교육, 문화, 여행 등의 산업 분야를 집중적으로 개발하는 전략을 시행하고 있다(ETRI Insight, 2020).

2.3 일본의 인공지능 육성 전략

일본 정부는 그간의 경제 부진을 인공지능을 이용해 탈피하려는 적극적 육성정책을 시행하고 있다. 스마트폰 시장에서의 뼈아픈 교훈은 새로운 기술을 이용한 시장의 적응과 선도가 얼마나 중요한지를 뼈저리게 체험했다. 일본은 생산의 강국이라는 장점을 인공지능과 결합하려는 시도를 하고 있다. 인공지능을 로봇, 센서 등과 연결 · 결합하는 융합형 혁신기술 개발로 인공지능 경쟁력 확보를 추진하고 있다. 그리고 인공지능 인력양성을 위해 대학과 고등교육기관에 인공지능 관련 교육과정을 개설하여 인공지능 인력양성을 추구하고 있다. 기업의 걸림돌이 되는 법률 문제를 해결하기 위해 공통 법률 제 · 개정 및 산업 분야별 법률 개선으로 인공지능 산업 분야의 혁신 전략을 추진하고 있다.

인공지능과 관련된 일본의 정책은 '초스마트사회(Society 5.0)'(2016), '인공지능 산업화 로드맵'(2017), '인공지능전략 2019'(2019) 등을 예로 들 수 있다. '인공지능 산업화 로드맵'은 초스마트사회의 실행전략으로, 인공지능 기술수준과 사회문제 관점에 따라 AI 산업화를 3단계로 구분했는데, 사회 모든 영역이 경계 없이 연결 · 융합되는 인공지능 에코시스템 구축을 최종 목표로 설정하고 있다. 인공지능 산업화의 1단계는 2020년까지 데이터 구동형 인공지능의 이용과 활용시장 확대의 단계이고, 2단계는 2025년 또는 2030년까지 개별영역 이상의 인공지능, 데이터의 일반적 이용이 진행되는 단계이며, 3단계는 그 이후로 각 영역이 복합적으로 연결돼 인공지능 에코시스템이 구축되는 단계로 설정했다(ETRI Insight, 2020).

2.4 독일의 인공지능 육성 전략

독일은 인공지능 선도국으로서 위상을 확고히 하고, 국제적 경쟁력을 확대하여 경제발전에 기여하겠다는 전략적 목표와 함께 다양한 지능화 응용 가능성을 연구·개발하여 시민과 사회에 가치 있는 기여를 하도록 하는 정책을 추진하고 있다. 독일의 인공지능지원 정책은 연구 강화, 혁신 챌린지, 기업역량 강화, 스타트업 지원, 노동시장 변화, 인재양성 및 유치, 공공수요 및 정부서비스 혁신 데이터 활용, 촉진(Promotion), 법제도, 표준, 네트워크, 사회적 논의 등 12개 분야로 되어 있다(ETRI Insight, 2020).

2.5 영국의 인공지능 육성 전략

영국은 민·관 혁신 인공지능 생태계 구축을 위한 정책을 추진하고 있다. 또한, 벤처기업들이 국제무대에서 경쟁력을 갖게 할 수 있는 역량을 육성하는 데 정책의 초점을 맞추고 있다.

정책의 목표를 인공지능 생태계 형성 및 구축으로 정하고 의료, 금융, 보안 등 공공서비스의 혁신과 개방, 공공부문 조달 프로세스 간소화, 기술융합 등을 통해 융복합 사업모델을 구축하고, 민·관 프로젝트 참여 기회를 확대하는 정책을 추진하고 있다. 또한, 인공지능 스타트업 육성을 위해 2018년에만 13억 달러를 투자했으며, 약 500개의 AI 스타트업기업이 영국에 있는데 이는 유럽 전체의 1/3에 해당한다고 한다.

인공지능 및 데이터 혁신 과제 추진을 위한 세부전략으로, 산·관·학 파트너십

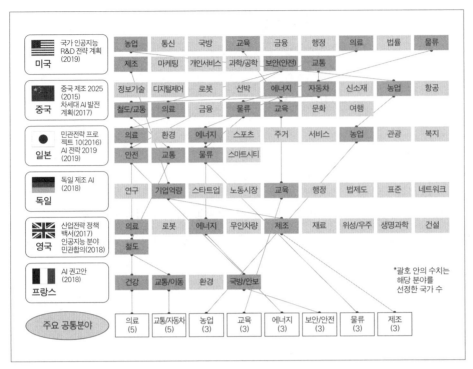

출처: 경쟁력 비교 사례-국가 AI 전략 중심, ETRI Insight 2020.11

[그림 3-3] 글로벌 국가들의 주요 인공지능 추진 분야(참조: 각국의 AI 전략 프로파일-AI)

을 기본적인 정책추진 틀로 하고, 영국 인공지능 산업의 글로벌 선도 및 중장기적 민관 혁신 인공지능 생태계 구축에 주력하고자 한다. 이를 실현하기 위해 AI 연구개발 강화, 인재양성, 데이터 인프라 조성, 비즈니스 환경 구축, AI 클러스터 구축을 목표로 정부와 업계 간 합의된 역할을 명시했으며, 인공지능 기술의 다양한 부문에 대한 활용과 안전하고 윤리적인 사용을 강조했다(ETRI Insight, 2020).

글로벌 국가들의 주요 인공지능 추진 분야는 [그림 3-3]에서처럼 3개국 이상에서 공통적으로 선정-추진 중인 지능화 적용 분야로는 의료, 교통 · 자동차, 농업, 교육, 에너지, 보안 · 안전, 물류, 제조 분야라는 것을 알 수 있다. 우리나라의 인공지능 경쟁력은 미국, EU, 중국 등과 같은 인공지능 리딩 국가와는 상당한 차이가 존재하나 인공지능 후발 주자로서 더 나은 전략과 이미 시행하고 있는 디지털 뉴딜 정책의 활용으로 인공지능 경쟁력 향상에 더욱 집중할 필요가 있다(ETRI Insight, 2020).

3. 인공지능 정책과제

중국, 미국 등과 비교하면 우리나라의 인공지능 수준은 상당히 뒤처졌다고 평가된다. 최근 몇 년간의 보고서에서 볼 수 있듯이 세계적 선도 기업의 숫자, 혁신 기업의 숫자, 기술 수준, 전문인력 확보 등에서 더욱 격차가 벌어지고 있는 현실이다. 특히 기술 분야에서 격차가 심하게 벌어지고 있으며 인공지능 스타트업, 경쟁력 있는 인공지능 전문가 및 인재 확보가 시급한 상황이다(이정태 2020, THE ECONOMIC IMPACT OF AI).

3.1 AI 생태계 조성

18세기 산업혁명 이후 기계에 빼앗겼던 많은 일자리가 기계로 인해 새로 탄생했다. 그뿐만 아니라 기계는 모든 산업에서의 생산성을 높여 더 많은 부를 창출함으로써 궁극적으로 국가의 부를 이전보다 더 많이 창출해 국민의 복지와 국가의 경쟁력 향상에 기여했다.

오늘날 인공지능 역시 똑같은 과정을 겪고 있다고 평가된다. 인공지능은 당분간 사람들의 일자리를 줄이겠지만 궁극적으로 이로 인해 많은 새로운 일자리가 탄생하고, 높아진 생산성으로 사람들은 줄어든 노동시간으로 삶의 질을 높일 수 있으며 공장은 더 많은 질 좋은 물건을 생산할 수 있다. 19세기까지 산업발전의 핵심이 기계의 사용이고 20세기 발전의 원동력이 컴퓨터, 통신 등 정보화라면 21세기 발전의 핵심은 인공지능이라고 보고 있다. 따라서 인공지능 기술의 발전과 특히 인공지능 기술을 적극 활용할 수 있게 하는 생태계 조성은 오늘날 각 나라의 핵심 과제다.

　1990년부터 현재까지 인공지능에 대한 관심이 급증했고, 연구가 활발히 진행
되고 있다. 시장전문 조사기관인 트랙티카(Tractica)에 따르면, 인공지능 시장은 연평
균 82.9%로 성장해 2015년 약 3천억 원 규모에서 발전해 2020년 이후 약 5조 원 시
장이 형성되었다. 일본 EY연구소가 인공지능 관련 시장 규모를 조사했는데, 2015년
약 32조 원에서 2020년에는 약 240조 원으로 성장했다. 이는 연평균 성장률이 44%
로 확인된다. KT경영연구소에 따르면, 국내 인공지능 시장 규모는 2020년 2조 2천
억 원 시장으로 확대되고 2030년에는 27조 5천억 원 시장을 형성할 것으로 전망했
다. 아울러 미국 IBM에 따르면, 2025년 인공지능 시장은 2천조 원에 달할 것으로 전
망했고 맥킨지는 그보다 더 높은 수치인 7천조 원에 이를 것으로 전망했다. 따라서
인공지능의 발전은 국가발전의 가장 핵심적인 요소로 평가가 되고 있다(연합뉴스, 2020;
과학기술정보통신부, 2019).

3.2 인공지능 발전을 위한 정책 도출 과정

　정부의 인공지능 발전을 위한 정책을 도출해내기 위해 최근 체계적인 정책
도출 및 미래 예측에 쓰이는 빅데이터 기법을 활용했다.

3.2.1 인공지능 연관단어 분석

　최근 5년간 언론 매체를 통해 보도된 뉴스 기사에서 높은 빈도로 출
현한 상위 주제어 20개를 TF를 기준으로 정리하면 〈표 3-1〉과 같다.

　〈표 3-1〉은 인공지능이 앞으로 미래에 로봇, 서비스 등의 응용 · 활용이 많이 일
어날 것이며, 국내에는 SK, 해외에는 구글이 적극적인 역할을 할 것임을 보여준다.
또한 표에 나타난 최상위 단어인 '인공지능'을 제외하고 이어서 '기술', '로봇', '서비

<표 3-1> 인공지능 연관단어 분석

순위	주제어	빈도(TF)	순위	주제어	빈도(TF)
1	인공지능	35,642	11	바둑	3,277
2	기술	9,176	12	분야	3,269
3	로봇	6,000	13	SK	3,196
4	서비스	5,546	14	시대	3,105
5	개발	5,521	15	기업	3,023
6	알파고	5,243	16	산업혁명	2,949
7	인간	4,058	17	세계	2,851
8	기반	4,052	18	구글	2,825
9	미래	3,932	19	대결	2,484
10	활용	3,353	20	전자	2,320

스', '개발', '알파', '인간' 등의 단어들이 높게 나타난 것으로 미루어 인공지능이 인간과 접점에서 발전이 이루어질 전망이다. 특히 서비스, 활용 등의 단어는 기술의 표준화 이후에 국가가 인공지능 기술을 다른 주요 기술과 융합하여 새로운 상품, 서비스를 만들어내는 것이 중요한 과제라는 것을 보여준다. 또한, 구글 같은 인공지능 기반의 세계적 기업이 필요하다는 것을 나타낸다(문준환, 2019).

3.2.2 인공지능 토픽 분석

인공지능을 키워드로 하여 최근 보고서, 뉴스 텍스트를 텍스트마이닝 기술을 이용하여 토픽 분석했다. 아래는 인공지능 토픽 분석에서 주요한 9개의 클러스터 주제다.

주제 1: 융합을 위한 4차 산업혁명 시대에 인공지능의 역할과
정부의 지원 정책

사물인터넷, 인공지능, 빅데이터 기술이 융합될 수 있는 환경을 조성하는 것이 중요하다.

주제 2: 인공지능 선도기업의 동향 및 육성

2017년 구글의 CEO 선다 피차이(Sundar Pichai)는 회사 전략이 'Mobile first'에서 'AI first'로 전환되었다고 발표했으며, 마이크로소프트 역시 2017년 연차 보고서를 통해 'Mobile · Cloud first'에서 'AI first'로 회사 전략의 중심축이 이동했음을 보여주었다. 글로벌 ICT 기업인 구글, 아마존, 페이스북, 마이크로소프트, IBM, 엔비디아, 바이두, 알리바바, 텐센트, 삼성전자, 네이버는 2012년부터 2017년까지 약 50개의 인공지능 기업 M&A를 진행했으며, 피인수 기업의 기술과 인재를 자사 연구개발 인프라에 흡수한 후 추가적인 연구개발을 통해 인공지능제품 및 서비스 상용화를 앞당겼다.

주제 3: 인공지능 기술의 응용과 상용화 추진

산 · 학 · 연의 인공지능 전문가를 대상으로 측정한 5대 인공지능 기술의 성숙도가 모두 리커트 7점 척도에서 4.0을 넘어 중상위 수준에 도달하고 있어 많은 기업이 현존하는 인공지능 기술을 바탕으로 다양한 제품 및 서비스를 상용화하는 움직임은 타당하다고 볼 수 있다.

주제 4: 인공지능을 활용한 재난·재해 예측 및 대응(정부 주도 시범 사업을 통한 활용의 확산)

정부는 스마트 재난안전관리 체계를 구축하는 데 5년간 6,153억 원을 투입할 계획이다. 재난 전조를 감지하고 예측하는 체계를 만들기 위해 인공지능, 사물인터넷, 클라우드, 빅데이터, 모바일 기술이 도입되며, 재난대비 교육 및 훈련체계를 위해 가상현실과 증강현실이 도입된다.

주제 5: 인공지능이 경제에 미치는 영향

영국의 컨설팅 회사인 프라이스워터하우스쿠퍼스(PwC)는 인공지능 기술의 채택이 확산되고 기술개발이 가속화됨으로써 2030년까지 글로벌 GDP가 14%(약 15조 7천억 달러)까지 증가할 것으로 추정했으며, 미국의 컨설팅 회사인 맥킨지(McKinsey & Company)는 인공지능이 2030년까지 전 세계 GDP를 약 13조 달러 증가시키고 매년 1.2%씩 증가시킬 것으로 추정하여 향후 인공지능 기술이 생산성 향상과 경제성장의 원동력이 될 것으로 전망했다.

주제 6: 인공지능의 임베디드 전략 — 모든 분야에 인공지능 활용 전략

인공지능 기술은 자율주행차의 카메라 및 레이더와 라이다(LiDAR) 센서에서 수집된 정보와 차량 간 통신에서 수집된 정보를 활용하여 물체와 환경 인식, 차량 제어, 정밀지도 생성, 사용자 음성 인식, 사용자 모니터링 등의 기능을 수행하며, 현재 개발된 딥러닝(Deep Learning) 인공지능 기술을 통한 차량 인식률은 89%로 나타나고 있다. 가전 기업 및 ICT 기업들은 인공지능 기반의 지능형 개인비서를 냉장고, 세탁기, 청소기 등에 탑재했고, 완성차 업체와 통신사들은 3단

계 수준의 자율주행을 구현한 자동차를 선보였다.

주제 7: 인공지능 선도 및 시범 분야— 의료와 금융의 인공지능

의료영상을 인공지능을 통해 분석하고 판단해서 빠른 시간 내에 정확한 진단을 하고 있으며, 의료현장에서 벌어지는 모든 음성 정보를 음성 인식 인공지능을 통해 문자로 전사하여 전자의무기록을 작성하고 환자의 영상, 음성, 전자의무기록 데이터를 기반으로 한 질병 예측 및 예방, 치료 등에 대한 종합적인 솔루션을 의료진과 환자에게 제공하고 있다. 핀테크 분야에서의 인공지능은 기존 금융업 분야에서는 볼 수 없었던 새로운 형태의 비즈니스 모델을 등장시키고 있다. 인공지능을 활용한 개인 맞춤형 서비스, 투자자문 및 자산관리, 신용평가, 부정거래 탐지, 챗봇(chatbot) 서비스가 등장했다.

주제 8: 인공지능 관련 교육 역량 강화

인공지능(AI) 국가전략을 통해 세계 최고의 메모리 반도체 경쟁력을 활용하여 AI 반도체 경쟁력 세계 1위, 전 국민이 AI 기초 역량을 습득할 수 있는 교육체계 구축, 전자정부를 넘어서는 AI 기반 차세대 지능형 정부로 탈바꿈, AI의 혜택이 기술과 자본을 가진 계층에 집중되지 않고 모든 국민이 고루 누릴 수 있도록 일자리 안전망 구축, AI 윤리 정립 등을 통해 사람 중심의 AI 시대를 구현하겠다는 목표를 발표했다.

주제 9: 인공지능 무기경쟁과 패권경쟁에 대한 우려(국방에 인공지능 활용) — 앞으로 인공지능은 미사일, 드론, 무인 탱크, 무인 비행기와 연결되는 강력한 무기임

국제평화운동단체인 팍스(Pax)는 보고서 「State of AI」에서 중국, 러시아, 미국 등 군사 강국 간의 인공지능 무기경쟁에 대한 우려를 제기했다. 드론, 킬러로봇 등을 이용하여 반응시간을 단축하고 타격을 더욱 정확하게 하기 위한 자율 살상무기 개발은 무력 사용에 관한 의사결정을 단축시키고 대량살상무기의 위험을 증가시킨다(과학기술정보통신부 2019, 노설현).

3.2.3 인공지능과 주요 기술과의 연관관계 그래프 분석

[그림 3-4]는 인공지능이 4차 산업혁명의 핵심 주제 안에서 빅데이터, 가상현실, 블록체인, 무인 자동차, 보안, 정보, 에너지 등과 어떤 관계가 있는지를 보여주고 있다. 인공지능의 가장 시급한 과제로는 융합, 공장, 블록체인 등이 있으며, 보안, 자율 자동차, 개발, 교육과도 관계가 있음을 보여주고 있다. 위 그래프에서 언어지 정보는 앞으로 정책과제의 주제 선정과 정책과제의 우선순위를 정하는 데 사용

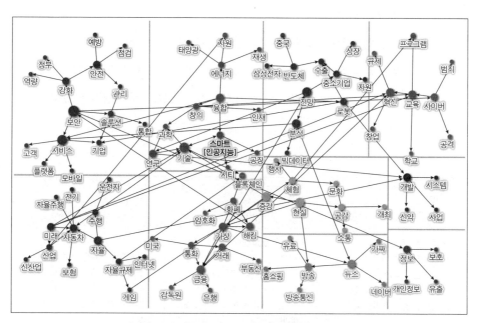

[그림 3-4] 인공지능과 주요 기술과의 연관관계 그래프

될 수 있다(문준환, 2019).

3.3 인공지능 발전의 주요 정부 정책 도출

인공지능 연관단어 테이블, 인공지능 토픽 분석, 인공지능과 주요 기술과의 연관관계 그래프가 제시하는 인공지능 발전의 주요 정책 방향을 우선순위에 따라 정리해보면 다음과 같다. 정부는 인공지능을 이용한 국가발전을 위해 아래의 정책을 집중적으로 지원·육성해야 한다. 세부적인 정책을 통해 아래와 같이 인공지능 핵심 분야를 발전시켜야 한다.

- 인공지능과 다른 4차 산업 핵심기술과의 융합: 사물인터넷, 빅데이터 등 다른 핵심기술과의 융합
- 인공지능 기술의 응용과 활용 추진: 모든 제품 및 산업에 인공지능의 응용 및 활용 추진
- 인공지능 선도기업의 동향 및 육성: 인공지능 세계 100대 기업 진입 목표 기업 육성, 이들로부터의 파급효과 기대, 지능형 정부 시범사업
- 인공지능을 이용한 창업의 육성: 인공지능 기반의 벤처 생태계 조성과

〈표 3-2〉 인공지능 생태계 조성 전략

인공지능 생태계 조성		
인공지능 기업 육성	기초 인프라 조성	인공지능 인력양성
• 구글, 아마존, 페이스북, 애플 같은 세계적 인공지능 선도기업의 육성 • 인공지능 관련 인프라, 응용 스타트업 및 벤처기업 육성	• 인공지능 발전에 관련된 법률의 개선 • 산학연 협력의 분위기 조성 • 인공지능과 관련된 빅데이터, 소프트웨어 등 핵심 IT 산업의 육성	• 인공지능 관련 고급 인력양성 • 인공지능과 관련된 빅데이터, 소프트웨어 등 IT 교육의 강화 • 인공지능의 창의적 융합, 활용을 위한 창의성 교육의 강화

이를 위한 지원

- 인공지능 교육 역량 강화: 전 국민이 AI 기초 역량을 습득할 수 있는 교육체계 구축. 저학년을 대상으로 한 기본 소프트웨어 마인드 교육 및 오프라인 교육을 통한 인공지능 교육의 접근성 확대
- 인공지능을 활용한 재난 안전 및 지능형 정부를 통한 기반 시범사업 실시: 정부 주도의 인공지능 시범 사업을 통해 인공지능 기술의 SEED 역할을 함. 정보 사업을 통해 많은 기업의 자양분을 통해 성장할 수 있음
- 국방에 인공지능 활용: 인공지능은 현대 전쟁의 가장 중요한 요소인 'un-manned warfair'의 핵심 요소로 평가받고 있음

종합적으로 아래 표와 같이 인공지능 기업 육성, 기초 인프라 조성, 인공지능 인력양성을 통한 인공지능 생태계 조성에 힘써야 한다.

4. 기대효과

인공지능의 다른 기술과의 융합, 다른 사업에의 활용은 산업 생산성과 효율성을 높이리라 기대하고 있다. 또한, 인공지능 선도기업의 육성은 팔로우업 기업을 양성하여 경제 전반으로 인공지능 사업 자체의 기반을 확보하여 경제의 활력을 불러일으킬 것이라 예상한다.

4차 산업 이후 기계가 노동력을 대체하여 많은 육체노동 관련 일자리가 없어졌으나 이후 기계는 더 많은 새로운 일자리를 창출했다. 인공지능은 관련 기술, 산업의 발전을 통해 새로운 많은 일자리를 창출하리라 예상한다. 특히 미국, 중국, 영국, 이스라엘처럼 인공지능 관련 많은 창업 기업의 성공은 이들 기업의 성장과 함께 더 많은 일자리 확대를 기대한다.

현재 인공지능 100대 기업에 한국기업이 존재하지 않는 상황이다. 세계적인 인공지능 기업의 육성을 통해 국가 경쟁력을 높일 필요가 있다. 또한 인공지능은 다른 모든 산업의 핵심 엔진으로서 세계적 경쟁력을 높이기 위해 필수적인 역할을 할 것이다.

인공지능 기술과 이를 이용한 제품 및 서비스가 생활화된 사회에서는 마치 영어가 세계 공용어인 것처럼 인공지능 기술과 교육이 국민의 필수 교육과정이 될 수 있다. 인공지능 교육은 특히 문과와 이과의 취업률 차이를 메꿀 수 있는 좋은 해결책이 될 수 있다. 이는 곧 국민 전체의 취업률을 상승시키고 구매력의 상승을 가져와 국가 경쟁력 제고에 기여할 수 있다.

인공지능은 IoT, 빅데이터 등의 기술과 결합하여 국민의 안전과 생명을 지키는 데 사용되고 있다. 더욱 안전한 도시와 국가를 만들기 위해 인공지능의 활용은 재난, 안전뿐 아니라 범죄 예방 등 이전에 할 수 없었던 분야로까지 그 영역을 확대해나가고 있다.

최근 전쟁에 드론 활용뿐 아니라 인공지능 활용과 역할이 중요해지고 있다. 미국과 중국은 이미 인공지능의 국가방어 활용을 적극적으로 연구하고 있다. 특히 앞으로의 전쟁 양상이 기계 중심, 무인 중심으로 가고 있는 상황에서 인공지능은 이들의 활용에 가장 중요한 핵심 요소로 꼽히고 있다.

4장
데이터와 플랫폼에 기반한 디지털 혁신

김준연 · 박강민

1. 들어가는 글

4차 산업혁명 기술 발달과 함께 플랫폼 영향력이 급증하면서´관련 기업들의 비중이 대폭 확대되고 있다. 2009년 전 세계 시총 10대 기업 중 플랫폼 기업은 마이크로소프트와 구글의 알파벳뿐이었으나, 2020년 12월에는 마이크로소프트, 애플, 아마존, 알파벳(구글), 페이스북, 알리바바, 텐센트 등 7개 플랫폼 기업이 10대 기업으로 진입했다. 세계경제포럼(WEF, World Economic Forum, 2019)도 향후 10년간 신규로 창출될 가치의 60~70%가 데이터 기반의 디지털 플랫폼에서 발생할 것으로 예측하고 있다.

플랫폼의 부상으로 자연스럽게 주목받는 부문이 바로 데이터 경제다. 데이터 역할이 단순한 비즈니스 기능 지원에서 벗어나 공급자와 고객 간 새로운 인터페이스로 전환되고 그 자체로 상품이 되는 상황이다. 데이터는 마치 18세기 산업혁명에서 석유에 비유될 만큼 각 산업 분야에서 새로운 가치를 창출하기 위해 필수적인 요소로 기능하고 있다. 탭스콧(Tapscott, 1996)에 의해 처음 소개된 디지털 경제 개념은 최근에는 인터넷뿐 아니라 모바일 기술, 사물인터넷(IoT) 등 새롭게 발달한 관련 기술 등을 모두 포괄하며 점차 데이터의 중요성이 강조되는 방향으로 발전하고 있다. 디지털 경제 시대의 경쟁력은 바로 이 데이터의, 데이터에 의한, 데이터를 위한 작동 기제가 얼마나 효과적으로 운영되는가가 결정하는 것으로 발전하고 있다. 유럽연합 집행위원회(EC) 역시 「유럽 데이터 경제 육성책(Building a European Data Economy, 2017)」에서 데이터 활용이 모든 산업의 발전과 새로운 가치 창출에 촉매 역할을 담당하는 시대의 경제라는 의미로 데이터 경제를 제시했다. 우리 정부도 코로나19로 인해 최악의 경기침체 위기를 극복하고 새로운 성장 기회로 보는 것도 역시 디지털과 데이터다. 2025년까지 58조 2천억 원을 투입해 데이터 생성·수집·저장·처리·분배·전달의 단계별 데이터 경제를 촉진하여 4차 산업혁명 시대의 디지털 경쟁력을 강화하겠다는 것이 디지털 뉴딜의 핵심 내용이다.

최근 데이터 경제(Data Economy)는 디지털 플랫폼과 결합해 더 많은 서비스 창출과 연결되고 이러한 플랫폼이 다양한 산업 간 데이터를 융합하며 생태계가 선순환될 때, 새로운 일자리 창출과 지속 가능한 경제사회 발전을 이끌어내고 있다. 4장에서는 디지털 경제 활성화라는 목표하에 발표된 디지털 뉴딜의 핵심인 데이터 댐을 살펴보고 데이터와 플랫폼이 견인하는 미래 경제라는 관점에서 향후 우리 사회가 해결해야 할 이슈와 과제 몇 가지를 제시하고자 한다.

글의 구성은 2절에 한국판 뉴딜과 데이터 댐의 개념을 소개하고, 3절에서는 데이터 기반의 다양한 플랫폼 혁신의 사례와 노력을 살펴보고, 4절에서는 디지털 경제의 선순환적 발전을 위해 풀어야 할 이슈와 방향을 설명한다. 5절 결론에서 내용 요약과 시사점을 제시할 것이다.

2. 디지털 뉴딜 1.0과 데이터 댐

2020년 4월 22일 5차 비상경제회의에서 정부는 포스트 코로나 시대의 혁신성장을 위한 대규모 국가 프로젝트로서 '한국판 뉴딜(New Deal)'을 처음 언급했으며, 5월 7일 홍남기 부총리 겸 기획재정부장관 주재 '제2차 비상경제 중앙대책본부 회의'에서 3대 프로젝트와 10대 중점 추진과제를 발표했다. 이후 한국판 뉴딜 추진 전담 조직(TF) 구성, 분야별 전문가 간담회, 민간제안 수렴 등을 거쳐 7월 14일 제7차 비상경제회의 겸 한국판 뉴딜 국민보고대회를 통해 추진 계획이 발표됐다. 한국판 뉴딜은 디지털 뉴딜, 그린 뉴딜로 구성되어 있는데, 그중 디지털 뉴딜(Digital New Deal)에는 디지털 시대의 핵심기술이라 할 수 있는 데이터, 네트워크, 인공지능으로 요약되는 이른바 디지털 경제의 DNA(Data·Network·AI)를 육성하는 10대 대표과제가 공개됐다.

디지털 뉴딜의 핵심 과제는 바로 '데이터 댐(Data Dam)'이다. 하천이나 강 등을 막아 물을 모아두는 역할을 하는 구조물이 바로 댐이다. 데이터를 모아두는 구조물이라는 의미로 데이터에 접목해 고안한 개념으로 이해된다. 여기에서 말하는 구조물은 대규모 데이터 저장공간인 서버(데이터센터)를 생각해볼 수 있겠다. 데이터를 한 곳에 집적하고 이를 활용하도록 개방하면서 혁신을 창출하겠다는 것이다. 데이터 댐의 산업적인 측면을 고려해보면, 먼저 정부가 가지고 있는 데이터를 활용해 다양한 서비스를 구축할 수 있을 것으로 기대되는데, 정부도 디지털 댐과 관련해서 다섯 가지 거대 프로젝트를 제안하고 있다(균형발전모니터링 이슈 Brief, 제6호, 2020.12).

첫째, 정부의 빅데이터 플랫폼을 확대하고, 14만 2천여 개의 공공데이터를 신속히 개방할 계획이다. 인공지능 학습에 필요한 데이터 1,300여 종 구축도 진행된다. 유통소비, 통신, 중소기업, 지역경제는 물론이고, 금융, 환경, 문화, 교통, 헬스케어 등에 대한 기존 10개의 정부 플랫폼을 향후 30개로 확대할 계획이다. 둘째, 5G망 조기 구축을 위해 투자 세액공제 등 민간투자에 대한 인센티브를 제공한다. 일례로 5G망 조기 구축을 위한 등록면허세 감면, 투자 세액공제 등 세제지원이 구체적으로 추진될 예정이다. 셋째, VR·AR 등 실감 기술을 교육·관광·문화 등 디지털 콘텐츠와 접목하고, 자율주행기술 등 5G 융합 서비스도 개발에 박차를 가할 예정이다. 넷째, 1만 2천 개의 스마트팩토리, 미세먼지 실내정화 등 AI 기반의 서비스 17종 보급과 의료, 범죄 예방, 해안경비, 지뢰탐지, 불법복제 단속, 지역특화산업, 산업단지 에너지 효율화 등 AI + X 7대 프로젝트도 추진하기로 했다. 이러한 계획을 차질없이 추진하기 위해 범국가적 데이터 정책 수립과 민관합동 컨트롤타워도 마련될 예정이다. 마지막으로 분산되어 있는 도서관 DB, 교육 콘텐츠, 박물관, 미술관 실감콘텐츠 등을 연계하여 통합검색, 활용 서비스를 제공하는 디지털 집현전 사업도 추진할 예정이다.

데이터 솔루션은 데이터베이스 관리 시스템(DBMS)을 비롯한 데이터베이스 관련 품질·성능·저장 등 관련 솔루션 시장 영역이고, 데이터 서비스는 데이터베이스 및 주제별 정보를 제공하여 수익을 창출하는 서비스 시장이다. 데이터 구축은 데이터베이스 시스템을 구축하고, 데이터베이스 설계·이행·처리를 수행하는 시장이며, 데이터컨설팅은 데이터베이스 시스템 설계·품질·성능·거버넌스 등 데이터베이스 관련 컨설팅 시장을 의미한다.

데이터를 그 자체로 산업이라고 보면, 크게 데이터 솔루션, 데이터 서비스, 데이터 구축, 데이터컨설팅 분야로 구분될 수 있다. 산업별로 데이터의 수집·저장·설계·제공 등 고유의 영역이 있지만, 최근의 추세는 인터넷과 모바일 기술의 발전 및 클라우드, 사물인터넷 등과 같이 새로운 분야의 등장으로 전통적인 데이터 산업의 경계가 허물어지고 있다. 데이터를 기반으로 한 신기술 및 신시장은 현재 독자적인 시장으로 정의되어 있지만, 사실상 데이터가 산업 간 융합과 새로운 서비스 창출의 핵심적인 역할을 한다는 점에서 이들 전통 산업 분야와 기존 데이터베이스 산업 간의 경계는 더욱 모호해지고 있다. 따라서 데이터 산업의 범위는 기존 데이터 산업과 함께 데이터를 기반으로 하는 다양한 산업 서비스의 영역까지를 포함해야 할 것이다. GPS 기반의 시계를 생산하던 미국 기업인 가민(Gamin)은 수집된 데이터를 기반으로 헬스케어 서비스를 제공하고, 보험상품을 출시하고 있으며, 최근에는 음악스트리밍 서비스인 디저(Deezer)와 협업하고 있는 사례가 좋은 사례다. 이제 손목시계는 시계 제조를 넘어 데이터 서비스의 새로운 플랫폼이자 융합의 새로운 인터페이스가 되고 있다.

다음 절에서는 데이터를 기반으로 한 최근의 다양한 플랫폼 혁신의 사례를 살펴보고, 디지털 뉴딜 1.0에 이어서 새롭게 우리 사회가 추진해야 할 과제를 소개한다.

3. 데이터 기반의 플랫폼 혁신의 다양한 노력

3.1 전자상거래를 넘어 데이터 기업으로: 아마존과 알리바바

우리에게 익숙한 아마존과 알리바바는 대표적으로 데이터에 기반한 플랫폼 기업이라 할 수 있다. 1994년 온라인 서점으로 출범한 아마존은 여러 상품을 취급하는 전자상거래 플랫폼으로 발전했다. 아마존의 핵심 성장 전략은 '플라이휠(flywheel) 전략'이라 불리는데, 전자상거래에서 발생한 고객의 데이터를 통해 자동화된 추천과 행동 분석을 통한 소비자와 판매자의 유입을 이끌어내는 전략이다. 데이터를 모으고 처리하기 위해 구축한 자체적인 클라우드인 AWS는 아마존의 핵심사업이다. 중국의 알리바바 역시 1999년 출범 당시에는 자국 중소기업의 제품 중개형 전자상거래였지만, 금융·물류 등으로 확대되었고 여기서 발생한 데이터를 알리바바 플랫폼으로 연결해 새로운 서비스를 제공하며 성장하고 있다.

플랫폼은 자동차산업의 핵심 전략으로 언급되었는데, 지금의 플랫폼과는 그 성격이 달랐다. 1990년대 초반 포드는 여러 자동차에 공통으로 사용할 수 있는 차체를 개발하고 이를 '플랫폼'이라 불렀다. 이 플랫폼은 새로운 자동차 모델의 개발 비용과 기간 절감에 핵심적 역할을 했다. '플랫폼'이라는 용어가 소프트웨어 산업으로 넘어오면서 마이크로소프트의 윈도나 2000년대 중반 등장한 구글의 안드로이드, 애플의 iOS 등 운영체제가 플랫폼으로 인식되었다. 이후 플랫폼은 우버, 에어비앤비 등 차량이나 숙박시설 공유 등과 더불어 유튜브, 카카오톡 등 사용자를 모아서 공급과 수요를 중개하는 것으로 진화했다.

최근 플랫폼은 아마존과 알리바바처럼 온라인의 데이터를 활용해 오프라인으로 그 영역을 확대하면서 새로운 혁신을 만들어내고 있다. 기존 산업 내 경쟁을 넘어 산업 간 경계를 허물며 획득한 데이터 자산을 활용하며 기존 산업의 경쟁력을 무력화시키고 시장에서의 우위를 차지하는 범위파괴형 경쟁이 등장하고 있다.

3.2 모빌리티 데이터 기업 테슬라

테슬라는 내연기관에서 전기자동차로 변화하는 생태계 패러다임의 변화에 따라 전기차를 생산하는 것을 넘어 전기차라는 디바이스를 통해 데이터를 수집하는 데이터 플랫폼이라 할 수 있다. 자율주행 기능을 통해 수집하는 주행 데이터는 연간 51억 마일이 넘었으며, 이 데이터를 통해 자율주행 기능은 더욱 정교해지고 있다. 구글의 웨이모가 축적한 2천만 마일을 뛰어넘는 방대한 양이다. 테슬라는 이렇게 수집한 데이터를 통해 자율주행 시스템을 서비스 업데이트 형태로 제공하며, 프리미엄 커넥티비티(Connectivity) 등 서비스를 유료화하여 수익모델을 창출했다.

테슬라
2010년 토요타의 캘리포니아 공장을 인수해 로드스터를 양산하기 시작했으며, 2012년 모델S를 보급형 모델로 생산했다. 2010년 당시 전기차가 100~200km 수준이던 운행 거리를 400km로 대폭 늘리면서 지금의 시장 위상을 확보했다. 테슬라의 플랫폼은 기존 자동차산업에서 활용되는 플랫폼을 넘어 자동차 제조사인 닛산, BMW 등을 테슬라 충전 플랫폼에 참여시키고, 차량용 컴퓨터를 자체 개발해 플랫폼을 구축하고 있다.

최근 테슬라는 전기자동차 플랫폼에 머물지 않고 태양광 발전(솔라시티) → 배터리 생산(기가팩토리) → 배터리 저장(ESS9, 파워월, 파워팩) 등 대체에너지의 수직 계열화를 추진하며 자동차 영역을 넘어 에너지 플랫폼으로 진화하고 있다. 2016년 태양광 발전기를 생산 및 대여하는 솔라시티를 인수하여 사명을 테슬라 모터스에서 테슬라로 변경, 자동차를 넘어 에너지 플랫폼으로 산업의 경계를 넘는 융합 플랫폼 전략을 구사하고 있다.

자동차산업계에서는 테슬라 이전에도 자동차

에 앱스토어 같은 서비스를 추가할 수 있는 플랫폼이 존재해왔다. 현대차(블루링크),
GM(온스타), 토요타(엔튠) 등이 차량 정보, 내비게이션 등의 서비스를 제공한 것이 대
표적이다. 하지만 이들은 차량의 부가 기능이나 차량용 엔터테인먼트에 머물고 차량
을 직접 제어하는 등으로 발전하지는 못했다. 즉, 데이터를 수집하고 이를 통해 새로
운 서비스를 제공하지는 못했다. 이는 자동차 내부 소프트웨어의 복잡성 때문인데,
자동차는 60여 개의 각기 동작하는 전자제어장치(ECU)로 이뤄져 제어하는 데 어려
움이 있었기 때문이다. 전자제어장치를 공급하는 업체도 달라서 새로운 서비스를 추
가하기 위해 이를 수정·보완하고 조정하느라 상당한 시간과 노력이 필요했다. 반면
테슬라는 수십 개에 달하는 자동차 전자장치를 중앙 집중 방식으로 통합했다. 차량
의 하드웨어 플랫폼을 넘어 차체 소프트웨어 플랫폼을 구축하고자 한 것이다. 2014
년 플랫폼 1.0을 출시하고, 2019년부터 자체 개발한 칩(Chip)을 적용한 테슬라 플랫
폼 3.0을 시장에 출시했다.

3.3 데이터를 통해 일상을 장악한 샤오미

제조기업 중 데이터 플랫폼 전략으로 성장하고 있는 기업은 중국의 샤오미
가 대표적이다. 샤오미는 스마트폰 AP(Application Processor), 메인보드, 디스플레이, 통신,
카메라 등 8~10개의 모듈을 조합하여 스마트폰을 생산했다. 이렇게 각 모듈을 조립
한 형태의 스마트폰이 2011년부터 중국에서도 본격화된 스마트폰의 수요 폭증에 기
반하여 창업 4년 만에 글로벌 스마트폰 매출 4위 업체로 성장했다. 최근에는 독자적
인 칩도 개발하면서 2019년 매출 2,058억 위안(약 35조 5천억 원)을 달성했다. 급격한 성
장 배경으로 중국의 스마트폰은 신규 수요 및 피처폰 전환 수요에 대응한 저가 보급
형 기기였다. 이런 저가 기기의 출시는 제조 자체를 폭스콘(Foxconn)과 잉화(Inventec)
같은 EMS(Electronic Manufacturing Service) 업체에 위탁 생산해 마진율을 5%로 유지하고,
유통도 주로 샤오미 자체 온라인 몰 위주로 판매하면서 원가를 대폭 절감했기 때문

이다.

하지만 샤오미는 저가형 제품을 공급하는 데 그치지 않았다. 샤오미는 스마트폰에 탑재되는 MIUI OS를 안드로이드 오픈소스를 활용해 자체 개발했다. MIUI OS는 안드로이드의 개방성을 활용함과 동시에 애플의 UI/UX를 유사하게 모방해 하드웨어가 아닌 소프트웨어로 차별화하려고 노력했다. 샤오미는 MIUI OS를 스마트폰을 넘어 스마트밴드, TV, 청소기 등 다양한 가전제품과 연결하는 기반으로 확장했다. 이렇게 연결된 다양한 가전제품이 스마트 홈을 구축하고 다시 플랫폼을 강화하는 피드백으로 생태계가 발전하고 있다. 거실, 화장실, 주방, 안방, 공부방, 카페, 사무실에 설치된 샤오미 제품은 서로 연결되어 샤오미의 스마트폰이나 AI 스피커를 통해 커튼 자동 개폐, 로봇청소기 작동, 스마트 안마의자를 제어하고 심지어 선풍기, 칫솔, 면도기, 전등 등도 제어하고 있다.

샤오미(小米)는 화미(미밴드), 칭미, 란미 등 쌀 미(米) 자로 끝나는 회사 이름을 가진 기업이지만 13개를 거느린 스마트 제조 네트워크로 발전했다. 이 중 웨어러블, TV, 랩톱 등을 제조하는 화미는 나스닥에 상장(2018.2)했으며, 최근 자산가치 10억 달러(약 1조 원)를 넘어선 유니콘 기업 화미테크(미밴드)와 즈미테크(보조배터리) 등도 모두 샤오미 생태계 기업에 속해 있어 제조 플랫폼으로 발전하고 있다.

3.4 데이터 거버넌스로 승부하는 유럽: EU의 GAIA-X

유럽연합은 플랫폼 사업자의 규제가 강화된 「디지털 시장법 및 서비스법」 초안을 발표했으며(2020.12), 개인정보보호를 강화한 GDPR을 마련해 위반 기업에 최대 2천만 유로의 과징금을 부과하는 등 2018년 5월부터 강력한 규제를 시행하고 있다. 그러나 미국과 중국의 거대 테크기업들에 의해 플랫폼 독점화와 데이터 종속화 심화에 대한 우려가 상당하다. 따라서 데이터 주권 확보를 위해 EU 디지털 단일 시장 보호와 데이터 주권 확보를 위한 플랫폼 차원의 대안 마련에 대한 필요성이 고조되고 있다(GAIA-X: A Federated Data Infrastructure for Europe).

GAIA-X 재단
Project Gaia-X 발표('19.10) → 기술 아키텍처 공개('20.6) → GAIA-X 비영리재단 설립 추진 서명('20.9) → 범유럽 GAIA-X Summit 개최 ('20.11) → GAIA-X 프로토타입 발표('21 상반기)

이러한 상황에서 유럽이 데이터 기반의 혁신동력을 확보하고 제조, 금융, 의료 등 다양한 분야에서 발생하는 데이터의 투명하고 안전한 이동이 가능한 플랫폼 환경을 구축함으로써 지속 가능한 성장을 이뤄나가기 위한 전략으로 추진하는 것이 바로 B2B 기반의 독자적 플랫폼인 GAIA-X[그리스 신화에 나오는 대지의 신(神), 만물의 근원]다.

이 플랫폼은 다양한 기관이나 기업의 데이터들을 연합(federated)해 데이터의 이동, 이전, 거래 등을 촉진하며 새로운 가치를 창출하는 일종의 오픈 플랫폼이다. 독일, 프랑스가 콘셉트를 제안하고 기획 연구비를 제공하여 플랫폼을 구축했으며, 운영은 민간 기업들이 주축인 민관협력 모델로 추진하고 있다. 2021년 3월 현재 독일 11개 사와 프랑스 11개 사로 총 22개 기업이 재단 설립에 대한 공증 문서에 서명했으며(2020.9), 벨기에 브뤼셀에 'GAIA-X 재단'을 설립해 프로젝트를 추진·운영하고 300여 개 참여 기업들이 실무 워킹그룹을 구성해 프로젝트 설계와 개발에 참여하고 있다. 이 중에는 아마존, 마이크로소프트 등도 솔루션 제공자로 참여하고 있다.

이 플랫폼이 시사하는 바는 소수 민간 빅테크 기업들에 의해 독과점된 플랫폼 시장에서 공공 대안의 필요성에 대한 공감대를 형성했다는 것이다. 다만, 아직 확실한 수익모델 부재와 운영 주체의 한계, 기술적 문제 등이 지적되고 있어 향후 해결해야 할 과제들로 남아있다. 다음 절에서는 이상의 플랫폼으로 진화하는 생태계의 새로운 트렌드를 고려해서 디지털 뉴딜 1.0의 효과를 극대화하는 방안을 소개하고자 한다.

4. 우리의 대응 방안

그간 우리 산업은 반도체와 통신(LTE, 5G) 등 수년간에 걸친 막대한 R&D 투자를 통해 얻은 기술개발을 통해 성장해왔다. 최근에는 플랫폼을 통한 데이터 수집과 신산업 창출이 새로운 혁신성장의 모델이 되고 있다. 하지만 우리 기업들의 플랫폼 전략은 여전히 기업 내부의 R&D 전략에 머무르는 경우가 많다. 스마트공장은 제조 자동화와 지능화로 진화하기는 했지만, 이것이 데이터 축적과 이를 통한 신산업 창출로 나아가고 있지 못하는 것이 대표적인 사례일 것이다.

4장에서 제안하는 데이터 댐의 효과를 극대화하기 위한 디지털 뉴딜 2.0의 방향은 산업 간 융합 플랫폼이다. 다수의 산업에서 수집된 데이터는 거버넌스를 통해 저장·유통되고, 여기서 나아가 산업 간 융합 서비스를 창출하면서 선순환 구조를 형성하는 융합 플랫폼의 개념은 아래 그림과 같다. 세부적인 내용은 크게 세 가지로 나뉜다.

먼저 산업 간 데이터 수집이 필요하다. 지금까지는 산업 내의 데이터 결합과 분

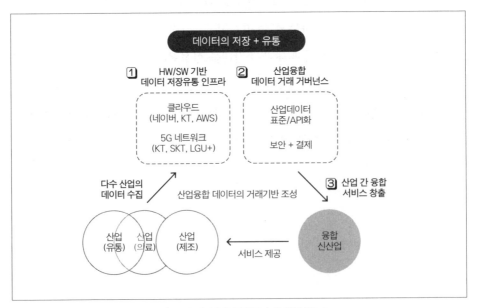

[그림 4-1] 산업융합 플랫폼과 핵심 구성요소

석을 통해 효율성을 높이는 데 중점을 두었다면, 이종 신산업을 창출하기 위해서는 이종 산업의 데이터 수집이 가능하도록 인프라가 필요하다. 예를 들어 마이제조데이터 사업에서 선정한 클라우드 사업자는 산업 내 데이터의 저장에만 초점을 두고 있다. 이종 산업의 데이터를 수집하고, 이를 신산업 창출로 연결하기 위해서는 필요한 데이터를 식별하고, 원시 데이터를 수집ㆍ저장ㆍ유통할 수 있는 클라우드 사업자를 지정하여 육성할 필요도 있다. 이는 국내 클라우드 산업을 활성화하는 방안이 될 수도 있을 것이다.

다음은 산업융합 데이터 거래 거버넌스를 조성하고 이 과정에서 요소 산업을 육성해야 한다. 신산업을 위한 형태로 창출하기 위해 상호운용성을 확보하는 데 도움을 주는 중간 단계의 거버넌스가 필요하다. 특히 이종 산업 간 데이터는 수집 목적과 형태가 다르고 거래도 활발하지 않다. 따라서 이를 위해서는 범산업적 관리 주체를 지정해야 한다. 공공데이터 포털을 NIA가, 마이데이터는 데이터산업진흥원이 관리하는 사례를 참고할 수 있을 것이다. 또한 데이터 활용과정에서 발생할 수 있는 보안ㆍ결제 등은 관련 기술의 개발기업도 육성할 계기가 될 것이다. 공인인증서의 경우를 보면, 한국정보인증, 한국전자인증 등이 공인인증서의 발급ㆍ유통ㆍ관리를 전담토록 지정되었고, 온라인 전자결제의 경우 오프라인 카드사와 결제 정보를 유통할 수 있도록 PG사가 지정되어 요소 산업을 육성한 경험을 활용할 수 있을 것이다.

마지막으로 산업융합 데이터 기반의 신서비스를 적극적으로 발굴해야 한다. 다양한 분야에 걸친 공공 및 민간 적극적으로 개방해 다양한 산업 간 융합 신서비스를 만들어내도록 해야 한다. 일반 수요자를 포함하는 융합 신제품 및 서비스 아이디어별 기업(이종ㆍ동종)으로 구성된 다양한 워킹그룹을 구성하여 운영하는 방식이 고려될 수 있다. 유럽의 GAIA-X가 바로 이런 워킹그룹 형태로 서비스를 창출하려 시도하고 있다. 따라서 방식은 좀 다르더라도 우리 역시 융합 신제품ㆍ서비스에 대한 아이디어가 시장 참여자들의 활발한 논의 속에서 '창발(emergence)'할 수 있도록 조직적ㆍ환경적 지원이 필요하다. 한편 주력 산업을 포함하는 융합 신제품ㆍ서비스 영역을 선제적으로 공지하고 관련 사업아이디어를 보유한 컨소시엄 사업자로 워킹그룹을 구성하는 방식과 산업 제한 없이 상식적으로 융합 아이디어를 제안하고 오픈이노베이션 · 크라우드소싱 방식도 가능하다.

5. 기대효과

데이터에 기반한 디지털 플랫폼은 혁신성장의 핵심이다. 우리도 디지털 뉴딜 정책을 통해 데이터 댐 구축 등 여러 정책 과제가 시행되고 있다. 공공데이터를 개방하고 인공지능 학습에 필요한 데이터를 구축하는 등 혁신성장의 밑거름이 되는 과제들이다. 디지털 뉴딜 전략이 혁신성장의 기틀을 닦았다면, 디지털 뉴딜 2.0에는 데이터 플랫폼을 통해 새로운 영역을 확장하며 성장하는 전략이 필요하다.

그간 우리는 막대한 R&D 투자를 통해 얻은 기술을 성공적으로 상용화시킴으로써 성장해왔다. 디지털 뉴딜 1.0도 이러한 맥락에서 기술개발과 상용화에 많은 부분을 할애하고 있다. 하지만 최근에는 플랫폼을 통해 데이터를 축적하고 이렇게 축적된 데이터를 통해 신산업을 창출하는 것이 혁신성장의 전략이 되어가고 있다. 구글, 알리바바, 아마존 같은 디지털 기업뿐만 아니라 테슬라와 샤오미 같은 제조기업도 데이터에 기반한 플랫폼 전략을 통해 지속해서 신산업을 창출하고 있다.

또한, 그간 우리는 데이터를 활용해 기존 산업의 효율성 증대를 성장 전략의 초점으로 삼았다. 하지만 동종 산업 내 기업의 경쟁 관계로 인해 데이터 공유 · 활용 범위가 제한적일 수밖에 없다. 정보화 혁명을 거쳐 이미 전산화된 기업의 데이터는 기업의 핵심 자산이라 정보 공유가 어려울 수밖에 없다.

그러나 데이터를 융합하며 새로운 가치를 창출하는 전략만이 중국의 추격과 미국의 선도 사이에 방향을 잃은 우리 경제가 새롭게 경쟁력을 확보할 수 있는 길이다. 융합 플랫폼의 생태계는 다자간 참여와 협업에 기반한 혁신을 지향한다. 따라서 우리 경제의 고질병으로 남아있는 대기업, 플랫폼 기업의 독주나 하청기업의 비애를 어느 정도 해소할 수도 있어 보인다. 그러기 위해서는 각자의 산업 영역을 넘어선 서비스를 창출하고 수익을 공유함으로써 데이터의 활용 범위를 넓혀야 한다. 생태계 참여형 디지털 뉴딜 2.0은 산업 간 데이터 수집을 위한 추가적 인프라 확대, 상호운용과 보안성을 확보하는 거버넌스와 요소기업 육성, 민관이 워킹그룹을 구성하여 신서비스를 적극적으로 발굴하는 방안도 고려할 수 있다. 디지털 뉴딜 2.0을 통해 기업의 주력 제품과 보완재적 성격을 지닌 이종 기업들을 엮어 혁신 생태계를 확대하고 이들 간 네트워크 효과를 극대화할 수 있기를 기대한다. 예를 들어 애플의 앱스토어(App Store) 플랫폼은 자사 주력 제품인 아이폰(iPhone)과 앱마켓을 제공하고, 보완재인 '앱(응용프로그램)'은 전 세계 수많은 소프트웨어 기업이 공급하는 생태계가 이에 해당한다. 디지털 뉴딜 2.0을 통해 이종 산업 데이터 접근이 어려운 국내 소프트웨어 기업이 다양한 융합서비스의 아이디어를 실험할 수 있는 장(場)으로 기능할 것으로 기대된다.

5장
통신산업 고도화(5G, 6G)와
전국 공공 WiFi 구축

황동현 · 김협

1. 들어가는 글

1.1 배경

최근 전 세계는 전대미문의 코로나19 위기 극복을 위해 사활을 걸고 노력 중이다. 우리나라도 예외 없이 코로나19라는 국가 경제위기를 신속히 극복함과 더불어 디지털 신기술 기반의 디지털 뉴딜을 통해 신산업 · 시장 · 일자리를 창출하여 세계 선도국가로 도약을 추진 중에 있다.

또한, 2020년 5월 대통령 취임 3주년 기념식에서 정부는 코로나19 위기 극복을 위해 5G 등 데이터 인프라 중심의 '디지털 뉴딜'을 추진하여 대한민국을 세계선도 디지털 강국으로 도약시키겠다는 선언을 했다. 전 세계 정보통신 시장은 4차 산업혁명의 근간이라 할 수 있는 3대 인프라(Data, Network, AI) 요소가 급성장하고 경쟁 또한 격화되는 상황이다. 즉, 세계 데이터 시장 규모인 2018년 1,660억 달러에서 2022년 2,600억 달러로 예상되고 있다(과학기술정보통신부, 2019).

또한, 글로벌 위기 상황에 대처하고 4차 산업혁명 시대를 선도하고자 선진국은 물론 세계 각국의 AI 및 5G 주도권 확보 경쟁이 심화되고 있다. 그리고 세계 주요 기업들은 정보통신 기술 선점에 기업의 사활이 걸려있다고 보고 첨단 정보통신 분야에 앞다투어 대규모 투자 및 M&A를 확대 중이다. IBM은 왓슨 개발 및 토요타인공지능연구소 설립에 각각 10억 달러를 투자했고, 구글은 지난 10년간 M&A 등 투자에 무려 280억 달러를 투자했다.

기술의 융합, 디지털 플랫폼 기반의 기업 확대 등으로 4차 산업혁명이 본격화되며, ICT 생태계 시장 선점을 위한 기업 간 경쟁 구도가 심화될 전망이다. 예를 들어 플랫폼 기업의 경우, 미국 포춘지 선정 500대 기업이 시가총액 10억 달러 이상을 달성하는 데 평균적으로 20년이 걸렸으나 최근 디지털 플랫폼 기반 기업들인 구글 8.1년, 우버 4.3년, 샤오미는 1.7년 만에 시가총액 10억 달러 이상을 달성했다.

이에 비해 국내 ICT 분야 초기 경쟁력은 어느 정도 확보했으나, 인공지능 등 미래기술, 신기술 플랫폼 등에 대해서는 주요 선진국 대비 전반적으로 미흡한 상황으로 진단된다.

1.2 필요성

글로벌 불확실성에 따른 국가 위기 극복 및 디지털 선도국가 도약을 위해 4차 산업혁명 인프라 핵심인 5G 네트워크의 투자 촉진을 통한 경쟁력 강화 및 세계 시장 선점이 필요하게 되었다. 정부는 2019년 4월, 5G 세계 최초 상용화를 계기로 '5G + 전략'을 수립하고, 전후방 산업 육성, 5G의 전 산업 융합 등을 통한 글로벌 시장 진출을 추진했다. 이에 2020년 말 5G 이동통신 가입자 1천만 명, 스마트폰 세계 1위, 장비 세계 2위를 달성했고, 특히 삼성전자의 경우 미국 AT&T 5G망 구축 사업에 참여하는 등 적극적인 사업을 전개하고 있다.

또한, 초고속 무료 WiFi 전국망 구축 등을 추진하는 등 전국 무료 공공 네트워크 인프라 조성을 통해 새로운 서비스 시장 창출과 정보 소외 지역 해소를 통해 지역발전의 기반을 구축하고 있다. 이를 통해 함께 잘사는 따뜻한 사회를 구축하기 위한 디지털 포용사회를 구현할 필요성이 제기되었다.

2. 기존 정책 분석

2.1 정부의 정책

2.1.1 5G

최근 정부는 2019년 1월 데이터 · AI경제 활성화 계획을 발표하고, 2019년 4월 세계 최초로 5G를 상용화했으며, 10월 인공지능 기본구상을 발표하는 등 세계 최고의 DNA 플랫폼 구축과 고도화에 집중하고 있다. 또한, 5G 네트워크 고도화를 위해 망투자 세액공제 확대(1% → 최대 3% 세액공제), 주파수 이용대가 통합, 신설 5G 기지국 등록면허세 완화 등 3대 패키지를 지원하며, 5G 관련 융복합 서비스의 발전을 위해 민관합동으로 2022년 30조 원을 투자하는 등 AI · 5G 인프라 지원도 적극적으로 추진한다.

이와 더불어 5G 세계 최초 상용화를 계기로 '5G + 전략'을 수립하고, 전후방 산업 육성, 5G의 전 산업 융합 등을 통한 글로벌 시장 선점을 추진하고 있다. 네트워크

장비, 새로운 디바이스 서비스 등 우리의 강점과 시장기회를 고려한 전략분야 품목을 선정하여 육성하고, 신산업 서비스에 5G 인프라를 접목하는 혁신적인 융합서비스 발굴 및 지능정보화 사업 등 공공수요 연계를 통한 확산 전략을 추진한다(과학기술정보통신부, 2019).

2.1.2 공공 WiFi

디지털 뉴딜의 '디지털 안전망 구축' 정책 일환으로 전국 공공 와이파이(WiFi) 구축을 적극적으로 추진한다. 이를 위해 첫째, 총 420억 원의 예산을 투자하여 행정주민센터, 체육시설, 도서관 등 2022년까지 4만 1천 개소를 구축하여 전국 5만 9천 개소로 확대하는 등의 프로젝트를 최신 WiFi6 기기로 수행한다. 둘째, 2020년 전국 시내버스(2만 9,100대, 지방자치단체 자체 3,444대 별도)에 추진 완료한다. 셋째, 2021년 상반기 중 19만 6천 개의 초 · 중 · 고 교실로 확대 추진한다. 이를 통해 가계통신비 경감, 지역주민의 정보 접근성 강화를 추진한다.

또한, 6GHz 대역 1,200MHz 대역폭을 비면허 주파수로 공급하여 일반 데이터 통신뿐 아니라 산업용 IoT(IIoT)에 적용할 수 있어 4차 산업혁명 추진에 기여할 것으로 예상된다. 과기정통부는 미국 연방통신위원회(FCC)의 결정에 따라 2020년 6월 6GHz 대역의 1,200MHz라는 광대한 주파수 대역을 비면허 주파수로 공급하기로 했다. 5G급인 차세대 와이파이6가 서비스되어 와이파이 서비스의 품질을 현저하게 높이고, 5G NR-U 기술로 5G 서비스도 가능토록 하여 기업들이 5G 사설망을 구축하여 사용할 수 있도록 했다.

2.2 문제점 및 한계

2.2.1 5G

현재 3.5GHz 주파수로 상용화했고 28GHz 주파수 대역을 준비 중이다. 전 세계가 6GHz 이하 주파수 대역을 표준화하는 흐름을 파악하여 선택과 집중이 필요하며, 28GHz의 새로운 전략 모색이 필요하다. 28GHz의 주파수는 이론적으로 20Gbps 속도로 LTE(4G)보다 최대 20배나 빠르지만, 2020년 국정감사 시 정부 조사에 따르면 LTE보다 다운로드 4배, 업로드 1.5배 빠른 수준으로 최대 1.9Gbps가 가능하다. 특히 한국소비자원의 소비자만족도 조사에 따르면, 체감속도 불만족 52.9%, 커버리지 불만 49.6%, LTE로 전환 불만 41.6%를 보이고 있다.

또한, 이동통신 3사의 설비투자 측면을 살펴보면, 4년간 총 34조 5천억 원을 투자할 계획이다. 2019년 총 8조 8천억 원을 투자했으며 2020~2022년 총 25조 7천억 원을 투자할 계획이다. 이를 4G LTE 설비투자(CAPEX)와 비교해보면, 2012년부터 4년간 총 28조 원 투자로 LTE 설비투자 대비 약 23% 증가함을 확인할 수 있다.

그러나 2020년 상반기에 3조 4,373억 원으로 약 1조 원 투자 부족, 하반기에는 5조 원의 투자가 필요한 상황이다. 이렇게 품질 논란과 투자비는 물론 비싼 요금제에 대한 개선이 필요하다. LTE보다는 속도가 빠르지만, 28GHz 초고주파를 이용한 것보다는 느리며, 가계통신비 부담 측면에서 서비스는 안 되는데 최대 13만 원 요금으로 이통사는 원가 대비 지나친 폭리를 취한다는 비판이 있다.

2.2.2 공공 WiFi

공공 와이파이 추진과 관련하여 몇 가지 문제점이 존재하고 있다. 첫째, 서울시와 과기정통부의 불협화음이다. 서울시는 자가 통신망(에스넷: S-Net)으로 '미래 스마트도시 인프라'(공유주차, 스마트 가로등, 치매어르신 등의 'IoT 실종 방지', 따릉이) 정책을 추진하려 하고 있다. 그러나 정부는 공공 와이파이 사업은 이동통신으로 민간의 사업이며 중복투자 가능성이 있다고 우려하고 있다. 특히 「전기통신사업법」상 지자체의 기간통신사업이 금지되어 있다고 주장하고 있다.

둘째, 정부 및 지자체 공공 와이파이 사업의 한계다. 서울시의 S-Net 사업과 각 지자체는 아래와 같은 사유로 가계통신비의 실효적 절감에 어려움이 있다.

- 와이파이 AP의 지원면적 한계로 안테나 성능이 좋은 옥외용 와이파이 AP라도 실제 지원 거리가 100m 이내로서, 이 영역을 벗어나면 다시 LTE로 연결되어야 하는데, 공공 와이파이 AP는 섬처럼 격리되어 설치되어 있다.

- 낮은 이용 편의성으로 현재의 공공 와이파이는 수시로 개인정보를 입력해야 하고, 도보 이동 시 끊어지는 불편함 등으로 와이파이를 편리하게 지속적으로 사용하지 못하고 결국 고액의 LTE 요금제 사용으로 회귀한다.

- 주로 옥외에서 제공되는 공공 와이파이만으로는 실내에서의 사용 요구를 충족시키지 못한다. 이를 해소하기 위해 주로 민간 영역인 실내에 공공 와이파이를 서비스하기에는 막대한 비용을 투자해야 하고, 공간점용에 관한 법적인 문제를 해결하기에 어려움이 있다.

셋째, 공공 와이파이와 이동통신사와의 이익 상충(Conflict of Interest)이다. 이동통신사는 이익을 추구하는 민간기업으로서 공공 와이파이와는 근본적으로 이익의 상충이 존재하여 가계통신비 경감은 이동통신사의 매출과 이익 축소로 연결된다. 해외의 성공적인 공공 와이파이는 모두 이동통신사를 완전히 배제하고 중앙정부나 지자체가 직접 설치 · 운영하거나(EU, 홍콩), 별도의 민간업체를 선정하여 추진(미국 뉴욕시 등)했는데, 한국은 과기정통부가 주도한 과거의 공공 와이파이 사업을 모두 이동통신사(KT, SKT)에 위탁함으로써 사용의 편의성, 성능 등에서 만족할만한 결과를 도출하지 못했다. 현재 서울시가 추진하는 공공 와이파이 사업(S-Net)은 자가망을 통해 직접 운영하는 방향으로 추진되는데, 이동통신사가 과기정통부와 협조하여 관여하려는 시도를 하고 있어 이를 막지 않으면 과거의 실패 사례 반복이 우려된다.

3. 개선과제의 정책 제언

3.1 5G

최근 정부는 주파수 사용대가와 연계하여 5G 투자비를 연동하여 디지털 뉴딜을 성공하기 위한 노력을 경주하고 있다. 이와 더불어 이동통신사의 투자 계획 지속 체크 및 투자 촉진을 유도할 필요가 있다. 이를 위해 망투자 세액공제를 적극적으로 확대(예: 1~3% → 5%)하고 주파수 이용대가 체계 통합 및 인하와 금융지원 고려 등 규제개선을 통한 민간투자 촉진을 적극적으로 유인할 필요가 있다.

5G의 품질 논란 및 비싼 요금제에 대한 부각 및 영업이익의 소비자 환원 환경이 추진되어야 한다. 통신비 부담 완화를 위해 5G 중·저가 요금제 및 이통 3사 보편요금제, 알뜰폰 활성화 정책 등이 적극적으로 추진되어야 한다. 또한, 5G 서비스 도입을 전후하여 고가 단말기와 요금제 수준이 급격히 상승하여 소비자 부담 증가의 문제 해결을 통한 바람직한 디지털 유통환경이 조성되어야 한다. 이를 위해 이통시장에서의 불법보조금 경쟁이 요금·서비스 경쟁으로 전환되도록 단말기 유통법의 본원적인 검토 및 개선이 추진되어야 한다.

3.2 공공 WiFi

서울시와 과기정통부의 불협화음 문제에 대해 과기정통부는 1안으로 정부 및 지자체 재원 투입, 통신사가 구축·운영 및 유지보수, 2안으로 서울시가 자가망을 구축하지 않고 통신사의 망을 임대하여 사용하도록 요구하는 등 통신사를 개입시키도록 요구하고 있다. 이에 비해 서울시는 시민의 늘어나는 통신비 완화, 계층 간 통신 격차 완화를 위해 「전기통신사업법」 개정이 필요하며, 2020년 9월 국회에 '공공 와이파이 제공 및 이용 활성화에 관한 법률안'이 발의되어 있다.

이를 위해 실효적인 해외 공공 와이파이 추진 벤치마킹이 필요하다. 첫째, 뉴욕 '링크 NYC' 사례로 뉴욕시가 이동통신사가 아닌 일반기업을 대상으로 사업을 공모하여 선정한 민간기업 컨소시엄인 Intersection(City Bridge consortium) Qualcomm CIVIQ Smartscapes이 BOT 방식의 계약 하에 구축했다. 2016년부터 반경 120m 내를 지원하는 초고속 와이파이 AP를 키오스크 형태로 시내 곳곳에 설치하여 뉴욕시민과 방문객에게 초고속 와이파이 서비스를 무료로 제공한 성공적인 사업이다. 이는 재난 상황, 건물 안전 관리 등 사회문제 해결을 시작으로 스마트시티 구현, 빅데이터 수집, 디지털 서비스 격차 해소 등의 다양한 기대효과를 추구하는 사업이다.

둘째, EU의 사례(WiFi4EU)로 역내 전체의 공공장소인 관광지에 공공 와이파이 망을 구축하는 사업으로서 2018~2020년 기간 동안 구축했다. 서울시 공공 와이파이와 같이 서비스 품질 확보를 위해 자가망을 기반으로 구축하고 자체적으로 운영한다.

셋째, 홍콩의 사례로 PPP(Private Public Partnership) 프로그램에 의해 정부가 설치한 공공 와이파이와 민간기업들이 보유한 AP들을 연결하여 시민과 관광객에게 최대한의 무료와이파이 서비스를 제공한다. 이는 서비스품질의 제고를 위해 통신사의 구축·운영을 배제한다.

이러한 해외 사례를 참조하여 민간이 소유한 와이파이 AP를 공공 와이파이 AP에 연결하여 영역 확대를 추진한다. 정부·지자체가 제공하는 공공 와이파이 AP의

지원영역과 카페, 매장, 식당, 사무실 등 기존에 설치되어 있는 민간 소유 AP의 지원영역을 연결하여 영역 간 이동 시 자동으로 접속되도록 하면 시민이 무료로 인터넷에 연결할 수 있는 영역이 확장된다. 민간 소유 AP들은 대부분 비밀번호가 있지만, 이를 사전에 공유받아 자동접속 기능을 제공하는 앱을 통해 연결한다.

최근까지의 추진 현황을 살펴보면, 왕십리 민자역사의 경우 먼저 와이파이 프리존으로 구축하고, 이를 15개 민자역사와 삼성역 코엑스몰 등 지하철과 연계된 상가들에 확대 적용하고, 이를 전국의 유사한 지하철역 지하상가로 확산시킬 수 있다. 중구의 경우 광장시장, 동대문 패션타워(두타, apm 등)에 와이파이 프리존을 추진 중이고 이를 전국의 패션몰 등으로 확산시킬 수 있다. 또한 제주도의 경우 제주도청과 공동으로 전역에 와이파이 프리존 구축을 추진 중에 있다.

이와 더불어 소상공인시장 활성화 방안이 추진되어야 한다. 이를 위해 전국의 1,450개 전통시장에 별도의 공공 와이파이와 시장 내 민간 와이파이를 결합하여 제로페이, 전통시장 상품권, 시장별 특색에 맞춘 홍보 제공 등으로 고객 유치 경쟁력을 제고하고 전통시장 활성화 추진을 계획 중이다.

3.3 비욘드 5G, 그리고 6G

최근 미국 및 EU 등 주요국은 6G 기술 우위를 점하기 위한 국가의 전략 및 투자를 적극적으로 확대하고 있다. 벌써 5G를 앞지르는 '비욘드 5G' 혹은 '6G'를 겨냥한 연구개발이 시작되었다. 미국은 6G에서 세계 리더십을 발휘하기 위한 연구를 추진 중이다. 국방부 연구기관인 DARPA(Defense Advanced Research Projects Agency: 국방고등연구계획국)는 100GB RF Backbone 프로젝트를 추진 중이다. 이를 위해 2018년 1월 LA 시내에서 실험을 시도했고, 2019년 3월에는 95GHz-3THz를 주파수대를 실험용으로 제안했다.

일본의 경우 2018년 6월 NTT는 300GHz대에서 100Gbps 전송 실험에 성공했다. 1Tbps 데이터 전송을 실현하는 것을 목표로 추진되었다. 이에 정부는 6G 이동통신 연구개발을 위해 2025년까지 총 2천억 원 규모의 예산을 투입하기로 했다. 특히 5G 상용화 및 융합 서비스 발굴이 민간 주도로 추진된 과제라면, 6G 미래기술 연구는 세계의 치열한 경쟁관계를 고려하여 핵심 원천 기술과 인프라 특성상 민관이 상호 협력하여 추진하고 선순환 생태계를 구축해야 한다. 특히 정부 출연연구소인 ETRI, KISDI 등을 활용 6G 미래기술 연구에 총력을 기울여야 할 것이다.

4. 기대효과

통신산업의 고도화와 전국 공공 와이파이 구축을 통해 우리나라가 6G 시대에 경쟁 주도권을 확보하여 기술 우위를 점하면서 몇 가지 파급효과가 기대된다.

첫째, 디지털 기술의 활용이 새로운 시장과 일자리 창출이라는 기회를 제공하며 통신비 부담 완화, 취약계층 디지털 격차 해소가 기대된다. 또한, 무료 인터넷 서비스(공공 와이파이, 사물인터넷)를 통해 1인당 월 3만 원 절감 및 서울시 전체 측면에서 연간 3조 6천억 원의 사용편익이 예상된다. 이를 통해 함께 잘사는 따뜻한 사회를 구축하기 위한 디지털 포용사회가 구현될 것이다.

둘째, 가계통신비의 실효적 절감이 예상된다. 국내 많은 장소에서 무선인터넷에 무료로 연결될 수 있으면 현재 가입한 이동통신사 요금제를 더 저렴한 것으로 변경할 수 있다. 또한, 전국적으로 구축 시 4인 가족 기준 연간 가계통신비를 50만 원 이상 절감할 수 있을 것으로 예상된다.

셋째, 정보격차가 완화 및 해소될 것이다. 사회적 약자들의 주거지역에 최소한의 공공 와이파이 AP를 설치하여 운영하고 인근의 민간 와이파이 AP들의 비밀번호 공유로 지원영역을 확장한다.

넷째, 지역경제가 활성화될 것이다. 전통시장, 기존 상권 등에 와이파이 프리존 구축 시 방문객 증가와 체류시간 연장을 통한 매출 증대와 상권 활성화 효과가 예상된다.

2부

비대면 신산업
융합 활성화

6장
의료융합산업 육성

문승권

1. 들어가는 글

4차 산업혁명이 시작되는 정보통신기술(ICT)과 헬스케어(Healthcare) 기술의 융합은 고령화와 만성질환자 증가에 따라 늘어나는 보건의료 수요를 충족시키고, 건강지출의 효율성을 제고할 것이다. 특히, 의료융합산업은 코로나19 팬데믹 현상으로 K-방역업체 등이 보건의료산업 발전을 촉진하는 데 중요한 역할을 할 것으로 기대되는 대표적인 분야다. 이에 따라 의료융합산업을 육성하기 위한 비대면 의료서비스 인프라를 구축하기 위한 구체적인 디지털 기반의 추진과제별 방안과 정책지원 방향을 제시하고자 한다.

2. 의료융합산업의 현주소

2.1 의료융합산업 시장과 디지털 헬스케어 내용

의료기관의 솔루션은 전자의무기록(EMR), 원내 연계시스템, 원격진단(Telemedicine), 원격치료(Telehealth) 등 솔루션이 중심이며, 모바일기기와 건강관리 앱을 이용해 주도적으로 건강관리를 하는 맞춤형 서비스를 추구하고 있다. 글로벌 디지털 헬스케어 시장이 2025년 3,300억 달러 규모로 성장할 것으로 전망된다. 즉, 코로나19 사태로 비대면 채널에 대한 선호도가 시너지를 낼 것으로 보인다.

디지털 헬스케어에 빅데이터 활용의 필요성이 증대되고 있다. 프로스트앤설리번(Frost & Sullivan)의 조사에 의하면, 디지털 헬스케어 산업에서 빅데이터 활용 가능성은 무한하고, 스태티스타는 헬스케어 산업 관련 빅데이터 시장이 2016년 115억 달

〈표 6-1〉 디지털 헬스케어 산업 분류와 내용

분류	내용
H/W	• 개인 건강관리 외에 건강증진에 필요한 자료를 수집 및 모니터링하기 위해 일상생활 동안 측정 가능한 웨어러블 생체 신호 측정 장치 등 서비스 및 모바일 장비 • 혈당 · 혈압 · 심전도 · 활동 측정, 게이트웨이, 센서 장착 의료기기, 헤모글로빈 측정, 체성분 · 체지방 분석, 인체 삽입형 기기, 밴드 · 목걸이형 기기, 부착 · 패치형 기기 등
S/W	• 플랫폼, 통신네트워크, 건강 관련 콘텐츠, 미들웨어 등이고, 콘텐츠는 운동, 의학, 영양 등 건강정보를 제공하는 애플리케이션, 개인 건강관리정보를 제공하는 프로그램 • 소프트웨어 분야들은 병원정보시스템과 연계하여 개인과 함께 의료정보가 통합적으로 관리되고 제공되는 데이터베이스
서비스	• 서비스 분야는 건강관리와 진단 분야로 분류됨. 건강관리 서비스는 하드웨어 분야를 통해 얻은 개인의 건강 · 의료 데이터를 분석하여 제공되는 건강관리나 원격의료 서비스. 여기에는 개인 건강기록 관리, 개인 건강검진 관리, 노인 건강관리, 원격 상담 및 원격 모니터링 서비스, 건강관리 포털 서비스 등 • 진단 서비스는 유전자 · 게놈 분석 등 의료 진단 서비스 • 최근 코로나19와 관련해 확진환자 발생, 역학조사 결과 등을 전 국민에게 앱을 통해 알려주는 서비스

러 규모에서 2025년 688억 달러로 약 5배 증가할 것이라고 추정했다. 주 활용 분야는 고위험군 환자 치료와 환자의 건강 추적, 개인의 건강관리 등 매우 다양하다.

모바일 헬스케어 시장은 2025년까지 연평균 성장률 59%에 이를 것으로 전망했다. 즉 2019년 모바일 헬스케어 시장 규모는 전년 대비 32% 성장한 526억 달러를 기록했으며, 2025년까지 연평균 성장률 59%를 기록하며 3,327억 달러로 성장할 것으로 예측했다. 헬스케어 관련 제품들은 소비자가 직접 의뢰하는 DTC(Direct To Consumer) 유전자 검사항목 제한 등의 규제가 존재하고 있다. 디지털 헬스케어 산업은 크게 H/W, S/W, 서비스 분야로 분류된다.

2.2 중앙부처별 스마트 헬스케어 추진 계획

〈표 6-2〉 중앙부처별 스마트 헬스케어 추진 현황

부처	추진 내용
기획재정부	• 신산업 집중 지원 대상 선정 및 육성 산업 구조 조정 융합 · 바이오헬스 등 신산업 투자 세제 혜택 • 보건 · ICT 분야 해외협력 및 진출 강화
보건복지부	• 국가정보 표준 감독 및 책임 강화 규정 발표 • 원격화상 의약품 판매시스템 허용 약사법 개정 • 보건소, 모바일 헬스케어 시범사업 추진 • 전자의무기록 관련 시설 · 장비 기준 마련 • 감염병 대응을 위한 스마트 검역체계 도입 • 의약품, 자판기 설치 허용 등
산업통상자원부	• ICT 융합 신성장산업과 주력산업 고도화, 특화 R&D 및 융합 플랫폼 구축 • 융합 신산업에 세제 · 예산 · 금융 지원 • ICT 전시회 개최
과학기술정보통신부	• ICT 융합 신산업 규제 혁신방안 마련, 중소 ICT 기업 아세안 권역 진출 지원 • IoT 전국망 구축, 국가 사회 · ICT 인프라의 클라우드 대전환 • ICT R&D 투자 확대, ICT 벤처 · 창업 지원

출처: 정보통신산업진흥원, 스마트 헬스케어 서비스 분야 도입사례 분석집, 2017.11

ICT 융합 기반 의료서비스 창출 등을 통한 글로벌화 촉진이 목표로, 과학기술정보통신부, 보건복지부, 산업통상자원부 등 유관 부처가 협력하여 보건의료 빅데이터 플랫폼 구축을 협의하여 보건의료 빅데이터와 헬스케어사업을 융합할 방안을 모색 중에 있다.

2.3 의료융합산업 육성과 기술 현황

2.3.1 데이터 기반의 헬스케어 제품 증가

다양한 산업과의 융합을 통해 의료 분야는 끊임없이 진화하고 있으며, u헬스케어, e-헬스케어, 스마트 헬스케어, 디지털 헬스케어 같은 다양한 용어가 혼용되고 있다. 이와 같은 디지털 헬스케어에 대해 딜로이트(Deloitte)는 Telehealth care, m-Health, Health analytics, Digitized health systems로 구분했다.

2.3.2 정밀의료 병원정보시스템 구성 내용

P-HIS(Precision Medicine Hospital Information System)는 클라우드 기반의 차세대 병원정보시스템으로 여러 병원이 이 시스템을 공동으로 활용하여 클라우드와 AI를 활용한 디지털 헬스케어와 정밀의료를 실현할 수 있다. 환자의 진료, 유전, 생활습관 정보 등은 보안이 더욱 강화된 클라우드에 안전하게 보관하고 의료기관의 진료, 진료 지원, 원무 등의 기능과 진료 절차를 효율화하여 의료진과 환자의 커뮤니케이션에 집중할 수 있는 진료환경을 구현하고 있다.

2.3.3 스마트 검역 프로세스

코로나19 환자 치료 과정은 선별심사, 진단, 처치, 회복 단계로 구분하고, 집에서 치료를 받는 환자와 병원 입원환자에게 적용 가능한 가상진료(Vitual care)를 소개하고 있다. 즉, 각 스크리닝 단계별 AI 활용이 비디오 상담, 원격 모니터링, 온라인 교육, 후속 치료에 대한 알림 서비스 등을 제시하고 있다.

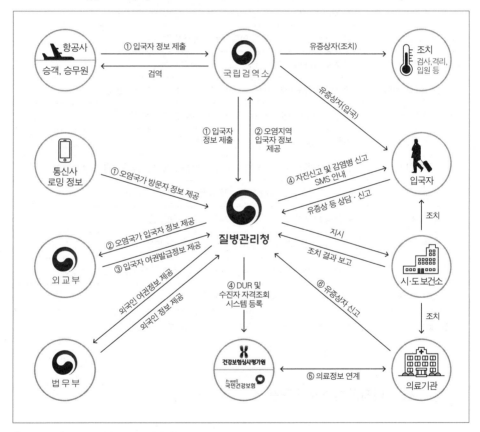

출처: 질병관리본부, ICT 기반의 스마트 검역 시스템, 2016

[그림 6-1] 스마트 검역 프로세스

2.3.4 보건의료 융합 신산업 분야 융합기술

〈표 6-3〉 보건의료 융합 신산업 분야 14대 융합기술

4차 산업혁명 관련 기술	보건의료 분야 활용 사례
AI	자율 건강진단 및 치료계획 수립 보조, 전염병 확산 경로 예측 등
빅데이터	유전체 분석을 통한 질환 예측, 환자 데이터 기반 의약품 · 의료기기의 수요 예측 정보 생성 및 제공
클라우드	통계데이터 기반 의료기관 리포트 서비스, 진료기록 관리 등
IoT	이식형 당뇨 조절 시스템, 의료기록 자동저장 장치 등
모바일	의료 관련 모바일 앱, 휴대용 초음파 진단기기 등
가상물리시스템	네트워킹 기능 탑재 고신뢰 의료기기, 원격 헬스케어 서비스 등
로보틱스	자동화시스템 수술 · 재활 · 간병 로봇, 마이크로 로봇 등
지능형센서	비침습 건강관리 기기 등
블록체인	건강정보관리, 환자 약물치료에 대한 정보 공유, 의약품 공급망 추적관리 등
AR · VR	수술 · 진료 · 의료 훈련 지원, 재활치료 지원 프로그램 등
유전자 가위	유전자 치료제 개발, 질병 원인 유전자 기능 규명 등
웨어러블	피부 부착형 연속 혈당 측정기, 맥박 심전도 모니터링 패치 등
신소재	분해 · 흡수되는 생체재료를 활용한 의료기기, 특수재질 골절합용 나사 등
3D 프린팅	인공 뼈, 모형을 활용한 수술 가이드 등

출처: 한국보건산업진흥원, 보건산업분야 융합 기술 활용 실태 및 동향 분석, 보건산업브리프 Vol.282, 2019.4.9

2.3.5 디지털 헬스케어 지원

정부 지원과 관련하여 해외 의료정보 및 디지털 헬스케어 사업에 대응할 테스트베드 구축이 필요하다. 디지털 헬스케어산업 수요에 대비한 기초 전문인력 양성 및 전 · 현직 종사자들을 대상으로 R&D, 인허가 등 실무형 전문인력 양성 프로그램이 필요하다.

<表 6-4> 디지털 헬스케어 지원 현황

지원센터	발주처	주관기관	지원 내용
스마트 헬스케어 종합 지원	산업통상 자원부	한국산업기술 시험원(KTL)	• 스마트 헬스케어 기업들의 제품 기획, 개발부터 인증, 판매, 해외진출까지 기업 지원
헬스 IT산업화 지원	산업통상 자원부	연세의료원	• 병원, 기업 결합 R&D 플랫폼 구축을 통한 중소기업 및 글로벌 기술기업 육성 목적 • ONE: 교육, 홍보, 포털, 전문가 컨설팅 • Framework: 제품개발 전 주기 기술지원 • 코호트: 건강관리 전 주기 코호트, 테스트베드 구축 • STAR: 맞춤형 인허가, 표준화 지원
의료기기 정보기술 지원	식품 의약품 안전처	한국산업기술 시험원(KTL)	• 의료기기 관련 종합적 정보 수집, 분석, 관리, 기술지원 등을 통한 의료기기 산업 육성 지원: 제품화, 정책연구, 전문인력 양성, 품질관리 교육 등
메디컬 ICT융합	보건 복지부	부산경제 진흥원	• 병원 현장형 원스톱 서비스 지원으로 국민 의료서비스 개선 및 신산업 창출: 대학병원 네트워크 협업, 의료IT, SW 업체 간 융합 네트워크 구축, 산업체 제품개발 사업화 및 컨설팅 지원

출처: 정보통신산업진흥원, 스마트헬스 서비스 분야 도입사례 분석집, 2017.11

2.3.6 비대면 창업기업 육성·지원

<표 6-5> 지방정부의 비대면 창업기업 육성·지원 현황

지방정부	육성·지원 내용
경기	유망 VR·AR 창업기업 육성과 지원
인천	비대면·바이오 창업 클러스터 조성
부산	전자상거래 VR·AR 상용화 기술 시범 도입
경남	비대면 분야 창업 사업화 지원 생태계 조성
대구	소재·부품·장비 분야 비대면 기업 우대 지원

출처: 각 지방정부

2.3.7 의료융합산업 발전 단계

① 융합기술 활용 단계

의료융합기술 활용은 기초연구(31.5%), 실험(21.1%), 제품(18.5%), 제품화(16.1%), 사업화(12.8%) 단계 순으로 높게 나타났다. 해외 사례와 비교 시 사물인터넷(IoT), 웨어러블(Wearable) 기술의 활용단계는 국내와 유사하나 블록체인 및 3D 프린팅 기술에서 해외는 제품화 단계에 활용하고 있다(한국정보통신기술협회, 2019).

② 보건의료분야 융합산업 연계

보건산업 내 융합기술 연계는 인공지능(AI) 기술이 산업 공통으로 활용되고 있으며, 빅데이터(Big Data)의 활용률이 가장 높은 것으로 분석되고 있다. 의료기기산업은 유전자 가위(CRISPR)를 제외한 13개 기술 융합이 활발하게 이루어지고 있는 산업으로, 특히 3D 프린팅(Printing) 기술을 가장 많이 적용한 융합기술로 활용되고 있다. 제약산업은 빅데이터(Big Data), 인공지능(AI), 클라우드(Cloud), 사물인터넷(IoT), 화장품산업은 빅데이터, 신소재(Advanced Materials), 인공지능(AI), 의료서비스산업은 모바일(Mobile), 인공지능(AI), 빅데이터, 클라우드 등의 융합기술을 적용하고 있다.

2.3.8 의료융합산업 SWOT 분석

현황분석을 통해 도출된 강점(Strengths)과 약점(Weakness), 환경 분석을 통해 도출된 기회(Opportunities)와 위협(Threats) 요인을 정리하면 다음과 같다.

<표 6-6> 의료융합산업 SWOT 분석

Strength(강점)	Weakness(약점)
• 세계 최고 수준의 IT, 의료기술 보유 • K-방역 노하우로 글로벌 시장 진출 가능 • 의료와 디지털 연계 인프라 보유 • 정밀의료, 예방의료의 특화와 확산 추세 • 「의료기기산업 육성 및 혁신의료기기 지원법」 입법과 데이터 3법 제정 • 지방정부에서 스타트업 지원에 대한 강한 의지	• 의료융합산업 활성화를 위한 중장기 전략 및 계획 수립 미비 • 대형 의료융합업체 부족과 전문인력의 부족 • 의료기관, 공단병원 등 공공의료기관, 의료융합업체 등 이해관계자 간 의료정보 공유 미비 • 맞춤형 의료와 빅데이터 활용의 부족 • 정부의 규제와 의사단체의 등 의료기기 사용률 저하, 개인정보보호 문제 우려로 디지털 헬스케어 적용에 반대
Opportunities(기회)	Threats(위협)
• 비대면 신시장(산업) 출현과 활용 가능한 의료융합기술의 다양화 • 코로나19로 의료융합산업 고객 수요 증가 • 정부와 공단 등 기관 차원의 정보공유 체계 활성화 • 의료융합산업 인프라 강화를 위한 정부 등의 지원 강화 • 앱 서비스를 통한 편리하게 접근할 수 있는 플랫폼 구현의 확산	• 의료융합서비스의 수요와 요구사항 다변화와 글로벌 경쟁기업 출현 • 정보 접근에 대한 소외계층 존재, 정보 유출 등 정보화 역기능 심화 • 의료융합산업 분야 기업 지원과 관련 정책·제도가 산업통상자원부, 보건복지부 등 여러 부처, 기관 등과 규정이 산재 • 정부, 공단 등의 데이터, 정보보호에 대한 제한적 개방

2.4 현재 상황과 미래 비전

불충분한 인프라로 비대면 의료서비스 활용이 한계를 보이는 가운데 미래에는 스마트 의료 인프라 확충으로 비대면 의료산업의 발전을 위한 의료서비스 인프라를 구축하고자 한다.

현재 상황		미래 비전	
불충분한 인프라로 비대면 의료서비스 활용의 한계		스마트 의료 인프라 확충으로 비대면 의료서비스 인프라 구축	
성과지표	2020년	2022년	2025년
신의료 모델	스마트병원 기반 미흡	스마트병원 모델 9개	스마트병원 모델 18개
감염병 대응 인프라	호흡기 전담 진료체계 미비	호흡기전담클리닉 1천 개	호흡기전담클리닉 1천 개
AI 기반 정밀의료	AI 진단 기반 미흡	8개 질환 AI 진단	20개 질환 AI 진단

3. 디지털 기반의 의료융합산업 주요 이슈

〈표 6-8〉 IoT를 활용한 의료융합산업의 주요 이슈 내용

주요 이슈	구체적 내용
건강취약계층 대상 IoT 디지털 돌봄	• 2021년까지 감염병 대비 '호흡기전담클리닉' 1천 개소 설치 • 헬스케어를 위한 웨어러블기기 보급: 정부는 경증 만성질환자 17만 명을 대상으로 웨어러블기기 보급 등 동네의원 중심 건강관리체계 고도화를 2022년까지 완료 • 취약계층 어르신 12만 명을 위해 오는 2022년까지는 사물인터넷(IoT)과 인공지능(AI) 기술에 기반을 둔 통합돌봄 시범사업 추진 • 2022년까지 건강 취약계층 13만 명을 대상으로 생활습관 개선 등을 유도하는 보건소 모바일 헬스케어 제공
효율적 의료 서비스 프로세스 관리	• 원격진단을 통한 의료기기 유휴시간 단축 • 진료일정 효율화 및 병원 간 MIR 데이터 공유로 최적화된 진단 프로세스 구축 • IoT 기술의 발전으로 효율적인 자원 활용이 가능해지고 대기시간이 줄어 병원 진료실이나 입원실에 대한 의존도는 계속 감소
데이터 기반의 상황인식 기술을 활용한 보건전달체계 구축과 역량 강화	• 신속한 진단을 통한 질병확산 예방 • 이상 징후 초기 파악으로 조기진료 시행 • 의사는 이상 징후 파악 대신 진료 업무에 집중함으로써 환자의 대기시간 단축

주요 이슈	구체적 내용
센서 기반의 데이터 분석을 통한 보건의료관리	• 데이터 분석을 바탕으로 환자 진단 프로세스의 정교화 실현 • 마이크로소프트의 'Azure IoT' 경우 실시간 모니터링을 통해 환자 간호, 만성질환관리, 병원 행정 효율화, 고급망의 효율성 향상 지원
질병 예방과 환자 교육을 위한 자율관리 시스템 구축	• 스마트폰 등에 연결된 센서와 앱으로 질병 발생 가능성 추적, 예방조치 수행 • 각종 질병 예방의 초기 증세에 대한 포착 및 환자 스스로 건강을 관리할 수 있는 교육 지원 시스템과 제품 개발
의학연구실의 변화	• IoT 기술발전에 따라 가장 먼저 변화를 겪게 될 곳으로, 지금까지 연구자의 시행착오와 개별 의학실험을 통해 '값비싸게' 이루어지던 의료연구가 IoT 융합으로 취합된 방대한 의료 데이터를 분석하는 방향으로 이행할 전망
가정 내 헬스케어 관련활동 중요성 증가	• 다양한 의료 관련 정보와 웨어러블 기술 등을 기반으로 환자가 가정에서 진단 및 의료정보 활용을 위한 편리성 증가
AI를 활용한 헬스케어	• AI 정밀의료: 12개 질환(간질환, 폐암, 당뇨 등)별 AI 정밀진단이 가능한 SW 개발, 실증 추진 등 임상의가 개인화된 프로토콜을 개발하는 것을 지원하는 것부터 임상 작업 간소화 및 유전체학에서 통찰력을 확보하는 업무에 적용 • AI를 통한 감염병 관리: 접근성이 높은 이동형 진단장비 개발 및 대량의 데이터에 기반한 폭넓은 검증을 통해 인공지능 기반의 영상 진단 기술은 향후에도 접근성이 높고 효율적인 진단 도구로 널리 활용 • 감염병 재난 단계를 4단계로 구분. 이 중 AI 기술이 가장 많이 활용되는 6개 응용 분야로 자동진단 보조, 환자 모니터링 및 예후·예측, 자가 진단 검사 및 음성인식, 질병과 재난 예측, 접촉자 추적 및 모니터링, 신약 개발 등을 도출(ETRI)
스마트병원 등 디지털 기반 구축	• 2020년 3차 추가경정예산으로 스마트병원 3곳 구축. 2022년까지 스마트병원 모델 9개를 구축하고, 8개 질환에 대해 AI 기반 진단 추진 • 감염과 관련하여 중환자 진료 질 향상, 신속·정확한 감염 대응, 의료자원의 효율적 관리를 위한 3개 분야 지원

출처: 씨킹 알파(Seeking Alpha), 헬스케어를 위한 사물인터넷의 시사점 재구성, 2015.4

4. 의료융합산업 육성의 국내외 사례

4.1 국내 사례

　　디지털 헬스케어산업에서 만성질환 관리, 원격의료 등을 중심으로 시장을 형성하려 하고 있고, SW 기술과 건강관리 서비스 기술은 새 사업모델의 발굴을 통한 신규 시장의 확대를 위해 의료 데이터의 표준화, AI 기반 의료서비스 등의 표준화,

〈표 6-9〉 병원 내 디지털 헬스 기술 적용 내용

명칭	활용 기술	기술 구현 내용	적용 병원
닥터 앤서 (Dr. Answer)	AI, 빅데이터	• 다양한 의료 데이터(집단 정보, 의료 영상, 유전체 정보, 생활패턴 등)를 연계·분석해 개인 특성에 맞는 질병 예측, 진단, 치료를 지원하는 서비스 • 현재 8가지 질환에 대한 소프트웨어 개발 중 • 2020년까지 총 357억 원 투자	서울아산병원 주축으로 25개 병원, 19개 ICT 기업의 컨소시엄 형태
SMART-Bot 플랫폼	mHealth (App), 빅데이터	• 뇌 질환, 암 정밀의료를 위한 플랫폼을 구축하여 조기 정밀진단기술, 통합 맞춤형 정보, 사람 중심 소통기술, 포괄적 치료 및 케어 기반 신산업 생태계 조성 • 9년간 총 225억 원의 국가 연구비 지원	서울아산병원 -보건복지부 연구 중심 병원 '사람 중심 융합기술' 과제 선정
음성인식 전자의무기록	AI, 빅데이터	• 외래 및 입원 등 모든 환자의 수술 기록, 시술 기록, 판독 기록뿐만 아니라 다양한 서식을 포함한 모든 전자의무기록과 호환 및 연동이 가능하며, 음성 인식률은 한글과 영문 혼합 시에도 95% 이상 • 실시간 음성 기록 및 기록 업무 시간 단축, 환자와의 의사소통 집중에 기여	서울성모병원
Brightics TM AI	AI, 빅데이터	• 안전영상분석 솔루션으로 딥러닝을 적용하여 다수의 안과 질환 예측, 인공지능기반으로 예비 결과를 제공함으로써 건강검진센터 내 판독 업무부담 감소 및 안과 질환 예방과 조기 발견에 기여	삼성서울병원

주) 8가지 질환: 심뇌혈관 질환, 심장 질환, 유방암, 직장암, 전립선암, 치매, 뇌전증, 소아희귀난치성유전 질환
출처: 주지영, 디지털 헬스케어 시장 동향, BTIC View 동향 리포트, 생물학연구정보센터, 2000.8.25

AI 기반 의료서비스 등 다양한 응용 분야에서 활용할 수 있는 플랫폼, 디바이스를 통한 스마트폰과 연계한 다양한 서비스 제공을 추진하고 있다.

정부의 비대면(원격) 진료 시범사업이 진행되고 있으며, 규모에서는 코로나19 대응을 위한 전화상담 · 처방이 크다. 만성질환자를 대상으로 한 1차 의료 시범사업도 확대 추세에 있다. 정부의 진료 시범사업 추진은 원격의료 및 재택의료 시범사업, 규제 특례, 보건소 건강관리, 코로나19 대응 등 다섯 가지 유형으로 진행되고 있다.

4.2 외국 사례

〈표 6-10〉 외국 사례

국가	사례
미국	• FDA에서 스마트헬스에 대한 혁신 계획(Digital Health Innovation Plan) 발표 • 2010년 AVA(건강보험개혁법) 시행 후 대부분 병원에서 EHR(전자건강기록) 도입 등으로 포함한 인센티브를 창출하고, 디지털 헬스케어 관련 기업들의 창업이 급증하고 디지털 헬스에 대한 재정 투입도 급증함 • FDA는 디지털 헬스 기술의 발전과 소비자의 건강행동 변화를 인지하고, 디지털 건강혁신 행동계획을 통해 안전하고 효과적인 디지털 건강 기술 및 제품 생산을 촉진하는 데 노력함 • 디지털헬스 기술 　- 의료기기 SW의 AI 및 기계학습, 모바일 의료 앱을 포함한 장치 SW 기능, 건강정보기술, 의료기기 데이터 시스템, 원격진료, 무선 의료기기 등 • 미국의사협회는 진료와 디지털 기술을 효과적으로 통합할 수 있도록 주요 단계, 모범 사례, 리소스에 대한 가이드 역할을 하는 디지털 헬스 구현 플레이북을 편찬하여 제공함
독일	• 2018년 연방의사협회가 표준 의사직업규칙을 변경하여 관련된 규정(치료제 광고법, 의약품법)도 개정, 의료의 디지털화가 급속하게 진행됨. 이는 독일 의료체계의 디지털화를 확장하는 「디지털 공급법」을 통과시킨 것이 계기가 됨 　- 의료현장에서 건강 앱 사용 가능, 보건의료체계 혁신 장려, 보건의료 텔레메틱스 인프라 연계, 원격의료 상담 서비스 제공, 전자 채널을 통한 의사소통 및 처방, 보건의료연구에 대한 통찰력 제고, 안전한 보건의료 IT 사용, 디지털화에 대한 동등한 참여, 헬스케어 네트워킹 • 고령자 대상 서비스 개발을 위한 과제 지원
독일	• 클러스터를 통해 의료혁신과 필요한 IT, BT, 금융, 이동통신사 등의 기술을 빠르게 도입하고 정보를 공유할 수 있도록 정부가 기업 간 네트워크 중재 　- ICT 융합 의료산업에서 발생하는 데이터를 경제적 자산의 새로운 형태로 인지하고 EU 국가 간 협력을 통해 관련 기업과 협업하여 프로젝트 시범사업을 진행하고 데이터 축적

국가	사례
영국	• 의료서비스 디지털화를 위한 다섯 가지 전략 수립 　– 강력한 IT 인프라 구현, 전자의무기록 등 기본적인 통합 디지털 시스템 구축, 상호운용성 향상, 　　디지털화를 위한 거버넌스 프레임워크 수립, 디지털 리더십 강화와 의료진 · 환자의 디지털 　　리터러시(digital literacy) 역량 육성 • 강력한 IT 인프라 구축 　– 안정적인 네트워크 연결과 충분한 데이터 저장공간 확보를 위해 강력한 IT 인프라를 구축하는 　　것이 중요하다고 보고 있음 　– 무료로 접속할 수 있는 무선네트워크 환경 구축, 상호연결성 향상을 위해 일정 수준 이상의 IT 　　인프라 구축, 데이터 통합과 데이터 저장을 위해 환자 데이터를 클라우드에 저장, 의료기관의 　　실시간 환자 데이터 접속 · 사용 등을 추진하고 있음 • 의료 분야 스타트업 클러스터 형성을 통해 정책 지원에 집중하고 기업들이 관련 기술과 지식을 　공유하도록 유도하는 등 ICT 기반 신산업 생태계 조성에 노력함 　– 특히 2013년 보건의료 빅데이터 통합센터(Health & Social Care Information Center)를 설립해 　　의료데이터를 수집 · 분석해 의료서비스를 개발하고 있음 • 100K Genome Project를 진행하여 50K 유전체 분석을 달성함
중국	• 디지털 헬스케어는 중국 정부가 적극적으로 추진하는 인터넷플러스 정책(O2O, 기존 산업에 　인터넷을 융합하여 업그레이드)에 부합하는 영역임 　– 중국의 기업들은 신규사업 추진 등의 의사결정 시 정부의 정책을 1순위로 고려하는데, 그 이유는 　　육성산업에 포함될 경우 정부의 강한 추진력, 우대 및 육성정책, 금융기관의 관심 제고, 규제 완화 　　등 산업의 발전을 위한 환경이 즉시 구축되기 때문임 • 중국 정부 입장에서는 원격의료 도입으로 파생될 문제보다 해결할 수 있는 문제가 더 중요하므로 　적극적으로 원격의료를 도입하고 있음 • 중국 대형병원 100여 곳은 알리바바가 개발한 AI CT 판독시스템(폐 CT 이미지를 학습)으로 코로나 　감염 여부 진단 • 모바일기기 및 클라우드서비스로 의료진과 시설 부족의 해결 추진
일본	• 헬스케어산업 등에 ICT 활용을 위한 'i-Japan 2015' 전략 수립 • 모바일기기를 활용한 고령자 대상 맞춤형 서비스 추진 • 헬스케어를 국가산업으로 지정, 관련 벤처기업에 10조 엔 투자계획 발표 • 일본에서 의사와 환자의 디지털 성숙도(digital maturity)는 꽤 높은 편이지만, 보건의료 환경에서 　의사들은 여전히 디지털에 대해 신뢰하지 않음에 따라 일본 내 의사–환자 간 디지털 생태계는 아직 　발전하지 못했음 　– 디지털 헬스 솔루션과 관련하여 미국에서는 몇몇 모바일 애플리케이션이 정부의 인증을 　　받았으나, 일본은 1~2개 정도의 애플리케이션만 내놓고 있는 실정임 • 그러나 보건의료 예산 삭감과 의사 부족 등의 이유로 지역의료(regional medical)가 　붕괴되었고, 이를 재건하기 위한 노력으로 예산 투입과 함께 지역의료 정보 협동체계 개념으로서 　지역의료정보네트워크를 구축함(4세대)
일본	• 원격진료의 경우 일본 내에서는 시골지역을 제외하고 불법으로 규정되어 있었으나, 2015년 　후생성에서 초고령 인구의 관리 차원에서 사실상 원격의료를 대부분 허용하도록 규제를 　완화했으며, 2017년에는 「개인정보보호법」을 개정하여 개인건강정보를 익명의 데이터로 변환하여 　활용할 수 있도록 함

5. 의료융합산업 활성화 방안

5.1 디지털 헬스케어 생태계 구축

디지털 헬스케어 생태계 구축을 위한 정부 · 지역보건기관 · 기업 · 병원 등 참여 주체별 역할 설정과 함께 정부는 공공의료서비스 제공을 통한 초기 시장 재원을 조달하고, 지역사회 보건기관은 민간 · 공공 병원과 연계해 의료서비스 정보 교류가 필요하다. 기업은 공공의료서비스에 필요한 디지털 헬스케어 서비스(제품)를 제공하고, 병원은 임상시험 테스트베드를 지원하도록 한다.

지원 기관으로는 보건복지부, 과학기술정보통신부 등으로 다양화하고 의료기관, 연구개발업체 등에 대한 지원금액도 대폭 증액이 필요하다. 그 대상은 국내 디지털 헬스케어 산업분야 제조기업(SW기업 포함)으로 제한되어 있어 서비스업, 대학 등으로 확대가 필요하다.

5.2 감염관리와 연계한 효율적 관리

스마트 감염관리 분야로 코로나19 같은 감염병 발생 시 병원 폐쇄, 확진자 접촉으로 인한 병원 내 추가 감염을 해결하기 위해 실시간 감염질환자 발생 데이터를 파악하여 감염관리 예측, 사후관리, 서비스 제공, 병원 내 의료자원관리의 효율성을 위한 정책과 재정에 반영하여 지원하도록 한다.

5.3 5G 스마트병원 설립

　　격리병실이나 집중치료실에 입원한 환자의 영상정보를 의료진에게 전송해 실시간 모니터링이 가능하고, 감염내과 등 전문의가 없는 병원의 경우 전문의가 있는 병원 간 협진을 할 수 있도록 한다.

5.4 홈케어 구축

　　새로운 센서를 개발해 측정 데이터의 범위를 확대하거나 소프트웨어와 연계를 기반으로 실생활에서 행동 변화를 유도할 수 있는 제품 개발 환경을 조성하여 국가 경쟁력을 확보하도록 한다.

　　이를 위해 모바일 서비스 제공으로 생체계측 정보, 운동·식사 등 건강생활 실천 결과의 입력·조회·전송과 교육관리 기능의 지원을 강화하도록 하며, PHR(Personal Health Record)을 활용한다. 즉 취약계층부터 면역력 증강 솔루션 등을 제공하고, 생활습관병 관리 수첩의 전자화(PHP 플랫폼), 모자 건강수첩 및 지방자치단체 외 직장의 건강검진 정보 전자화, 간병 예방수첩의 전자화, 거점 병원과 진료소 연계 정보를 공유하도록 한다. 이를 위해 공공데이터 기반 관련 법 제정 등 행정법을 통한 데이터 연계 영역을 확대할 필요가 있다.

5.5 AI의 응용과 의료융합산업의 연계

　　AI 기반 의료기기는 ICT 장비 또는 기존 의료기기에서 얻어진 의료 빅데이터를 분석하여 성능을 향상시키는 소프트웨어 또는 소프트웨어가 내장된 의료기기를 의미하며, 인공지능 알고리즘은 주로 의료 빅데이터 분석 기술과 함께 사용된다.

의료에 인공지능을 접목했을 때 효과적인 진단 및 치료법 제시, 정밀한 치료 등 헬스케어 과제들을 획기적으로 개선하도록 지원한다. 이를 위해 헬스케어 비용을 얼마나 효과적으로 감축시킬 수 있느냐가 향후 AI 기반 의료기기의 발전 방향과 속도에 결정적 영향을 미칠 것이다.

이에 따라 의료융합산업의 연계를 위해 의료 AI 상담 통합 표준 플랫폼 구축, AI 시스템 기반의 해외시장 진출을 위한 개척 플랫폼 구축, AI 활용 신약 개발 분야로 확대가 필요하다. 또한, AI 기술과 헬스케어의 융합은 앞으로 기술이전, 창업 등 기술사업화 시장을 더욱 활발하게 할 것이다. 즉 생체 및 의료정보를 활용하기 위해서는 「개인정보보호법」, 「생명윤리법」, 「의사법」 등 다양한 법적 규제 극복과 인공지능으로 인한 의료종사자의 역할 변화 등 윤리 · 사회적 현상에 대한 합의도 필요하고, AI에 의한 전자의무기록 자문, 의료 화상분석 서비스를 제공하도록 한다.

5.6 의료융합산업 육성을 위한 경쟁력 강화와 재원조달

의료융합산업에 특화된 스타트업을 발굴해 자금조달, 멘토링, 네트워킹 등을 지원하는 액셀러레이터 프로그램을 통해 의료융합산업의 성과와 애로사항을 파악하여 경쟁력을 강화하도록 한다. 이를 위한 의료융합산업 펀드 조성과 의료기관이 집중된 수도권, 지역 의료허브 지역에 화상 상담, 회의 등이 가능한 온라인 공동 의료 서비스 공간을 구축해 의료진이 재택근무, 원격회의 등 비대면 업무를 도입할 수 있도록 하는 바우처 프로그램 지원이 필요하다.

5.7 의료융합 R&D 지원

정밀의료, 첨단의료기기 R&D 투자 확대를 통한 민간 중심의 R&D 활성화 지원, AI, 로봇 등 기술이 융합된 차세대 의료기기, 맞춤형 헬스케어 구현을 위한 빅데이터 분석 및 활용 기술개발 지원의 확대, 산학연, 중소벤처기업과 대기업 공동 연구 시 인센티브 제공이 필요하다. 의료융합산업을 육성하기 위한 성장 맞춤형 R&D 지원과 특허 창출 역량 강화, 기술과 아이디어만 있는 업체를 발굴하여 정책금융, 엔젤과 네트워킹, 지분투자, 창업 지원이 필요하다.

5.8 비대면산업 육성을 위한 인프라 구축

첫째, 5G, 디지털 인프라, 4차 산업혁명 기술을 활용하여 스마트 헬스케어 투자 확대, 온라인 교육, 상담 서비스 활성화다. 둘째, 정밀의료 및 첨단의료기기 개발의 원천이 될 정밀의료 데이터 생산 및 활용 기반의 마련이다. 셋째, 슈퍼컴퓨터, 로봇 등 최첨단 기술을 활용한 의료서비스산업을 지원하도록 한다. 넷째, 의료융합산업 관련 전문인력의 양성이다. 다섯째, 보건의료 빅데이터 연계, AI 학습용 데이터 생산 등 데이터 생산·연계·활용 시스템 투자의 확대다.

5.9 디지털 헬스케어를 통한 일자리 창출

디지털 헬스케어 인프라를 구축하는 데 IT 인력 및 인프라 운영인력 등의 일자리 창출이 필요하다. 디지털 뉴딜 기업 육성을 위해 각 의료기관, 교육기관, 농어촌 지역의 디지털 헬스케어 전환을 지원하여 일자리를 창출하도록 한다. 의료융합산업은 기술집약적인 산업이지만, S/W, AI, 빅데이터 분야 등 연구개발, 서비스 등 기업체, 의료기관, 연구소 등에서 일자리 창출에 기여하게 된다. 이를 위해 병원정보시스템(HIS), 글로벌 EMR 시장 진출, 의료정보화 기술을 통한 스마트병원 환경 구축 등을 지원한다.

또한 디지털 헬스케어를 위한 R&D, 마케팅, 홍보인력과 디지털 헬스케어 도우미 일자리 창출, 디지털 헬스케어 자격증 제도 및 디지털 헬스케어 교육기관 신설, 교육기관과 협력하여 전문인력 양성 과정을 개설하도록 한다.

5.10 감염병 발생 앱과 정보 플랫폼 구축

코로나19 사태에 따라 다수의 증상 데이터를 바탕으로 개인별·지역별 예측 모델을 개발할 필요가 있다. 개발된 앱과 플랫폼을 통해 지역에 환자 발생률 정보를 제공, 의료기관 수용능력 데이터를 제공하고, 개인별 모바일에 의해 사용자가 데이터(폐렴, 당뇨, 고혈압, 비만 등 기저질환, 독감과 유사한 발열, 두통, 기침 등)를 입력하여 신·변종 감염병의 조기 진단, 감염병 예측, 위험도를 확인하도록 한다. 코로나19 감염 정보 제공 및 확산 추세 예측 서비스의 경우 개인정보 침해 우려가 크지 않으나, 다양하게 도입된 접촉 추적 프로그램에서는 더 강력한 개인정보보호 전략이 필요하다.

6. 맺음말

코로나19 시대에 비대면 산업의 집중화에 따라 의료융합을 통한 디지털 헬스케어 산업의 성장 가능성이 매우 높다. 외국은 디지털 헬스케어 활성화 및 규제 완화를 통해 경쟁력 확보, 국가경제 성장산업으로 지원하고 있으나 국내는 데이터 활용, 원격의료 등 규제에 묶여 산업 활성화에 한계가 있다.

미국 등 국가에서는 고령화 시대의 도래를 준비하기 위해 디지털 헬스케어의 확산과 효율적인 기술 활용 및 서비스 증대를 통해 다양한 정책을 시도하고 있다. 국내 디지털 헬스케어 시장은 급속도로 성장할 것으로 전망되나, 다양한 환경에 적합한 서비스 접근성 제고, 제도 정비 등의 협력을 통한 기술개발이 필수다. 또한, 한국은 빅데이터 강국임에도 기술적·제도적 문제에 직면한 상태로 정부 주도의 헬스케어 데이터의 통합 및 연계를 위한 별도의 정책을 수립해야 하며, 정부의 원격의료와 빅데이터의 민간 개방, 유전체 지도 작성 등이 필요하다.

7장
방송통신 융합의 차세대 전략

현우진

1. 최근 미디어 환경 분석

1.1 최근 방송의 변화들(2018~2020)

1.1.1 「무한도전」의 종방, 미디어 지각 변동의 신호탄

2018년 종영된 「무한도전」은 2006년 5월부터 제작되어 많은 국민에게 사랑을 받은 프로그램이다. 「무한도전」의 종영은 기존 미디어콘텐츠산업의 지각변동의 신호탄이었다. 최고 시청률은 28.9%(닐슨코리아 제공)로 「무한도전」의 콘셉트는 "대한민국 평균 이하들의 고군분투"다. 하지만 이 프로그램은 늘 첨단이었으며 뉴미디어와 뉴테크놀로지를 활용했다. 그것을 평균 이하의 사람들이 꾸며내어 시청자는 첨단을 눈치 채지 못하게 예능으로 꾸며낸 것만으로도 아주 훌륭한 연출 력이라고 볼 수 있다.

지금이야 일반 다큐멘터리에서도 흔히 쓰는 드론 촬영이지만 예전엔 비싼 항공 촬영이어서 다큐멘터리 분야에서는 엄두도 못 냈다. 그 당시 생소한 드론을 활용하여 무인도에서 각 출연진이 코믹한 음식 먹기를 연출했다. 또한 증강현실을 활용한 게임을 기획하기도 했고, 부산이라는 대도시를 무대로 부산경찰서와 협업하여 SNS 를 활용한 범인 잡기, 인스타그램을 통한 하트 받기 등의 프로젝트를 기획했다. 「무한도전」이 인기를 끈 것은 이렇게 새로운 기술과 뉴미디어를 활용한 예능을 선제적으로 보여주었기 때문이다. 그 때문에 10년이 넘도록 젊은 세대와도 호흡하며 인기 프로그램이 되었다(물론 메인 캐릭터와 연출자의 공은 말하지 않아도 알 것이다). 인기를 얻은 이유 중 하나는 「무한도전」이 늘 새로운 미디어와 테크놀로지를 활용했다는 점이다.

그러나 「무한도전」의 시청률이 예전 같지 못하고, 제작진과 아이템에 대한 피로 감 등 여러 가지 이유로 종영되었다. 물론, 팬들은 아직도 프로그램 폐지가 아닌 '휴지기' 또는 '제작 중단'이라고 말한다. 또 한편으로는 하나의 프로그램이 단순히 개편 된 것이 아니라 지상파와 올드미디어의 세대교차로 읽힌다. 「무한도전」의 제작 중단 은 새로운 미디어로 넘어가는 상징적인 신호다. 「무한도전」을 끝내자마자 유재석이 새롭게 출연을 계약한 곳은 CJ ENM이 제작한 tvN의 「유 퀴즈 온 더 블록」 외에 넷 플릭스의 예능프로그램이라는 점도 눈여겨볼 필요가 있다. 향후, TVING(CJ)과 넷플 릭스의 오리지널 콘텐츠 확보를 위한 협력 또는 경쟁을 미리 예견하는 듯한 출연계 약이었다.

1.1.2 서바이벌 오디션 「미스트롯」 그리고 MZ세대의 새로운 플랫폼

2019년 5월에 높은 시청률을 자랑한 프로그램을 보면 그 의미를 알 수 있다. 2019년 5월 기준으로 최고의 시청률을 자랑한 KBS-2TV의 「세상에서 제일 예쁜 내 딸」은 32.6%(닐슨코리아)다. 또한 별다른 이슈가 없었던 MBC의 「언더 나인 틴」(최고 시청률 2.2%), KBS-2TV의 「더 유닛」(최고 시청률 6.2%), JTBC의 「믹스9」(최고 시청률 1.9%) 등 쟁쟁한 오디션프로그램을 제치고 종편 최고 시청률을 기록한 「미스트롯」(최고 시청률 18.1%) 등이 방영되었다. 「미스트롯」은 「미스터트롯」의 성공에 이어 「미스트롯」 시즌 2까지 방송되는 상황이다.

특히 과거의 미스코리아 진선미 선발전과 「쇼미더머니」, 「프로듀서 101」과 언 프리티랩스타를 혼합한 「미스트롯」은 예전 M.net의 「트로트X」와 차별화하여 성공했다. 그것은 퓨전적이던 「트로트X」와 달리 정통트로트를 중심으로 시청자를 공략했기 때문이다. 물론 젠더적 이슈 등 여러 가지 지적이 있었음에도 프로그램 인기와 더불어 시청 연령대도 낮아지고, 최종회 음악 작업에도 이단엽차기, 용감한 형제 등 아이돌 작곡가도 참여하게 되었다. 하지만 곡 중심은 정통 트로트였다. 즉, 타깃층은 정확히 중장년층이다. 「미스트롯」의 1회는 예전의 미스코리아 선발대회를 기억할 수 있어야 하며, 최종회에서는 우승자의 결승 노래 「단장의 미아리고개」 가사를 음미하고 감정이입할 수 있어야 프로그램을 재미있게 볼 수 있기 때문이다.

물론 기존의 지상파를 비롯한 케이블, IPTV, 위성방송 플랫폼으로 전송하는 콘텐츠의 힘은 여전하다. 하지만 트롯이 방송사의 주요 소재가 된 것과 본격적으로 새로운 세대는 새로운 플랫폼으로 이동하고 있음을 알려주는 계기가 되었다. 역설적으로 MZ세대는 최근 OTT로 공영방송을 접하게 되고, 유튜브를 통해 지상파를 알게 되는 시대가 시작되었다.

1.1.3 이것은 미디어인가? IT기술인가?

2020년 BBC보고서에 따르면 영국의 Z세대는 신뢰하는 채널로 BBC, 넷플릭스를 꼽았다. 이 보고서에서는 '지난 12개월 동안 사용한 미디어 서비스 중 가장 가치 있는 서비스 3개는 무엇인가?'라는 질문에 시청자 44%가 넷플릭스를 꼽았고, 43%가 BBC를 꼽았다. 유튜브와 스카이채널이 뒤를 이었다. 다만 가장 가치 있었던 서비스 중 1등으로 뽑힌 서비스를 기준으로 할 경우 21%는 BBC, 18%는 넷플릭스를 선택했다. 이제는 공영방송도 채널로 체험하는 게 아니라 개별 콘텐츠를 OTT로 경험하기 때문이다.

이렇듯이 콘텐츠의 큰 비중을 차지하는 지상파방송의 주요 시청자층 변화는 전 세계의 흐름이다. 이제 지상파방송 외에 각 미디어 영역은 새로운 세대를 위해 무엇인가를 준비해야 한다. 물론 각 매체와 플랫폼마다 비전과 목적이 있다. 예를 들면 공영방송으로서 KBS는 사회 환경 감시 및 비판, 여론형성, 민족문화창달이라는 언론의 기본적 역할을 수행함에 있다(KBS 홈페이지). 하지만 이러한 목적에 맞는 "콘텐츠를 효과적으로 시청자에게 전달할 수 있는 있을까?"라는 고민도 필요한 시대다.

새로운 세대는 새로운 미디어로 변화한다. 하지만 새로운 세대이기 때문에 새로운 미디어가 출현하는 것은 아니다. 영상을 보는 수상기와 모바일 등 디바이스의 혁신, 콘텐츠 전송을 위한 데이터처리기술과 통신의 발달 등이 수반되어야 한다. 이러한 기술의 진보는 모바일 사용시간의 변화, OTT 가입 변화의 추이 등을 보면 알 수 있다. 또한 대표적인 OTT기업 넷플릭스의 2020년 한국 매출만 봐도 그 변화를 실감할 수 있다. 매출액은 4,154억 원으로 2019년 1,858억 원에 비해 123% 증가한 규모다(넷플릭스 감사보고서, '21.4).

또한 쇼핑 플랫폼과 결합한 방송, 웹툰 플랫폼과 웹드라마, 메타버스 등 다양한 형태의 미디어가 합종연횡되어 등장하는 시대가 2020년대다. 물론, 코로나19로 인한 비대면 스트리밍 라이브 콘서트 중계영상도 빼놓을 수 없는 이슈다. 세계 최초 5G 상용화로 고화질과 실감미디어의 수요도 증가하는 상황이다. 특히 넷플릭스, 유튜브, 아마존, wavve 등의 주요 OTT 사업자들은 UHD 기술지원 및 콘텐츠 확보를 추진 중이며 소셜미디어 업체인 페이스북, 인스타그램, 텔레그램, 라인, 카카오톡 등은 자사 플랫폼에서 콘텐츠를 주고받을 수 있는 서비스를 구현했고, 고화질 영상기술을 지원하는 업체도 증가하고 있다. 실감미디어 VR/AR 분야에서도 360° 영상, 게임, 테마파크 등 다양한 콘텐츠의 고화질·고음질이 제공되는 상황이다. 미디어와 IT기술의 융합은 코로나 팬데믹으로 인한 비대면 시대를 맞이하여 일상생활에서 상용화되기 시작했다.

1.2 새로운 테크놀로지와 플랫폼 서비스의 등장

1.2.1 우리는 미키마우스가 되었다

우리는 애니메이션을 매일 보고 산다. 애니메이션은 가상으로 있을 법한 것들을 그리거나 제작해서 움직이게 하는 영상이다. 쉽게 말하면 정적이던 만화가 움직이면서 '만화영화'라고도 불렸다. 매일 보는 만화영화가 바로 내비게이션이다. 가상의 지도라는 바탕화면에 자동차 또는 화살표가 움직이고 있다. 또는 택시를 부르거나 대리기사를 요청할 때도 어디서 어느 위치까지 오는지를 화면으로 보여주고 있다. 이것도 애니메이션이다.

과거에 '비디오 시대'라는 게 있었다. 지금도 영상콘텐츠 시대라는 말이 넘쳐난다. 병원에서 엑스레이 촬영하는 곳도 '영상'의학과다. 부동산을 통해 집을 보러 다닐 때도 VR로 먼저 공간을 확인할 수 있다. 또한, 먼 거리 중계가 개인 사진액자 같은 SNS에서도 가능한 시대다. 그리고 원거리에서 영상중계를 통해 원격진료가 가능하고, 로봇 팔을 이용해서 수술도 가능한 시대다. 또 하나는 안전을 이유로 개인의 지문을 등록하여 데이터베이스화하고, 길마다 CCTV가 설치되었으며, 모든 차량에 블랙박스가 장착되어 있다. 이처럼 모든 것이 영상으로 기록된다.

이 모든 것이 영상이고 영상콘텐츠다. CCTV와 블랙박스 영상의 예를 들면 때때로 뉴스와 르포프로그램, 또는 유튜브 외에도 은밀한 곳에서 재생된다. 그렇다면 CCTV는 영상콘텐츠 제작 장비로 볼 수 있는가? 엑스레이도 마찬가지다. 이제는 포털 사이트에서 라이브 홈쇼핑을 하고, 쇼핑 플랫폼에서 웹드라마를 제작하는 시대다.

그동안 시청자는 영상과 애니메이션을 수동적으로 시청했다. 이에 반해 적극적으로 내 생각이 반영되고 나의 주관대로 움직이는 동영상-애니메이션 캐릭터를 만들 수 있다. 단순한 흥밋거리나 오락이 아닌 사교와 경제활동, 교육 등을 할 수 있는 시대다. 바로 현실의 연장선상인 세상, 바로 메타버스의 시대가 이미 도래했다. 이게 애니메이션을 보는 시대가 아니라 내가 애니메이션 세계 안으로 들어가 움직이는 미키마우스가 될 수 있는 세상이다.

1.2.2 케이블, IPTV의 셋톱박스를 넘어(Over The Top)

새로운 미디어는 젊은이들의 생활 습관, 구매력에 따라 등장한다. 물론 콘텐츠를 '파는' 비즈니스이기에 기본적으로 매력적인 콘텐츠가 '진열'되어야 새로운 세대에게 어필할 수 있다. 그런 점에서 「하우스 오브 카드」로 유명세를 날린 넷플릭스는 이제 새로운 미디어, OTT 플랫폼의 대명사가 되었다. Over The Top(OTT) 서비스란 인터넷을 통해 웹사이트에 접속해 비디오 콘텐츠(Video on Demand: VOD)를 다운로드하거나 스트리밍하는 서비스를 지칭한다(지경용 외, 2015).

여기에 세계 거대 OTT회사인 넷플릭스가 있다. 넷플릭스는 DVD, 비디오 대여점으로 시작한 회사다. 한국의 대표적 비디오대여점 '영화마을'과 달리 넷플릭스는 업의 본질을 지키면서 기술개발과 혁신을 통해 세계적인 콘텐츠 플랫폼 회사로, 독점 콘텐츠 제작사로 성장했다. 미국의 방송사와 미디어그룹들 역시 2020년 많은 OTT 플랫폼을 출시했다. 디즈니플러스(디즈니), 피코크(NBC), HBO맥스(HBO) 등의 출범으로 시장이 더욱 가속화될 전망이다.

한국에서도 노트북과 모바일, 스마트TV로 자유롭게 콘텐츠를 소비할 수 있는 새로운 플랫폼이 등장했다. TVING, IPTV 통신사의 콘텐츠 투자, 그리고 POOQ과 통합을 꾀한 SK텔레콤의 옥수수가 웨이브로 새롭게 론칭했다. 새로운 시청자 유입을 위해 이제 국내 OTT 플랫폼의 통합과 마케팅 등이 활발해지고 있는 현실이다.

OTT 때문에 기존 방송질서가 변화되는 것이 핵심이 아니다. 플랫폼 전쟁이 핵심이다. 이제 플랫폼에서 OTT 외에도 생활과 직결되어 움직인다. 쇼핑도 할 수 있고 음성으로 생활정보를 얻을 수 있다. 이것은 콘텐츠 산업의 규제와 허가, 지원정책에도 큰 변화를 줄 수 있는 요소다.

2. 과학과 예술, 비즈니스의 접점은 콘텐츠

2.1 미디어 시장의 거대한 지각변동

미디어의 제작 · 유통 · 전송이 디지털화하고 있으며, 특히 코로나 이후 넷플릭스 등 인터넷으로 영상을 시청하는 OTT 이용시간이 폭증하고 있다. OTT 월 사용자 수(ʼ19.6 → ʼ20.6)는 1년 동안 넷플릭스가 1,800만에서 4,600만으로 증가했으며, 한국의 OTT 웨이브는 1,300만에서 2,700만으로 증가했다. 이에 따라 포털 · SNS 이용 증가와 매체 이용행태 변화(모바일 · 개인 중심) 등으로 지상파 방송광고 매출액의 지속적인 축소 및 유료방송 시장 성장률이 둔화되었다.

2019년 미국 지상파 NBC, CBS의 방송광고 매출액은 7조 원대다. 이에 반해 유튜브는 18조 원(전년 대비 36%↑)으로 그 규모만 봐도 미디어 환경의 변화를 체감할 수 있다. 이런 시장 환경과 반대로 1인 미디어, 10분 이내 짧은 영상(숏폼) 등 신유형 콘텐츠 시장이 생성되는 미디어 환경으로 변화되었다.

또한, 새로운 기술과 콘텐츠가 결합하면서 다양한 디바이스를 통해 시청자가 실감콘텐츠를 즐길 수 있는 시대가 왔다. 5G 기반 대규모 실감콘텐츠 시장이 등장하면서 ICT 기술 기반의 AI · XR(AR, VR, MR) 등 디지털 콘텐츠에 대한 수요 급증이 예상되고 있다.

고도화된 네트워크를 기반으로 첨단 IT가 콘텐츠 제작에 응용되면서 초고화질, VR 등 신유형 콘텐츠가 부상하고 있다. 5G 상용화로 고용량 콘텐츠의 원활한 전송이 가능해짐에 따라 초고화질 · VR 영상 등 대량 트래픽을 발생시키는 콘텐츠 이용이 증가하고 있다. 이에 따라 첨단 IT 및 AI 기술을 영상콘텐츠 제작과 편집에 적용·응용한 새로운 유형의 콘텐츠가 부상하고 있으며, 콘텐츠의 추천·저장에도 신기술 도입이 가속화되고 있다.

이렇게 미디어는 변화하고 있다. 단순히 미디어는 텔레비전 수상기와 라디오키트를 통해 정보를 얻는 시대가 지났다. 특히 OTT 사업자의 영향력 확대, 팬데믹 위기로 인한 이용행태 변화 등에 따라 기존 유통구조를 벗어나는 유통의 다변화로 확산되고 있다. OTT 사업자의 대규모 제작비 투자, 해외 진출의 용이성 등으로 OTT와의 제휴 혹은 OTT를 통한 콘텐츠 유통 사례와 비중이 증가하고 있다. 게다가 팬데믹 위기로 OTT 이용이 증가하면서 방송·인터넷·극장 등 기존의 순차적 유통구조를 거스르는 OTT 중심의 유통구조로 변화되고 있다.

2.2 미디어 환경 변화에 따른 방통융합 진흥의 방향성

앞서 내비게이션과 CCTV의 예만 보더라도 콘텐츠는 다양한 플랫폼에서 재생되고 다양한 매체와 디바이스에서 이용되고 있다. 예전의 TV가 방송만을 위한 디바이스였던 반면 핸드폰은 영상과 통화만을 위한 기계가 아니다. 마찬가지로 이제 영상 플랫폼은 방송서비스를 위한 플랫폼으로 승인되고 규제받을 수 없는 시대다. 이제는 온라인 플랫폼에서 영상서비스도 하고, 아침에 생수도 배달하고 저녁에 인문학을 수강하는 시대다.

그렇다면 이 모든 플랫폼 서비스를 과거 소수 매체의 시대만을 기억하고 수천 개의 채널별 콘텐츠를 영상등급제로 나누고 규제하고 심의해야 하는가? 모든 것은 이제 플랫폼, 그리고 플랫폼 트래픽을 위한 새로운 콘텐츠가 양적·질적으로 폭발하는 시대다. IT 서비스 분야까지 확장된 이 모든 콘텐츠를 이제 누가 관리해야 하는가 하는 문제가 나온다. 지금은 콘텐츠의 시대지만, 영상콘텐츠를 미디어 분야만이 독점하는 시대는 지났다.

예를 들면, 유튜브의 자체 규제는 사람이 일일이 모니터링하지 않는다. 빅데이터와 AI가 모니터링한다. 이제는 한국 역시 과학기술에 기반을 둔 디지털 뉴딜을 통해 예술을 풍요롭게 하는 것과 동시에 활발한 비즈니스와 고용 창출에 기여해야 할 것이다.

한편 거대 방송사와 통신사업자 그리고 무신사, 모두가 동등한 플랫폼 시대가 도래하고 있다. 콘텐츠와 플랫폼의 관계는 아주 밀접하며, 중요성은 닭이 먼저인지 달걀이 먼저일지 모를 정도로 어느 것을 선택할 수는 없다. 즉, 아무리 훌륭한 공연도 공연장(플랫폼)을 통해 관객이 올 수 있어야 수익을 올릴 수 있기 때문이다. 지하철 플랫폼에서 바이올린을 켜는 거리의 악사도 결재 시스템으로 바이올린 박스를 놓아둔다. 우리는 그 박스 안에 돈을 지불하고 지나간다. 바이올린 음악이 심금을 울릴 때 말이다. 지하철 플랫폼에 거리의 악사가 많아지면 아마 지하철공사에서는 일정 정도의 수수료를 받고 연주 허가를 내줄 수 있을 것이다. 이런 것이 온라인이든 오프라인이든 플랫폼 전략이다.

마찬가지로 유료방송사뿐만 아니라 모든 방송사는 좋은 콘텐츠를 취사 선별하고 재생산이 가능하도록 합당한 거래금액을 주고 구입하면 된다. 그럼 좋은 콘텐츠를 보기 위해 시청자는 합리적인 플랫폼을 찾아 구매한다. 마찬가지로 앞으로의 방송사와 통신사, 커뮤니티 앱, 쇼핑 앱은 동등한 플랫폼이고 동등한 채널일 뿐이다. 남자 신발 사진 등을 올리는 작은 커뮤니티로 시작한 무신사도 자체 콘텐츠를 제작하고 있다. 미국의 유명 영화잡지 「버라이어티지」뿐만 아니라 많은 인쇄매체가 온라인으로 전환하여 동영상 기사도 제공하고 있다. 또한, 쇼핑 플랫폼에서도 자체적으로 콘텐츠를 제작하고 있으며, 쇼핑 라이브방송 등의 채널도 열고 있다.

여기서 중요한 것은 이제 콘텐츠의 중요성이다. 시청자는 콘텐츠를 보기 위해 사용이 간편하고 합리적인 소비가 가능한 플랫폼을 찾아갈 뿐이다. 유료방송사와 통신사업자, 온라인 플랫폼, 지상파 방송사와는 동등하게 경쟁하게 된다. 이 때문에 진흥 방향 및 규제 등도 새로운 패러다임으로 접근해야 할 것이다.

분명한 것은 국가철학, 문화유산, 지방문화 보존, 영상 인력양성 등에 대한 방송 및 시청각 자료 보급 등 정부가 개입해야 방송시장은 존재한다. 다만 그 외에는 콘텐츠가 무한경쟁의 시대로 돌입한다. 그러나 경쟁의 원칙은 지켜져야 한다. 첫 번째로는 국가 문화유산(국가 언어) 보전 및 자국 내 영상문화 지속 가능성을 마련해야 할 것이다. 두 번째는 방송 및 콘텐츠 수익이 국내 시장으로 재투자되도록 하는 선순환 구조 마련이다. 이를 위해서는 해외 글로벌 플랫폼과 OTT기업이 국내 기업과 동등하게 규제받고 세금 또는 기타 이용료 지불도 중요하다. 그 이유는 세 번째로 재투자된 자본이 자국 내 콘텐츠 재생산, 차세대 영상 인력양성으로 사용할 수 있도록 해야 한다. 국내의 문화유산이 콘텐츠를 통해 유지 · 보전 · 전승되어야 하기 때문이다.

3. 방통융합의 차세대 전략 방향

3.1 디지털 뉴딜-방송통신융합의 다섯 가지 혁신 방안

4차 산업혁명에 대비한 첨단 ICT 개발환경 조성을 비롯하여 자유로운 창작환경과 언론환경을 조성하는 이번 정부는 다양한 콘텐츠 결과를 내놓았다. 영화「기생충」과 BTS의 해외시장 성공, 「킹덤」을 비롯한 다양한 콘텐츠의 해외진출 등이 그 대표적인 예다. 이제는 급변하는 환경에서 대한민국이 미디어 강국, 콘텐츠 강국으로 거듭날 때다. 그래서 다음과 같이 디지털 뉴딜-방송통신융합 부문의 다섯 가지 혁신 방안을 제안한다.

> ① 뉴미디어의 규제와 진흥을 위한 새로운 전략과 전담기구, IT접목
> ② 미디어 분야의 디지털 뉴딜 활성화를 위한 환경 조성
> ③ 창작자 양성과 IP관리, AI · 로봇 개발 지원

④ 고품질, 고화질, 고음질, 오감 미디어 진흥

⑤ 글로벌콘텐츠 제작지원과 지역·한국어 콘텐츠 진흥 등 다양성 확보

3.1.1 방송 및 OTT, 온라인 플랫폼 지원과 규제의 새로운 패러다임 필요

전 세계 유튜브 채널 수는 약 39억 9천만 개(social blade 집계, 2020.1.20 기준)가 있다고 한다. 이 많은 것을 어떻게 규제할 것인가. 이제는 채널 중심, 방송사 중심이 아니라 콘텐츠 중심으로 집중 지원해야 한다. 그리고 온라인 플랫폼의 영상콘텐츠 정체성은 무엇인가? 방송인가 아니면 인터넷 포털사이트인가. 왜냐하면 OTT에서 방송하고, 라이브방송으로 상품을 팔고, 교육 콘텐츠, VR로 부동산 신규분양 정보도 제공한다. 이렇게 되면 기존 방송통신 규제 문제, 콘텐츠 심의 문제 등이 대두된다. 이에 따라 콘텐츠 등 미디어 규제와 진흥을 전일적으로 전담하는 기관이 필요할 것이다. 또한 심의 또는 가짜뉴스를 전담하도록 AI를 통한 1차 심의제도 등 이 부분에서도 4차 산업 혁신 기술이 도입되어야 한다.

3.1.2 미디어 분야의 디지털 뉴딜 활성화를 위한 환경 조성

플랫폼의 변화와 융합에 따라 산업에서 자연스러운 민간영역으로 활성화해야 한다. 이제는 플랫폼에서 방송도 하고 게임도 하고 물건도 파는 시대다. 애플TV도, 아마존 프리미엄 채널도 기존 방송사와 다른 개념이다. 또한, 방송과 커머스의 연합이 자연스러워지고 있다. 공공의 자산인 주파수를 이용하지 않고 전송하는 스트리밍 채널은 자연스럽게 활성화되어야 한다. 이제는 OTT와 기타 온라인 플랫폼을 방송영역에서 놓아주어야 한다. 온라인 플랫폼 활성화를 위해 시장의 규제를 완화하고 민간에서 비즈니스를 하도록 두어야 한다. 이를 통해 경쟁체제 속에서 좋은 콘텐츠 제작환경을 조성해야 한다.

그러나 공공의 재산인 주파수를 사용하는 지상파방송, 국가 인프라 조성을 통해

설치된 각종 망을 활용한 방송사업자들을 위해서는 공익적 방송 제작, 유익한 방송 프로그램 제작을 위한 별도의 지원이 필요하다. 그래서 콘텐츠 중심의 제작 지원이 더욱 활발해져야 할 것이다. 또한 OTT 플랫폼 등은 미디어 서비스 활성화를 위해 앞서 말한 대로 심의와 규제의 재편이 시급하다.

3.1.3 창작자 양성과 IP관리, AI · 클라우드, 빅데이터, 로봇 개발 지원

방송사 설립 및 운영 조건의 시설 분야 등은 외주제작 시설을 사용토록 하고, 독립제작사의 창작환경 조성에 힘써야 한다. 콘텐츠 중심의 진흥체계 마련으로 방송채널과 더불어 OTT 등의 분야에서 좋은 작품이 나올 수 있도록 해야 한다. 다양한 플랫폼에서 콘텐츠가 활용되고, 새로운 부가 서비스 또는 하나의 소스가 다양하게 사용(OSMU)되거나 조연 캐릭터의 새로운 시리즈로 재창조(Spin Off)되는 바탕이 되려면 콘텐츠의 IP관리가 시급하다. 이를 위해서는 콘텐츠 우위에 있어야 하며, 콘텐츠 재생산을 위한 자본의 선순환 구조가 마련되어야 한다. 한국 콘텐츠가 우위에 있다면 해외 플랫폼에 IP를 팔지 않고도 좋은 가격에 판매할 수 있기 때문이다. 또한 자본의 선순환이 이루어진다면 다음 콘텐츠 재생산(예를 들면 시즌 2 제작)을 위한 자본이 투입되기 때문에 창작자의 IP를 다양하게 활용할 수 있는 힘이 된다.

이와 더불어 AI와 알고리즘에 대한 기술을 적극적으로 방송환경에 접목해야 한다. 예를 들면 그동안 한국의 아프리카TV는 규제만 생각했다. 전 세계적으로 유튜브의 크리에이터들이 활동하기 전부터 한국에는 BJ(Broadcasting Jockey)들이 활동했다. 그러나 이러한 활동에 대한 진흥보다는 규제에 중점을 두었다. 물론 성인용 콘텐츠와 무분별한 별풍선 논란 등이 대표적이었다. 그래서 도입하려고 한 것이 아날로그식 모니터링이었다. 무분별한 별풍선과 선정적 콘텐츠를 감시하기 위해 사람이 일일이 하나하나 모니터링해서 규제하려고 했다. 양성화보다는 규제에 신경 써서 모니터링하는 사람도 지치고, 신사업을 하는 사람도 지치게 만든다. 반면, 알파벳(구글)의 유튜브는 간단히 해결한다. 스스로 규제한다. 알고리즘을 통해 무분별한 복제 영상, 아동의 영상, 선정적인 영상이 자동으로 걸러진다. 또한 4만 2천여 개 넘는 어마어마한 콘텐츠를 보유한 넷플릭스는 사용자 맞춤형으로 심플하게 편성해준다.

앞으로 긴박한 뉴스를 위한 자동 뉴스 편집 제작, 그리고 아마추어 스포츠 중계에 대비한 AI 중계시스템, 실감미디어를 기반으로 한 무대 제작, 야외(해외) 로케이션을 대체할 XR 스튜디오 양성 등을 한국에서 개발하고, 제작자들이 다양하게 사용하도록 지원해야 한다. AI 기술과 알고리즘 등을 방송 제작 환경에 접목하도록 지원정책을 강화하고 AI 스튜디오 조성, AI 방송기술 활성화 등을 마련해야 한다. 이제 콘텐츠 분야는 카메라와 편집기만 있으면 되는 시기가 아니다. 스포츠 중계 및 광고제작에 로봇과 협업하고 인공지능과 협업할 부분이 많다. 이것이 진정 디지털 뉴딜 시대의 방송통신융합의 방향이다.

3.1.4 콘텐츠 분야의 기술적 혁신으로 고화질, 고음질, 오감미디어 진흥

OTT 플랫폼 간 경쟁의 가속화와 기술격차 감소로 경쟁 우위 선점을 위해 독점(오리지널) 콘텐츠와 더불어 영상·음향 관련 고품질 콘텐츠 확보가 필수다. 이를 위해서는 국내 고품질 콘텐츠 경쟁력을 강화하고, 글로벌 사업자들의 수요에 부합하는 콘텐츠를 제작할 수 있는 환경 조성이 필요하다. 특히 넷플릭스는 한국 콘텐츠에 공격적으로 투자하고 있으며, 국내 스튜디오 장기임대 계약을 통해 안정적 국내 제작환경을 구축 중에 있다. 넷플릭스가 한국에 콘텐츠 투자로 2020년 3,330억 원, 2021년 5,500억 원 규모(Netflix 콘텐츠로드쇼, 2021.2)다. 이는 한국 콘텐츠 창작 생태계와의 장기적인 파트너십을 지속한다는 의지의 표현으로 볼 수 있으며, 향후 K-콘텐츠 투자가 지속될 것으로 전망한다.

이렇게 글로벌 경쟁이 가속화되는 가운데 고화질과 고음질을 위한 기존 제작환경을 조성해야 한다. 데이터 저장을 위한 클라우드를 비롯한 콘텐츠 제작 기술개발이 이루어져야 한다. 방송기술 분야 개발 및 연구개발 지원 확대, 고화질 및 실감미디어 지원을 위한 진흥, 소프트웨어 개발을 통해 방송통신융합 부문의 부가가치 확대를 꾀해야 할 것이다.

3.1.5 글로벌콘텐츠 제작지원과 지역 · 한국어 콘텐츠 진흥 등 다양성 확보

해외 인력들이 대거 한국에서 작업할 수 있도록 글로벌 콘텐츠 제작 환경을 조성해야 한다. 이것은 관광산업의 일환이기도 하고, 유능한 글로벌 인재를 영입하여 한국이 고품질 콘텐츠의 전초기지를 마련하는 전략이기도 하다. 특히 코로나 시대 이후 제작 로케이션 유치에서 벗어나 사운드 작업, 대규모 세트촬영 작업(실내 촬영), 가상/증강현실 세트장 작업을 할 수 있는 제작환경을 조성하도록 진흥정책을 지원한다. 이는 대규모 인력이 이동하지 않아도 하나의 공간에서 작업하도록 물리적인 공간(스튜디오)과 데이터이동을 통한 온라인작업(영상편집, 사운드 작업 등)이 가능하도록 인프라 조성 및 인력양성을 통해 글로벌 제작이 한국에서 이루어지도록 하는 것이다. 또한 한국의 채널과 콘텐츠 서비스사업자, 플랫폼 사업자의 해외진출에 적극적으로 지원하도록 기술 지원에 힘써야 한다.

이와 더불어 한국어를 사용하는 각 지역의 문화와 다양성 확보를 위한 지원에 힘써야 한다. 한국어를 쓰는 대한민국 전역의 각 지방과 더불어 중국, 러시아 및 중앙아시아, 유럽 및 아메리카 등 소수 한국어 사용 지역을 위한 지원, 해외 교포를 위한 방송 지원 등을 통해 한국어 프로그램의 다양성을 확보해야 한다. 이를 통해 다양한 한국어(지역 사투리 등)와 지역 문화를 콘텐츠를 통해 유지 · 보전 · 전승하도록 해야 한다.

4. 정책제언

각 분야의 진흥을 위한 업무 통합과 배분, 신설 등을 하려면 굉장한 저항을 받게 된다. 변화와 전진은 에너지와 힘이 든다. 다양한 의견이 존재하나 미래의 한국을 위해, 풍요로운 문화 창달을 위해 과감한 정책 결단과 강력한 추진력이 동반된다.

출연진과 관련하여 블랙리스트가 돌고, 권력이 방송을 장악하면 뉴스와 시사 프로그램이 타격을 받는 줄 안다. 하지만 가장 타격을 받는 것은 예능이고 드라마다. 창작자가 자기 검열하는 순간 창의력은 제로가 되기 때문이다. 또한, 뉴미디어에 대한 대응력이 현저하게 떨어진다. 그 이유는 진취적인 사고와 창의력이 스스로 자신을 검열하기 때문이다. 또한 권력에 눈치를 보기 시작하면 새로운 창작물이 아니라 권력의 눈에 들어 부귀영화를 얻으면 그뿐이기 때문이다. 그래서 창의력을 위한 정책은 오히려 강력한 의지가 있어야 한다. 왜냐하면 창의력을 위한 정책은 권력의 남용과 미디어의 독점욕을 막아내는 것이기 때문이다.

지금의 한류가 된 이유 중 하나가 바로 시장개방, 특히 일본문화 개방(1998)이었다. 그때만 해도 진보나 보수 모두 굉장한 저항을 했다. 한국 문화가 왜색으로 변질될 우려가 있고 미디어에 폭력과 섹스가 난무할 것이라는 걱정 때문이었다. 그럼에도 건설현장과 방송현장에서부터 당구장 용어까지 일본말을 썼던 시대였기도 하다. 그래서 강력한 정책이 필요했다. 결과적으로 아이러니하게도 개방 전에는 오히려 일본 대중문화 콘셉트를 베끼기에 급급하고 일본 콘텐츠의 해적판만 난무했다. 예를 들면 만화 「슬램덩크」 '강백호'는 해적판의 이름이고 본명은 사쿠라기 하나미치였으나 해적판의 인기로 합법적인 출판물도 강백호로 그냥 쓸 정도였다. 어쨌든 일본문화 개방 후에는 한국에서도 건전한 기획들이 태동하기 시작했다.

예전에는 스탠더드 텔레비전에서 화질 좋은 HD가 나오고, TV 화면이 4 : 3 비율에서 16 : 9로 가는 혁신적인 변화들이 있었다. DMB 작은 모니터로 차 안에서 방송을 시청할 수 있는 것도 큰 변화였다. 그러나 방송사와 제작사의 포지셔닝은 크게 달라진 것이 없었다. 시청자 또한 VOD 서비스 정도 외에는 시청 습관이 크게 변화하지 않았다. 지금은 디바이스가 바뀌었고, 미디어의 서비스가 바뀌었다. 시청자의 습관도 바뀌었다. 또한 과학기술의 발전으로 제작 장비부터 제작 방식, 노동환경 등이 모두 급변하는 시대다. 지금은 코로나 이후의 시대를 대비하면서 빅데이터와 클라우드를 활용한 미디어 서비스의 역할을 고민해야 한다. 시대의 흐름이 엄청나게 바뀌었기 때문이다. 지금부터다. 이러한 환경에 변화하는 것은 미래를 준비하는 것이 아니다. 이미 변화되었고, 변화에 대응하는 것은 미래를 준비하는 것이 아니라 우리가 살고 있는 오늘이다.

8장
글로벌 경쟁우위를 가진
에듀테크 산업 육성

임재환

1. 들어가는 글

코로나19 이후 교육에서 에듀테크(EdTech, Education Technology) 활용이 보편화되고 구조적 위치를 점하게 되었다. 에듀테크는 "테크놀로지를 활용하여 수업과 교육기관의 일상적인 업무관리를 효과적으로 지원하는 것"이다(UK MOE, 2019). 에듀테크 산업은 [그림 8-1]과 같이 콘텐츠, 소프트웨어, 하드웨어, 네트워크, 디바이스 등 다양한 형태로 구성되어 있고, 4차 산업혁명의 핵심기술과 연관되어 있다. 그리고 미래 교육체제 전환과 연관된 학교 공간 및 시설 형태, 더 나아가 스마트시티까지 확장되고 있다.

에듀테크 개념을 발전 단계로 구분하여 역사적으로 이해하면 1단계는 이러닝(eLearning)이다. 이러닝은 "전자적 수단, 정보통신 및 전파 · 방송기술을 활용하여

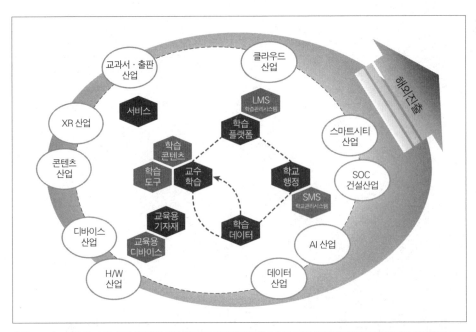

출처: 코로나19 대응 및 미래교육체제 전환을 위한 에듀테크 산업진흥 TF, 「코로나19 대응 및 미래교육체제 전환을 위한 에듀테크
산업진흥 정책보고서」, 2020

[그림 8-1] 에듀테크 산업 연관도

에듀테크

에듀테크 단계를 세분화하여 더욱 발전적인 단계를 AIED(AI in Education)로 개념화하는 시도가 이루어지고 있다. 에듀테크 2단계가 교수자가 개별화교육을 할 수 있는 조건을 제공하는 단계라면, 에듀테크 3단계인 AIED는 학습자가 개별화교육을 할 수 있는 조건을 제공받는 단계라 할 수 있다.

이루어지는 학습"으로 대개 온라인학습에 국한된다(「이러닝(전자학습) 산업 발전 및 이러닝 활용 촉진에 관한 법률[이러닝산업법]」 제2조 1항). 이런 관점에서 '디지털 전환(DX, Digital Transformation)'이나 '4차 산업혁명'과 연관된 테크놀로지를 활용하는 것을 에듀테크의 2단계라 할 수 있고, 일반적으로 '에듀테크'라 명명한다.

8장에서는 '한국판 뉴딜'의 에듀테크 정책 고도화를 목적으로 2절에서 에듀테크의 해외 산업 및 정책 현황을 다루고, 3절에서 에듀테크의 국내 산업 현황 및 한국판 뉴딜 관련 정책을 종합적으로 검토한다. 4절은 결론으로 시사점과 정책 제언을 제시할 것이다.

2. 해외 에듀테크 산업 및 정책

2.1 코로나19 이후 조정된 에듀테크 시장 전망

    에듀테크 시장조사 전문기관인 홀론아이큐(HolonIQ)는 코로나19 이전 세계의 에듀테크 시장 규모를 전망하면서 2025년 3,410억 달러로 추산했다. 그러나 [그림 8-2]와 같이 코로나19 이후 교육계에서 에듀테크 수요가 급증하자 2025년 4,040억 달러로 전망치를 조정했다. 그리고 2019년부터 2025년까지의 연평균 성장률(CAGR)은 13.1%에서 16.3%로 조정했다. 이와 같이 에듀테크 시장은 뚜렷한 성장세로 전망되고 있다.

    코로나19 이후 에듀테크 시장 전망이 상향된 것에 반해, 교육시장은 축소될 것이라는 의견이 많다. 이는 세계적인 GDP 감소 및 교육활동 제약으로 인한 지출 축소

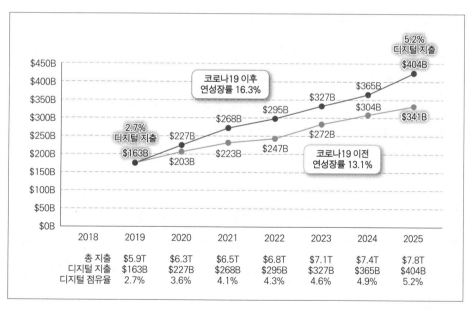

출처: HolonIQ, "Global EdTech Market to reach $404B by 2025, 16.3% CAGR", 2020.8.6

[그림 8-2] 2019~2025년 에듀테크 세계시장 전망

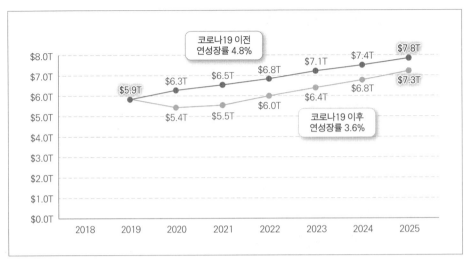

출처: HolonIQ, "Global EdTech Market to reach $404B by 2025, 16.3% CAGR", 2020.8.6

[그림 8-3] 2019~2025년 세계 교육시장 전망

가 원인이다. 홀론아이큐는 [그림 8-3]과 같이 세계 교육시장을 축소하여 전망했는데, 2025년 7조 8천억 달러에서 7조 3천억 달러로 조정했다. 홀론아이큐의 에듀테크 시장 분석은 교육시장을 모수로 하여 디지털 관련 지출을 에듀테크로 인식하여 측정한 것이다. 교육시장에서 에듀테크가 차지하는 비중은 2019년 2.7%에서 2025년 5.2%로 빠르게 확대되고 있다. 에듀테크 범위에 대한 합의 및 공식통계 집계 전까지 이러한 측정 방법은 불가피하다. 국내에서도 2004년 관련 법률 제정 이후 이러닝 산업에 대한 통계만을 집계 중인데, 최근에는 에듀테크를 대상으로 하는 조사들이 활발하게 이루어지고 있다[정보통신산업진흥원(NIPA), 2020].

에듀테크를 활용한 산업이 발전한 주요 국가는 미국, 영국, 중국, 인도 등이다. 그러나 이러닝 중심으로 발전한 중국과 인도는 의미성에 있어 제한적이라 할 수 있다. 홀론아이큐는 〈표 8-1〉과 같이 최근 에듀테크 유니콘 기업이 세계적으로 19개 있다고 공표했다. 미국과 중국 기업 각 8개, 인도 기업 2개, 캐나다 기업 1개가 유니콘이다.

팬데믹이 아니어도 [그림 8-4]와 같이 2015년을 기점으로 세계적으로 에듀테

<표 8-1> 에듀테크 유니콘 기업

기업명	국가	분야	최종 투자시기	최종 투자형태	평가가치
Yuanfudao	중국	튜터링	2020.12	$300M Series G Top Up	$15.5B
ByJu's	인도	튜터링	2020.11	$200M PE Round	$12.0B
Zuoyebang	중국	튜터링	2020.12	$1.6B Series E +	$10.0B
VIPKid	중국	어학	2019.9	$150M VC/PE Round	$4.5B
Udemy	미국	온라인 평생교육	2020.11	$50M Series F	$3.3B
Coursera	미국	온라인 평생교육	2020.7	$130M Series F	$2.5B
Duolingo	미국	어학	2020.11	$35M Series H	$2.4B
Unacademy	인도	평가	2020.11	$80M VC	$2.0B
Zhangmen	중국	튜터링	2020.10	$400M Series E	$2.0B+
ApplyBoard	캐나다	해외 리쿠르트	2020.9	$55M Series C	$1.4B
Course Hero	미국	학습 노트	2020.8	$70M B + Top Up	$1.1B
Quizlet	미국	학습 노트	2020.5	$30M Series C	$1.0B
Guild Education	미국	온라인 평생교육	2019.11	$157M Series D	$1.0B+
Knowbox	중국	튜터링	2019.5	$150M Series D	$1.0B+
Udacity	미국	온라인 평생교육	2020.11	$75M Debt Round	$1.1B
iTutorGroup	중국	어학	2019.7	Controlling Inv	$1.0B
Huike	중국	온라인 평생교육	2018.5	$200M Series D	$1.0B
Age of Learning	미국	온라인 교육	2016.5	$150M Series A	$1.0B
HuJiang	중국	온라인 교육	2015.10	$157M Series D	$1.0B

출처: HolonIQ, "Global EdTech Unicorns", 2021.1.2

크에 대한 투자는 급증하는 추세에 있었다. 메타리(Metaari)의 투자금액은 벤처캐피탈 투자 이외에 다양한 투자를 포함하고, 투자대상의 범주도 홀론아이큐보다 넓다. 에듀테크 투자에 대해 지속적인 조사를 수행한 메타리는 2019년 투자금액이 2015년 대비 약 3배에 달하며, 2018년 163억 4천만 달러의 투자금액이 2019년 186억 6천만 달러로 14.2% 증가했다고 보고했다.

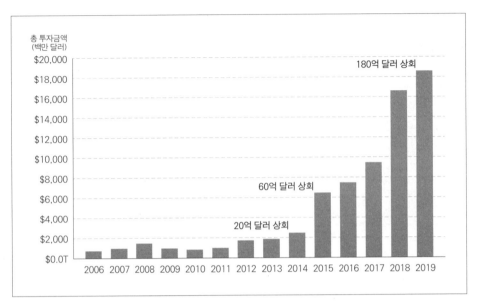

출처: http://users.neo.registeredsite.com

[그림 8-4] 세계 에듀테크 투자 추세

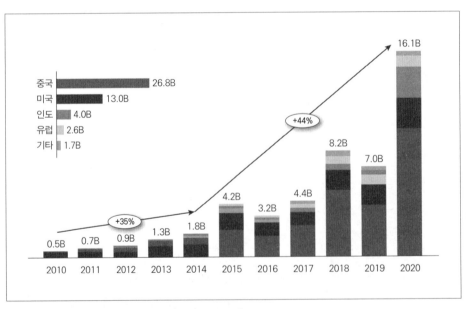

출처: HolonIQ, "$16.1B of Global EdTech Venture Capital in 2020", 2021.1.5

[그림 8-5] 세계 에듀테크 벤처캐피탈 투자 추세

코로나19 이후 이러한 투자 추세는 시장 추세와 유사하게 증가율이 다시 성장하는 방식으로 조정된다. 홀론아이큐는 [그림 8-5]와 같이 에듀테크 벤처캐피탈(VC) 투자가 2019년 소폭 하락했다가 2020년 다시 반등하여 급증했음을 보여준다.

2.2. 미국의 에듀테크

미국의 에듀테크는 [그림 8-4]에서 확인되듯이 MOOCs(Massive Open Online Courses) 중심으로 발전했다. 코세라(Coursera)는 2012년 스탠퍼드대학 중심으로 설립되어 MOOCs 현상을 주도하고 있는데, 7천만 명 이상의 학습자와 3,900개 이상의 교육과정을 보유하고 있다. MIT와 하버드대학이 중심이 되어 설립한 Edx는 비영리조직이지만 MOOCs의 선도자이고 Open-Edx 같은 학습플랫폼을 오픈소스로 제공하고 있다. 유다시티(Udacity)와 유데미(Udemy) 등 다양한 MOOCs의 존재는 고등교육, 기업교육, 평생교육 전체를 망라하는 방식으로 발전하기 때문에 가능하다.

MOOCs는 에듀테크 공급자가 그 자체로 교육서비스를 제공하는 방식이라 할 수 있지만, 대부분의 에듀테크는 학교나 교육기관을 지원하는 데 초점을 맞추고 있다. 학습관리시스템(LMS, Learning Management System) 단계를 거쳐 발전한 학습플랫폼(Learning Platform)은 에듀테크의 대표적 범주로서 학교나 교육기관의 학습관리와 운영을 지원한다. [그림 8-6]에서 보듯이 패키지형 학습플랫폼은 전반적으로 시장에서 약화되는 추세이고, 오픈소스 중심의 학습플랫폼인 무들(Moodle)과 캔버스(Canvas)가 강세를 보이고 있다. 캔버스는 미국 기업이기 때문에 북미 시장에 상대적으로 큰 영향력을 가지고 있지만, 다른 대부분 국가에서는 호주에 거점을 둔 무들이 가장 많은 점유율을 차지하고 있다.

미국의 에듀테크 산업은 철저하게 시장 중심적으로 발전하고 있고, 별도의 산업진흥 국가전략을 가지고 있지 않다. 그렇지만 K-12(초·중·고) 영역은 특수한 정책

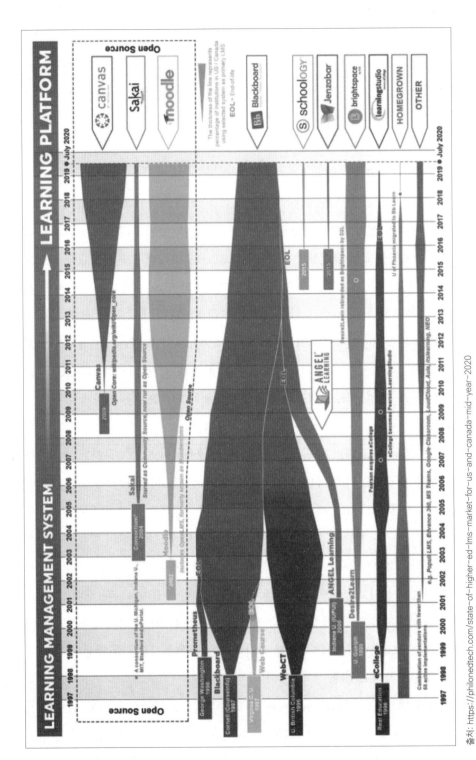

[그림 8-6] 미국과 캐나다의 고등교육 학습플랫폼 시장 점유 현황

출처: https://philonedtech.com/state-of-higher-ed-lms-market-for-us-and-canada-mid-year-2020

을 유지하고 있다. 미국은 2012년 이후 50개 주교육청 중심으로 스마트스쿨 사업 등을 거쳐 클라우드 기반 에듀테크 학습플랫폼 체계로 전환했다(https://www.nytimes.com). 구글, MS 등 빅테크 중심으로 ICT 산업의 교육영역 적용을 통한 에듀테크 실현은 독특한 사례다. 구글은 킬러앱 '구글 클래스룸(Google Classroom)'을 G-suite 클라우드 환경과 연계시키고 학교 현장에는 학생들이 사용할 수 있는 기기로 크롬북(Chromebook)을 공급하면서 '구독경제' 방식의 사업 모형을 적용했다. 그리고 구글은 각 학교에 기술자

미국은 1965년 「초등·중등교육법(ESEA, Elementary and Secondary Education Act)」제정을 통해 연방정부의 교육격차 해소 같은 교육 책무성을 강화했는데, 「아동낙오방지법」은 그러한 연장선에서 개정 법안으로 이해된다. 다만, 「아동낙오방지법」은 그 이후 실행과정이나 교육철학 등의 이견으로 오바마 대통령 집권기에는 상대화되었고, 2015년 「모든학생성공법(ESSA, Every Student Succeeds Act)」제정으로 내용이 대체되었다.

를 한 명씩 배치하여 현장의 기술적 문제를 빠르게 해결하는 서비스 운영모형을 실행하고 있다.

미국은 2001년 「아동낙오방지법(NCLB, No Child Left Behind Act)」을 제정한 이후 K-12 영역에서 교육격차를 해소하고 교육혁신을 강화하는 정책을 실행하고 있다. 팬데믹 이후 미국 교육부는 K-12 학교와 학생을 지원하기 위한 새로운 지원예산(ESSER Fund)을 실행하고 원격교육 등이 원활하게 수행될 수 있게 지원하고 있다.

2.3. 영국의 에듀테크

영국의 에듀테크는 미국처럼 시장 중심으로 발전했으나 빅테크보다는 스타트업 중심이라는 점에서 차이가 크다. 그리고 [그림 8-7]과 같이 영국은 미국과 달리 에듀테크 국가산업전략을 가지고 있다. 영국은 바이오테크, 핀테크 스타트업 육성을 통해 산업진흥에 성공한 바 있는데, 에듀테크를 'the next of Fintech'로 인식하고 있다.

영국 교육부는 에듀테크 산업 발전을 통해 교육의 효율성과 효과성을 제고한다

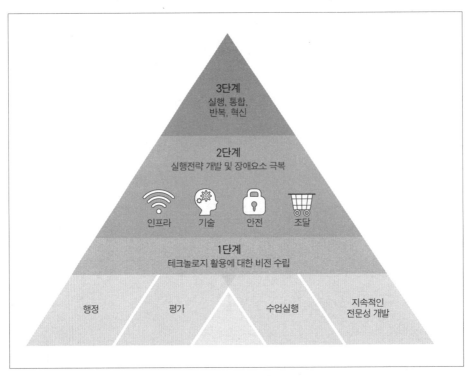

3단계
실행, 통합,
반복, 혁신

2단계
실행전략 개발 및 장애요소 극복

인프라   기술   안전   조달

1단계
테크놀로지 활용에 대한 비전 수립

행정   평가   수업실행   지속적인
전문성 개발

출처: 영국 교육부, 『교육에서 테크놀로지 잠재력 실현: 에듀테크 국가산업전략』

[그림 8-7] 영국 에듀테크 산업전략: 변화 프레임워크

는 목표를 분명히 한다(영국 교육부, 『교육에서 테크놀로지 잠재력 실현』, 14쪽). 영국 교육부는 에듀테크 산업 발전을 위해 공공기관을 통한 교육 거버넌스 역할을 해체하고 민간 중심의 교육 거버넌스를 정립했다. 2011년 에듀테크 진흥을 목적으로 런던에 설립된 교육재단(The Education Foundation)은 비영리기관이지만 민간 중심으로 운영되고 있고, 영국 교육부는 주로 영국교육산업협회(BESA)와 관련 업무를 진행한다.

영국 교육부와 영국교육산업협회의 대표적 협력모형은 'LendED' 플랫폼이다. 수천 개의 에듀테크 제품·서비스와 콘텐츠가 학교 현장에 공급되기 위해서는 공신력 있고 조달이 용이한 프로세스와 시스템이 필수인데, LendED는 이러한 필요를 충족시킨다. LendED는 [그림 8-8]과 같이 영국 교육부의 공신력을 바탕으로 영국교육산업협회가 운영하고 있다. LendED에는 에듀테크 제품·서비스와 콘텐츠가 체

출처: https://www.lended.org.uk/

[그림 8-8] LendED: EdTech Lending Platform

계적으로 분류되어 있고, 학교에서는 샌드박스 기능을 통해 도입 전에 충분히 시험할 수 있다.

영국은 대학 및 K-12 학교 등의 교육기관에 적극적으로 에듀테크를 도입함으로써 산업을 진흥시키고 사회서비스로서 교육서비스의 질을 제고하는 한편, 적극적으로 수출을 도모하는 다양한 프로그램을 진행하고 있다. 베트쇼(Bettshow)는 세계에서 가장 큰 에듀테크 박람회로 매년 1월 런던에서 진행되는데, 영국교육산업협회와 영국 통상부 등의 적극적인 협력으로 조직되고 있다. 베트쇼는 최근 세계적으로 확대되어 말레이시아 쿠알라룸푸르, 브라질 상파울루, UAE 두바이 등에서도 개최되고 있다.

팬데믹 이후 영국 교육부는 기존 정책 외에 공공 학습플랫폼으로 Oak National Academy를 개설했고, 소외가정에 디지털 기기와 네트워크를 제공하는 등 다양한 지원정책을 실행하고 있다(유비온미래교육연구소, 2020).

3. 국내 에듀테크 산업 및 정책

3.1 코로나19 이전 국내 에듀테크 산업과 정책

팬데믹 이전 국내 에듀테크 정책은 2004년 시행된 「이러닝산업법」 등에 근거한 지원정책에 한정되어 있었고, 정책 기조는 2010년 전후로 상당히 수동적으로 변모했다. 2012년 MOOCs 현상이 발생하기 전에 국내에서는 2001년 9개 사이버대학이 출범하는 등 다양한 혁신 사례가 있었다. 우선, 에듀테크 1세대인 이러닝 단계에서 글로벌 경쟁우위를 가진 유니콘 기업들도 나왔지만, '학교교육 정상화' 등의 명분으로 K-12 영역의 이러닝 산업진흥 자체가 억제되었다. 2010년부터 본격화된 EBS 수능강의가 대표적 사례다. 두 번째로, 1999년 시범사업을 거쳐 2000년부터 본격적으로 시행된 원격훈련도 2009년 정점 이후 2010년부터 상당 기간 활성화가 억제되었다.

2012년 MOOCs 현상이 세계적으로 가시화되면서 대학 중심의 에듀테크 도입이 본격화되는데, 팬데믹 시점에서 430여 개 대학 중 약 300개 대학이 학습관리시스템을 갖추고 있어서 원격교육체제로 빠르게 전환할 수 있었다. 반면에 K-12 학교체계에서는 학습관리시스템을 갖추지 못하여 임시로 개발되거나 변용된 공공플랫폼을 사용할 수밖에 없었다. 초등학교는 주로 KERIS 'e학습터'를, 중·고등학교는 주로 'EBS 온라인클래스'를 이용했다. 〈표 8-2〉에서 보듯이 1996년부터 5년 단위의 교육정보화 기본계획이 수립되어 학교 등에 체계적으로 에듀테크가 도입되는 계기가 만들어졌지만, 팬데믹 상황에서 입증되듯이 효과적인 정책 실행은 이루어지지 않았다.

국내 이러닝산업은 2000~2005년 고도 성장기를 거쳐 〈표 8-3〉에서 보듯이 2006년부터 2010년까지 연 10% 수준으로 성장했다. 2000년부터 2010년까지의 산업성장은 주로 이러닝 서비스를 통해 이루어졌고, 기존 교육콘텐츠의 디지털 서비스

구분	영역	주요 성과 및 전략과제	특징
1단계 ('95-'00)	• 교육정보화 기반구축 • 교육정보자료 개발 · 보급 • 정보기술 활용 교육 강화 • 교육행정 정보화 • 학술 · 연구 정보 기반 고도화	• 교육정보화 사업 추진 기반 마련 • 교육정보화 인프라 구축을 통한 정보 접근성 강화	• 최초의 중장기 교육정보화 종합계획 • 정보화 촉진 기본계획과 연계
2단계 ('01-'05)	• 지식기반사회 대처 능력 함양 • 창조적인 산업인력 양성 • 함께하는 정보문화 창달 • 종합적인 성과지원체제 구축	• ICT 활용 수업의 안정적 장착 • e-러닝의 보편화(사이버 가정학습 등) • 나이스(NEIS) 구축 • 학술정보 유동체계 구축	• 평생교육, 건전정보문화 포함 • 교육정보화 지표 개발
3단계 ('06-'10)	• e교수학습/e평생학습 혁신체제 구축 • e교육안전망, 지식관리체제 구축 • e러닝 세계화/u러닝 기반 구축 • e-교육행정지원체제 구축 • 교육정보화 성과 및 질 관리	• 나이스(NEIS) 교무학사 3개 영역 분리 운영 • 교육영역에 정보화 접목	• 정보화 사업의 지방 이양(90%)
4단계 ('10-'14)	• 창의적 디지털 인재양성 • 선진 R&D 역량 강화 • 소통과 융합의 정보화 • 교육과학기술 정보인프라 조성	• 스마트교육 도입 · 적용 • ICT 미래교육 연구, 시범 운영 • 에듀파인, EDS 서비스 • 유아교육 정보화	• 교육부, 과학기술부 통합에 따른 시기, 범위 조정 • 교육 · 과학 분야 통합 계획 수립
	• 스마트교육 추진 전략 • 디지털교과서 개발 및 적용 • 온라인 수업 · 평가 활성화 • 교육콘텐츠 자유 이용 환경 조성 • 교원의 스마트 교육 실천 역량 강화 • 클라우드 교육서비스 기반 조성	• 디지털교과서 시범개발 • 온라인수업 실시 • 교육콘텐츠 저작권 논의 • 교원 ICT 역량 강화 • 클라우드 교육서비스 기반 조성	• 초 · 중등교육 한정
5단계 ('14-'18)	• 맞춤학습지원체제 구축 　(유 · 초 · 중등교육) • 능력중심사회 구현(고등교육) • 학습과 일이 연계된 평생직업교육 • 아우르고 배려하는 교육복지 • 건전한 사이버문화 조성	• 창의적 교수학습 활동 지원체제 구축 • 학술정보공유유통체계 고도화 • 온라인 평생학습체제 구축 • 사회적 배려 계층 정보 격차해소 • 교육 행 · 재정 운영 인프라 구축	• 활용중심 정책으로 전환 • 교육정보화의 영역을 교육 전반으로 확장 　(유 · 초 · 중등, 대학, 평생, 직업 등)

출처: 교육부, "제6차 교육정보화기본계획"

<표 8-3> 국내 이러닝 시장 규모(2007~2011)

(단위: 억 원)

구분	2007	2008	2009	2010	2011
콘텐츠	4,060	4,328	4,909	5,090	5,383
솔루션	2,184	2,217	2,113	2,238	2,352
서비스	11,027	12,160	13,888	15,130	16,778
계	17,271	18,705	20,910	22,458	24,513

출처: 정보통신산업진흥원(NIPA), 『2011~2012 이러닝 백서』, 2013

<표 8-4> 이러닝 사업자 총매출액(2018~2019)

(단위: 백만 원)

구분	2018		2019		전년대비 증감률	평균 매출액
	매출액	구성비	매출액	구성비		
소계	3,845,009	100	3,951,593	100	2.8	2,182.0
콘텐츠	730,126	19.0	751,212	19.0	2.9	1,743.0
솔루션	365,167	9.5	366,216	9.3	0.3	1,447.5
서비스	2,749,716	71.5	2,834,165	71.7	3.1	2,514.8

출처: 정보통신산업진흥원(NIPA), 『2019년 이러닝산업 실태조사』, 2020

에 주안점이 맞춰졌다.

2010년 이후 이러닝산업은 성숙기에 진입했고, <표 8-4>에서 보듯이 팬데믹 직전에는 5% 이내의 저성장 기조를 보이고 있었다. 하지만 2012년 MOOCs의 등장 이후 에듀테크에 대한 관심이 고조되면서 스타트업의 활발한 창업이 이루어졌다. 2012년 에누마, 2013년 클래스팅과 노리, 2014년 뤼이드 등이 창업했다. K-12 영역의 이러닝 기업들은 사교육 시장을 형성한 반면, 이 시기 에듀테크 스타트업들은 주로 학교를 지원하는 사명을 가지고 있었다. 이러한 사명의 전환은 세계적인 에듀테크 트렌드의 특징이기도 하다. 그럼에도 교육부의 에듀테크 정책 미비로 팬데믹 이

전에는 사업모형을 실현할 경제적 토양이 거의 없었다. 그래서 에듀테크 스타트업들은 기존 사교육 기업에 인수되거나 해외 진출을 모색할 수밖에 없었고 전체적으로 저조한 성장을 보였다. 그리고 국내에서는 기존 이러닝 사업자 중심의 에듀테크 사업 전환도 다양하게 이루어졌는데, 유비온, 휴넷, 아이스크림에듀 등이 대표적이다.

3.2 '한국판 뉴딜' 정책과 에듀테크

팬데믹은 에듀테크 산업에 극적인 계기를 제공했다. OECD 교육국장 안드레아스 슐라이허(Andreas Schleicher)는 팬데믹 상황에서 교사의 디지털 전환을 통해 학교의 디지털 전환이 이루어졌다고 논평했다(https://nynow.wmht.org). 팬데믹을 통해 어느 국가든 보건이나 교육 등과 같은 사회서비스는 관련 산업이 발전해야 제대로 된 서비스를 받을 수 있다는 점을 명료하게 인식하게 되었다. 'K-방역' 모형은 이러한 인식을 통해 만들어졌다.

문재인 정부는 팬데믹 상황에 능동적으로 대처하기 위해 「한국판 뉴딜 종합계

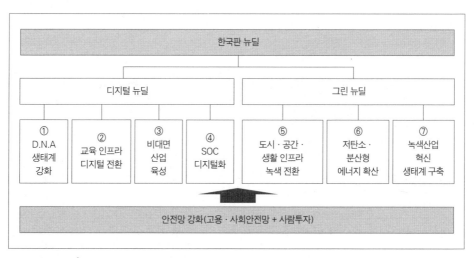

출처: 기획재정부, 「한국판 뉴딜 종합계획」, 2020. 7. 14

[그림 8-9] 한국판 뉴딜의 구조

획」을 설계하고 공표했다(기획재정부, 2020). 한국판 뉴딜은 [그림 8-9]와 같이 디지털 뉴딜과 그린 뉴딜로 구성되고 안전망 강화와 결합해 있는 2 + 1 구조다. 에듀테크는 디지털 뉴딜 4개 분야 모두와 연관되어 있고, 안전망 강화와도 밀접한 관련이 있다. 그리고 한국판 뉴딜의 10대 대표과제 중 하나인 '그린 스마트 스쿨'은 디지털 뉴딜과 그린 뉴딜의 융합 과제다.

「한국판 뉴딜 종합계획」은 K-방역 모형을 원형으로 하여 K-교육(에듀) 모형 또는 에듀테크 정책모형을 정립하는데, [그림 8-10]과 같이 에듀테크 산업진흥을 통해 2025년 10조 원 산업으로 육성하겠다는 로드맵이 제시되어 있다. 디지털 뉴딜의 두 번째 분야인 '교육 인프라 디지털 전환'의 내용은 '모든 초·중·고에 디지털 기반 교육 인프라 조성'과 '전국 대학·직업훈련기관 온라인 교육 강화'로 구성되어 있다(기획재정부, 2020). 세부 내용 중 '온라인 교육 통합플랫폼'은 미래교육체제 전환과 결합한 에듀테크의 핵심 과제인데, 2021년 6월까지 민간 사업자를 통한 정보화전략계획(ISP) 사업이 진행되며 그에 근거하여 2023년에는 K-12 학교체계가 에듀테크 생태계와 결합하는 조건이 만들어질 계획이다. 학교 무선망 구축사업과 기기 보급 사업은 2020년부터 활발하게 진행되고 있다. 그리고 대학 온라인 학습 지원사업과 K-MOOC 지원사업도 진행 중이며, 직업훈련기관 학습관리시스템 임대사업도 시행되고 있다.

현재 상황				미래 모습	
"노후 시설·IT인프라, 제한적 온라인 콘텐츠 등으로 미래형 교육환경 구축 한계"				"안전하고 쾌적한 온·오프라인 융합형 학습공간 구축"	
성과지표	2020년		→	2022년	2025년
학교 리모델링	-			1,299동	2,890 + 동
학교 WiFi	14.8%			100%	100%
에듀테크 산업규모	3.8조 원('18)			7조 원	10조 원

출처: 기획재정부, 「한국판 뉴딜 종합계획」, 2020.7.14

[그림 8-10] '그린 스마트 스쿨' 과제 개요

'한국판 뉴딜 종합계획' 공표 이후 교육부는 그린 스마트 스쿨을 미래학교로 정립하고 더욱 구체적으로 개념화한 「그린 스마트 미래학교 사업계획」을 발표했다(교육부, 2020). 1970~1980년대 고도 성장기에 수많은 학교가 건설되어 2020년 기준 약 20%가 40년 넘은 노후 건물이기에 불가피하게 재건축이나 리모델링이 필요한 상황으로 미래교육체제 전환에 맞춰 미래학교를 그린 스마트 스쿨로 만들자는 계획이다.

3.3 에듀테크 정책 고도화의 필요성과 방향

교육부는 「2021년 교육부 업무계획」을 통해 팬데믹 상황에서 원격교육의 성과와 한계를 평가하고 '교육격차' 해소와 '원격교육 효과성 제고'라는 방향을 정립했다(교육부, 2020). 그리고 '그린 스마트 미래학교'의 세부 방향도 설정했다. 그렇지만 이러한 업무계획에서도 에듀테크 산업을 육성하겠다는 내용이 없고 그린 스마트 미래학교에 대한 기존 비판을 극복하는 구체적 방안도 보이지 않는다(임재환, 2020).

이와 같이 에듀테크 진흥과 관련한 핵심 문제는 교육부가 에듀테크 산업 육성 방향을 정립하거나 공표하지 않는다는 점이다. 보건복지부는 세계적인 바이오테크 활성화 방향에 맞춰 규제기관에서 규제·진흥기관으로 탈바꿈하여 K-방역 모형에 성공할 수 있었다. 오히려 에듀테크 산업 진흥에 대해서는 기획재정부, 산업부, 과기정통부, 중기벤처부 등이 적극적인 상황이고, 에듀테크 산업계는 산업진흥을 위한 '새로운 거버넌스'를 요구하고 있다. 영국과 같이 교육부가 '에듀테크 국가산업전략'을 정립하고 한국에듀테크산업협회 같은 민간과 협력하여 K-교육 모형을 정립하는 것이 제일 좋은 방안이다.

다른 대안은 보건복지부의 보건산업 진흥 모형이나 '에듀테크 산업진흥 민·관 협의체'를 법정부적으로 구성하는 방안이다. 한국판 뉴딜의 성공 여부는 에듀테크의 진흥이 결정적이며 적합한 에듀테크 거버넌스 정립이 핵심이다. 에듀테크는 1단계인 이러닝 단계를 거쳐 혁신적인 교수학습모형과 결합한 에듀테크 2단계가 진행 중이다. 3단계는 빅데이터와 인공지능에 기반한 에듀테크인데, 이는 AIED로 명명되고 있다(이주호 외, 2021). 국내 에듀테크가 글로벌 경쟁우위를 갖기 위해서는 학교와 에듀테크의 유기적 결합이 충분조건이고 AIED를 위한 혁신적 R&D가 필요조건이다.

K-12 학교 이외에 대학이나 교육기관 등은 자율적으로 에듀테크를 적극적으로 수용하여 교육서비스 구조를 혁신해가고 있다. K-12 학교의 디지털 전환도 충분히 실행되었기에 과거 같은 중앙 통제적 정책은 현장에서 더 이상 유효하지 않은 상황이다. K-12 학교에 더 많은 재량과 예산을 부여해야 하며, 구체적 상황에 맞는 구체적 방안을 실행할 수 있게 해야 한다. 그리고 교육부와 교육청은 K-12 학교가 다양한 선택을 할 수 있는 여건을 만드는 일에 집중해야 한다. 정책적으로는 에듀테크 생태계를 K-12 학교에 원활하게 접목시키는 일이다. 이를 통해 K-12 학교의 다양한 혁신과 실험을 기반으로 에듀테크 생태계도 혁신되고 발전하며 역전이도 피드백 방식으로 이루어지게 된다. K-교육의 세계적 성공은 향후 AIED를 위한 혁신적 R&D

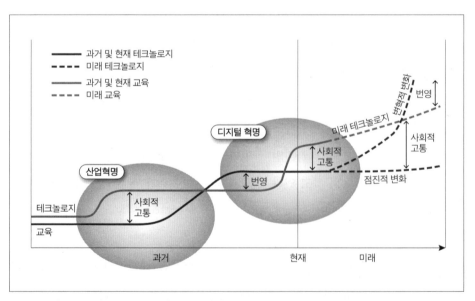

출처: OECD, "What Students Learn Matters," 2020

[그림 8-11] 교육과 테크놀로지의 경주

에 달려 있다. 교육 빅데이터와 관련된 표준을 연구하거나 정립하는 데서 출발하여 AI를 활용한 개별화교육에 성공하는 것은 산업과 정책의 능동적 결합을 통해서만 가능하다. 그래서 명료하고 적극적인 교육거버넌스의 정립이 중요할 수밖에 없다. 로렌스 카츠(Lawrence Katz)와 클라우디아 골딘(Claudia Goldin)의 '교육과 테크놀로지의 경주'라는 테마는 OECD에서도 최근 주목하고 있다. 팬데믹 상황에서 교육이 테크놀로지와의 경주에서 뒤처지게 되면 '사회적 고통'이 극심하게 되지만, 경주에서 이기면 번영을 누리게 된다. 모든 국가는 현재 그러한 갈림길에 놓여 있다.

4. 정책제언

코로나19 팬데믹 상황에서 교육계는 극심한 고통을 겪었지만, 빠른 디지털 전환 노력으로 오히려 미래교육체제 전환을 조기화하는 성과를 만들고 있다. 에듀테크 준비도가 높았던 교육기관은 안정적인 서비스 제공을 넘어 교육혁신을 시도하고 있지만, 여전히 고통을 겪고 있는 교육기관도 있다. 그리고 이러한 불균형은 국내의 교육 영역에도 존재하지만, 글로벌 수준에서 더욱 분명하게 드러난다.

이러한 현상은 '교육과 테크놀로지의 경주'라는 테마로 인식되고 있으며, '한국판 뉴딜' 정책의 인식 프레임워크가 되기도 한다. 테크놀로지와의 경주에서 교육이 승리하는 것이 에듀테크 기반의 디지털 전환이듯이, 한국판 뉴딜은 사회 각 영역의 디지털 전환 추구다.

에듀테크 기반의 디지털 전환에 성공하기 위해서는 글로벌 경쟁우위를 가진 에듀테크 산업 육성이 필요하다. 그리고 에듀테크 산업 육성 성공을 위해 요구되는 충분조건은 에듀테크와 학교·교육기관의 유기적 결합이고, 이를 위해서는 교육거버넌스의 혁신이 필요하다. 그리고 에듀테크 산업 육성 성공을 위해 요구되는 필요조건은 AIED를 목표로 하는 R&D에 집중하는 것이다.

「한국판 뉴딜 종합계획」은 에듀테크 산업을 2025년까지 10조 원으로 성장시키는 담대한 목표를 설정하고 있지만, 세부 실행계획은 빈약하고 '그린 스마트 미래학교'로 모든 내용을 귀속시킨다. 에듀테크 기반 디지털 전환 없는 그린 스마트 미래학교는 SOC 건설사업으로 전략할 위험성이 높다. 그리고 그린 스마트 미래학교가 성공하기 위해서는 새로운 도시계획 등이 필요하고 중ㆍ고등학교 수를 대폭 줄이고 대규모 학교로 편성해야 한다.

9장

민·군IT융합산업 활성화

김동성 · 안재광

1. 들어가는 글

민·군IT융합산업 활성화를 위해 현재 상황과 문제점 도출, 산업 변화에 영향을 미치는 요인들을 반영하여 활성화 방향을 설정하고 추진사업들을 제안한다. 특히 4차 산업혁명에 따른 산업 분야에 AI, 빅데이터 등의 적용으로 스마트제조, 마이제조데이터 같은 최신 동향들이 나타나고 있다. 이러한 첨단산업의 경우 혁신의 속도가 가속화됨에 따라 이에 대응하기 위한 방법으로 개방형 혁신이 대두되고 있으며, 민간분야 및 해외에서는 개방형 혁신 체계가 자리 잡고 있음에도 우리 군과 방산 분야는 여전히 미흡한 상태다.

이러한 문제를 개선하고 민·군IT융합산업 활성화를 위해 민·군IT융합사업의 현재 상황을 기반으로 배경과 환경 분석을 통해 현존하는 문제점들을 좀 더 상세

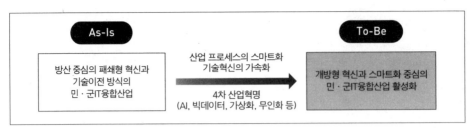

[그림 9-1] 민·군IT융합산업 활성화의 추진 방향 설정

히 살펴보고, 이를 개선할 수 있는 전략과제를 도출할 수 있도록 했다. 민·군IT융합산업의 활성화를 위해서는 현재의 문제점들을 개선하고 4차 산업혁명과 산업 프로세스의 스마트화를 추진하는 등의 다각화된 개선이 필요하다. 특히 민·군IT융합산업은 최첨단 기술 집약형 산업의 특성을 갖고 있으므로 이를 반영한 산업 육성 방향 수립이 필요하다. 특히 민·군IT융합산업을 방위산업으로 보는 시각부터 변화가 필요하다.

2. 민·군IT융합 산업 현황

경제적·산업적 규모 측면에서 방위산업은 크게 성장했다. 매출은 최근 10년간 149% 증가(2010년 9조 3,303억 원 → 2019년 13조 9,431억 원)하여 최근 10년간(2010~2019) 연평균 4.6%의 성장률을 보였다. 국방기술품질원이 발간한 『2020 세계 방산시장 연감』에 따르면 세계 방위산업 100대 기업 안에 한국은 한화 에어로스페이스(46위), 코리아 에어로스페이스 인더스트리스(60위), LIG넥스원(67위) 3개 업체가 들었다. 이들 업체의 2018년 무기 총판매액(국내 매출 + 수출)은 전 세계 무기 판매액의 1.2%인 52억 달러로 집계됐다. 또한 세계 25대 무기 수출국 현황을 보면 한국은 10위(점유비율 2.1%)로, 영국과 이라크, 인도네시아 순으로 무기를 수출했다. 한국이 무기를 수출한 국가 수는 2010~2014년 7개국에서 2015~2019년 17개국으로 증가했다. 특히 2015~

2019년 무기 수출 지역별 비중은 아시아 · 오세아니아(50%), 유럽(24%), 중동(17%) 순으로 확대되었다.

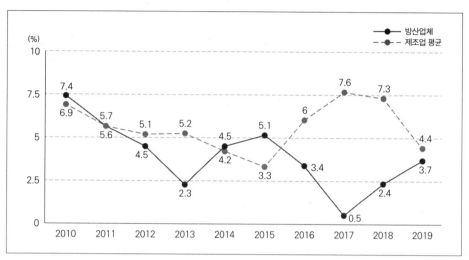

출처: 한국방위산업진흥회, 「2019 방산업체 경영분석 조사」

[그림 9-2] 방산업체와 일반제조업의 영업이익률 비교 현황

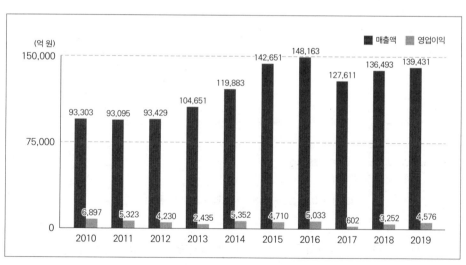

출처: 한국방위산업진흥회, 「2019 방산업체 경영분석 조사」

[그림 9-3] 방산업체 매출액/영업이익 현황

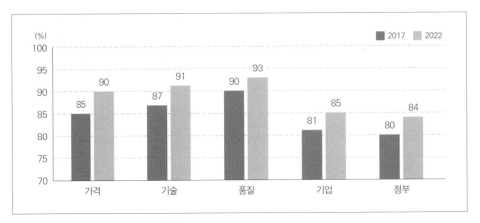

출처: 방위사업청, 「'18~'22 방위산업육성기본계획」

[그림 9-4] 국내 방위산업의 경쟁력 평가

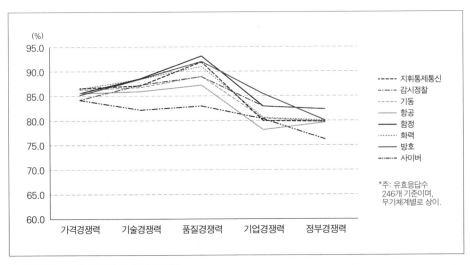

주) 유효응답수 248개 기준이며, 무기체계별로 상이

출처: KETI, 「4차 산업혁명 및 방위산업 분야 실태조사」, 2017.10

[그림 9-5] 방산업체와 일반제조업의 영업이익률 비교 현황

 2018~2022년 방위산업육성기본계획에 의하면 국내 방위산업의 글로벌 경쟁력은 2017년을 기준으로 선진국 대비 가격은 85%, 기술은 87%, 품질은 90% 수준이며, 2022년에는 2017년 대비 분야별로 3~5%p 정도 증가가 예상된다. 분야별 매출액 구성에서 항공유도, 탄약, 화력 부문에 많은 비중을 차지하고 있는 것으로 나타난

다. 매출액 비중과는 달리 무기체계별 경쟁력 현황과 기술수준 평가에서는 항공, 유도(항법, 피아식별) 부분의 수준이 낮게 평가되고 있다. 또한 방위산업의 글로벌 경쟁력은 선진국 대비 가격은 85%(2013년 82%), 기술은 87%(2013년 85%), 품질은 90%(2013년 88%) 수준으로 2013년 대비 2~3%p 상승했다. 전반적으로 5년 전과 비교하여 국내 방위산업의 경쟁력은 여전히 선진국(=100)과 10~20%p 격차를 나타내고 있다. 최근 이러한 큰 격차가 발생하는 주요 요인은 방산물자지정 100여 개 업체 위주의 독과점식 시장구조 지속, 방산원가제도 장기화에 따른 원가절감과 기술혁신 유인 부족, 기술소유권의 정부 소유 등에 따른 기업 자체 R&D 투자 저조, 정부 예산 위주의 국방 R&D 투자구조, 방산기업의 글로벌 마케팅 및 브랜드 역량 저조, 선진국 대비 정부의 수출지원제도 미흡 등으로 분석된다.

지난 10년간 방산 수출은 10배 이상 증가하여 양적 · 질적 측면에서 모두 비약적으로 성장했다. 이는 전 대륙에 수출, 수출기업 수 증가, 수출 품목 질적 향상(FA-50, 유도로켓 등), 중고 무기체계 판매 등이 그 원동력으로 볼 수 있다. 그러나 방위산업을 포함한 대한민국의 민 · 군IT융합산업은 산업 인지 측면에서도 낮은 수준이며, R&D, 인력 확보, 판로개척, 마케팅 등 수출 전 과정에서 경쟁력이 낮고, 산업 · 금융 협력 등 다양한 분야와의 연계 및 협력이 요구되는 상황에서 이를 위한 전문 기관 · 인력 등 인프라는 여전히 부족한 상황이다. 선진국들의 글로벌 시장 선점과 중국 등 주변 국가의 공세가 가속화되고 있어 대기업 의존 구조에서 벗어나 새로운 방산수출 확대 방안이 필요하다. 그리고 방위산업의 경쟁력 강화를 위해 가격 · 기술 · 품질의 선순환 구조 마련이 필요하며, 방산업체 선정 시 기술 · 성능 · 품질 중심으로 평가하고, 국방 R&D 역량 강화를 위해 민간의 우수기술을 국방 분야에 적극적으로 활용하여 업체주도 국방 R&D 투자 환경조성이 필요하다.

3. 개선방안 제안

3.1 민·군IT융합산업 활성화를 위한 추진 전략 도출

민·군IT융합산업의 활성화를 위해 As Is-To Be 기반의 방향성 설정, 환경 분석과 산업의 주요 변화 요인을 통해 추진전략 과제를 도출했다. 그 결과 민·군IT 융합산업은 4차 산업혁명 이슈에 따라 발생한 AI, 빅데이터 등 트렌드를 반영한 제조 공정과 산업 프로세스의 혁신이 필요한 것으로 제시될 수 있었다. 또한, 민·군IT 융합산업의 산업 프로세스에 대한 데이터 연동과 이전으로 스마트공장, 스마트제조로 도약이 필요하다. 특히 첨단산업의 특성을 가지고 있는 민·군IT융합산업은 기술혁신의 속도와 중요성이 더욱 강조되고 있다. 이를 통해 빠른 기술혁신을 위한 개방형 혁신 체계 도입과 산업 전반에 대한 프로세스 개선의 요구가 필요한 시점이다. 따라서 혁신의 주체를 다양화하고 혁신의 기본 원천인 인재양성부터 다각화된 육성사업이 필요하다.

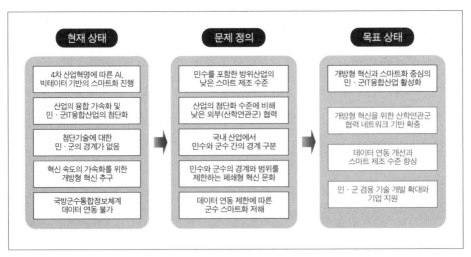

[그림 9-6] 민·군IT융합산업 활성화를 위한 추진 전략 도출

산업의 발전과 기술, 산업의 융합으로 특정 시장, 산업으로 제한된 범위의 기술개발이 무의미해지고 있다. 드론, 로봇, 자율주행, 레이더 등 다양한 기술에서 민수와 군수라는 시장구분이 모호하며, 시장에 관계없이 동일한 기술을 사용하고 있다. 이에 민·군 겸용의 기술개발과 시장을 구분하는 개발 지원 형태의 개선이 필요하고, 기존의 규제를 완화 또는 특정지역 내에서는 제한을 해제하는 등의 개선이 필요하다.

3.2 세부 추진전략 과제별 계획안

3.2.1 개방형 혁신을 위한 산·학·연·관·군 협력 네트워크 기반 확충

① 민·군IT융합 활성화를 위한 산학협력 인프라 구축의 예시

지자체와 대학 간 협력기반의 민·군 융합 혁신 생태계 구축을 위해 지자체와 대학의 공동 법인을 설립하고, 대학이 지자체의 혁신 컨트롤타워 역할 수행의 책임과 의무를 부여할 수 있다. 현재의 교육과정을 혁신하여 4차 산업혁명에 대비한 민·군 융합 산업·기술 중심의 교육체계를 구축하여 전문화된 인력을 양성하는 것이다. 민·군 융합학과(학부) 과정을 정규학부 및 계약학과, 전공을 구성하여 지역 방위산업체 및 기업에 필요한 특성화된 전문연구인력을 양성할 수 있다.

지역산업의 기술개발과 공동 R&BD 추진, 창업 활성화를 위해 지역산업 혁신 관점의 사업추진도 가능하다. 이를 위해 중점연구소(교육부)의 연구 활동 강화 및 기초기술 개발을 확대하고, 지자체와 대학의 공동법인 설립으로 산학협력연구 및 사업화 추진, 민·군 융합 부품·장비 국산화 시험시설을 구축하여 지역기업의 R&BD 활동을 지원하고 민·군 융합 혁신연구실(CMIL: Civil-Military Innovation Lab)을 개설하여 도전적이고 혁신적인 연구 전담 환경을 구축하는 것이다. 또한 방산기업과 산학협력 연구 추진과 연구원의 취업을 연계하고 민·군 융복합 특성화 연구수행과 기술이전을 추진하는 것도 필요하다. 세부적으로는 CMIL을 구축하여 선진대학의 우수 사례를 벤치마킹하여 도전적이고 혁신적 · 융합적 연구 수행을 전담하고 기술에 대해 군용 ↔ 민수용 적용 연구 및 제품 개발, 개발기술에 대한 스핀오프(spin-off)를 통해 신규 벤처기업 창업 및 기술사업화를 추진하는 것이다.

민 · 군 융합산업과 지역사회의 혁신을 추진하는 핵심 컨트롤타워 역할을 수행하여 지자체의 혁신을 추진하기 위한 산업, 경제, 정책 연구를 추진(지역산업의 현황 파악, 발전전략 수립, 지자체 협력, 산학연관 협력 네트워크 추진)하고, 대학이 보유한 시설 및 장비를 활용한 지역 기여 및 산학협력(교육시설 및 연구 공간 지원, 방산 전문가 Pool을 활용한 방산전문컨설팅 지원)을 도모하며, 기업가적 산학협력 모델을 적용하여 적극적 산학협력과 지역사회 기여활동(지역기업의 기술역량 강화를 위한 기술이전 사업, 지역문화 환경개선을 위한 기술적용 제안 및 시범사

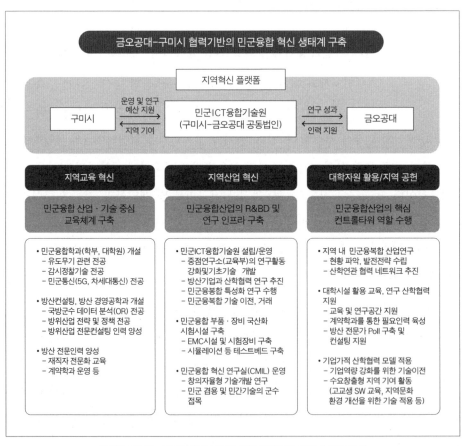

[그림 9-7] 민 · 군IT융합 활성화를 위한 산학협력 인프라 구축 예시

업 등 수요창출형 지역기여활동) 수행을 추진하는 것이다.

예를 들어 구미는 국내 유도무기 생산의 60%를 차지하고 있으므로 이에 특성화된 유도무기 관련 전공을 개설하고, 국방부에 향후 국산화 추진을 계획하고 있는 감시정찰기술 등에 대한 특성화 전공을 개설하는 것이다. 또한 대학에 구축된 5G 28GHz 망을 기반으로 5G 및 차세대 통신 관련 특성화 전문인력 양성을 추진할 수 있다. 대학의 기존 학과를 4차 산업혁명과 지역산업의 특성을 반영한 특성화 분야로 변경 및 개설함으로써 국방군수 경영 빅데이터 분석 전문인력 양성을 위한 방산경영 공학과를 개설하고, 기술 및 경영과 방위산업에 특성화된 전문컨설팅 인력을 양성할 수 있다. 민·군융합 부품·장비 국산화 시험시설은 구미의 산업 특성에 적합한 전자 IT + 방위산업 특성에 맞는 시험시설을 구축하며, EMC시설 및 시험장비, 시뮬레이션 장비를 구축하여 민·군 융합산업의 테스트베드 역할을 수행하는 것이다.

이러한 종합적인 산학협력 추진을 위해 대학과 지자체 간의 공동 법인을 통한 지역 혁신 컨트롤타워 수행 모델을 제시한다. 대학이 지자체의 혁신 컨트롤타워 역할을 수행하는 것에 책임과 임무를 부여하여 대학의 지역기여 활동을 적극적으로 추진하고, 기업가적 산학협력 추진으로 적극적 기술개발과 이전활동 수행을 통해 지역 기업의 기술역량 강화 증대가 기대된다. 또한 현재의 법률상 국립대학이 별도의 법인을 만들기 위해서는 지자체 등과의 공동법인 외에는 불가능하다.

② 민·군IT융합 전문인력 양성 기반 구축 예시

AI 특성화 교육을 위한 인프라 시설인 AI 교육센터 설립 또는 기존 시설을 이용한 전문 교육시설을 배정하고, 교육산업 수요에 부합하는 현장밀착형 우수 AI 특화 전문인력을 양성하는 민·군 융복합 전문인력 양성센터를 제안할 수 있다. 이 센터는 AI와 관련된 분야의 기술적 문제 해결을 위한 컨설팅 및 기술 문제 해결 과제를 수행하여 산업체의 기술 문제를 해결한다. 스마트팩토리 등의 분야에서 AI의 활용이 점차 증가하고 있어 해당 분야에서 발생할 수 있는 기술적 문제를 해결하고 AI 기술개발 등의 과제를 수행한다. 또한 대학의 교육 및 연구 시스템의 개선과 지역 특화 연구센터 및 민·군 산업체의 협력을 위한 주도적 노력과 특성화 인력 양성을 위한 협력을 수행하고, 산업체를 통한 교육 및 기술 수요 발굴을 위한 노력을 수행한다.

대학에서는 특성화 교육과정 운영을 위해 학부(학과)에 대한 (민·군) AI 특성화 트랙 운영, 센터 특성화 교과목에 대한 상호 인정 체제 구축, 연구 교과목에 대한 연구학점제 운영, 학생 지원 프로그램 운영(강의 및 강좌) 등의 인력양성 노력을 수행한다. 지역 특화 연구센터 및 연구소와 민·군 산업체에서는 (민·군) 특성화 교육 및 기술 수요에 대한 발굴과 협력, 특성화 인력에 대한 지원 및 취업 연계, 지역 특화 연구센터 및 연구소 수요 발굴과 취업을 위해 노력한다.

지역 내 AI 전문인력 배출과 배출인력의 창업, 취업 등의 일자리 창출을 도모할 수 있고, AI산업은 4차 산업혁명의 주 성장 산업이라고 예측되며, AI에 특성화된 전문인력과 일자리 창출로서 지역의 산업 성장과 지역 경제 발전이 기대된다. AI는 하드웨어 및 소프트웨어 전반의 기술이 필요한 산업이라고 할 수 있으며, 또한 빅데이터와 관련해서도 기술적 관련성이 높아 전문인력 양성으로 해당 분야 진출과 관련 산업의 확장이 예상된다. 또한 지역 특화 민·군 산업체 수요에 맞는 현장밀착형 AI 특화 인력양성, 지역 특화 연구센터 및 연구소와의 연계를 통한 우수인력양성, 대학원에 특화되지 않고 대학-대학원-산업체로 유기적으로 연계되는 인력양성 시스템 등의 효과를 기대할 수 있다.

③ 민·군IT융합 규제자유특구 예시

민·군 융합산업의 부품국산화 개발, 실증, 실용화의 규제 특례를 적용하여 규제샌드박스를 통해 민·군융합 부품국산화 관련 개발, 실증, 실용화를 촉진하고, 부품에 대해 시험, 인증 등의 규제와 관계없이 안전상 문제가 없다면 실증평가를 통해 국산화 기술개발 속도를 향상시킬 수 있다. 또한 이를 통해 민·군 융합산업의 부품국산화 R&BD 활성화를 통해 밀리테크 4.0(miliTECH4.0) 시대에 필요한 부품국산화 분야에 특성화된 R&BD 지원으로 전략 물자 및 수입의존도가 높은 부품·기술에 대한 국산화와 사업화를 위한 혁신 생태계를 조성하는 것이다. 이는 산학연관의 방위산업 + IT전자산업 인프라를 기반으로 민·군 융합 부품국산화 산업을 육성시킬 것이다.

민·군 융합산업 부품국산화를 촉진하기 위한 기반 시설을 구축하기 위해 지역의 산업 특성을 고려하여 방위산업 + IT전자산업에 필요한 테스트베드 구축, EMC, EMP 시험시설 구축 및 유도무기 관련 부품 시험 환경 구축, 산학연관 공동 연구 공간 구축 등이 필요하다. 또한 민·군 융합산업의 범위가 광범위하므로 이를 명확히 할 수 있도록 조정하고, 세부사업의 구성 및 내용이 혁신적이고 성장 가능성이 높은 분야에 대한 선정이 필요하다. 그 외 규제자유특구 규정에 지정되어 있는 위험과 안전에 대한 방지책 마련, 규제특례 및 규제샌드박스를 규제자유특구에 적용되는 규제특례와 그 필요성 및 적용 범위 도출, '규제의 신속확인', '실증을 위한 특례', '임시허가'에 관한 사항과 그 필요성 및 적용 범위 제시 등 종류별로 구체적으로 제시해야 한다.

민·군 융합 분야의 부품국산화 관련 규제 특례를 통해 지역 내 기술혁신 분위기를 조성하여 유연한 규제 적용으로 기술혁신과 혁신 창업에 유리한 환경을 조성하여 혁신 성장에 기여하고, 첨단기술 산업 분야인 민·군 융합산업의 활성화로 지역 내 전문인력 취업 유도와 특성화된 전문인력 양성과 함께 실리콘밸리 스탠퍼드대학 SRI(Stanford Research Institute), 매사추세츠주 MIT 대학교 Lincoln Lab, Draper Lab 같은 방위산업 전문 연구소를 육성하는 데 기여할 것이다. 시험시설 구축으로 방산기업의 시스템·부품 개발 시 시험 비용 및 기술 부담의 대폭 해소 및 지역의 산업육성 특성화가 촉진되어 비용부담 감소로 기업의 운영 효율성 증대가 기대된다.

본 내용을 적용하는 예시로 경북/구미지역의 경제를 방위산업 혁신 생태계 조성으로 활성화가 가능하다. 강소연구특구의 ICT 분야에 대한 특성화와 연계를 통해 연구-실증-사업화의 혁신 생태계를 구축하고, 교육부, 방위사업청에서 추진하는 산학연 특성화사업 등 신규 사업 유치 및 방위산업혁신클러스터 조성으로 산업경제 활성화 및 일자리 창출이 예상되며, 지역대학 중심으로 산학연관군의 협력네

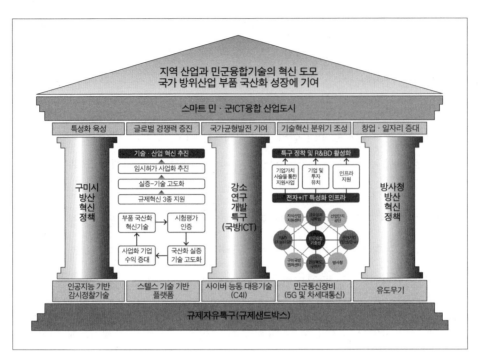

[그림 9-8] 민·군IT융합 규제자유특구 기반 스마트 민·군ICT융합 산업도시 구축안

트워크 구축으로 방산 전문인력 양성 및 일자리 창출, 지역경제 활성화에 획기적으로 기여할 것이다. 이는 구미지역을 밀리테크4.0 기반의 '스마트 민·군ICT융합 산업도시'로 획기적으로 발전시킬 계기가 될 것으로 기대된다. 4차 산업혁명과 밀리테크 4.0에 첨단기술이 접목되는 민·군 융복합산업을 육성하여 방산기술의 글로벌 경쟁력을 확보하고, 수도권에 집중해 있는 방위산업기업의 연구시설을 생산 공장이 있는 구미지역으로 이전 및 유치할 수 있는 기반으로 작용할 것이다. 구미를 예시로 적용한 이유는 방산ICT 분야의 기업들이 집중되어 있기 때문이다. 또한 방위산업체가 구미시와 통합신공항을 중심으로 밀집이 예상되므로 주요 추진의 중심을 구미시로 두는 방안이다.

3.2.2 데이터 연동 개선과 스마트제조 수준 향상

① 민 · 군IT융합 데이터베이스센터 구축의 예시

민 · 군 융복합 DB 인프라를 구축하고 민 · 군 융복합산업 DB 기업을 지원하는 사업이다. 국방 산업 관련 과제, 특허, 기술 자료 검색 및 제공, 회원사의 수행 과제와 특허 정보 저장 및 검색 지원, 회원사에 저장 및 검색 시스템의 설치 및 운영 교육을 지원한다. 또한 관련 기업체들의 데이터 저장과 백업을 지원하는 클라우드 시스템(API 및 운영 소프트웨어)을 제공하고 회원사 업무 지원을 위한 저장소 서비스 제공(예: 인터넷 디스크), 회원사별로 할당된 저장소에 대한 주기적 백업 서비스 제공, 저장소 및 백업 기능 사용을 위한 운영 교육을 지원한다. 민 · 군 융복합 기술개발에 필요한 빅데이터를 수집 및 관리하며, 빅데이터로부터 정보 가공 서비스를 제공하고, 보안 및 위험관리 서비스 제공, 저장된 데이터와 정보의 외부 유출을 막는 보안 시스템 적용, 회원사의 보안 관련 위험 수준과 이를 관리하기 위한 컨설팅 서비스를 제공한다.

경북/구미지역 방위산업 시장의 인프라 역할을 하여 성장기반을 조성하고, 해외의 기술과 연구기법(DISA, 미 국방정보체계국)을 도입하여 한국전력기술과 주로 협력하여 진행한다. 참여 기업체를 경북/구미지역뿐만 아니라 전국 권역으로 확대하여 서비스 특성화를 통해 경쟁력을 강화한다. 또한 서버 시스템의 분산화로 성능 향상 및

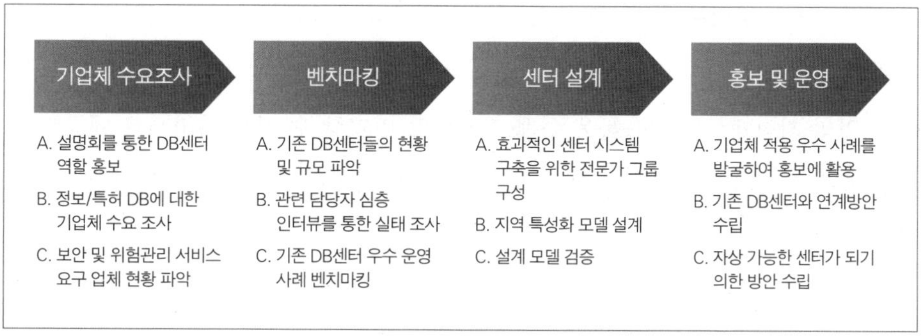

기업체 수요조사	벤치마킹	센터 설계	홍보 및 운영
A. 설명회를 통한 DB센터 역할 홍보	A. 기존 DB센터들의 현황 및 규모 파악	A. 효과적인 센터 시스템 구축을 위한 전문가 그룹 구성	A. 기업체 적용 우수 사례를 발굴하여 홍보에 활용
B. 정보/특허 DB에 대한 기업체 수요 조사	B. 관련 담당자 심층 인터뷰를 통한 실태 조사	B. 지역 특성화 모델 설계	B. 기존 DB센터와 연계방안 수립
C. 보안 및 위험관리 서비스 요구 업체 현황 파악	C. 기존 DB센터 우수 운영 사례 벤치마킹	C. 설계 모델 검증	C. 자상 가능한 센터가 되기 의한 방안 수립

[그림 9-9] DB센터 단계별 추진계획

성장기반 조성	기능/지역 확대	고도화/활성화 추진
• 경북/구미 지역 방위산업 시장의 인프라 역할 • 해외 기술과 연구기법을 도입: DISA(미 국방정보체계국) • 주요 협력기관: 한국전력기술 • 한국전력기술과 공동 연구를 통해 DB센터 기능 및 서비스 확장	• 참여 기업체를 경북/구미 지역뿐만 아니라 전국 권역으로 확대 • 서비스 특성화를 통해 경쟁력 강화 • 위험관리시스템 특화 및 홍보	• 서버 시스템의 분산화로 성능 향상 및 부하 감소 • 위험관리시스템의 활용으로 분산 저장된 정보의 유출 위험 제거 • 클라우드 기반 DB 시스템 구축 (한국전력기술과 공동 연구)

[그림 9-10] DB센터 운영계획 및 전략

부하를 감소하고 위험관리 시스템의 활용으로 분산 저장된 정보의 유출 위험을 제거하여 고도화 · 활성화를 추진한다.

민 · 군IT융합 DB센터 구축으로 인접한 지역 내 특허권 이전 활성화로 지역 기술 집약화 효과 및 지역 산업체의 관련 특허 가치 상승, 특허 상호 교류 등 지적재산권 유동성 증가를 기대할 수 있다. DB센터는 민 · 군 융복합 기업체뿐만 아니라 다양한 인근 기업체의 IT 인프라로 활용이 가능하여 중소 및 지역 기업체의 IT 인프라 수준 향상이 기대된다.

중소기업의 유형 지식과 데이터들을 저장하는 시설을 구축하여 데이터 저장시설을 지원한다. 참여 기업체에 데이터 저장 공간을 제공하고 웹(web)을 통해 입출력을 수행할 수 있는 인터페이스를 제공한다. 저장 공간에 대한 고수준의 보안 시스템을 적용함으로써 외부 공격으로부터 기업의 데이터 자산을 보호하고 기업 보안을 지원하여 기업체에 데이터에 대한 위험관리 시스템을 제공한다. 또한 특허나 논문 같은 기업의 지적재산과 산출물을 쉽게 검색하고 비교할 수 있는 서비스를 제공한다. 이를 통해 중소기업 및 방위산업체의 보안수준을 향상시킬 수 있는 역할을 할 수 있을 것이다.

② 민·군IT융합 국제생산단지 조성 예시

스톡홀름국제평화문제연구소(SIPRI)에 의하면, 대한민국은 2015~2020년 세계 9위의 무기수출국이며, 동기간 세계 7위의 무기수입국이다. 미국 록히드마틴사와 항공기, 함정 등 2016년부터 총규모 12조 원의 무기 도입 사업이 활성화되어 5세대 전투기 사업(F-35)이 2016~2021년까지 7조 3,419억 원, 차기 이지스 구축함 광개토-Ⅲ(Batch-Ⅱ)의 이지스 전투 체계 사업 1조 5천억 원, KF-16 개량 사업 1조 8천억 원, 향후 사드(THADD) 도입 시 1기당 1조 원이 추가되었고, 무기도입 사업(F-X)에 중소기업부품 구입을 절충교역 내용으로 제시한 바 있다.

우리나라는 무기수입에 따른 절충교역을 시행하고 있으며, 전략적 활용을 통해 창조국방과 국방과학기술 역량증진, 국방산업 활성화 등의 효과를 얻을 수 있다. 또한 절충교역을 통한 기술적·경제적 효과를 창출할 수 있다. 절충교역을 통해 양국의 이익이 최대화될 수 있는 전략적 방안이 필요하나 제공자는 절충교역에 대해 부정적이며 이익을 감소시키는 제도로 보고 결과적으로 비용이 높아져 해당 사업의 가격이 높아지는 부정적 인식이 높다. 절충교역을 참여하거나 원하는 기업들에 중소기업의 역량을 증진시킬 수 있는 체계적 관리 지원 체계, 방산업체로서 보안 등 다양한 지원시설, 장기적 관점에서 행정서비스 제공 및 기술, 행정 전문 인력양성 등 더욱 체계화된 지원 시스템이 필요하다. 우리나라는 절충교역 사업을 지원하기 위해 방위사업청 주도로 관련 중소기업을 지원하고 있다(뉴데일리, 2013.10.10; 아시아경제 2015.05.28). 방위사업청은 절충교역 장터를 운영하여 절충교역에 참여 가능한 중소기업들을 받고 있으며, 참여수준이 과거보다 높아지기는 했으나 중소기업의 미흡한 기술 역량 수준과 전문 행정 인력을 갖추고 있지 못해 여전히 낮은 수준이다. 무기수입은 한미동맹과 무기체계운용성 및 우수한 무기 확보라는 이유로 수입이 불가피하다. 따라서 절충교역을 전략적으로 활용한 국방산업 육성이 필요하다.

국방산업 육성과 종합적 지원 관리를 위한 절충교역 대상 품목의 생산업체를 위한 특수목적 산업단지인 방위산업 국제생산단지 조성을 제안한다. 기존 산업단지와는 차별화되며 방위산업에 특성화된 산업단지 조성과 집중 관리가 실시될 수 있는 일원화 방위산업단지 관리 체계 구축 및 행정지원을 실시하는 인프라다. 대표적인 사례로 방위산업의 특수 목적을 달성하기 위해 록히드마틴에서는 '스컹크 웍스(Skunk Works)'라는 방법론을 통해 개발환경을 조성하고 있다. 따라서 기존 방위산업 인프라(대기업, 지원시설)와 연계된 산업 네트워크 구축, 해외 수출 품목에 대한 별도의 인증시험 체계를 구축해야 한다. 또한 방위산업 종합비즈니스센터를 설립하여 국제생산단지 참여 및 입주를 위한 서비스를 제공하고 국방 관련 참여업체 간의 네트워킹을 위한 방산 진흥 조직 운용, 방산기업 지원 및 대형 사업참여를 위한 중소기업 컨소시엄 구축 등을 위한 조직 구축, 다양한 민간 IT기업이 국방에 진출할 수 있도록 교두보 역할을 수행해야 한다.

이 외에 지역대학과 협력을 통해 지역 국방시스템 및 IT 관련업체에 대한 인력 양성, 국산화 지원을 위한 국방 관련 학과 설립 및 차세대 국방 ICT 미래 인재양성, 국방 관련 품질, 기술, 생산 분야, 인증시험 분야 인력을 양성하는 것과 국방 시스템 국제공동 연구소 구축 및 활성화를 위해 민·군 협업을 강화하여 국방 관련 연구기관을 포함하는 협업 네트워크 구축, 국방 및 첨단기술 관련 해외 연구기관 및 기업과의 국제 공동 연구 및 네트워크 구축, 국방ICT 플랫폼을 개발하고 벤처·중소기업 지원과 방산 관련 기업 및 공공기관을 위한 종합군수지원 체계 관련 전문기술 실증센터를 구축하는 것이 필요하다.

예를 들어 구미는 방산 분야 대기업(한화, 한화탈레스, LIG넥스원) 및 중견(구일, 일진전자 산업), 중소기업이 다수 입주하고 있으며, 국방벤처센터, 국방IT미니클러스터 운영 등 방위산업 활성화를 위한 인프라가 집적되어 있어 최적의 위치라고 할 수 있다. 민·군IT융합 국제생산단지를 조성함으로써 선도 기술 지원 및 공조를 통한 국가 위상 제고와 장원준·안영수(2013)는 절충교역을 통해 최대 1만 7천여 명의 국방 산업 분야 신규 고용인력 창출이 가능하다고 제시했으며, 연평균 약 788억 원의 국외 수출과 연평균 약 500명의 고용효과가 있을 것으로 기대된다. 또한 절충교역을 통해 1983년부터 2000년까지 외화절감 효과는 약 13억 3천만 달러로 이 중 방산업체는 7억 7천만 달러의 절감 효과를 창출할 뿐만 아니라 국방 ICT·IoT 기술개발 촉진 및 기업 생태계를 구축하고, 국방 기술 거래 및 산업체 이전의 활성화와 신규 벤처기업 증가를 도모하는 장점을 가진다.

③ 국방군수통합정보체계 데이터 연동 개선 추진 예시

해군 함정에 대한 현 사용자와 교정자용 실시간 정밀측정장비 관리시스템[현 해군 함정 정밀측정 교정 대상품목(약 88,000점)의 장착 위치, 차기 교정일의 실시간 검색·관리 가능한 시스템(모바일 교정이력 DB) 및 정밀 측정 교정 대상품목 측정 결과 실시간 검색·관리 시스템]이 부재하여 대상품목에 대한 무선통신 방식의 센서 적용 및 3차원 DB 구축 필요성이 제기된다. 이에 정밀측정 대상품목에 무선통신 방식의 센서를 적용하고, 서버에 함정 3차원 DB를 구축(정밀측정 대상품목)하여 디지털트윈 플랫폼을 적용해야 한다. 함정 전 구역에 LTE 무선네트워크 시스템을 구축하여 음성·영상·데이터 전송 가능, 승조원의 스마트단말 및 위치 이용 승조원 실시간 위치 및 인원 관리, 함정 IoT 센서를 구축하여 화재 등 실시간 감시, 스마트워치 센서를 활용하여 신체적 건강상태 및 스트레스 상태 측정 등 다양한 정보시스템을 통해 군의 인원 및 군수 모니터링과 운영 효율성 증대를 도모해야 한다.

국방 u-실험사업 및 신규(4차 산업혁명을 위한)사업에서 데이터 무결성을 목적으로 국방군수통합정보체계(DELIIS)와 외부(신규) 시스템의 데이터 동기화가 중요하나 현재의 정보체계에서는 외부(신규시스템)와 시스템 연결이 불가능하다. 국방 군수 분야 기술의 스마트·지능화를 목적으로 적용된 DELIIS와 현재 진행 중인 사업(신규사업)과의 데이터 동기화를 위한 연동을 검토하고 있다. 무선구간 및 이동형 단말기 간 정보보호 방안, 군 환경에 적합한 무선망 보안(접근 통제, 응용서비스, DB, 네트워크 등) 방안을 보완하고 신규 시스템 연동을 위한 국방군수통합정보체계(DELIIS)의 외부 시스템 연결 체계를 개선하고 있다.

3.2.3 민·군 겸용 기술개발 확대와 기업지원

① 민·군 IT융합 가상화 장비 및 운용시험 기반 구축 예시

국방 가상현실 전문기술교육센터 설립으로 국방 가상현실 기반 훈련에 필요한 플랫폼 관련 분야(플랫폼 개발 및 응용)와 콘텐츠 관련 분야(콘텐츠 기획 및 개발)에 대한 전문인력을 양성하고, 국방부 및 관련 연구소, 기업들과 프로젝트 교류, R&D, 콘텐츠 제작 등으로 국방 가상현실 기반 훈련 산업을 육성한다. 또한 국방 가상현실 훈련을 확장하여 방송, 교육, 의료와 관련된 기업들과 연계한 실제 프로젝트를 수행하고 이러한 과정에서 가상현실과 관련된 전문인력을 양성한다.

국방 가상 플랫폼 관련 분야 인력양성을 위해 착용이 편리하며 경량성의 인간공학적인 인터랙티브 가상현실 및 혼합현실 훈련용 플랫폼 디자인 교육, 가상환경에서의 물리적 자극을 제공할 수 있는 햅틱 피드백 플랫폼 디자인 교육, C^{++}, $C^{\#}$ 등의 프로그래밍 코딩 실습, 가상현실 플랫폼 개발을 위한 임베디드 시스템 설계에 대한 교육을 수행하고, 가상현실 플랫폼 기술에 대한 벤치마킹을 위해 우수 교육생 해외 연수 프로그램을 제공한다.

국방가상훈련 사업을 위해 산업부, 국방부, 교육부 등 관계부처와 협업하여 국방 VR 신시장 수요창출을 위한 선도 프로젝트를 추진하고, VR 제작 인프라 및 상설 전시, 체험관, 국방 VR 페스티벌(글로벌 전시회, 콘퍼런스, 어워드 등) 등과 연계하여 국방 VR 성과확산 지원, 국방 VR 기술을 활용하여 건축, 의료, 관광, 스포츠, 교육 등 다양한 VR 융복합 산업 분야 수요 창출형 대형 프로젝트를 발굴 및 지원한다. 국방 VR과 관련된 원천, 응용기술 개발(실감형 오디오 기술, 가상전투 전장가시화 기술, 3D 객체인식, 후각 및 인터랙션 등 기술) 및 관련 기술에 대한 표준·특허를 선점하고, 국방 VR 콘텐츠 촬영·제작·개발에 필요한 촬영장비, 후반작업 시스템, 중계시스템 등의 VR 인프라를 확충하여 공동 활용, 지원한다.

또한 산학협력 프로젝트를 활성화하기 위해 기술수요를 제기한 기업에 즉시 단기 지원하며, 국방 VR 콘텐츠 창작자와 개발자 간 아이디어와 기술교류 활성화, 국방 VR 콘텐츠 수출 지원을 통해 글로벌 유통 활성화에 기여한다. 기존의 가상화 장비 및 운용 시험센터의 경우 가상현실(VR)에 비중을 두는 것에 비해 본 센터는 혼합현실(MR)에 초점을 맞춤으로써 가상현실의 소프트웨어 콘텐츠뿐만 아니라 가상의 물리적 피드백을 제공하고 가상의 환경에 영향을 줄 수 있는 하드웨어적인 장비와 로봇을 도입한다는 점에서 차별성을 가진다. 혼합현실 시스템의 경우 소프트웨어뿐만 아니라 하드웨어에 대한 높은 기술을 필요로 하므로 이러한 산업의 인프라 구축을 위한 인재양성과 일자리 창출이 가능하다.

세부적인 연구 분야는 혼합현실 기반의 가상훈련 시뮬레이터 개발을 통해 현실세계에 사이버세계를 덧붙임으로써 현실세계에서 가상의 물체나 환경과 상호작용하는 것으로 국방가상훈련에 혼합현실 기술을 적용함으로써 훈련환경에서 가상의 적이나 물체를 인지할 수 있으며, 이러한 가상의 상황에 맞추어 다양한 전략을 실전과 같이 훈련을 제공하고, 다수의 훈련자와 통제자가 동시에 협동적인 전술을 훈련할 수 있도록 한다. 혼합현실 훈련용 웨어러블 장비 개발로 웨어러블 형태의 로봇을 이용하여 훈련자가 가상화 훈련을 수행하는 과정에서 소총을 사용하거나 가상의 물

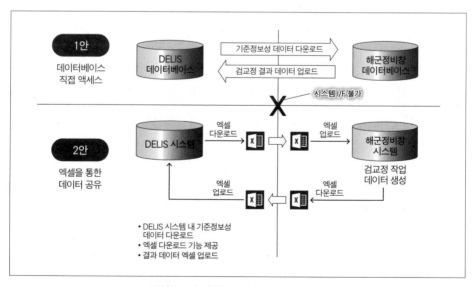

[그림 9-11] 현 국방 군수 정보체계의 문제점

체와 상호작용할 경우 이를 실제처럼 느끼게 해주고 가상훈련에 몰입할 수 있도록 한다. 혼합현실 기반 훈련에서 현실감을 높일 수 있도록 훈련자의 자세, 움직임, 수신호 등의 물리적인 동작을 인식하여 이를 가상의 아바타와 연동하여 혼합현실 환경에서 가상의 아바타가 피격을 당하거나 충돌 등의 물리적 자극을 받을 경우 이를 훈련자에게 실시간으로 전달하고 훈련자가 병기를 이용한 조준, 격발, 탄창 교환 등의 훈련을 할 경우 각 상황에 맞는 피드백을 제공한다.

② 민·군IT융합 환경시험 기반 구축 예시

유도무기 전자 IT산업이 밀집해 있는 경북지역에 특성화된 '민·군 융복합 환경시험센터'를 구축해야 한다. 경상북도를 중심으로 국방환경시험 및 '민·군 융복합산업' 활성화를 위한 기반을 구축하고, 국방 전력(지원)체계에 대한 환경시험시설 구축 및 시험기술 연구, 민·군 로봇, 해군 함정 구성품 등의 수중 및 해상, 육상 환경시험, 민·군 무인체계(드론, 로봇 등)에 대한 환경시험시설 구축 시험기술 연구, 국책사업(예: 국방로봇센터 등) 유치 시 병행 설립, 국방로봇센터-환경시험센터가 연계된 효율적 운영방안을 정립할 수 있다. 또한 민·군 융복합 환경시험연구소를 설립하여 국방 및 민수용 장비 및 물자 중 경북지역에 특성화된 환경시험 대상 장비를 판단, 유형별 환경시험기술을 연구하고 특성화 대상 장비 범주는 민·군로봇 환경시험, 해상 전투체계 환경시험, 민·군 드론 환경시험 등으로 한정한다. 환경시험센터 설립 시 그 내부에 연구소를 설립하여 산·학·연·관·군이 연계된 환경시험 기술연구를 통해 경북지역 기업들의 생산성 향상에 기여하고 민·군 융복합 환경시험 전문인력 양성에 기여할 수 있다.

이용 가능성 확보를 위해 실질적인 필수 시험장비 및 시설을 구축하여 민·군 융복합 환경시험센터가 민·군 융복합 기업에 실질적으로 필요한 시설로 구축하는 것을 목표로 하며, 민·군 융복합산업 등의 다양한 기준에 적합하도록 부지를 조성한다. 사용자 편의성을 위해 기존의 국방 관련 환경시험 시설의 문제점이라고 할 수 있는 분산된 시험장비와 시험체계를 군수·국방기업들이 원스톱으로 환경시험

융합지원팀		해상/육상 환경시험팀	
사업총괄 및 운영, 컨설팅		해상(수중)/육상 전투체계 환경시험	

 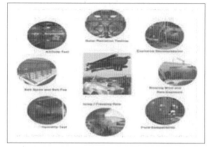

예상부지	김천 혁신도시 내(150m²)	예상부지	• 해상: 김천시 저수지 인근 시부지 (시험동: 300m², 저수지 제외) • 육상: 해상전투체계 인근 시부지 1,500m² 이상(시험동: 1,000m², 옥외시험부지: 500m², 지하시험동: 700m²)
주요업무	• KTL 국방산업융합지원센터 구축 업무 • 사업계획 수립 평가 자문 및 예결산 수립 • 정비도입 심의 선정 및 구입 • 국방기술 분야 시험평가 컨설팅 • 국방기술 분야 시험평가 품질체계 구축 지원 • 국방 분야 해외인증 컨설팅 및 지원 서비스 • 국방군수 분야 국책과제 수행 • 시험평가 통합데이터베이스체계 구축 운용	주요업무	• 해상무인체계 통합 성능검증시험 • 적외선 시험 • 전자전 성능시험 및 수중센서 검증시험 등 • ML-810G 근간의 환경시험(온/습도, 오염, 광, 침수, 진동 등) 등 • 전자파, EM, EMS, EMP 등
담당인력 소요	연구총괄 1명 외 7명	담당인력 소요	해상 및 육상 전투체계 총괄 포함 7명

출처: 김천시 국방군수 ICT융합산업 육성 기본계획

[그림 9-12] 민 · 군 융복합 환경시험센터 구축안 예시

을 할 수 있는 통합된 환경시험 시설로 구축하는 것을 목표로 하며, 환경시험 지원팀을 통해 각 군의 평가항목을 검토하고 각 군에서 동시에 인증을 받을 수 있는 시스템을 구축한다. 시험시설의 경우 지속적인 관리 및 유지, 운영을 위한 인력양성이 필요하며, 운영을 한국산업기술시험원(KTL)에 위탁하여 시험시설의 지속적인 운영관리가 이루어질 수 있도록 한다. 입지 예상 부지는 해상(수중) · 육상 전투지원체계 환경시험 예상 부지로, 김천시 저수지 인근의 부지가 적합(저수지 사용 불가 시 깊이 35m의 인공수조 건설로 대체)하며, 1,500m² 이상(시험동: 1,000m², 옥외시험 부지: 500m², 지하시험동: 700m², 저수지

제외)으로 계획한다. 민·군 융복합 환경시험센터 설립 시 관련 연구소 및 기업유치로 일자리 창출이 가능하고, 해상 및 육상 전투체계의 국방 특성화 환경시험센터 구축, 민·군 융복합기술의 차세대 방향인 IoT, 드론, 로봇 등과 연계된 민·군 융복합 환경시험센터 구축이 가능하여 산·학·연·관·군 공동의 실수요 중심 환경시험시설이 될 것으로 기대된다.

4. 기대효과

'민·군 융복합' 산업의 인프라 구축을 통해 지역산업의 고도화 및 신성장 기반 조성으로 지역산업 활성화가 기대된다. 민·군 융복합 산업에 특성화된 연구, 기업 지원시설, 인력양성을 통해 지역산업과 IT산업의 새로운 부흥을 일으키고, 4차 산업혁명에 대비하며 융복합 산업의 지속적인 확대와 개방형 혁신의 적용으로 신산업 육성에 도모하고자 한다. 4차 산업혁명이 예견되는 상황에서 단순 노동의 일자리는 지속적으로 감소하여 기록이나 계산, 분류 및 반복 조립 같은 단순 반복적인 직무가 컴퓨터로 대체되고, 직무 수준이 높은 전문직에서는 기술혁신을 활용하여 생산성이 높아지면서 중간층의 일자리 비중은 감소하고 양극단의 일자리가 증가하는 양극화가 증가할 것으로 예측된다.

이에 전문인력 창출과 민·군IT융합 분야의 전문 일자리 창출이 필요하다. 우리나라는 과학기술 분야의 고급 일자리 부족으로 인해 우수한 두뇌의 해외 유출과 해외거주 우수 과학기술인력 영입에 어려움 발생하고 있음을 지속적으로 제기하고 있다. 산업 인프라 시설에 대한 일자리 및 산업성장에 따른 기업 일자리 창출을 도모하고자 한다. 산업 육성과 증진을 위한 산업 인프라 시설을 구축함으로써 인프라 시설 자체의 일자리 창출과 이로 인한 산업성장에 따라 지역 기업의 인력 수요 증진이 기대되고, 본 사업안에서는 산업연관분석을 제시하지 않았으나, 본 내용의 산학협력

연구를 통해 살펴본바 대학, 연구기관은 해당 지역의 산업에 큰 영향력을 미칠 것으로 보인다. 전문적인 일자리 창출을 통해 4차 산업혁명의 산업변화에 대응하며 단순화, 반복적인 업무의 일자리가 아닌 양질의 고급 일자리 창출이 가능하고 고부가가치 직종의 전문적인 일자리를 창출함으로써 지역인구 유입 등 다양한 경제적 가치가 이어질 것으로 예상된다.

민·군 융복합산업의 인프라 구축을 통해 지역산업의 고도화 및 신성장 기반 조성으로 지역산업 활성화가 기대된다. 기존에 부족한 특성화 부분의 전문인력 배출, 연구, 신사업 개발의 추진에 긍정적인 영향을 미치며, 산학협력 연구기반의 확대를 통해 물리적 산학협력은 본 사업을 통해 생성되지만 이를 기반으로 하여 지역 산학협력의 비물리적 요소들이 지속적으로 창출될 것으로 기대된다. 특히 지역의 산학협력 문화 형성과 연구개발, 사업과 관련된 직접적 인적교류와 함께 대학과 기업이 함께하는 감성적(문화, 체육, 예술 등) 교류 문화가 생성될 것으로 기대된다.

10장
콘텐츠산업의 변화와 혁신

이건웅

1. 들어가는 글

콘텐츠산업은 2016년 7월 박근혜 정부의 기습적인 사드 배치와 그에 따른 중국의 한한령(限韓令 · 한류 제한령) 발동에 따라 치명적인 타격을 받는다. 한국 문화상품의 제1 수출국은 중국이고, 실제 중국은 한국에 많은 투자를 하고 있었다. 문재인 대통령이 2017년 5월 취임 후 그해 12월에 바로 방문하는 등 한한령 해빙을 위해 많은 노력을 기울였으나 완화되지 않았다. 이러한 기조는 2018년까지 지속되었고, 2019년 일부 완화되었으나 여전히 한중 문화교류는 해빙되지 않았다. 2020년 시진핑 주석이 한국에 방문한다는 소식이 감지되었으나, 2019년 12월부터 확산되기 시작한 코로나19(COVID 19)는 2020년을 집어삼켰고, 2021년 현재진행형이다.

2020년 문화 · 체육 · 관광 영역에서 특이점이 온 한 해였다. 말 그대로 문화 ·

관광·체육 분야는 철퇴를 맞았다. 특히, 문화산업 중 축제, 영화(극장), 공연 등 대면 방식의 커뮤니케이션을 생명으로 하는 대부분 산업은 문을 닫을 수밖에 없었다. 관광은 더욱 심각했다. 해외 교류가 금지되면서 여행을 갈 수도 올 수도 없는 상황에 빠졌고, 수많은 중소 여행사가 문을 닫고 항공사와 관련 산업은 큰 피해를 입게 된다. 체육 분야도 큰 피해를 본 건 마찬가지다. 체육 행사 중 최고의 메가 이벤트는 올림픽이다. 2020년 도쿄올림픽은 2021년으로 연기했고, 결국 무관객 형식으로 진행했지만, 결국 가장 실패한 올림픽이 되었다. 프로야구와 프로축구 등 인기 스포츠는 무관객으로 진행하는 등 파행에 파행을 거듭했고, 2021년 일부 관람이 가능해졌지만 관객은 돌아오지 않았다.

세계적인 학자들은 2020년을 비로소 세기가 바뀌는 변곡점의 해로 명명하기 시작했다. 이러한 시도는 그 이전부터 존재했다. 미래학자 앨빈 토플러는 그의 저서 『제3의 물결』에서 정보혁명의 전개와 정보화 사회의 도래를 예견했고, 2016년 스위스 다보스에서 개최된 세계경제포럼 회장인 클라우스 슈밥(Klaus Schwab)은 4차 산업혁명 도래를 천명하기도 했다. 하지만 아날로그와 디지털 싸움의 변곡점, 구세계와 신세계의 힘겨루기가 있던 세기의 전쟁은 강대국이나 글로벌 기업, 세계적인 학자들의 명명에 의해 나뉜 게 아니라 눈에 보이지도 않는 코로나바이러스에 의해 변화와 방향에 균형이 깨지게 되었다.

실제로 영화산업을 예로 들면, 기존 극장을 중심으로 한 영화산업은 붕괴하고 OTT를 기반으로 한 넷플릭스와 같이 플랫폼을 기반으로 한 산업은 급성장하기 시작했다. 비대면·온라인 소비가 가능한 OTT, 게임, 웹소설, 웹툰, 실감콘텐츠 등은 긍정적이지만, 영화관, PC방, 노래방, 공연은 큰 타격을 받고 있다(한국콘텐츠진흥원, 2020). 출판도 마찬가지다. 종이책은 쇠락하고 전자책은 흥하고, 온라인서점과 웹툰, 웹소설 같은 웹콘텐츠의 성공이 가속화되었다. 즉 디지털을 기반으로 한 산업은 더욱 성장하고, 오프라인을 기반으로 한 기존 산업은 쇠락하는 양극화가 가속화된 것이다. 콘텐츠산업의 장르 간 경계도 허물어지면서 출판, 게임, 영화, 드라마, 만화, 음악, 캐릭터 등 각 장르 고유의 IP(지적재산권)를 다른 장르까지 확대 활용함으로써 새로운 융합콘텐츠를 창출하여 시장에서 성공하는 사례가 지속적으로 늘어나고 있다(한국문화관광연구원, 2020).

코로나19 이후 전 세계 콘텐츠산업은 대변혁을 겪고 있고, 새로운 미디어가 증가함에 따라 멀티플랫포밍(multiplatforming)이 가능한 컨버전스 시대가 도래하면서 콘텐츠를 기획하고 소비하는 방식에도 큰 변화가 생겼다. 이용자는 대개 복수의 미디어로 구성되는 개인별 미디어 매트릭스를 가지고 있으며, 미디어 매트릭스를 구성하는 미디어들을 동시에, 또는 시차를 두고 넘나들며 이용하는 멀티플랫포밍 행위를 하게 되었다. 이러한 변화를 맞게 된 콘텐츠산업의 변화와 성장 가능성을 문화정책을 중심으로 분석한다.

2. 콘텐츠산업의 규모와 시장동향

2.1 콘텐츠산업의 규모

2018년 전 세계 콘텐츠시장 규모는 2조 4천억 달러였으며, 연평균 4.17%의 성장률로 2023년 2조 9천억 달러에 이를 것으로 전망한다. 전 세계 콘텐츠시장 중 산업 규모가 가장 큰 국가는 미국으로 그 규모는 8,414억 8천만 달러이고, 그다음으로 중국이 3,407억 300만 달러로 2위다. 3위는 일본, 독일, 영국, 프랑스, 한국 순으로 우리나라는 세계 7위의 문화강국이다. 한국의 경우 2018년 기준 623억 달러이고, 2020년 692억 달러, 2023년에는 795억 달러로 꾸준히 성장하고 있다(문화체육관광부, 2020).

글로벌 콘텐츠시장은 유튜브, 넷플릭스 같은 글로벌 플랫폼 중심으로 유통 구조가 변화하고 있으며, 새로운 기술과 디바이스의 등장으로 인해 제작ㆍ유통ㆍ소비 방식에 큰 변화의 바람이 불고 있다. 특히 코로나19로 인해 이러한 현상은 가속화되고 있으며 양극화가 뚜렷하다. 영상(방송·영화), 음악 등 분야에서 전 세계 시장을 두고 글로벌 온라인 플랫폼 간의 치열한 경쟁이 벌어지면서 이용자 유입을 위한 독점 콘텐츠 확보가 중요한 이슈로 부상했고, 이로 인해 글로벌 플랫폼들의 해외 콘텐츠 제작 투자가 증가하고 있다(문화체육관광부, 2020).

우리나라 콘텐츠산업 규모는 2019년 기준으로 매출 125조 5천억 원, 수출 103억 달러, 고용 66만 명에 달하며, 전 세계 7위권의 문화강국이다. 2014~2018년 5년 동안 평균 매출 5.8%, 수출 16%, 고용 1.5%로 성장하고 있다. 콘텐츠산업은 청년의 비중이 다른 업종(14.8%)에 비해 2배 수준으로 높으며, 소비재·관광 등 연관산업의 생산유발 효과가 큰 미래산업 중 하나다. 콘텐츠산업은 2022년 매출액 154조 원, 수출 134억 달러, 고용 70만 명에 달할 것으로 보이며, 매출액 100억 원 이상 기업도 2019년 1,700개에서 2022년에는 2천 개로 증가할 것으로 전망된다. 또한, 한류 연계 소비재 수출은 2019년 36억 5천만 달러에서 2022년에는 50억 달러로 증가하고, 한류 관광객 수는 2019년 147만 명에서 2022년에는 180만 명으로 증가할 것으로 보인다(www.korea.kr).

우리나라 콘텐츠산업의 매출액은 출판, 방송, 지식정보, 게임 순이다. 2018년 기준 매출액 규모가 가장 큰 산업은 출판산업으로 전체 매출액은 20조 9,538억 원(17.5%), 방송산업 19조 7,622억 원(16.5%), 광고산업 17조 2,119억 원(14.4%), 지식정보산업 16조 2,910억 원(13.6%), 게임산업 14조 2,902억 원(11.9%), 캐릭터산업 12조 2,070억 원(10.2%), 음악산업 6조 979억 원(5.1%), 영화산업 5조 8,898억 원(4.9%), 콘텐츠솔루션산업 5조 949억 원(4.3%), 만화산업 1조 1,786억 원(1.0%), 애니메이션산업 6,293억 원(0.5%) 순이다.

리서치 전문기업 델파이의 조사에 의하면, 우리나라 콘텐츠산업 매출액은 2017~2019년 3년 동안 5.3%의 연평균 성장률로 2019년에는 125조 원 규모로 성장했다. 하지만 2020년 코로나의 영향으로 콘텐츠산업은 큰 영향을 받았다. 2020년 매출 규모는 2019년 전체 매출 125조 원 규모에 비해 감소했으며, 특히 코로나19의 영향이 장기화될수록 감소 폭은 더욱 커져 최대 117조 원까지 감소할 것으로 예상된다. 하지만 콘텐츠산업은 코로나19 기간이 장기화될수록 성장률은 낮아지지만, 스마트기기가 대중화되고 소비자가 쉽게 모바일 콘텐츠에 접근할 수 있는 환경이 조성되어 있으며 콘텐츠의 주요 소비층이 디지털 시장으로 이동하면서 2021년 이후 콘텐츠산업 전체 매출 규모는 점차 회복할 것으로 전망되고, 이러한 현상은 이미 진행되고 있다.

2.2 콘텐츠산업의 환경분석

2020~2021년 코로나19로 인해 비대면 · 온라인 콘텐츠는 오히려 소비가 확대되었다. 코로나19의 전 세계적인 확산으로 대면 · 집합 활동이 크게 제한되면서 콘텐츠 이용 패턴도 비대면 · 온라인 방식으로 빠르게 전환되었다. 선진국으로 칭송받았던 미국이나 유럽이 역병에 얼마나 취약한지 확인하면서 'K-방역'이라는 새로운 용어의 탄생과 함께 자신감을 갖는 계기가 되었고, 개발도상국이나 후진국은 문제가 더 심각해 국가 경제와 사회 인프라가 마비되는 등 최악으로 치닫고 있다. 이러한 상황에서 디지털 콘텐츠는 오히려 성장하고 있다. 마치 풍선효과처럼 오프라인이 사그라지면서 디지털은 전성기로 발돋움하는 형세가 되었다. 특히 5G 통신 기술의 성장 및 모바일 기기의 보급(스마트폰 보급률 95%) 포화로 비대면 · 온라인 콘텐츠 소비 환경이 마련되었으며, 이러한 변화에 대한 소비자는 디지털 환경에 빠르게 적응하고 있다. 또한, K-콘텐츠로 인한 한류열풍 현상도 그 이전과 다른 양상으로 전개되고 있다. 단순히 한류 확산에 그치는 것이 아니라 한류 콘텐츠가 세계 최고임을 증명하고 있다. 영화 「기생충」과 「미나리」가 이를

「기생충」(2019)
아카데미 작품상 4개 부문을 수상했고, 칸영화제 황금종려상을 수상했으며, 국내 관객 수는 1천만 명을 넘겼다.

「미나리」(2021)
한국 영화배우 최초로 아카데미 여우조연상을 수상했으며, 코로나로 인해 극장을 찾을 수 없었던 관객은 OTT를 통해 영화를 감상하는 등 윤여정 열풍을 몰고왔다.

방탄소년단
BTS는 2020년 「Dynamite」를
발표했고, 한국 가수 최초로
'빌보드 핫 100' 1위를 한다. 그리고
2021년 「Butter」로 '빌보드 핫
100' 9주 연속 1위라는 경이적인
기록을 세웠다. 문재인 대통령은
국가이미지를 제고시킨 BTS를 문화
특사로 임명했다. 현대경제연구원에
따르면, 연평균 5조 5,600억 원의
경제효과를 유발하고, BTS 디지털
싱글 「다이너마이트」(8.21 발매)
가 빌보드 싱글차트 '핫100' 1위를
기록했다. 또한, 문화관광연구원에
따르면, 생산유발 약 1조 2,324억
원, 부가가치유발 약 4,801억 원의
효과를 내는 것으로 추정한다.

증명했고, 방탄소년단과 블랙핑크는 북미와 유럽에서 K-팝의 새로운 역사를 쓰고 있다. 콘텐츠산업 세계 7위는 문화산업에 국한된 것이 아니라 소비재는 물론 국제관계 등 국가 경쟁력과 이미지 제고에도 큰 기여를 하고 있다. 아래 〈표 10-1〉은 국내 콘텐츠산업의 SWOT다.

정부는 콘텐츠산업 육성을 위해 매우 적극적이다. 금융정책이나 실감콘텐츠에 투자를 늘리고 있고, 한류 확산도 정부 정책이 큰 뒷받침이 되고 있다. 또한, 중국은 여전히 콘텐츠산업의 예측 불가능한 변수 중의 하나다. 2016년 7월 사드 배치로 인해 발발한 한한령이 2019년 하반기부터 완화하는 분위기지만, 2020년 코로나19로 좋은 분위기가 확대되진 않고 있고, 오히려 2020년 하반기부터 두드러진 중국의 문화공정(김치, 한복 등)은 한중 관계를 경색시키는 역할을 하

〈표 10-1〉 국내 콘텐츠산업의 SWOT

강점(Strengths)	약점(Weaknesses)
• 세계 7위 시장의 콘텐츠 강국 • K-POPs, K-Games 등 K-콘텐츠의 한류 열풍 • 세계 최초 5G 기술 상용화 및 활성화 • 세계 최고의 디지털 기기 보급률 • 고성장·일자리 산업으로서 부각	• 국산 콘텐츠 유통 플랫폼의 낮은 인지도 및 점유율 • 5G 기술 기반의 활용 콘텐츠 수 부족 • 영세하고 취약한 콘텐츠산업 기반 • 불공정 거래, 계약, 고용 관행 지속
기회(Opportunities)	위협(Threats)
• 코로나19로 비대면·온라인 서비스 활성화 • 콘텐츠 수요 급증, 무한경쟁 돌입 • 글로벌 콘텐츠 유통 플랫폼 활성화로 해외 진출 기회 용이 • 실감콘텐츠가 신성장동력으로 부각	• 코로나19로 인한 경제 위축 • 콘텐츠 유통 플랫폼의 독점화 및 경쟁 심화 • 해외 콘텐츠시장 자국보호주의 심화 • 산업경쟁력을 저해하는 규제 상존

출처: 「2020 콘텐츠산업 중장기 시장전망 연구」, 한국콘텐츠진흥원, 2020; 콘텐츠산업 경쟁력강화 핵심 전략, 관계부처 합동, 2018 재구성

<표 10-2> 국내 콘텐츠산업의 PEST 분석

정치(Political)	경제(Economical)
• 정부의 적극적인 콘텐츠산업 육성 정책 • 중국 한한령 완화와 문화공정의 악화 • 저작권 보호 정책 강화 • 건전한 콘텐츠 생태계를 위한 자정 노력	• 코로나19로 인한 기업, 가계 경제 위축 • 비소유, 구독경제 활성화 • 콘텐츠 유통 플랫폼의 독점화 및 경쟁 심화 • 콘텐츠 생산량의 지속적인 증가 • 세계 및 국내 경기 변동 • 환율 및 콘텐츠 물가 변동
사회(Social)	기술(Technological)
• 코로나19로 비대면 · 온라인 서비스 활성화 및 개인화 • K-콘텐츠 한류 열풍 지속 • 콘텐츠 주요 소비층의 확대 • 스마트기기 대중화, 모바일 콘텐츠 소비 증가 • 검증된 IP에 대한 타 장르로의 사업 확대	• 5G 기술의 상용화 및 대중화 • 인공지능 기술을 활용한 소비자 맞춤형 콘텐츠 제작 • 가상/증강현실(VR/AR) 등 실감콘텐츠 제작 기술 향상 및 체험 기회 증대

출처: 「2020 콘텐츠산업 중장기 시장전망 연구」, 한국콘텐츠진흥원, 2020 재구성

고 있다. 하지만 2021년 하반기부터 코로나가 진정 국면으로 돌아서고, 시진핑 주석의 한국 방문이 현실화된다면 문화공정은 수면 아래로 잠잠해질 수 있다. <표 10-2>는 국내 콘텐츠산업의 PEST 분석을 보여주는 것으로, 콘텐츠산업의 정치 · 경제 · 사회 · 기술 요인을 분석했다.

한국 콘텐츠산업의 경제적인 측면에서 특히 방송, 출판, 웹툰, 애니메이션 등의 분야에서 사용자가 콘텐츠를 소장하기보다는 저렴한 가격으로 새롭고 다양한 콘텐츠를 구독할 수 있어 구독 서비스 시장이 더욱더 빠르게 성장하고 있다. 예를 들어, 출판산업에서는 밀리의 '밀리의 서재', 리디의 '리디셀렉트', 교보문고의 'sam 무제한', 예스24의 '북클럽' 등 책을 개인이 소장하기보다는 매달 일정액을 내고 전자책 콘텐츠를 자유롭게 볼 수 있는 구독 서비스가 활성화되고 있다. 또한, 유튜브와 넷플릭스 같은 글로벌 콘텐츠 유통 서비스가 전 세계를 장악하고 있다. 우리나라에서도 유튜브를 기반으로 1인 크리에이티브를 양성하고, MCN 산업이 확대되는 등 긍정적인 영향도 있다. 넷플릭스도 코로나19로 인해 오히려 그 위상이 더욱 확고하게 자리 잡았는데, 국내 지상파 3사와 SK텔레콤의 통합 OTT인 웨이브(wavve)나 시즌, 티

<표 10-3> 콘텐츠산업의 정책 방향과 새로운 모색

2020년 이전의 정책	2020년 이후 정책
중 · 단기 성장 중심 전략	지속 가능한 생태계 조성 전략
양적 성과 창출(매출, 수출 등)	양적 · 질적 성과 및 문화가치 존중(삶의 질, 창의성 등)
제작, 생산 중심	유통, 권리보호, 소비향유 중심
계량적 일자리 확대	현장 맞춤형, 좋은 일자리 창출
선택과 집중	다양성 확보, 동반성장
기술 주도 연구	문화 · 예술 주도 기술 융합
정부 및 공공부문 주도	민관협력 거버넌스

출처: 「2020 콘텐츠산업 중장기 시장전망 연구」, 한국콘텐츠진흥원, 2020 재구성

빙 등 국내 OTT 사업은 큰 힘을 쓰지 못하고 있다(한국콘텐츠진흥원, 2020).

포스트 코로나 이후 새로운 콘텐츠산업의 정책적인 패러다임 전환이 필요하다. 기존의 매출, 수출 등 단기적 · 양적 지표 중심의 산업 성장에서 질적인 성장으로 전환되어야 하며, 불공정 산업 환경, 기업 양극화와 콘텐츠 획일화, 성장둔화 등 위기의 상존까지 여러 난제를 극복해야 할 과제를 안고 있다. 또한, 중국의 한한령이나 일본 등 주변 국가 간의 관계, 코로나19 같은 팬데믹 속에서 새로운 콘텐츠산업의 획기적인 전환이 필요하다. 이러한 전조는 「기생충」을 넘어 코로나19 국면에서도 「미나리」가 미국 아카데미 6개 부문에 후보로 올랐고, 윤여정이 한국인 최초로 여우조연상을 받는 등 양적 성장에서 질적 성장, 최고의 콘텐츠라는 점을 확인해주었다. 이는 또한 4차 산업혁명 등 변화하는 환경에 대응하여 콘텐츠산업이 도약하기 위해서는 산업 생태계 선순환을 저해하는 요소를 제거하고, 장기적인 관점에서 산업의 기초체력 보강을 통해 누구나 일하고 싶은 산업, 혁신적인 콘텐츠가 지속적으로 제작되는 환경 조성이 필요하다(문화체육관광부, 2020).

3. 콘텐츠산업의 인력양성과 일자리 창출

　콘텐츠산업은 현장 맞춤형 인재양성과 일자리 창출을 함에 있어 수급 불균형, 미래수요 대응 부족, 역량 강화의 한계라는 문제점을 안고 있다. 좋은 콘텐츠를 만들 인력과 콘텐츠산업의 핵심이나 현장에서 필요로 하는 경험 있는 전문인력이 부족하다. 기존의 콘텐츠산업은 학계와 산업의 연계가 뚜렷하지만, 2001년부터 전국 대학에 새롭게 등장한 문화콘텐츠학과는 무늬만 콘텐츠산업을 다루면서 인재양성과 일자리 창출에 저해 요인의 하나로 손꼽히고 있다. 특히 대학의 인문학 관련 학과를 문화콘텐츠학과로 통폐합하면서 산업을 이해하지 못하는 문학, 역사, 철학을 전공한 교수들이 가르치면서 현장과 괴리가 있다. 예를 들면, 2015년 졸업자 수 2만 8,954명에 비해 취업률은 62.1%, 전체 취업률은 67.5%로 저조하다. 또한, 융복합, 신기술 등 콘텐츠의 수요 증가가 전망되지만, 이를 기획·제작·유통할 수 있는 관련 전문인력 및 양성기관이 부족하다. 예를 들면, 정부는 AR과 VR 등 증강가상현실산업에 많은 투자를 했지만 실제 현장에서 활용은 미비했다. 증강가상현실산업은 실감콘텐츠와 결이 다르다. 따라서 범위가 방대한 콘텐츠산업의 인재양성과 일자리 창출 정책은 분야별로 다르게 전개되고 있어 개별적인 분석이 필요하다(콘텐츠산업 경쟁력강화 핵심 전략, 2018).

　콘텐츠산업에서 고급 인재양성의 대표적인 사례는 영화 분야다. 영화아카데미는 1984년 설립해 1985년 1기 10명의 졸업생을 처음으로 배출했다. 1999년 한국애니메이션예술아카데미를 설립했고, 2001년에는 영화와 애니메이션 아카데미를 통합했다. 2018년에는 한국영화아카데미를 부산으로 이전했고, 봉준호, 최동훈, 허진호 등 대한민국을 대표하는 감독을 배출했다. 한국영화아카데미는 실무능력을 겸비한 영화 전문인력 양성을 목표로 설립되었고, 영화발전기금은 정부 출연금과 극장 관람료 3%의 부과금을 재원으로 하고 있다(www.kafa.ac). 한국영화아카데미는 연출, 프로듀싱, 촬영, 애니 4개 전공으로 구분하며, 우수인력 대상으로 1년간 전문교육(정규과정)을 진행한다. 정규과정(단편 위주), 장편제작과정을 잇는 '사전제작과정'을 신설했고,

정규과정(단편, 20편 → 30편) 및 장편과정(8편 → 12편)을 확대 운영 중이며, 2021년 예산은 약 80억 원이다(콘텐츠산업의 일자리 창출 및 안전망 강화방안, 2020).

영화 분야 외에 성장 규모로는 게임 분야가 으뜸이다. 게임 분야는 특목고인 경기게임마이스터고를 설립해 게임개발학과 4개 학급 77명에 약 15억 원의 예산으로 운영하고 있다. 경기게임마이스터고는 2019년 마이스터고로 전환하고 2020년 학교명을 변경해 게임 전문교육고등학교로 재탄생했다(www.ggm.hs.kr). 또한, 한국콘텐츠진흥원은 2019년 게임인재원을 개원했다. 게임기획, 게임아트, 게임프로그래밍 3개 분야로 2년 과정(총 8학기제)으로 운영 중이다. 게임인재원의 교육비용은 전액 무료이며, 우수 교육생 해외 게임전시회 연수 기회를 제공(미국 GDC, 독일 게임스컴, 도쿄게임쇼 등)하고, 주요 게임 기업 인턴십 연계 기회를 제공한다. 또한, 게임 개발 프로젝트 비용을 일부 지원하고, 교육 인프라를 제공(AI, 블록체인, VR, AR, MR, 워크스테이션, 3D 모델링 S/W, 개발 S/W 등)한다(www.kocca.kr).

콘텐츠산업의 경우, 현장역량을 갖춘 장르별 콘텐츠 분야의 전문인재 육성이 중요하기 때문에 콘텐츠 분야의 일자리 매칭을 위해 2018년부터 콘텐츠일자리지원

〈표 10-4〉 혁신 성장을 주도하는 창의인재 양성

분야	문화콘텐츠
핵심인재 양성	• 영화아카데미 과정 확대 및 시나리오 영화화 지원 • 국제 경쟁력을 갖춘 게임인력 배출 • 주제별 랩 다양화 및 단계별 교육과정 운영 • 현장 실무형 인재양성과정 도입 • 지역 음악인, 우수 뮤지션 활동 지원
신기술 융복합 전문인력 양성	• 문화기술(CT) R&D 전문인력 양성 지원 • 실감콘텐츠·인공지능 전문 인력양성
산학 연계 협력 확대	• 산학 연계 협력 확대 • 기업주도형 인력양성 지원
맞춤형 취업 지원 강화	• 콘텐츠일자리지원센터 기능 강화 • 취업지원 다양화 • 콘텐츠 공모전 • 전문 멘토링 확대 • 취업지원 다양화

센터를 운영하고 있다. 현장 밀착형 창의인재사업, 산학연 연계 원캠퍼스, 한국영화 아카데미 등을 운영 중이다. 예를 들어, 전국적 산학 연계 체제 구축과 지역별 산학 연 참여를 위해 '원캠퍼스'사업을 본격적으로 실시하고 있다. 2018년 수도권 지역에 4개였던 것이 2019년 전국 15개 프로젝트로 증가했고, 현장 인력 연계 커리큘럼(학점 부여), 프로젝트 제작 교육 등 산학 연계 사업을 강화하고 있다.

하지만 문제점도 있다. 인재양성은 수도권 중심 개별 교육사업 위주로 지역 내 자생 가능한 기업–교육기관–연구기관–진흥기관 간 체계적 연계시스템이 부족하고, 융복합·신기술 등 미래인력양성이 부족하다. 특히, 프리랜서가 많은 문화예술이나 콘텐츠산업 특성에 대한 고려가 부족하고, 1인 창작자, 웹툰작가 등 새로운 유형의 일자리 발굴·지원에 한계가 있다. 이러한 문제는 출판 분야가 더욱 심각하다.

이러한 문제를 해결하기 위해 콘텐츠 분야는 현장과 교육기관의 지속적 연계 체계를 구축하고, 장르별 강화 및 신기술이 융복합된 프로젝트 기반의 창의 인력을 양성하려고 다양한 시도를 진행 중이다. 과학기술정보통신부의 경우, VR-LAB(VR 창 업·인큐베이팅 공간)이 배출한 전공 석·박사 인재의 신기술 창업 확대를 위해 2019년 총 6개 사 창업, 석·박사 250명을 배출했다. 전문인력 혹은 고급인력양성의 경우

〈표 10-5〉 콘텐츠산업 경쟁력 강화를 통한 일자리 창출

분야	문화콘텐츠
창업 기업 지원	• 콘텐츠 혁신기업 창업 지원 • 성장단계별 맞춤형 창업 지원 확대 • 지역 현장 맞춤형 지원
차세대 기술 육성	• 실감형·지능형 콘텐츠 제작 지원 • 장르별 차세대 콘텐츠 제작 지원 • 인터넷동영상서비스(OTT)·뉴미디어콘텐츠 제작 지원 • 콘텐츠산업 특성에 맞는 세제제도 개선
금융 및 투자 등 지원	• 창작·제작 활성화를 위한 금융 지원 • 문화기술 R&D 투자 확대 및 효율화 • 비대면 시대 신시장 창출 및 문화시설 첨단화
해외진출	• 해외진출 상담 • 해외거점 운영

ICT 분야 또는 신기술 분야에 집중되어 있으며, 예산도 상당하다. 영화 분야의 경우, 미래영화 · 영상기술 전문인력 양성을 위한 현업영화인 대상 첨단영화 기술교육(3D, VR 등)을 강화하고 있고, 한국영화아카데미와 별도로 2021년 한국영화기술아카데미(KAFA-Tec) 설립을 추진 중이다(콘텐츠산업의 일자리 창출 및 안전망 강화방안, 2020).

정부는 콘텐츠산업의 인재양성과 일자리 창출을 위해 새로운 목표와 비전, 정책 등을 제시하고 있다. 고용은 2019년 66만 명이지만 2022년에는 70만 명으로 증가할 것으로 예상되며, 매출 100억 원 이상 콘텐츠 기업 수는 2019년 1,700개에서 2022년에는 2천 개로 상승할 것으로 전망한다. 수출도 중요한데, 2019년 103억 달러에서 2022년 134억 달러로 29% 상승하는 것이 목표다. 이러한 목표를 추진하기 위한 추진전략으로 첫째, 콘텐츠산업의 경쟁력을 강화하고 일자리를 창출한다. 이를 위해 창업 지원 및 성장단계별로 기업을 육성하고, 차세대 콘텐츠시장을 개척하며, 콘텐츠 금융 지원 확대 및 수출을 지원한다. 둘째, 혁신 성장을 주도하는 창의인재를 양성한다. 이를 위해 핵심 장르별 인력양성을 강화하고, 신기술 융복합 전문인력을 양성하고, 산학 연계 협력 방안을 확대하며, 맞춤형 취업 지원을 강화한다. 마지막으로 콘텐츠 종사자 일자리의 안전망을 확충한다. 이를 위해 예술인고용보험을 적용하여 지원하고, 콘텐츠 종사자의 권익을 보호하며, 콘텐츠 일자리 정책 기반을 조성한다(콘텐츠산업의 일자리 창출 및 안전망 강화방안, 2020).

4. 정책제언

문화산업 상생환경 조성을 위한 체계를 구축하고 정비해야 한다. 문화산업의 공정한 유통환경 조성에 관한 법률을 제정하고, 콘텐츠공정상생센터 기능의 역할을 강화해야 한다. 문재인 정부가 집권하면서 공정과 상생, 정의와 공존이 중요한 어젠다가 되었다. 콘텐츠산업은 2000년대 이후 급속히 성장하면서 구조적인 문제를 내재하고 있다. 불공정 거래 관행은 상존하고 있으며, 기업 구조는 양극화되고 있고, 코로나19로 인해 아날로그와 디지털, 온라인과 오프라인의 양극화까지 더해져 더욱 심화되는 형국이다. 일부 대형 유통 사업자나 플랫폼의 우월적 지위로 인해 불공정 거래가 이뤄지기 쉽고, 다수의 중소 콘텐츠기업이 수익을 축적해 성장하기 어려운 환경에 놓여 있다. 웹툰이나 웹소설 시장에서 플랫폼 서비스와 작가의 불공정한 계약은 여전하다. 기업 간 양극화도 문제다. 콘텐츠산업의 상위 7.8%에 불과한 기업이 전체 콘텐츠산업 매출의 86.1%를 차지할 정도로 빈익빈 부익부 현상은 심각하다(일자리위원회, 2020).

이러한 문제의 해결방안 중 하나는 표준계약서 적용을 강화하고 확대하는 데 있다. 문화체육관광부는 애니메이션 1종(프리랜서 계약), 출판유통 및 오디오북 제작 2종, 영화(8종), 대중문화(6종), 만화(6종), 방송(6종), 출판(7종), 저작재산권(4종), 게임(5종), 애니메이션(4종), 이스포츠(3종) 등 9개 분야 총 49종의 표준계약서를 공시했다. 콘텐츠산업에서 표준계약서 사용은 문화체육관광부 장관의 권고 사항이다. 공정한 환경을 조성하기 위해 제정된 관련 법령은 각 법에 산발해 있고 무엇보다 구속력 없는 권고 조항이다(관계부처 합동, 2018). 문화체육관광부 장관은 문화산업 관련 표준약관 또는 표준계약서 시행 권고를 「문화산업진흥기본법」 제12조의 2 '공정한 거래질서 구축'에 적시하고 있다. 그 내용은 "문화체육관광부 장관은 문화산업의 공정한 거래질서를 구축하기 위하여 공정거래위원회 위원장 및 과학기술정보통신부 장관과 방송통신위원회 위원장과의 협의를 거쳐 문화산업 관련 표준약관 또는 표준계약서를 제정 또는 개정하여 그 시행을 권고할 수 있다"라고 적시하고 있다(문화산업진흥기본법).

영화 분야는 모태펀드 영화계정 투자 시 2015년부터 표준계약서 사용을 의무화하고 있다. 관련 예산도 2019년 80억 원이던 것이 2020년 240억 원, 2021년 350억 원으로 증가했다. 방송 분야는 방송드라마 융자지원 시 표준계약서 사용을 권장하고 있다. 표준계약서 사용에 따른 융자 규모는 130억 원이다. 애니메이션과 게임도 제작 지원 시 표준계약서를 권장하고 있고, 만화 분야는 지원사업 공모 사업 선정기업은 표준계약서 사용 교육 이수를 의무화하고 있다. 2019년 작가를 대상으로 먼저 시행했고, 2020년 작가와 기업으로 확대했다(일자리위원회, 2020).

출판 분야는 2021년 오디오북 2종을 포함한 새로운 표준계약서를 문화체육관광부가 공시했다. 2021년 출판문화산업진흥원은 우수출판콘텐츠 제작 지원사업, 오디오북 제작 지원사업 등 공모 지원사업을 대상으로 표준계약서 사용을 강제했고, 출판계는 이에 강력하게 반발해 갈등이 심화되고 있다. 2021년 1월, 출판계 13개 단체는 자체적으로 표준계약서를 개발해 발표했으나, 이는 작가 단체를 중심으로 강한 반발을 일으켜 또 다른 문제를 일으키고 있다.

문체부, 과기정통부, 방통위, 공정위 등에서는 표준계약서 실효성 강화로 공정계약 기반을 마련하기 위해 「문화산업의 공정한 유통환경 조성에 관한 법률」 제정을 준비하고 있다. 새로운 법률 제정을 통해 불공정한 관행을 개선하고, 불공정 행위를 감시하기 위한 조치다. 이는 콘텐츠산업 전반의 문제다. 방송 분야는 외주시장의 불공정한 관행이 매우 큰 사회 문제인데, 방송사업자의 외주제작사 대상 자의적 수익배분, 불공정 계약조건 강요 등을 「방송법」상 금지행위 조항에 포함하는 것을 추진하고 있다. 이는 비단 문화체육관광부만의 문제는 아니다. 과학기술정보통신부는 2018년부터 사업수행지침 개정을 통한 정부 제작 지원사업 시 표준계약서 사용을 의무화하고 있다.

마지막으로 콘텐츠산업의 안정적인 성장을 위해서는 일자리 정책 기반이 조성되어야 한다. 다양한 일자리 창출 중 콘텐츠 분야의 일자리 및 인력 정책 수립을 위해 직무세분화, 신직종 연구 등 정책연구를 추진해야 한다. 이를 실현하기 위해서는 다음과 같은 정책을 추진해야 한다. 첫째, 콘텐츠산업 경쟁력 강화를 통해 일자리를 창출해야 한다. 이를 위해 창업 지원 및 성장 단계별 기업을 육성하고, 차세대 콘텐츠 시장을 개척해야 하며, 콘텐츠 금융 지원 확대 및 수출을 지원해야 한다. 둘째, 지속가능한 성장을 위한 창의인재 양성이 필요하다. 이를 위해 핵심 장르별 인력양성을 강화하고, 기술의 융복합 전문인력을 양성해야 하며, 산학 연계 협력을 확대해나가야 한다. 마지막으로 콘텐츠 종사자의 일자리 안전망을 확충해야 한다. 이를 위해 예술인고용보험 적용을 지원하고, 콘텐츠 종사자의 권익을 보호해야 하며, 콘텐츠 일자리정책 기반을 조성해야 한다.

콘텐츠산업은 고용 없는 성장 시대의 신성장동력이자 일자리 창출 산업으로 국내외 경제의 저성장 기조에도 매출, 수출, 고용 등 성장세를 지속하고 있다. 중국의 한한령이나 코로나19 팬데믹의 직격탄을 맞은 콘텐츠산업이지만, 이를 극복하고 지속 가능한 성장을 보인다. 우리나라는 전 세계 7위라는 콘텐츠 강국으로서의 정책성, 산업으로서 가능성을 21세기 한류의 후광효과와 더불어 한국의 위상과 이미지 브랜드를 높이는 역할을 할 것이다.

3부

디지털 기반
교육혁명과
사람 투자

11장
디지털 융합 공교육 혁명

유정수

1. 들어가는 글

1.1 교육에서 디지털 융합 추진 필요성 및 환경

자연에서는 차가운 해류와 따뜻한 기류의 만남으로 인해 태풍이 만들어지기도 하고 풍부한 어장이 형성되기도 한다. 이렇게 자연현상의 융합 덕분에 인간은 풍부한 수산자원을 획득할 수 있다.

자연의 융합과 마찬가지로 디지털 융합은 결과 또는 결론으로 이어지는 만남의 장소를 나타낸다. 특히 디지털 융합은 다양한 기술, 미디어, 콘텐츠, 서비스 및 애플리케이션이 시간이 지남에 따라 더 유사해지고 단일 액세스 포인트를 통해 사용 가능해지고 있다. 가장 대표적인 것이 스마트폰이다. 이동하면서 앱에 접근하여 책을 읽기도 하고, 날씨도 확인하고, 운전 경로를 얻고, 원격 회의 등이 가능하게 되었다. 그 결과 우리의 삶은 어떻게 변화되었는가?

정보통신기술(Information & Communication Technology, 이하 ICT라 함)을 기반으로 한 4차 산업혁명의 출현은 사회의 모든 분야에서 디지털화를 가속화하고, 이로 인해 기술적·사회적·문화적 함의와 융합을 만들어냈으며, 사람들이 살고 일하고 배우는 방식에도 영향을 미치고 있다. 우리는 사회에 대한 서비스의 틀 안에서 디지털화, 융합의 상호작용을 통해 인간의 발전과 공동체 번영을 중심 목표로 하고 있다.

디지털 융합(Digital Convergence) 개념은 기존에 불연속적으로 사용되던 기술과 별도로 사용된 기술의 융합과 더불어 거의 '보이지 않는' 기술의 통합과 일상생활의 일부로 사용하는 것을 말한다. 디지털 융합의 주요 동인은 인터넷의 유비쿼터스 도달 범위와 존재 여부, 그리고 점점 더 광범위한 장치를 통해 인터넷에 접속할 수 있는 우리의 능력이다. 또한, 우리가 사용하는 장치와 그들이 연결하는 서비스 모두의 '지능'은 이전에 상상하지 못했던 방식으로 우리의 주변 환경에 관여할 기회를 제공하고 있다.

디지털 융합 개념은 교육 분야에서 일하는 사람들에게 도전과 기회를 가져다줄 것이다. 한편, 스마트폰이나 스마트패드 등 개별 소유의 기기가 확산되는 것은 학생들이 원하는 시간에 언제든지 정보에 접근할 수 있다는 것을 의미한다. 이는 교사들이 전통적으로 지식의 흐름과 학습된 것을 통제해온 기존 교실에서 힘의 균형을 바꿀 수밖에 없을 것이다.

디지털 기술의 영향은 단순히 기술 개발의 결과만이 아니라 조직과 개인의 기술 채택 능력이 디지털 기술의 잠재력을 최대한 활용하기 위한 중요한 요건이 되었다. 따라서 우리는 디지털 기술을 교육에 융합하여 기존 교육현장에서의 약점을 보완하고 강점을 확장시킬 수 있는 다양한 통합 제품 및 서비스의 가용성을 통해 교육 분야를 강화할 필요가 있다. 교육에서의 디지털 융합은 이전에는 사용할 수 없었던 개인 학습 환경의 생성 및 가상화를 위한 도구 등을 통해 지식에 대한 접근 및 확산을 촉진시키고 있다. 이는 융합의 출현과 채택에 의해 더욱 강화되고 있다. 특히 인간 활동이 창의성, 지속 가능성, 협력, 학제 간 초점 및 사회적 책임을 촉진하는 환경의 구축을 요구하는 학문적 맥락과 관련이 있다. 이러한 모든 요소의 적절한 통합(integration)은 학문이 융합되고 많은 재능을 가진 개인들이 상호작용하여 새로운 조직 및 관리의 새로운 메커니즘을 갖추는 학습을 위한 혁신 시나리오를 제공한다.

이러한 통합을 통해 새천년을 준비하기 위해서는 인간의 번영과 지속 가능한 발전을 주도할 인재양성이 절실히 필요하다. 따라서 이제 우리는 1차 산업혁명의 산물인 지금의 교육 형태를 새천년을 위한 새로운 교육 형태로 전환해야 할 중요한 기로에 서 있다고 볼 수 있다.

1.2 교육에 디지털 융합 추진 목적

모든 산업혁명의 물결과 함께 우리는 실제로 사회 패러다임의 변화를 주도할 새로운 종류의 사람들을 육성해왔다. 1차 산업혁명의 물결은 우리에게 기술자를 주었으며, 2차 산업혁명의 물결은 우리에게 MBA를 주었다. 3차 산업혁명의 물결은 우리에게 컴퓨터 과학자를 주었다. 그렇다면 4차 산업혁명의 물결은 우리에게 무엇을 가져다줄 것인가?

기술은 오랫동안 산업을 혼란시켜 소비자에게 더 큰 초점을 맞추고 있다. 최근 우버(Uber)는 정보 교환에 대한 전통적인 제약을 제거하여 소비자가 교통에 대해 생각하는 방식을 근본적으로 변화시켰다. 우버는 디지털 플랫폼을 통해 소비자를 필요한 시기와 장소에서 고유한 서비스를 제공할 수 있는 방대한 생산자 네트워크에 연결시켰다. 우버 이전에는 정보와 서비스의 흐름을 결정하는 택시 서비스가 교통을 통제했다. 새로운 기술의 출현으로 이러한 균형이 바뀌어 소비자와 생산자 역학에서 소비자에게 더 큰 인식, 자원 및 힘을 제공하고 있다. 우버 이전에는 교통수단이 바이택시 서비스를 통제하여 정보와 서비스의 흐름을 결정했다. 새로운 기술의 등장으로 소비자가 소비자와 생산자 역학에서 더 큰 인식, 자원 및 힘을 제공하면서 이러한 균형이 바뀌었다.

코로나19로 인해 전 세계의 공교육 현장은 엄청난 영향을 받고 있다. 학교는 문을 닫고 대학들은 원격 학습으로 강제적으로 이동했다. 학생과 교사의 관심, 기술, 교육 수준과 관계없이 디지털 시대로 몰아넣어지면서 완전히 새로운 환경에서 교육이 이루어지고 있다. 코로나19로 인해 파생된 문제점들을 토대로 교육 정책 입안자들은 장기적으로 미래의 교육 방식과 교육 내용에 대해 깊이 생각해야 한다.

교육계가 어디로 향하고 있는지 이해하기 위해서는 대유행 이전에 이미 떠오르고 있던 추세를 파악하는 것이 우선이다. 코로나19 이전에도 이미 고등교육에서는 학습의 디지털화가 빠른 속도로 진행되고 있었다. 무크(MOOC)나 K-무크, 유데미(Udemy) 등과 같은 공개 온라인 학습 강좌는 물론 원격 학위도 공립 및 사립 교육기관뿐 아니라 최고 대학에서 공통적으로 무제한으로 서비스되고 있고, 더욱 효과적인 학습을 위해 기술을 사용하는 이니셔티브가 증가하고 있다. 교육 분야도 '디지털 융합'이 이루어지고 있었다. 미네르바 스쿨이 그 대표적인 사례다. 클라우드(Cloud), 인공지능(Artificial Intelligence, 이하 AI라 함), 빅데이터, 블록체인(Block Chain), 사물인터넷(IoT) 등의 4차 산업혁명을 이끈 디지털 기술들의 최대한의 잠재력을 교육과 융합할 때 디지털 교육혁명이 일어날 것이다. 이러한 디지털과 교육의 융합을 통해 우리는 새로운 개척지에 도달할 것이며, 더 많은 지식, 속도, 정확성, 예측을 정복하고, 현재 우리가 상상할 수 있는 것 이상으로 세상을 바꿔놓을 것이다.

공교육에 디지털을 융합하기 위해서는 먼저 학교 조직 전체에 걸쳐 상호 기능적 정렬을 확립하고, 교사와 학생의 요구에 따라 기술에 대한 응집력을 구현하는 것이 우선이다. 기술은 항상 학생 우선 목표를 달성하는데, 어떻게 도움이 되는지를 고려하는 것이 핵심이 되어야 한다. 목적 없이 기술을 사용하는 것은 아무런 의미가 없다.

우리나라 초·중·고 학생들은 전통적인 학습 모델에 구속된 자원 및 정보에 전례 없는 액세스를 얻음으로써 디지털 도구의 유사한 이점을 발견했다. 디지털 기술의 파괴적인 영향은 학생 중심의 학습으로의 전환에서 기존의 역할과 구조를 다시

정의할 필요성이 대두되고 있다.

교육에서 디지털 융합이란 모든 학생에게 적합한 학습을 만들어주기 위해 교육 시스템에 필요한 근본적인 변화를 개념화하는 사고 파트너십(Thought Partnership) 운동을 의미한다. 따라서 국가적 차원에서 디지털 융합은 학생들의 학습경험을 변화시키기 위해 기술을 교실에 통합하고 사용하는 통일된 접근 방법을 추구하면서 다른 사람과 아이디어가 교차할 수 있도록 해야 한다.

1.3. 공교육에서 디지털 융합 추진 방향

사회 전반에 걸쳐 디지털화가 가속화되면서 새로운 영역과 가치를 창출할 수 있는 문제해결력, 비판적 사고, 창의성 등이 더욱 중요해지고 있다. 따라서 교육 전반에 걸쳐 새로운 디지털 기술을 융합한 교육 혁신이 요구되고 있다. 디지털 융합 프레임워크는 전략적 계획을 실행하고 모든 학생에게 학습을 관련시키는 청사진을 제공한다.

따라서 변화하는 세상에서 목적, 연결 및 성취감을 누리면서 살아가기 위해서는 전환(transformation)과 변화(change)가 필요하다. 그러나 전환과 변화에 대한 대부분의 시도는 성공적이지 못하다. 그 이유는 의식의 전환(transformation in consciousness)을 놓치기 때문이다. 일반적으로 해결되는 것은 행동의 변화일 뿐이다. 실제적이고 지속 가능한 전환은 개인의 사고 및 의식의 변화가 일어날 때 개인과 집단에서 발생한다. 이러한 변화가 일어나면 우리 각자는 우리의 목적을 더 많이 찾고 성취하고, 더 많은 선물에 접근하고, 더 큰 진정성과 숙련도와 균형을 가지고 삶을 살아가고, 점점 더 복잡해지는 세상에 더 강력하게 대응할 수 있다.

공교육에서 디지털 융합을 성공적으로 추진하기 위해서는 리더십, 교육과정, 교육 모델, 디지털 생태계, 전문 학습의 성공적인 교차로로서 미래 학습을 지원하기 위해 기존의 인프라와 자원을 재설계해야 한다.

이 장에서는 지능정보 시대에 맞는 새로운 인재를 육성하기 위해 하드웨어적 및 소프트웨어적인 측면에서 디지털 융합을 통해 학생이 모두를 배려하고 상생하는 글로벌 사회의 디지털 민주시민으로 성장할 수 있도록 새로운 공교육 패러다임을 제시하고자 한다. 추진 방향은 다음과 같다.

1.3.1 리더십

디지털 융합에 도달하는 것은 리더십에서 시작된다. 공교육에는 교육 관련 부처, 교육기관 등 주요 이해당사자 간의 디지털 교실로의 전환에 대한 공유된 비전을 설정하기 위해 협력해야 한다. 일단 확립되면, 리더십은 내부 이해당사자와 지역사회 참여에 대한 비전을 보여주어야 한다. 리더십은 또한 이해당사자들과 협력하여 디지털 융합 계획을 개발하고, 장기적인 기술 채택을 위한 자금을 확보하며, 지속 가능하고 효과적인 기술 채택을 위한 적절한 훈련과 지원을 만들어야 한다.

1.3.2 교육과정

공교육에서는 교육과정을 통해 변화하는 사회에서 요구하는 역량을 길러준다. 따라서 지능정보시대의 산업에 필요한 인재를 양성하기 위해서는 2022년 교육과정 개정 시 기존의 교과목과 내용 및 내용 체계를 탈피하고 다양한 수업혁신 모델을 개발하며, AI 기반 융합교육을 실시해야 한다. 따라서 지능정보사회에서 요구되는 역량을 기르기 위해 공교육 교육과정에 어렸을 때부터 정보교육(SW교육, AI교육)을 체계적으로 교육할 수 있는 교육과정과 AI 기반 융합교육 프레임워크 제시가 필요하다.

효과적인 리더십 외에도 디지털 융합에 도달하는 것은 기술과 모범적인 교수 관행을 효과적으로 활용하는 교육 모델을 선택, 설계 및 구현을 수반해야 한다. 교사 강의 중심의 전통적인 모델과 달리 블렌디드 러닝, 하이브리드 러닝 등 디지털 자원을 사용하여 학생의 참여와 비판적 사고를 유도하고 학생들이 온라인 자원 및 학습 방법의 접근성으로부터 이익을 얻을 수 있도록 하는 혁명적인 패러다임을 제공해야 한다. 교육과정을 개발할 때 교육과정 개발자 및 기타 이해관계자가 함께 작업해야 하며, 리더십에 의해 수립된 공유 비전 및 디지털 융합 계획과 일치해야 한다.

1.3.3 개인 맞춤형 학습

AI가 우리 일상생활에 파고들면서 AI 개발 엔진을 계속 가동시키기 위해서는 교육을 통해 더 많은 인재를 길러내야 한다. 교육산업도 AI에 의해 변화되고 있다. 전통적인 교실에서의 교육방법의 한계인 개인별 맞춤형 학습이 AI, 블록체인 등 최첨단기술의 융합을 통해 극복되었다. 지능적인 시스템을 통해 초등교육에서 고등교육으로, 그리고 성인 학습과 전문 학습을 통해 더 잘 배우고 학습 목표 달성이 가능하도록 도움을 받을 수 있게 되었다.

AI 시스템은 기계학습 기반 초개인화(Hyper Personalization)의 힘을 통해 학생 개개인의 맞춤형 학습 프로파일을 개발하고, 학생들의 능력, 선호 학습 방식, 경험 등을 바탕으로 학생 개개인의 교육 자료를 맞춤화하는 데 활용되고 있다(Olaf Zawacki-Richter, 2019). 2024년까지 학습 관리 도구의 47% 이상이 AI 능력으로 가능해질 것으로 예상된다. 교사들에게 모든 학생을 위한 단일 교육과정을 만들도록 요구하기보다는 교육자들이 동일한 핵심 교육과정을 활용하면서 각 학생의 구체적인 요구에 맞는 광범위한 자료를 제공하는 증강된 지능지원을 갖게 될 것이다.

또한, 개인화된 온디맨드 디지털 콘텐츠는 AI와 교육에서 행해지는 방식을 변화시키는 기계학습의 도움으로 만들어진다. AI 시스템은 맞춤형 교재 외에도 개인 대화형 교육 도우미를 중심으로 과외를 강화하고 있다. 이러한 자율적인 대화 대리인은 학생들의 질문에 답하고, 학습이나 과제 수행에 대한 지원을 제공하며, 교육과정을 강화하는 데 도움이 될 수 있는 추가 자료로 개념을 강화할 수 있다.

1.3.4 학습 공간 재설계

존 듀이의 말과 같이 "교육은 과거의 가치전달에 있는 것이 아니라 미래의 새로운 가치창조에 있다". 코로나19 위기를 겪으면서 우리는 이미 미래의 학교 공간을 경험하고 있다. 미래의 교육 공간은 기존 학교 형태의 물리적 공간과 물리적 공간에 가상 공간이 통합된 공간, 디지털 공간 등 다양한 형태가 될 것이다.

기술 혁신과 더불어 사회 변화의 가속화 속도는 새로운 세대, 다음 세대를 위한 학습 공간 및 앞으로 출현할 학습 공간 형태에 대한 아이디어를 학습 공간의 개념에 넣어 확장해야 한다.

학습 공간의 성격은 실천의 변화에 따라 변한다. 공간은 일시적이고 본질적으로 사회적인 것이며, 공간은 주어진 것이 아니라 상대적인 것이다. 따라서 학습 공간은 '유동적이고 덧없는' 공간으로 텍스트, 시간 및 교육과정으로 구성되며, 학습 공간과 교육학 변화에 대한 새로운 이해를 창출한다. 학습 공간은 더 이상 인간 활동을 위한 '컨테이너'가 아니며 교사와 학생 사용자에게 적합하고 학습 결과에 영향을 줄 수 있는 제품(건축 설계, 시공 공간)이 아니다. 공간성은 주로 어떤 행동이 일어나는 배경이 아니라 활동이나 실천의 관점에서 볼 때 더 의미 있는 공간으로 만들어진다. 따라서 교육기관들은 미래의 학습 공간을 위해 기존의 학습 공간을 재설계하거나 새롭게 건축해야 한다. 그 이유는 다음과 같다.

- 현재와 미래의 노동력에서 요구되는 것이 점점 더 복잡한 사고를 수반하는 혁신 시대와 관련이 있다.
- 지난 30년 동안 '학습 과학(learning science)'이라 불리는 학제 간 융합에 대한 새로운 이론, 개념 및 학습 지식은 교육 환경에 대해 생각하고 설계하는 많은 혁신적인 방법을 찾아냈다.
- 웹 커뮤니티, 모바일 장치 및 사물인터넷 등과 같은 ICT 기술의 발전이 학습이 일어나는 공간을 근본적으로 변화시키고 있다.

- 기존의 학교 공간을 학생의 자기주도적 융복합적 활동이 가능한 학습 공간 구축 및 지능형 학습플랫폼 구축을 통해 개별 학습이 가능한 환경을 조성하도록 한다.

2. 지능정보시대, 공교육 현장의 현주소

2.1 융합교육의 추진 성과 및 내용

　　4차 산업혁명 시대의 사회적 변화에 따라 새로운 인재상이 요구되고 있다. 이에 따라 기존의 전통적 교육방식에 대한 변화 요구도 증대되고 있다. 인생 100세 시대에 따라 평생학습의 중요성이 부각되고 있으며, 배움에 대한 중요성과 흥미를 키워주는 학교 역할에 대한 재구조화가 요구되고 있다. 지식 · 정보의 폭발적 증가에 따라 단편적 지식보다 삶 속에서 창의적 · 융합적 사고를 바탕으로 문제를 발굴하고 해결하는 역량이 중요하게 되었다.

　　코로나19 이후 정보과학기술 기반 사회로의 전환이 가속화됨에 따라 첨단기술을 활용한 미래 교육체계로의 변화가 요구되고 있다. 또한, 산업 및 고용구조 급변에 따라 과학, 수학, 정보 등 AI 소양을 갖춘 인재에 대한 수요 증가가 예측되며, 이에 대해 선제적으로 대비해야 한다.

　　이 장에서는 교육부가 2020년 5월 27일 발표한 「융합교육종합계획(추진 2020~2024)」과 2020년 11월 20일 관계부처 합동으로 발표한 「인공지능 시대 교육정책 방향과 핵심과제」 등을 참조하여 AI 시대에 맞는 새로운 인재를 육성하기 위해 하드웨어적인 측면과 소프트웨어적인 측면에서 디지털 융합을 통해 공교육 혁신 추진 방향을 제시하고자 한다. 추진 방향은 다음과 같다.

미래사회를 대비하여 교육 혁신을 촉진할 공교육에서 융합교육이 추진된 정책 내용에 대해 살펴보면 〈표 11-1〉과 같다. 〈표 11-1〉에서 보듯이 그동안 우리는 수학·과학에 기술·공학과 예술을 접목하여 과학기술 소양과 예술적 감성을 모두 갖춘 인력양성 융합교육을 추진해왔다.

2020년 5월 교육부에서 발표한 융합교육 종합계획에는 AI 기술 기반의 초지능, 초연결, 초융합으로 규정되는 정보과학기술 기반의 미래사회 산업 및 고용구조의 변화에 따라 요구되는 과학, 수학, 정보 등 AI 리터러시를 갖춘 인재에 대한 수요 증가가 예측되며, 이에 대한 선제적 대비에 필요한 융합교육 내용을 담고 있다.

2015 개정 교육과정에 따른 핵심 역량(자기관리 역량, 지식정보처리 역량, 창의적 사고 역량, 심미적 감성 역량, 의사소통 역량, 공동체 역량)을 강화하기 위해 삶과 연계한 주제 중심 교과 교

〈표 11-1〉 융합교육관련 정책, 수립 시기, 정책 내용 및 추진 성과

융합교육관련 정책	정책수립 시기	정책 내용 및 추진 성과
2009 개정 교육과정	2009.12	• 새로운 가치를 창출하고 더불어 살 줄 아는 인재양성을 위해 창의 인성을 강조하는 초·중등학교 교육의 실천 지원 – 국민 공통 교육과정 하향 조정 및 교과와 교과 외 활동으로의 교육과정 이원화, 교과 외 활동을 통한 프로젝트 학습 기회 부여
과학기술·예술 융합(STEAM) 교육 활성화 방안	2011.5	• 수학·과학에 기술·공학과 예술을 접목하여 과학기술 소양과 예술적 감성을 모두 갖춘 인력양성 기반 마련 제시 • 융합적 사고력 및 문제해결력 제고를 위해 수학·과학·기술 등 교과 간 융합교육을 활성화하는 '융합인재교육(STEAM)' 추진 – STEAM 연구·선도학교 운영을 통한 우수모델 발굴 및 교사 연구회 지원 등으로 STEAM 교육 활성화 ※ 국정과제 54-1. 지식정보 및 융합 교육 강화
2015 개정 교육과정	2015.9	• 미래사회가 요구하는 핵심역량을 함양하여 바른 인성을 갖춘 창의·융합형 인재양성 강조 – 핵심 역량 제시(자기관리 역량, 지식정보처리 역량, 창의적 사고 역량, 심미적 감성 역량, 의사소통 역량, 공동체 역량)
융합인재교육 (STEAM) 중장기 계획 수립	2017.12 ('18~'22)	• 학생과 교사의 STEAM 교육 역량을 강화하고, STEAM 교육의 현장 확산
융합교육 종합계획	2020.5 ('20~'24)	• 첨단기술을 활용한 미래사회에 대응한 핵심역량을 갖춘 융합형 인재양성

육과정 재구조화 등 개선방안을 검토해야 한다.

교과의 기초·기본 소양뿐만 아니라 교과 지식을 활용하여 실제 문제를 해결하는 역량을 갖추도록 유도하며, 교과별 교육과정 내에서 다양한 실제 문제를 발견하고 교과 지식과 연계하여 탐구해볼 수 있도록 학습과정 설계를 지원한다. 또한 과학, 수학, 정보 교과를 바탕으로 여러 교과가 융합된 주제 중심 프로젝트형 과목을 신설하고 정규 수업으로 편성·운영을 유도한다. 예·체능 활동 중심의 융합 프로그램을 통해 놀이·게임에서 다양한 탐구와 학습으로 이어지는 단계적 접근을 지원한다.

2.2 공교육 현장의 현주소

2018년부터 정부에서 추진하는 융합인재교육(STEAM)과 관련하여 정책에 대한 실효성을 분석하기 위해 과학교과를 대상으로 학생, 교사, 학교 관리자 및 학부모에 대한 평가 결과 및 분석은 〈표 11-2〉와 같다.

2015년 수립된 'SW중심사회 실현전략' 및 'SW중심사회를 위한 인재양성 추진계획'에 근거하여 2016년 30개 SW영재학급을 신규로 지정·운영하여 매년 500여

〈표 11-2〉 융합인재교육(STEAM) 대상별 평가 결과 분석

대상	평가 결과 분석 내용
학생	• 초·중학생들은 자기주도적 학습능력이 향상됨 • STEAM 교육 참여 기간에 따라 융합적 사고력 향상됨 • 문제해결 능력을 기르는 데 효과적
교사	• 동료 교사들과의 상호협력 수준이 낮음 • 교사들의 사고전환 필요 • 행정업무 과다로 인해 융합인재교육(STEAM)에 대한 연구 시간 부족과 적용 문제 • 융합인재교육(STEAM)에 필요한 각종 학습 자원 준비 문제 • 교육과정 편성 시 수업 시수 조정 문제 • 정보공유를 위한 시스템과 커뮤니티 구성 필요성 • 학교의 지원 • 안정적인 정착과 활성화를 위해 정책적 지원 및 제도적 변화 필요

명의 SW 분야 미래 핵심인재를 발굴 양성하는 중추적인 역할을 수행해왔으며, 2019년 기준 초등 19개, 중등 11개의 총 30개 SW영재학급을 통해 SW융합교육 등을 운영하고 있다.

3. 디지털 융합 관점에서 본 공교육 현장의 주요 이슈

우리는 지금 AI의 황금기에 살고 있다. 알고리즘 개발, 특히 머신러닝(Machine Learning, 이하 ML이라 함)과 딥러닝(Deep Learning, 이하 DL이라 함)의 지속적인 발전, 거대한 데이터셋의 가용성과 신속한 병렬 컴퓨팅의 발전은 다양한 사용 분야에서 획기적인 발전을 가져왔다. 불과 몇 년 전만 해도 공상과학의 영역에서 비롯된 것처럼 보였던 응용 프로그램은 이제 우리 일상생활의 일부가 될 것이다.

상상할 수 없는 폭과 놀라운 깊이에 대한 지식이 마우스 클릭 한 번으로 접근 가능해지고 음성 제어 지원 시스템이 삶의 여러 측면에서 우리를 돕고 있다. 이미지 인식 시스템은 거의 인간에 가까운 성능 수준을 달성했으며, 자율주행 차량은 점점 더 현실화되고 있다. 비즈니스 모델은 빠르게 변화하고 있으며, 개인화된 의료는 최적의 치료를 지원하고 있다. AI는 다양한 방식으로 우리의 생활수준을 향상시키는 데 도움을 줄 수 있다. 사회에 대한 도전은 기회를 포착하는 동시에 위험을 분석하고 해결책을 제시하는 과정인 AI로 미래를 형성하는 것이다. AI 역량은 공교육과 평생 교육을 통해 전 국민이 배워야 할 새천년의 리터러시가 되었다. 최근 정부는 AI가 지배하는 시대에 가치 있는 기술과 역량을 반영하기 위해 대한민국의 미래 교육이 나아가야 할 교육정책방향과 핵심과제를 발표했다(관계부처 합동, 2019).

3.1 AI 소양교육

AI가 우리 일상과 직업, 삶의 일부로서 AI의 원리와 특징을 교양으로 갖춰야 할 능력으로 규정하고 학교 교육에서 학교급별 체계적인 정보 · AI 교육에 관해 제시했다. 발표한 내용을 요약하면 〈표 11-3〉과 같다. 국가별 AI 교육 추진현황은 〈표 11-4〉와 같다.

〈표 11-3〉 학교급별 AI 소양교육

학교급	교육내용	추진시기
유치원	유아수준에 적합한 놀이를 통한 AI 관련 교육 및 콘텐츠 개발	'21년~
초등학교	[저학년] ICT 소양	'25년 공교육에 AI 교육 도입
	[고학년] 정보 · AI 기초원리 교육	
중학교	AI 원리 이해와 실생활 적용(교과, 창의적 체험활동 활용)	
고등학교	AI 원리 습득과 교과 융합 등(다양한 심화학습 기회 제공)	

주) 2020년 하반기 학교급별 내용 기준(안) 마련 예정, 2022년 교육과정을 개정한 후 '25년부터 전체적으로 추진

〈표 11-4〉 국가별 AI 교육 현황

국가	대상	적용 시기	특징
미국	유 · 초 · 중 · 고 (K-12)	2017년~	• CSTA CS 표준에 일부 영역으로 도입(2017) • ISTE 고등학교 교육과정 제시(2018) • AI4ALL K-12 교육을 위한 교육과정 및 코스 단계별 오픈(2018~) • 다양한 AI 클라우드 플랫폼 운영 • AI 교육의 다섯 가지 Big Idea 제시: 인식, 표현 및 추론, 학습, 자연스러운 상호작용, 사회적 영향
중국	유 · 초 · 중 · 고	2019년	• 유치원부터 초 · 중 · 고등학교 및 직업교육까지 망라하는 AI 교과서 33권 발간(2018) • 초 · 중등학교를 대상으로 2019년부터 3년간 AI 교과서 시범학교 운영(300개교)
핀란드	모든 연령	2020년~	• AI 기초 교육을 위한 온라인 교육과정 마련 • EU의 디지털 리더십 강화를 목표로 함

국가	대상	적용 시기	특징
일본	초·중·고	2018년	• 초·중등 국가교육과정에 AI 교육을 일부 도입하고 있는 단계 • 초등학교부터 일반인까지 AI 소양을 갖출 수 있는 장기적인 시스템 구축 목표로 정부 주도의 일관성 있는 AI 교육정책 수립 • 2020년부터 모든 초·중학교 과정에 프로그래밍 의무화 • 2022년부터 고등학교 정보과목 필수화(2019) • 2025년부터 대학입시 필수과목으로 '정보과목' 포함
이스라엘	중·고	1987년~	• 중등 CS교육의 일부로 AI 교육 시작(1987) • 중학교: 일부 중학교에서만 자율적으로 AI 교육 시행 • 고등학교: 이공계열 CS/소프트웨어공학 교육과정에서 선택 심화과목으로 AI과목 학습
인도	중·고	2019년~	• 국가교육정책 2019년 초안 발표 이후 중학교부터 AI 교육을 선택과목으로 도입 • Skill 교과 과목 중 하나로 8, 9학년에 AI 과목을 시범 적용하고, 2020~2021년부터 9, 10학년 대상 과목 중 하나로 AI를 개설함

출처: 유정수 외 14인, 초·중등 인공지능 교육 내용체계 탐색적 연구 이슈보고서, 한국과학창의재단, 2020

3.2 AI 융합교육

타 교과와 정보, AI 간 융합 경험을 통해 AI 소양을 키울 수 있는 프로그램을 개발하고 확대할 예정이다. AI 융합교육을 실시하기 위해 교육대학원 재교육 과정을 통해 연간 약 1천 명의 현직 교원에게 AI 융합교육 역량 강화를 추진하고 있다. 또한 각 학교에서 SW·AI 교육을 활성화하고 주도할 핵심교원 1만 명에 대해 교원연수(2018~2021)를 실시하고 있다. 또한, 예비교원양성기관을 통해 「교원양성 교육과정 편성·운영 권고」에 관련 내용 반영(2021)을 반영하고, 초·중등 예비교원 AI·정보 역량 강화 사업(2021~2023)을 통해 추진할 예정이다.

4. 디지털 융합을 통한 공교육 혁명 추진전략 및 과제별 추진 방향

디지털화는 세계적인 추세로 이미 우리 사회 전반에 걸쳐 깊숙이 파고 들어와 있다. 현재 우리가 체감하고 있는 변화들은 디지털화의 초기 단계에 불과하다. 모든 산업의 미래는 디지털이며 미래는 우리가 생각하는 것보다 더 가까이 와 있다. 이제 이러한 디지털 기술을 마스터할 수 있느냐 없느냐에 승자와 패자로 갈리게 될 것이다. 2007년만 해도 포춘지 선정 500대 기업 톱 10에 기술 회사가 1개밖에 없었다. 오늘날 상위 5개는 디지털 기술 비즈니스이며 내년까지는 상위 10개 중 9개가 될 것이다. 이러한 디지털 거대 기업의 전례 없는 성장과 영향은 우리 모두를 위한 비즈니스 환경으로 2025년까지 모든 산업의 모든 규모의 비즈니스는 디지털 루트 및 지점이어야 한다.

학교도 학교조직의 구조, 교육과정, 학교 구성원 간의 관계, 결정권, 인센티브 등을 변화시킬 때 비로소 새로운 디지털 기술로 인한 혜택들을 체감할 수 있다. 디지털 융합을 통해 공교육을 획기적으로 바꾸기 위한 전략 및 과제별 방안에 대해 기술한다.

4.1 전략 1. AI 시대 체계적인 생애 전 주기 AI 교육 강화

AI는 자연어를 배우거나, 추리하거나, 계획하거나, 인지하거나, 가공할 수 있는 인간과 같은 지능을 지니기 때문에 사회경제적 기회를 제공하는 동시에 윤리적·사회경제적 도전을 제기한다.

따라서 모든 국민이 AI와 관련된 기회와 과제를 이해하는 것이 국민이 신뢰할 수 있는 인터넷 개발에 매우 중요하다고 인식하고 있다.

AI를 다룰 때는 사회경제적 영향, 투명성, 편향성 및 책임성 문제, 데이터의 새로운 사용, 보안 및 안전에 대한 고려사항, 윤리적 문제, 그리고 AI가 새로운 생태계 조성을 촉진하는 방법 등을 고려해야 한다. 이와 동시에 이 복잡한 분야에서는 AI가

직면한 특정한 과제들이 있는데, 여기에는 의사결정에 있어 투명성과 해석성의 결여, 데이터 품질과 잠재적 편향성의 문제, 안전과 보안의 함의, 책임에 관한 고려사항, 그리고 사회적 · 경제적 구조에 미칠 수 있는 잠재적으로 파괴적인 영향 등이 포함되어야 한다. 따라서 전 국민 모두 AI와 함께 사회적 · 경제적 · 포용적으로 지속가능한 성장 기회를 가질 수 있도록 환경 조성 및 전략 마련이 필요하다.

4.1.1 과제 1: AI 교육 강화를 위한 '정보교과' 신설

2015 개정 교육과정에서 초 · 중학교 SW교육이 필수화되었으나 교육 시간이 부족하고 고등학교 이후에는 SW교육을 체계적으로 받을 기회도 미흡한 실정이다. 교육시기 및 시수는 [초등학교] 5~6학년 중 1학기 실과교과 내 단원(17시간), [중학교] 1~3학년 중 1년 정보교과(34시간), 고등학교 SW교육은 선택과목으로 정보과목 일반고 개설 비율은 51%에 불과하다. 또한, 학부과정의 경우 SW 중심대학 외에 국내 대학 전반의 SW교육 확산이 미흡하다. 주어진 교육시간마저 제대로 실시하지 않고 있는 실정이다. 위에서 언급한 바와 같이 전 국민 모두 AI와 함께 사회적 · 경제적 · 포용적으로 지속 가능한 성장 기회를 가질 수 있도록 하기 위한 선행조건은 초등 및 고등학교에 '정보' 독립교과 신설이다.

코로나19에 따른 원격교육 확대로 초등학교 저학년부터 정보통신 기기에 대한 기본적인 ICT 활용 능력의 필요성이 다시 대두되고 있다. 따라서 모든 학교급에 '정보' 교육 과정을 편성하고, 초등학교부터 고등학교까지 체계적이고 연속적인 정보 기초 교육을 통해 대한민국 국민이면 누구나 공정하고 공평한 출발점에서 시작할 수 있도록 해야 한다.

향후 10년 안에 AI가 노동자를 대체하기 시작하는 것은 사실상 확실하다. 노동을 기계에 아웃소싱하는 것은 경쟁적인 노동 시장에서 가치 있는 기술과 역량을 변화시킬 것이다. 따라서 AI 인력 확대를 위해서는 체계적인 독립교과 신설을 통해 단절된 초 · 중 · 고와 대학까지의 AI 교육 연속성 보장과 함께 교육시수 및 교사 확보가 필요하다. 중·고등학교에서는 최소 102시간 시수가 확보되어야 전담교사 1명 채용이 가능하다.

4.1.2 과제 2: AI 교육 강화를 위해 AI 교육 내용 품질 관리 체계 구축

또한, 교과 신설과 함께 전 국민에게 포용적 성장 기회를 제공하기 위해서는 지역적·사회적·경제적 여건 등에 관계 없이 AI 기초역량을 함양할 수 있는 충분한 시수를 통해 표준화된 AI 교육 내용과 지속적인 질 관리가 필요하다. 체계적인 AI 교육을 위해 초·중등 및 대학 AI 교육과정 및 평생교육 프로그램의 표준화와 교육 내용의 질 관리가 필요하다.

산업혁명으로 사회가 붕괴된 것은 이번이 처음이 아니라 네 번째라는 것을 명심하는 것이 유익하다. 20세기 초, 노동력의 많은 비율이 농업 분야에 집중되었다. 현재, 농업의 많은 부분이 기계에 아웃소싱되면서 대부분 인구는 도시 중심지에 고용되고 있다. 사회는 결국 과거에 그랬던 것처럼 우리 세계에 살고 있는 기계들을 보완하기 위해 성장할 것이다. 우리의 새천년은 인간과 기계가 공유된 목표를 가지고 함께 협력해야만 이룰 수 있다. 그러한 공생을 이룰 때, 우리 종의 잠재력은 엄청날 것이다.

4.2 전략 2. 학습자 맞춤형·개인화 교육 강화

전 세계적으로 밀레니엄 시대에 태어난 Z세대는 그 이전 세대보다 더 많이 사회적으로 관여하고 세계에 직면한 문제에 관심을 갖고 있다. Z세대는 세계에 긍정적인 영향을 미칠 수 있는 혁신과 기업가 정신의 능력을 배우는 데 관심이 많다. 이 새로운 시대에 필요한 것은 새로운 아이디어를 창출하고 스토리텔링, 디자인 및 협업 등의 기술을 습득하여 아이디어를 개발한 다음 기업가 정신을 통해 이러한 아이디어를 가치 실현으로 이끄는 능력이다. 이러한 것들은 기업에서 명확하게 언급하는 기술들이다. 따라서 우리는 혁신과 기업가 정신을 위한 새로운 학습 시스템을 만들어 젊은이들의 이상주의를 활성화하고 그들이 예정보다 빨리 변화를 만들 수 있도록 도와주어야 한다. 이를 위해 통합되고, 실습에 기반하며, 목적 중심의 혁신 학습에 대한 새로운 접근 방법을 통해 어렸을 때 혁신과 기업가 정신 능력을 배우고 가르쳐야 한다.

Z세대에 이어 아이패드가 출시된 2010년 이후 태어난 세대인 알파(α) 세대(만 0~10세에 해당하는 아이들)는 스마트기기에 익숙하다. 아직 알파 세대 최고령자는 10세에 불과하다. 알파 세대는 완전히 21세기 출생자로만 구성된 첫 세대로, 디지털 시대만 경험해본 이들은 윗세대와 동시대를 살면서 같은 기술을 이용하지만, 활용 방식은 매우 다르다. 알파 세대는 시각적 자극에 민감해서 구글이 아닌 유튜브를 검색 엔진으로 활용하며, 어려서부터 AI 스피커 등 지능을 가진 기계와 소통하면서 생활하고 있다. 이런 유기체들이 적절한 환경 조건에서 살아가기 위해서는 Z세대와 알파 세대에게 맞는 교육을 실시해야 한다.

미래 세대에게는 많은 것이 바뀔 것이다. 단기적으로 우리는 더 많은 혼합된 학습, 즉 수업과 온라인 학습을 위한 추진력을 보게 될 것이다. 학생들은 아마도 학습 분석을 통해 다르게 평가될 것이다. 이를 통해 학생들이 그들의 학습 속도와 관심사 등을 중심으로 더 개인적인 맞춤형 학습 경험을 할 수 있도록 해주어야 한다.

4.2.1 과제 3: 학생의 학습 경험을 개선하고 맞춤화하기 위한 AI 시스템 지원 구축

학생들은 학교에서 더 많은 연구, 미래의 직업 및 전반적인 삶에 대한 준비를 하고 있다. 교육은 사회적으로 가치가 있으며, 전통적으로 더 나은 미래를 위한 핵심이다.

교육에 관한 가장 큰 도전 중 하나는 사람들이 다른 비율로 배우는 것이다. 학생들은 학습 능력과 적성의 수준이 서로 다른 교육 시스템을 거친다. 분석적 사고를 위한 기술을 가진 '좌뇌'에 더 능숙한 사람도 있고, 창조적 · 문학적 · 소통적 능력을 가진 '우뇌' 사고에 더 능숙한 사람도 있다.

따라서 AI 기술을 사용하여 학생 개개인을 위한 학습을 맞춤화하고 개인화하기 위한 시스템을 구축해야 한다. 구축된 시스템을 통해 학생 개개인의 맞춤형 학습 프로파일을 개발하고, 학생들의 능력, 선호 학습 방식, 경험 등을 바탕으로 학생 개개인의 교육 자료를 맞춤화를 통한 초개인화를 구축해야 한다. 이러한 시스템은 맞춤형 교재 외에도 개인 대화형 교육 도우미를 중심으로 튜터를 강화할 수 있다. 이러한 자율적인 대화 대리인은 학생들의 질문에 답하고, 학습이나 과제 수행에 대한 지원을 제공하며, 교육과정을 강화하는 데 도움이 될 수 있는 추가 자료로 개념을 강화할 수 있다.

학습자는 변화의 중심에 있으며, 학습의 초점은 교사, 교과서 및 교육에서 벗어나 학습자 중심의 학습 과정 기반 및 개인화된 학습으로 이동할 수 있는 교육환경을 변화시켜야 할 것이다.

4.3 전략 3. 디지털 기술이 내재된 학습 생태계 구축

산업 사회의 교실에서 우세한 규칙은 더 이상 미래의 학습 및 작업 환경에 적용되지 않는다. 앞으로 모든 사람이 바로 주변 환경에서 학습할 수 있도록 시간, 장소 및 공간을 남겨두어야 한다. 개인과 사회의 성장에서 목표 지향적 교육, 학습 및 교수가 매우 중요하다. 따라서 공간은 이전보다 더 유연해지고 필요와 활동에 따라 변화한다.

'학습 공간(Learning space)'의 총칭은 교육을 포함한 여러 분야의 합류점에 위치한 새롭고 복합적인 분야를 설명하는 데 사용된다. 지난 10년간 초 · 중등 및 대학교의 교육 인프라에 많은 국가가 한 공공 투자는 학습 재고와 학습이 이루어지는 공간에 대한 관심을 불러일으켰다. 공간 배치가 교육에서의 학습과 교수의 패턴에 결정적으로 영향을 미친다는 생각에 주목하고 있다. 공간은 21세기 학습자의 요구를 충족시키고 교육적 실천을 열망하는 정책과정에서 중요해졌다. 실제로 공간은 변화의 매개체로 여겨진다. 공간의 변화는 실습을 바꾼다. 그러나 이러한 변화가 어떻게 작용하는지에 대해서는 여전히 의문의 여지가 남아 있다. 유연하고 혁신적이며 새로운 세대의 학습 공간에 관한 교육 연구는 거의 없다.

21세기 학습이라는 넓은 우산 아래 앉아 협력, 개인화, 자기주도적 학습 같은 아이디어는 이제 인프라를 주도한다. 혁신적인 학교 디자인은 풍부한 디지털 학습 환경에서 학생 중심 학습에 초점을 맞추고 있다. 많은 학교가 교실 수업의 '셀과 종소리' 환경에서 다양한 가구 환경을 갖춘 더 크고 유동적인 공간으로 전환하고 있다. 개별 교실에서 하나의 과목별 교사를 갖기보다는 점점 더 많은 학생이 교사 팀이 지원하는 여러 분야의 학습을 통합하는 방식으로 작업한다.

학습 공간과 학습 환경은 학습자의 미래에 대한 투자다. 사회 패러다임이 변화하면서 학습 요구, 교수 방법 및 학습 환경의 요구사항이 변화하고 있다. 학교 공간은 전체가 학습 공간으로 전환되어야 한다. 학교에서 창의적 교수 상황을 장려하고, 개인 학습을 지원하며, 해당 지역의 미래 일꾼을 키우고, 학생과 교사가 함께 일하게 하고, 다양한 학습 요구에 유연하게 대응할 수 있는 공간으로 전환되어야 한다. 현재 학교 건물은 주변 지역사회 전체에 더 나은 서비스를 제공하는 적응 가능한 다목적 역량 센터로 바꿔야 할 것이다.

모든 학교 공간을 학습 공간으로 생각하고 주변 세계와 사회, 미래 교육의 도전에 더 잘 대응하는 커뮤니티센터로 만들고, 이러한 공간에서 학습 환경은 미래의 기술과 지식을 구축하기 위한 최고의 전제조건을 제공해야 한다.

4.3.1 과제 4: 가상학습 환경(VLE) 구축

코로나19로 인해 에듀테크 기업들의 화상화 플랫폼들을 활용하여 원격 교육을 경험했다. 이로 인해 교육현장에서 디지털 자원의 이용은 증가했고 플랫폼에서 무료로 지원된 자원들을 통해 어려운 시기에 학생들을 포함하여 교사, 학부모도 많은 혜택을 받았다.

이 부분이 학교로 돌아갈 준비를 하면서 '잃어버린 시간'을 만회하고 교육과정 목표를 달성하려는 진정한 열망을 보게 될 것으로 예상한다. 이뿐만 아니라 학교 관리자, 교육청, 교육 기관들이 디지털 인프라와 필요한 변화를 평가하여 디지털 학습이 앞으로 나아가면서 더 큰 지지기반이 될 수 있고, 나아가 교육에 더 많이 통합될 수 있도록 할 것으로 보인다.

또한 디지털 교육은 더욱 유연하고 효과적인 학습 습관을 도입할 많은 기회를 열어주었으며, 미래 학생 세대에게 긍정적인 영향을 미쳤을 것이다. 학교들은 원격교육으로 전환됨에 따라 처음에는 가상교실 같은 동기식 도구로만 사용되다가 이제는 가상학습 환경 같은 더 많은 비동기 도구를 통합하여 콘텐츠를 전달하고 학생들과 교류하기 시작하고 있다. 교육 기관들은 현대적이고 직관적인 경험을 제공함으로써 학생들의 기대를 뒷받침할 수 있는 총체적인 학습 플랫폼으로 눈을 돌리고 있다.

따라서 우리는 미래의 가상 학습 환경(VLE, Virtual Learning Environment)을 구축해야 한다. 가상환경에서 협업 방식과 실제 맥락을 촉진하는 사회적 상호작용 맥락에서 기술을 통해 행동하도록 도와주어야 한다. 가상세계에서 환경을 구축하고 적응하며 학습을 볼 기회를 갖는 것이 중요하다. 실제로 우리는 3D 세계에 살고 있다. 이는 가상학습과 교육 환경에서 사용되는 방법이 현실 세계에서 우리에게 친숙하다는 것을 의미한다. 가상은 항상 공간을 차지하는 어떤 물질적 형태(컴퓨터, 프로젝터, 케이블, 허브, 스위치, 서버 등)로 구현되며, 사회적 관계(정책, 표준, 조직 구조, 교육, 펀딩)로 구성된다. 또한, 가상은 문화와 연계되는 상징적 요소를 가지고 있다(예를 들어 인터넷은 문제적으로 개인의 이익에 무한한 가능성을 가진 전자적 경계를 대표하게 된다). 즉, 가상은 항상 존재하기 때문에 완전한 가상 교육은 있을 수 없고, 하이브리드(hybrid) 공간만 있을 뿐이다.

4.3.2 과제 5: 교사의 디지털 리터러시 역량 강화

코로나19로 인해 노출된 학교 교육에서 노출된 문제점 중의 하나가 학생뿐만 아니라 학부모, 교사의 디지털 역량 격차다. 그중에서도 교사의 디지털 리터러시(digital literacy) 역량에 따라 또 다른 불평등이 초래되었다. 코로나19 이전에도 디지털 리터러시는 미래교육의 여러 논의 중 하나로 등장했다. 디지털 기술 및 역량을 의미하는 디지털 리터러시에는 디지털 기술과 의사소통 도구를 사용하는 법과 인터넷을 스스로 조정하여 탐색하는 법을 배우고, 자신에게 어떤 정보가 유용하고 중요한지를 구별해낼 줄 아는 역량을 의미한다. 코로나19 이후 이에 따른 디지털 리터러시 역량에 따른 교육격차는 더 심화될 가능성이 크다. 따라서 교사의 역량과 교수(teaching)에서 디지털 기술을 활용할 수 있는 능력을 길러주어야 한다.

5. 기대효과

지능정보화 시대에는 사회 전반에 걸쳐 AI의 채택이 많은 분야에서 폭넓은 이슈들이 야기될 것이다. 특히 공교육에서는 새천년을 위한 인력양성과 기존의 교육환경에서의 난제들을 AI 도입을 통해 해결하려고 시도할 것이다.

이 장에서는 공교육에 디지털 융합을 추진하기 위해 리더십, 교육과정, 개인 맞춤형 학습, 학습 공간 재설계 등 네 가지 방향을 제시했다. 이를 위한 세 가지 전략을 제안했다. 세 가지 전략을 실천하기 위한 과제는 다섯 가지를 제시했는데, 이를 통해 성장과 포용적 번영으로 다가오는 휴먼르네상스 시대를 만들어가고자 한다.

제시된 과제를 통해 다음과 같은 효과를 기대하고 있다.

첫째, 고용과 소득 분배 문제를 해결할 수 있을 것이다. 지능화된 사회에서 살아가야 할 학생들이 디지털 시민으로 성장함에 있어 디지털을 활용할 줄 알고 비판적으로 볼 수 있는 역량을 키우는 데 발생할 격차를 최소화할 수 있으리라 본다. 어렸을 때부터 AI 교육을 통해 미래의 직업과 일자리에 필요한 AI 리터러시 역량을 길러 줌으로써 개인의 직업 선택 확대와 산업의 노동생산성 향상을 견인할 수 있을 것으로 기대한다.

둘째, 교육을 최적화할 수 있을 것이다. 교육의 진정한 변화는 교실에서든 교실 밖에서든 학습 자체에 대한 근본적으로 다른 접근이다. 학습자의 지식, 학습 선호도, 개인별 진행에 대한 수업 계획을 개인화하여 기존 교실 수업의 한계를 극복하는 것이다. AI 기술을 통해 기존 교실 수업에서 포착할 수 없었던 학생 개개인의 성공적인 학습 요인이나 지표를 파악함으로써 적응적 맞춤형 학습이 가능하게 될 것이다. 이를 통해 교육 구조를 재구성할 수 있을 것이다. 기존의 시험 시스템 대신 학업 능력과 성취도를 시스템을 통해 측정할 수 있게 될 것이다. 또한 수업 형식은 교사들의 교수에 덜 집중하고 코칭(coaching)에 더 집중하면서 가장 효과적인 방법을 선택하기 위한 규범적 분석의 도움을 받아 학생들이 그들 자신의 학습 선호도에 따라 학습할 기회를 더 많이 제공할 수 있을 것이다.

셋째, AI는 교사의 가장 친한 친구가 될 것이다. 컴퓨팅은 미래 학교 공간을 위한 레시피의 필수재료가 될 것이다. 컴퓨터가 문서작성이나 게임하는 기기를 의미했던 시대는 이미 지났고, 학생들의 다양한 삶 측면과 상호작용을 통해 학습할 수 있도록 하는 수단이 되고 있다. 에듀테크가 변화시키는 또 다른 측면은 학생들이 교사, 동료 및 교실과 심리적으로 상호작용하는 방식이다. 디지털 기술이 내재된 학습 생태계에서 로봇과 AI 같은 디지털 기술이 능동적인 인간 촉진자와 결합할 때 가장 잘 작동하게 될 것으로 기대한다.

마지막으로 공교육에서 가장 중요한 생산 요소는 교사의 체계적인 역량이다. 교사는 새로운 기술들을 교실로 가져오는 데 촉매 역할을 한다. 교사들이 새로운 디지털 기술을 습득할 경우, 학습자의 사고력 개발을 지원하는 능력뿐만 아니라 교사의 업무 및 직업 만족도에서도 즉각적으로 드러난다. 교사의 역량 강화에 대한 투자, 실무 교육은 교육 기관이 주요 과제를 수행할 수 있는 전제조건과 향후 과제를 개발하고 이에 대응할 능력을 만드는 가장 좋은 방법이다. 사실 모든 교육기관은 공통 역량 개발을 위한 역량 강화 계획을 가지고 있어야 한다. 역량을 키울 수 있는 가장 좋은 방법은 자문 훈련 교육, 코칭 및 교사를 위한 직무 멘토링 학습이다.

12장
디지털 전문가 육성 및
산업인력 디지털 역량 강화

이원주

1. 들어가는 글

최근 4차 산업혁명과 코로나19로 인해 제조, 금융, IT, 문화 등 다양한 분야에서 디지털 전문가 양성과 산업인력의 디지털 역량 강화에 대한 관심이 높아지고 있다. 디지털 역량이란 디지털 리터러시(digital literacy) 역량을 의미한다. 디지털 리터러시란 "글을 읽고 쓸 줄 아는 것처럼 디지털을 활용할 수 있는 역량"을 말한다. '디지털 리터러시'라는 용어와 개념은 1997년 폴 길스터(Paul Gilster)가 "컴퓨터를 통해 다양한 출처로부터 찾아낸 여러 가지 형태의 정보를 이해하고 자신의 목적에 맞는 새로운 정보로 조합해냄으로써 올바르게 사용하는 능력"으로 정의했다(Gislter, P, 1997). 이러한 디지털 리터러시는 2016년 스위스 다보스포럼(WEF)에서 발표된 「직업의 미래」 보고서에서 미래 인재에게 가장 필요한 역량의 하나로 거론되고 있다.

디지털 리터러시가 중요한 이유는 4차 산업혁명의 핵심기술(IoT, Cloud, Big Data, Mobile)과 인공지능(AI: Artificial Intelligence) 등이 상용화되는 미래에 디지털 기술 활용 능력이 없다면 생존할 수 없기 때문이다. 현재 우리나라 청소년의 디지털 활용 능력은 매우 낮은 수준이다. 2015년 PISA(국제학업성취도 평가)에서 나온 'ICT 친숙도' 조사 결과를 보면, OECD 31개국 중 디지털 기기 사용 시 흥미·몰입도 30위, 디지털 기기 사용에 대한 자신감 30위, 디지털 환경에서의 상호작용 능력 31위, 디지털 기기 관련 문제해결 능력 30위를 기록했다(www.chosun.com). 우리나라 청소년의 디지털 역량을 키우기 위한 하나의 방법은 SW·AI교육이다. 미국, 영국, 중국 등 선진국에서도 코딩·소프트웨어 교육을 디지털 리터러시 교육의 일부로 진행하고 있다.

우리나라 초·중·고에서는 2018년부터 SW교육을 정규 교과목으로 편성했으며, '정보' 과목으로 SW교육을 최소 34시간 이상 이수하도록 하고 있다. 고교에서는 기존 심화 선택에서 일반 선택으로 전환하여 SW교육을 실시하고 있다. 초등학교는 5·6학년 학생을 대상으로 2019년부터 SW교육을 실시하고 있다(이원주, 2020). 또한, 각 대학에서도 SW·AI교육에 대한 관심이 매우 높아졌다. '대학교육을 SW 중심으로 혁신함으로써 학생·기업·사회의 SW 경쟁력을 강화하고, 진정한 SW 가치 확산을 실현하는 대학'을 목표로 하는 SW중심대학 사업은 산업 수요 기반의 전공 교육 강화 및 비전공자 SW 융합 교육, SW 가치의 사회적 확산 등 종합적인 SW 중심대학 교육을 통해 SW 기반 문제해결 능력을 갖춘 인재를 양성하는 목표를 달성했다. 그리고 2년제와 4년제 대학에서는 산업현장에서 직무를 수행하기 위해 요구되는 지식·기술·소양 등의 내용을 체계화한 국가직무능력표준(NCS: National Competency Standards)을 활용하여 SW교육과정을 개발하는 추세다(https://www.swuniv.kr, 이원주 2020). 그리고 과학기술정보통신부에서는 4차 산업혁명의 기반 핵심기술인 인공지능 분야 연구 활성화 및 핵심 인재양성을 위해 AI 대학원 및 AI 융합연구센터 지원사업을 추진하고 있다(www.msit.go.kr). 그리고 정보통신기술 환경변화에 대응하여 대학원의 교육·연구과정 혁신을 통한 핵심 인재양성을 위해 'ICT 명품인재 양성' 추진 대학 및 'ICT 혁신인재 4.0' 추진 대학 지원사업을 통해 매년 9개 대학 약 230명의 석·박사

학생들이 과제 수행에 참여하고, 향후 혁신성장을 견인할 ICT 창의·융합형 고급 인재를 양성한다(www.msit.go.kr).

디지털 전환이 가속화되면서 디지털 격차가 일상생활 속 불편을 감수하는 차원을 넘어 사회·경제적 기회 차별과 불평등을 심화시키는 요인이 되고 있다. 산업인력은 재택근무뿐만 아니라 조직과 개인 업무의 효율성을 높이기 위해 디지털 역량 강화는 필수다. 국내 산업인력의 디지털 역량 강화를 위한 핵심 사업은 과학기술정보통신부에서 진행하는 산업 전문인력 인공지능(AI) 역량강화사업, SW 마에스트로, 전국 산업별 사업체 AI 활용역량 강화사업 등이 대표적이다.

이 장에서는 현재 진행 중인 디지털 전문가 육성 및 산업인력 디지털 역량 강화 사업들을 조사하고, 비교 분석한다. 그리고 효율적인 디지털 전문가 육성 및 산업인력 디지털 역량 강화 방법을 제안한다.

2. 디지털 전문가 육성 현황

2.1 국내 현황

국내 디지털 전문가 양성을 위한 핵심 사업은 과학기술정보통신부에서 진행하는 SW중심대학, AI 대학원 및 AI 융합대학원, CT 명품인재 양성 및 ICT 혁신인재 4.0 추진 대학, 이노베이션 아카데미 등이 대표적이다.

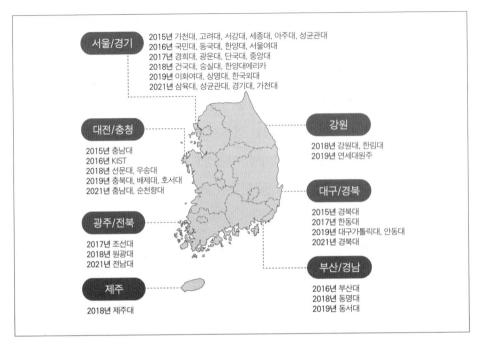

[그림 12-1] SW중심대학 선정대학 48개교(2021년 기준)

2.1.1 SW중심대학

SW중심대학은 '대학교육을 SW 중심으로 혁신함으로써 학생·기업·사회의 SW 경쟁력을 강화하고, 진정한 SW 가치 확산을 실현하는 대학'을 목표로 하는 사업이다. 2021년 기준으로 SW중심대학의 선정 현황은 [그림 12-1]과 같다.

2.1.2 AI 대학원 및 AI 융합연구센터

AI 대학원(고급·전문트랙)은 AI 알고리즘·시스템 등을 설계·개발하는 최고 수준의 AI 전문가 양성에 집중하고, AI 융합연구센터(융합트랙)는 타 분야 전문지식과 AI 역량을 겸비하여 혁신을 주도할 수 있는 AI 융합연구 및 인재양성을 목적으로 하고 있다.

① AI 대학원

AI 대학원은 2019년 5개 대학(KAIST, 포스텍, GIST, 고려대, 성균관대) 선정에 이어 2020년 3개 대학(연세대, 울산과기원, 한양대) 등을 선정하여 8개 대학으로 구성했고, 2021년 서울대와 중앙대 2개 대학을 선정했다. 2020년 선정된 3개 대학은 AI 석·박사 40명 이상의 교육체계, 국내 최고 수준의 AI 전공 교수진 확충, AI 심화 및 특화 교육과정 개설에 관한 수준 높은 운영계획을 제안했으며, 운영 방향은 〈표 12-1〉과 같다(www.msit.go.kr).

〈표 12-1〉 AI 대학원 선정대학 운영 방향

구분	연세대	울산과기원	한양대
교원 충원	('20) 8명 → ('24) 18명	('20) 10명 → ('24) 16명	('20) 14명 → ('24) 30명
협력 기관	MIT, 구글, 삼성전자 등	울산시, 현대중공업 등	KT, ETRI, 네이버 등

② AI 융합연구센터

AI 융합연구센터는 2020년 4개 대학(부산대, 인하대, 충남대, 한양대 에리카)을 선정했으며, 다양한 학과가 협업하여 창의적 융합연구와 교육을 통한 AI 융합인재 양성에 초점을 두고 있다. 4개 대학은 학교별 강점 분야와 지역 특화산업을 연계한 산학협력 및 공동연구 등을 통해 연간 40명 이상의 AI 융합인재를 양성할 계획이며, 운영 방향은 〈표 12-2〉와 같다(www.msit.go.kr).

〈표 12-2〉 AI 융합연구센터 선정대학 운영 방향

구분	부산대	인하대	충남대	한양대 에리카
참여 교수	('20) 8명 → ('22) 23명	('20) 15명 → ('22) 29명	('20) 16명 → ('22) 21명	('20) 20명 → ('22) 36명
융합 분야	스마트공장	물류, 포털	바이오	의료, 의약

2.1.3 ICT 명품인재 양성 및 ICT 혁신인재 4.0 추진 대학

ICT 환경 변화에 대응하여 대학원의 교육·연구과정 혁신을 통한 핵심 인재 양성을 위해 2020년 'ICT 명품인재 양성' 추진 2개 대학(고려대, 성균관대) 및 'ICT 혁신인재 4.0' 추진 7개 대학(건국대, 국민대, 단국대, 부산외대, 성균관대, 순천향대, 포항공대)을 선정했다. 매년 9개 대학 약 230명의 석·박사 학생들이 과제 수행에 참여하고, 향후 혁신성장을 견인할 ICT 창의·융합형 고급 인재를 양성한다(www.msit.go.kr).

① ICT 명품인재 양성

ICT 명품인재 양성 추진 대학은 도전적·모험적 미래기술 연구와 교육 운영을 위해 연간 30억 원 수준(1차연도는 15억 원)으로 최장 10년간(4년 + 3년 + 3년) 지원하는 사업으로 2020년 2개 대학(고려대, 성균관대)을 선정했다.

② ICT 혁신인재 4.0

ICT 혁신인재 4.0은 기존 일방향적인 교과 수업방식에서 벗어나 기업·대학이 공동으로 기업 현장 문제 기반의 연구·교육과정(PBL, Problem Based Learning)을 설계·운영함으로써 실전 문제해결 역량을 갖춘 ICT 분야 석·박사 인재를 양성하는 사업으로 2020년 7개 대학(건국대, 국민대, 단국대, 부산외대, 성균관대, 순천향대, 포항공대) 11개 기술 분야를 선정했다.

2.1.4 이노베이션 아카데미

이노베이션 아카데미는 SW인재 양성과 SW산업 발전에 기여함을 목적으로 2019년 설립된 비영리재단이다(innovationacademy.kr). 이노베이션 아카데미는 혁신적인 SW교육 프로그램인 '42 SEOUL'을 시작으로 누구나 SW개발자에 도전할 기회와 환경을 제공하고, 경험과 데이터를 바탕으로 교육 시스템의 새로운 모델을 제시했다.

2.2. 해외 현황

Computer Science & Information System 분야를 중심으로 QS 세계 대학
순위(QS World University Rankings)에서 제공하는 2019년 해외 상위 10개 대학의 SW · AI
교육과정을 비교 분석한다. 2021년 QS(Quacquarelli Symonds) World University Rankings
의 상위 10개 대학은 〈표 12-3〉과 같다. 〈표 12-3〉의 해외 상위 10개 대학의 교과과
정을 비교 분석한 결과는 다음과 같다.

SW 관련학과의 핵심 교과목인 컴퓨터구조, 운영체제, 데이터베이스, 소프트웨
어공학, 알고리즘은 10개 대학의 교과과정에 모두 개설되어 있다. 그리고 이산수학,
확률통계 교과목은 80% 이상의 대학에서 교과목으로 개설하고 있다. 프로그래밍 기

〈표 12-3〉 QS World University Rankings Top 10 by Subject 2021:
Computer Science & Information Systems

Ranking	University	Location
1	Massachusetts Institute of Technology (MIT)	United States
2	Stanford Univ.	United States
3	Harvard Univ.	United States
4	California Institute of Technology (Caltech)	United States
5	Univ. of Oxford	United Kingdom
6	ETH Zurich-Swiss Federal Institute of Technology	Switzerlland
7	Univ. of Cambridge	United Kingdom
8	Imperial College London	United Kingdom
9	University of Chicago	United States
10	UCL (London, United Kingdom)	United Kingdom

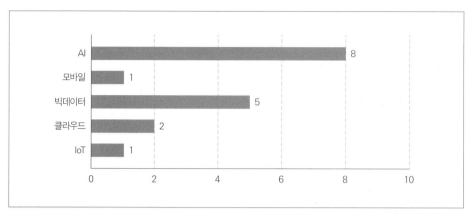

[그림 12-2] QS World University Rankings Top 10 대학의 4차 산업혁명의 핵심기술 관련 교과목 분포

초 교과목을 개설한 대학의 비율은 높지만, 실제 프로그래밍 언어의 문법을 교육하는 교과목 개설 비율은 높지 않았다. 프로그래밍 언어 관련 교과목은 C언어 또는 C^{++}언어보다 자바(Java), 파이썬(Python)을 개설한 비율이 높았다. 또한, 4차 산업혁명의 핵심기술인 IoT, Cloud, Big Data, Mobile, AI 관련 교과목 개설 현황은 [그림 12-2]와 같다.

[그림 12-2]를 보면 AI 교과목을 개설한 대학 수는 8개교로 AI 인력양성에 중점을 두고 있다는 것을 알 수 있다. 모든 대학이 PBL(Project Based Learning) 교과목을 개설하고 있다. 특히 산업체 현장에서 기술을 습득할 수 있는 인턴십 또는 산학연계 프로그램이 다양했다. 대표적인 프로그램은 ETH Zurich-Swiss Federal Institute의 Summer Research Fellowship(www.inf.ethz.ch)과 National Univ. of Singapore의 UROP(Under graduate Research Opportunities Programme)다(https://www.comp.nus.edu). ETH Zurich-Swiss Federal Institute의 Summer Research Fellow ship은 학부 학생과 대학원생들이 여름방학 동안 새로운 분야 연구 및 경험을 할 수 있는 프로그램이고, UROP는 학부 학생들이 새로운 분야 연구 및 경험을 할 수 있는 프로그램이다.

3. 산업인력 디지털 역량 강화 현황

3.1 국내 현황

국내 산업인력의 디지털 역량 강화를 위한 핵심 사업은 과학기술정보통신부에서 진행하는 산업전문인력 인공지능(AI) 역량강화사업, SW 마에스트로, 전국 산업별 사업체 AI 활용역량 강화사업 등이 대표적이다.

3.1.1 산업전문인력 인공지능(AI) 역량강화사업

산업전문인력 인공지능(AI) 역량강화사업의 목적은 산업분야별 시장규모, 파급력, 경제효과 등을 고려하여 도출한 12대 산업후보군을 대상으로 6대 핵심산업 분야(국방·치안·안전, 물류·유통, 반도체, 자동차·이동체, 전자·통신, 제조)에서 AI를 융합하여 디지털 혁신을 선도할 수 있는 산업계 리더 및 전문인력을 육성하는 것이다(www.msit.go.kr).

3.1.2 SW 마에스트로

SW 마에스트로는 창의·도전형 프로젝트 기획·개발과 SW 분야 최고 전문가들의 집중 멘토링 및 심화교육을 통해 최고급 인재로 성장할 수 있도록 지원하는 정부 지원 사업이다(swmaestro.org). 이 사업은 창의력과 재능을 겸비한 연수생을 선발하여 SW전문가 멘토링, 기본소양 교육, 자기주도형 학습 등을 통해 교육성과를 극대화하고, 교육과정을 성실히 이수하고 프로젝트 성과가 우수한 연수생 15명을 선발하여 글로벌 SW역량 교육 프로그램을 지원한다. SW 마에스트로의 성과를 살펴보면, SW 마에스트로 과정 수료생의 취업 및 창업률은 90.4%로 국내 대학 졸업자의 창업률 67.7%에 비해 22.7%가 높다. 또한, 순수한 SW 마에스트로 과정 수료생의 창업률은 21.1%로 국내 전체 창업률 15.2%에 비해 5.9%가 높음을 알 수 있다.

3.1.3 전국 산업별 사업체 AI 활용역량 강화사업

한국생산성본부가 추진하는 전국 산업별 사업체 AI 활용역량 강화사업의 목표는 산업체 재직자가 친숙하게 업무에 활용할 수 있는 AI 활용기반을 마련하는 것이다(한국생산성본부, 2020). 또한, 재직자의 역할, 수준, 직무에 맞는 현장밀착형, 문제해결형 AI교육 프로그램을 개발·보급함으로써 기업 실무자들의 활용역량을 강화하고, 업무 스킬·노하우 성숙도에 따른 단계별 AI 역량 교육을 통해 직무숙련도와 병행한 AI 역량 수준을 향상한다. 이 사업은 현장실무 중심, 문제해결 중심, 평생교육 중심으로 추진한다.

3.2 해외 현황

국내 산업체 재직자의 디지털 역량개발을 위한 학습 노력은 선진국 대비 상대적으로 미약하고, 재교육도 쉽지 않다. 디지털 역량과 직장 내 학습 지표 수준(천성현, 2019)을 살펴보면 국내 산업체 실무자의 디지털 역량 수준은 OECD 평균에 비해 상대적으로 낮은 수준임을 알 수 있다. 특히, 35~54세 집단은 선진국 대비 디지털 역량의 격차가 크게 나타난다. 또한, 직장 내 학습 지표는 독일, 미국, 일본 등 4차 산업혁명 선도 국가 대비 전 연령층에서 큰 격차로 미흡하여 개선이 시급함을 알 수 있다.

3.2.1 AT&T 디지털 직무역량 강화

AT&T는 디지털 직무역량을 학습할 수 있도록 경력개발체계와 교육육성체계를 개편하여 임직원의 재교육(Re-Skill)을 지원한다(천성현, 2019). 디지털 경력개발체계 온라인 플랫폼을 구축하여 임직원이 자신의 현재 기술과 역량을 쉽게 평가하고, 부족한 기술과 역량을 발견하여 교육을 이수하거나 타 직무로 경력 전환 가능 여부를 타진할 수 있도록 온라인 플랫폼을 개발하여 지원한다. 또한, 경력개발 목표를 수립하면 이를 위해 필요한 교육과정 정보를 제공하고 다양한 교육과정을 사내 교육, 나노 학위, 온라인 석사과정 등을 통해 이수할 수 있도록 교육체계를 지원한다.

3.2.2 디지털 멘토링(Mentoring)

글로벌 보험사 AXA는 2014년부터 '디지털 트랜스포메이션 전략'으로 '디지털 역멘토링(Reverse Mentoring)'을 적극적으로 추진하고 있다(천성현, 2019). 디지털 역멘토링은 젊은 디지털 세대가 시니어 직원 또는 경영진에게 디지털 기술 사용법을 멘토링하는 것이다. 디지털 역멘토링은 ① 디지털 멘토 교육(1~2일간 멘토 역할 교육, 성인교육학 및 디지털 기술 교육) → ② 시니어 멘티-디지털 멘토 오리엔테이션(분위기 형성 및 향후 학습계획 수립) → ③ 월 1~2회 이상 대면 멘토링 실시(앱 사용법, 소프트웨어 사용법 등 전수) 순으로 진행한다. 디지털 세대가 멘토 역할을 수행하여 기술이 미약한 시니어 세대의 디지털 역량 개발과 근본적 인식 전환에 큰 효과를 얻었다. 첫해에 1천여 명 이상의 시니어 멘티(Mentee)와 디지털 멘토(Mentor)가 참여할 정도로 큰 호응을 얻었다.

3.2.3 시니어 사내 창업 활성화

글로벌 기업 중 GE는 'Fast Works', 지멘스는 '사내 스타트업 Next 47' 등의 프로그램을 통해 사내 스타트업을 활성화하여 시니어가 기업가 정신을 발휘할 수 있는 환경을 조성했다. 시니어 직원은 성숙한 태도와 문제해결 역량 보유, 정서적 안정성을 가지고 있으며, 혁신적인 업무 수행 과정에 성숙된 경험을 활용할 수 있다. 청년 창업보다 시니어 창업과 혁신이 더욱 활발하고, 성공확률도 높다. 미국 카우프만재단(Kauffman Foundation)의 조사 결과, 55세 이후 창업을 통한 기업가 정신 발휘가 가장 활발하며, 20대 창업에 비해 성공확률이 두 배나 높았다. 미국 내에서 창업한 55세 이상 기업가의 비율이 15%(1997)에서 24%(2016)로 상승했다. 베이비부머의 은퇴와 스타트업을 지원하는 사회적 여건이 활성화됨에 따라 시니어 창업의 비율과 성공사례가 증가하고 있다(천성현, 2019). 또한, 시니어 임직원은 네트워킹에 강하며, 여러 사람의 역량을 활용할 뿐만 아니라 토론을 통해 획기적이고 창의적인 해결책을 제안하는 역량을 발휘할 수 있다.

4. 디지털 전문가 육성 및 산업인력 디지털 역량 강화 추진전략

4차 산업혁명이 이루는 세상은 "모든 것이 연결되는(connected) 더욱 지능적인 사회"다. 이는 AI와 IoT를 기반으로 가상과 현실세계를 네트워크로 연결하는 통합시스템으로 지능형 CPS(Cyber Physical System)를 구축한다. 이러한 변화는 향후 인간 중심의 지능화된 서비스로 더욱 진화하면서 디지털 융복합과 디지털산업은 새로운 가치와 산업 패러다임의 변화를 선도할 것이다(서울연구원, 2016). 이러한 디지털 전환은 4개 영역으로 분류할 수 있다(https://twitter.com).

- *Automation*: 상황 인지, 센서, AI 기술의 발달로 라이프케어 로봇, 스마트 홈 및 시티, 최첨단 생활 인프라 등의 자동화된 디지털 사회 구현
- *Digital Customer Access*: SNS의 확산으로 소통 방식의 다양화와 함께 사용자 경험 확장에 따라 e-commerce, 클라우드 소싱 등의 신개념 비즈

니스 등장

- *Connectivity*: 유·무선 네트워크 고도화 및 스마트 디바이스의 확산으로 사물과 사람이 항상 연결되는 초연결사회로 전환되면서 자동차, 의료, 전력, 에너지 등의 초연결 환경을 기반으로 하는 모든 산업 간 융복합 가속화

- *Digital Data*: 모바일, 스마트 TV 등 플랫폼의 다양화, 웨어러블 컴퓨터, 센서 등의 디지털화와 디바이스 간의 상호 연동을 위한 디지털 플랫폼 경쟁이 지속되면서 방대한 규모의 데이터가 생산된다. 이러한 빅데이터 기반의 산업 간 융복합 가속화

4.1 대학의 디지털 전문가 양성 추진전략

SW중심대학, AI 대학원 등의 디지털 전문가를 양성하는 사업에서는 먼저 대학의 디지털 전문가 양성 교육과정의 혁신이 선행되어야 한다. 디지털 전문가를 양성하는 대학의 SW·AI 교육과정 개선방안을 제안한다.

국내 대학의 효과적인 SW·AI 교육을 위해서는 다음과 같은 요소들을 고려하여 교육과정을 개선하는 것이 필요하다. 첫째, 교육과정 개발 과정에서 SW·AI 개발자 관련 NCS 직무 분석(https://NCS.go.kr)을 기반으로 교과목을 개발함으로써 산업체 현장 적응력을 높이는 것이 필요하다. 둘째, 4차 산업혁명 핵심기술(클라우드 컴퓨팅, 빅데이터, 가상/증강현실, 사물인터넷 등)과 AI 관련 교과목을 강화하여 의료, 바이오, 센서, 인간, 인지과학 등의 다양한 분야와 융합하는 것이 필요하다. SW 신기술 분야 인력 현황은 [그림 12-3]과 같다(https://stat.spri.kr).

[그림 12-3]의 SW 신기술 분야 인력 현황을 살펴보면, 4차 산업혁명 핵심기술인 사물인터넷, 빅데이터 분석, 클라우드 서비스 분야의 순서로 인력 비율이 높음을 알 수 있다. 하지만 인공지능과 AR/VR/MR 분야의 인력 비율은 10% 이하로 매우

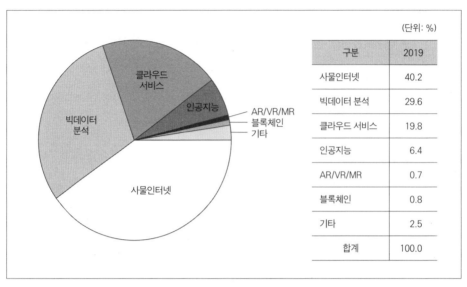

구분	2019
사물인터넷	40.2
빅데이터 분석	29.6
클라우드 서비스	19.8
인공지능	6.4
AR/VR/MR	0.7
블록체인	0.8
기타	2.5
합계	100.0

(단위: %)

출처: 소프트웨어정책연구소(www.stat.spri.kr)

[그림 12-3] SW 신기술 분야 인력 현황

낮음을 볼 수 있다. 따라서 인공지능과 디지털 콘텐츠 개발을 위한 AR/VR/MR 분야의 인력양성을 위한 교과목 개설이 필요하다.

셋째, 프로그래밍 언어 교육은 기본적인 문법 교육 후, SW · AI 융합 교과목에 포함하여 다양한 분야의 프로젝트를 구현해보도록 해야 한다. 또한, 응용프로그램 개발자보다는 시스템프로그래밍 개발자, Back-End 개발자 양성을 위한 교과목을 강화해야 한다. 넷째, 프로덕트 기반의 자기주도적 학습이 가능한 캡스톤디자인, 종합설계 등의 교과목을 강화하여 산학 연계 프로젝트에 참여할 기회를 제공해야 한다. 마지막으로 지역 기반의 산업체 현장에서 기술을 습득할 수 있는 인턴십 또는 산학 연계 프로그램을 강화함으로써 각 지역산업에 기반한 대학 특성화 교육과정 개발이 필요하다. 특히, 각 지역산업에 기반한 산학 연계 프로그램에서 중소기업 R&D 과제를 공동 수행하기 위해서는 SW 신기술 분야의 고급 인력 참여가 필수다.

[그림 12-4]의 학력별 SW인력 현황을 살펴보면 중견 기술 인력인 학사급 인력에 편중되어 있음을 볼 수 있다. 새로운 지식 창조와 4차 산업혁명 핵심기술인 사물

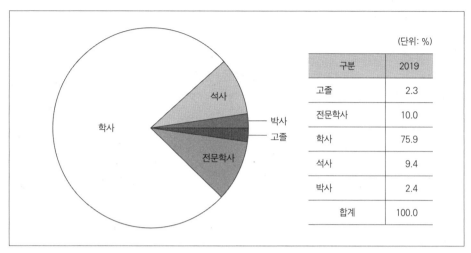

구분	2019
고졸	2.3
전문학사	10.0
학사	75.9
석사	9.4
박사	2.4
합계	100.0

(단위: %)

출처: 소프트웨어정책연구소(www.stat.spri.kr)

[그림 12-4] 학력별 SW인력 현황

인터넷, 빅데이터 분석, 클라우드 서비스 분야와 인공지능, AR/VR/MR 분야를 선도
하고 기술적인 우위를 갖기 위해서는 석사 및 박사 인력양성에 집중해야 한다.

4.2 산업인력 디지털 역량 강화 추진전략

산업인력 디지털 역량 강화의 핵심은 산업체 현장 중심으로 진행되어야 한
다. 현재 산업인력 디지털 역량 강화사업으로 진행 중인 산업전문인력 인공지능(AI)
역량강화사업, SW 마에스트로, 전국 산업별 사업체 AI 활용 역량 강화사업을 비교
분석하고, 산업인력 디지털 역량 강화사업의 개선방안을 제안한다.

4.2.1 산업인력 디지털 역량 강화사업 비교 분석

현재 산업인력 디지털 역량 강화사업으로 진행 중인 산업전문인력
인공지능(AI) 역량강화사업, SW 마에스트로, 전국 산업별 사업체 AI 활용 역량 강화

사업을 비교 분석한다.

<표 12-4> 국내 산업인력 디지털 역량 강화사업 비교 분석

사업	장점	단점
산업전문인력 인공지능(AI) 역량강화사업	• 6대 핵심산업분야 선정 • 주관 선정의 적절함	• 바이오, 헬스케어 분야 제외 • SW중심대학, AI 대학원 등과 연계 부족 • 지역균형발전 고려 부족
SW 마에스트로	• SW 전문가 다수 참여	• SW 멘토링 다소 부족
전국 산업별 사업체 AI 활용 역량 강화사업	• 업무, 직무 기반의 수준별 교육 시행 • AI 자격 인증 개발 보급	• SW 교육 · 훈련 중심 • SW 전문가 멘토링 부족

4.2.2 산업인력 디지털 역량 강화사업 방안 제안

4차 산업혁명과 AI 기술의 발전, 코로나19로 인해 비즈니스 환경이 불확실해지면서 디지털 전환(DT: Digital Transformation)을 통한 업무 프로세스 혁신과 새로운 비즈니스 모델 개발의 중요성이 증가하고 있다. 하지만 디지털 전환을 적극적으로 추진하는 국내기업은 9.7%에 불과하다. 국내기업의 디지털 전환 추진 현황은 <표 12-5>와 같다(biz.chosun.com).

<표 12-5>를 살펴보면 디지털 전환을 추진 중인 기업은 '적극 추진 중(9.7%)' 또는 '일부 추진 중(20.9%)'을 합하여 30.6%다. 특히 대 · 중견기업의 디지털 전환 추진 비율은 48.9%로 중소기업 29.9%보다 높음을 볼 수 있다. 디지털 전환에 따른 SW 신기술 실행단계는 [그림 12-5]와 같다(https://stat.spri.kr).

디지털 전환 활성화를 위해서는 [그림 12-5]의 인공지능, 빅데이터, 클라우드 컴퓨팅, 사물인터넷, 블록체인 등 디지털 신기술 분야 전문인력의 양성과 디지털 전환 가이드를 통한 정보 제공 등 다양한 지원과 혁신 서비스의 창출을 위해 데이터 공유 등 기업 간 협력이 중요하다. 또한, 산업체 현장 인력의 디지털 역량 강화는 필수다.

<표 12-5> 국내 산업체의 디지털 전환 추진 현황

구분	합계		대·중견기업		중소기업	
	응답 수	비중(%)	응답 수	비중(%)	응답 수	비중(%)
적극 추진 중	131	9.7	6	12.2	125	9.6
일부 추진 중	281	20.9	18	36.7	263	20.3
추진하고 있지 않음	603	44.8	12	24.5	591	45.6
잘 모르겠음	330	24.5	13	26.5	317	24.5
합계	1,345	100.0	49	100.0	1,296	100.0

출처: 「디지털 트랜스포메이션 현황 및 계획에 대한 실태조사」, 한국산업기술진흥협회, 2020

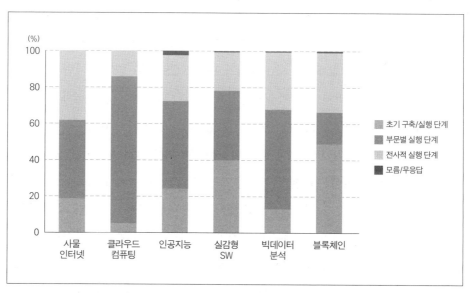

출처: 「SW융합 실태조사」, 과학기술정보통신부, 2020

[그림 12-5] SW 신기술 실행단계

5. 정책제언

　최근 4차 산업혁명과 SW · AI 기술의 발전, 코로나19 확산으로 인해 생활 환경이 불확실해지면서 제조, 금융, IT, 문화 등 다양한 분야에서 디지털 전환을 통한 업무 프로세스 혁신과 새로운 비즈니스 모델 개발의 중요성이 증가하고 있다. 특히 디지털 전환 시대에 국가 경쟁력을 키우고, 생존하기 위해서는 디지털 전문가 양성과 산업인력의 디지털 역량 강화는 필수적인 요소다.

　디지털 전문가 양성은 산업인력 양성에 중추적인 역할을 담당하는 대학을 중심으로 진행되어야 한다. 현재 중견 산업인력을 양성하는 SW중심대학과 석 · 박사급의 고급인력을 양성하는 AI 대학원, AI 융합센터 등의 사업이 우수 사례다. 이러한 디지털 전문가 양성 사업의 성공을 위해 효율적인 방안을 제안하면 다음과 같다.

　첫째, 교육과정 개발에 SW · AI 개발자 관련 NCS 직무 분석을 기반으로 교과목을 개발함으로써 산업체 현장 적응력을 높이는 것이 필요하다. 둘째, 4차 산업혁명 핵심기술(클라우드 컴퓨팅, 빅데이터, 가상/증강현실, 사물인터넷 등)과 AI 관련 교과목을 강화하여 의료, 바이오, 센서, 인간, 인지과학 등의 다양한 분야와 융합하는 것이 필요하다. 셋째, 프로그래밍언어 교육은 기본적인 문법 교육 후 SW · AI 융합 교과목에 포함하여 다양한 분야의 프로젝트를 구현해보도록 해야 한다. 또한, 응용프로그램 개발자보다는 시스템프로그래밍 개발자, Back-End 개발자 양성을 위한 교과목을 강화해야 한다. 넷째, 프로덕트 기반의 자기주도적 학습이 가능한 캡스톤디자인, 종합설계 등의 교과목을 강화하여 산학 연계 프로젝트에 참여할 기회를 제공해야 한다. 마지막으로 지역 기반의 산업체 현장에서 기술을 습득할 수 있는 인턴십 또는 산학 연계 프로그램을 강화함으로써 각 지역산업에 기반한 대학 특성화 교육과정 개발이 필요하다.

　산업인력의 디지털 역량 강화는 산업체 현장 중심으로 SW · AI 전문가들이 3-PBL(Problem, Project, Product) 형태로 진행해야 한다. 디지털 전환 활성화를 위해 가장 필요한 정부의 지원정책으로 '전문인력 양성 및 확보(32.8%)', '관련 정보 제공(26.7%)', '데이터 공유/활용 체계(20.1%)', '관련 교육, 포럼, 세미나(15.7%)' 등의 순으로 응답했다. 이러한 결과를 기반으로 산업인력의 디지털 역량 강화사업의 성공을 위해 효율적인 방안을 제안하면 다음과 같다. 첫째, 인공지능, 빅데이터, 클라우드 컴퓨팅, 사물인터넷, 블록체인 등의 디지털 신기술 분야의 SW · AI 전문가 풀(Pool)을 구성한다. 둘째, 6대 핵심산업 분야(국방 · 치안 · 안전, 물류 · 유통, 반도체, 자동차 · 이동체, 전자 · 통신, 제조)에서 디지털 전환을 선도한 경험을 가진 SW · AI 전문가를 멘토로 위촉하여 디지털 전환을 추진하려는 각 산업체 현장 인력을 멘토링할 수 있도록 SW · AI 멘티-멘토제를 운영한다. 셋째, 각 산업체의 디지털 전환 성공사례를 접할 수 있는 세미나, 콘퍼런스, 워크숍 등을 개최하여 디지털 전환 과정의 정보와 데이터를 공유할 수 있도록 한다.

디지털 전환 활성화를 위해 가장 필요한 정부의 지원정책으로 '전문인력 양성 및 확보(32.8%)'를 꼽은 만큼 디지털 전문가 육성과 산업인력 디지털 역량 강화사업이 융합되어 시너지 효과를 얻을 수 있도록 해야 한다.

13장
스타트업·창업지원사업의 현황과 활성화

이주연 · 김승환 · 서평강

1. 들어가는 글

1.1 창업지원사업의 현황

2017년 10조 원 남짓하던 기업에 대한 창업지원사업 규모가 매년 조 단위로 증가하더니 2019년 19조 원, 2020년 24조 2천억 원, 2021년은 27조 원 정도 규모의 예산이 잡혀있을 정도로 성장했다. 기업들의 신규 투자가 위축된 것과 상반되게 오히려 국가지원금의 규모는 매년 기하급수적으로 확대되고 있다.

기업에 대한 창업지원사업이 확대되는 만큼 창업기업에 대한 정부 차원에서의 지원 규모도 매년 수천억 원씩 증가했다. 정확하게는 창업기업에 대한 사업화 자금 및 R&D 같은 무상 지원이 2019년보다 2020년 3,336억 원 정도 증가했고, 2020년 7월 총 1조 4,517억 원의 창업가에 대한 지원금이 신규 창업자 및 예비창업자들에게 집행되었다. 2021년에도 기업지원금 총규모가 27조 원으로 2020년에 비해 3조 원 정도 증가한 것을 고려해보면 무상 창업지원금 규모도 2020년의 1조 4천억 원가량보다 2~3천억 원 정도 더 증가할 것으로 예상된다.

창업지원사업 중에서 창업기업을 현실적으로 크게 도약시켜주는 지원사업에는 크게 세 가지 테마가 있는데 첫째, 먼저 언급했던 사업화자금 및 R&D 자금 같은 지원금 둘째, 기술보증기금 등과 같은 유상 지원금 셋째, 매칭펀드가 있다.

1.2 창업지원사업에 관한 연구 배경

국민의 창업 아이디어를 국가가 지원하고, 이를 통해 소비 증진과 고용 창출을 기대할 수 있는 창업지원사업은 해마다 그 규모가 커지고 있다. 정부의 창업 관련 예산은 2018년 8천억 원, 2019년 1조 1천억 원, 2020년에는 1조 4천억 원으로 매년 증가하고 있으며, 또한 올해는 추경을 통해 비대면 기술을 지원하는 창업지원사업도 진행되고 있다. 자아실현, 청년 취업의 대안, 시니어들의 새로운 인생 설계, 경단녀들의 건강한 사회 복귀 등 다양한 예비창업자들을 대상으로 한 이러한 정부지원사업은 마중물 역할을 톡톡히 하고 있는 것이 사실이다.

하지만 정부지원사업을 통해 창업을 시작한 창업자들을 만나보면 지원금의 규모가 너무 적다는 부분과 사용처도 제한적이라는 불만을 품고 있는 경우가 많다. 실제 창업지원사업을 통해 받게 되는 지원금은 대표자의 인건비로 사용할 수 없으며, 양산에 사용할 수도 없다. 양산 설비와 양산을 위한 재료, 심지어 양산을 위한 금형 제작도 불가능하다. 어찌 보면 창업 초기에 가장 절실한 대표자의 인건비와 양산비를 사용할 수 없으니 당연히 불만이 있을 수밖에 없다.

정부의 창업지원사업은 대부분 시제품 제작을 지원하는 사업이다. 애초에 사업화를 지원하기 위한 사업이 아니라는 뜻이다. 따라서 창업지원사업을 통해 스타트업 생태계에 발을 디디고자 하는 예비창업자들과 초기 창업자들은 시제품 제작, 직원 인건비, 초기 홍보 마케팅, 지적재산권 확보, 창업활동비 지원 등 활용 가능한 지원 내용에 대해 명확하게 숙지할 필요가 있다.

우리나라의 대표적인 창업지원사업인 예비창업패키지에는 자부담도 없다. 창업자가 오롯이 지원금을 사용할 수 있다. 한편 초기창업패키지를 비롯한 많은 지원사업에는 자부담 비율이 있다. 심지어 지원사업에 다수 선정되는 기업들은 자부담금을 마련하기 위해 대출을 받는 경우도 있다. 따라서 본인에게 가장 적합한 기관과 적합한 지원사업을 찾는 것도 요즘 시대엔 창업자의 필수 역량이다.

어쨌거나 창업할 때 최대 1억 원, 평균 5천만 원 정도의 지원금(갚아야 할 의무가 있는 자금이 아닌 온전한 지원 자금의 형태)을 주는 나라는 별로 없다. 사업에 대한 의지가 강하고, 본인의 자금에 더하여 정부지원금을 효율적으로 활용하는 창업자들에게는 정부의 창업지원금이 큰 도움이 되는 것이 사실이다.

2. 창업지원사업에 대한 기존 정책 분석

2.1 창업지원사업의 종류

2020년에는 2019년에 존재하지 않은 새로운 창업지원사업이 21가지 추가되었다. 이러한 신규 사업의 추가는 몇 년간 계속 있어왔다. 몇 년 전만 하더라도 사업자를 내기 전에 국가지원사업을 신청할 수 있는 사업은 존재하지 않았다. 그런데 2018년 '예비창업패키지'라는 제도를 신설하여 사업자를 내기 전, 즉 아직 다른 회사에서 급여를 받는 근로자도 지원할 수 있는 국가지원사업이 따로 생겼다. 예비창업자들이 기성 기업들과 사업성으로 경쟁하여 국가지원사업에 선정되는 것이 어렵기 때문에 이러한 예비창업자를 배려하는 차원에서 이러한 지원사업도 추가되었다.

또한, 여성만을 위한 창업지원사업이 신설되는가 하면, 만 39세 미만의 청년 대상으로만 지원금을 지급하는 사업도 일부 추가되었다. 이러한 창업지원사업은 트렌드에 민감하게 반응해왔다. 2014년 세월호 참사 이후에는 한동안 '안전'이라는 키워

〈표 13-1〉 부처별 2019~2020년 창업 관련 예산 현황

(단위: 건, 억 원)

부처명	2020년도		2019년도		증감		비고
	사업수	예산규모	사업수	예산규모	사업수	예산규모	
기획재정부	1	15.15	1	9.6	0	5.6	
교육부	3	47.8	2	22	1	25.8	
과학기술정보통신부	10	489.6	8	152.4	2	337.2	
법무부	1	8.35	0	0	1	8.35	신규
행정안전부	1	355	1	362.2	0	-7.2	
문화체육관광부	8	107.2	6	116.6	2	-9.4	
농림축산식품부	9	159.9	4	73.7	5	86.2	
보건복지부	2	46	1	2.4	1	43.6	
환경부	2	6	1	0.8	1	5.2	
고용노동부	1	315.9	1	280.6	0	35.3	
국토교통부	3	22.6	1	4	2	18.6	
해양수산부	2	62.1	2	64	0	-1.9	
중소벤처기업부	41	12,610.8	36	9,975.6	5	2,635	
농촌진흥청	1	116.6	0	0	1	116.6	신규
특허청	4	152	4	115.5	0	36.5	
기상청	1	1.59	1	1.4	0	0.19	
계	90	14,517	69	11,181	21	3,336	

출처: 중소벤처기업부 공고 제2020-1호

드가 국가지원사업에서 선점 포인트가 되었다. 그 이후 2018년부터는 중국발 미세먼지가 언론에서 주요 이슈로 다루어지면서 2019년에는 미세먼지와 관련된 1조 원가량의 기업 국가지원사업 추경과 몇백억 단위의 R&D 연구개발비가 쏟아지기도 했다. 또한 최근 일본과의 무역분쟁을 통해 이슈가 된 반도체 관련 분야, 소재 · 부품 · 장비 분야에 대한 무차별적인 지원사업이 새로 추가되었다.

중소벤처기업부에서 매년 1월에 발표하는 부처별 창업지원사업 자료는 7년 미만의 초기 기업(개인사업자 또는 법인)들이 1년간 창업기업에 대한 굵직한 지원사업을 한눈에 확인할 수 있도록 해주어 초기 창업자들에게 많은 도움을 주고 있다.

〈표 13-2〉 창업지원사업 모음

사업명	사업개요	지원내용	지원대상	사업 규모 (억 원)
예비창업 패키지	혁신적인 기술을 갖춘 예비창업자에게 사업화자금과 창업교육 및 멘토링 등을 지원하는 예비창업단계 전용 프로그램	① 창업사업화에 소요되는 사업화 자금(최대 1억 원) ② 창업교육 및 멘토링 ③ 네트워킹, 후속지원 프로그램 등	예비창업자	1,114
초기창업 패키지	창업 인프라가 우수한 대학, 공공기관, 민간 등을 통해 창업 3년 이내 기업의 창업 아이템을 사업화할 수 있는 자금지원 및 아이템 실증검증 등으로 구성된 특화프로그램을 지원하여 기업의 안정화와 성장 지원	① 사업화자금(고급기술 및 유망 창업 아이템 보유 초기창업기업의 시제품 제작, 마케팅 활동 자금) ② 초기창업 특화프로그램 (사업화자금을 지원받는 초기기업에 아이템 실증검증, 투자연계, 멘토링 등)	창업 3년 이내 기업	1,075
창업 도약 패키지	창업도약기 기업의 데스밸리 극복을 위한 '제품개선 · 수출확대 · 판로확보 · R&D 연계' 등의 사업화 지원	① 사업화지원(최대 3억 원) ② 성장촉진 프로그램 (제품개선, 디자인 개선, 수출지원, 유통연계)	창업 후 3년 이상, 7년 이내 기업	1,275

사업명	사업개요	지원내용	지원대상	사업 규모 (억 원)
재도전 성공 패키지	성실 실패경험을 보유한(예비) 재창업자를 대상으로 재창업에 필요한 전 과정 지원	① 재창업교육 ② 멘토링 ③ 사업화 자금 ④ 입주지원 ⑤ 네트워킹	예비 및 3년 이내 재창업자	175
창업 성공 패키지	우수한 제조 창업 아이템 및 4차 산업분야 등 성장 가능성이 큰 초기 창업자를 발굴하여 창업 전 단계를 패키지 방식으로 일괄 지원하여 성공 창업기업으로 육성	① 청년창업사관학교 내 창업 준비공간 제공 ② 사업화 지원(최대 1억 원) ③ 정책자금 등 후속 연계 지원	제조 융복합 업종 영위 창업기업, 만 39세 이하, 창업 3년 이내 기업	932
민관 공동 창업자 발굴 육성 (TIPS)	TIPS(R&D)에 선정된 고기술 창업기업을 대상으로 시제품 제작, 국내외 마케팅 활동 등을 위한 자금 지원	① 창업사업화 자금 (최대 1억 원) ② 해외마케팅 자금 (최대 1억 원)	TIPS (R&D)에 선정된 창업 후 7년 이내 기업	544
창업성장 기술개발	창업기업에 대한 전략적 R&D 지원을 통해 기술기반 창업기업의 혁신성장 촉진 및 창업 강국으로의 도약	① (디딤돌) 최대 1.5억 원 이내 ② (전략형) 최대 4억 원 이내 ③ (TIPS) 최대 5억 원 이내	창업 7년 이하 기업	4,780
스타트업 특허 바우처	스타트업이 필요한 시기에 원하는 IP 서비스를 선택하여 지원받을 수 있는 바우처 제공	① IP 권리화, 특허조사·분석 등 바우처 지원	창업 7년 미만, 매출 100억 원 미만 스타트업	14.7

출처: 중소벤처기업부 공고 제2020-1호

2.2 창업지원사업의 특성

과거에는 받기 어렵고 멀게만 느껴졌던 것이 창업지원사업이었는데, 국가 지원사업을 몇 년간 집행하면서 창업자들에게 정말 실용적으로 느껴질 수 있는 그러한 사업이 많이 추가되었다. 이처럼 창업지원사업이 확대됨에 따라 기존에 좋은 사업 아이템을 가지고도 초기 자금이 없어서 청운의 꿈을 펼쳐보지 못한 수많은 예비

창업인이 새로운 꿈을 꿀 수 있는 환경이 조성되었다고 해도 과언이 아니다.

이러한 창업지원사업에서 형평성 문제가 되었던 유흥업종, 부동산 임대업종, 전문직 업종들에 대한 지원은 과감하게 배제했다. 그리고 기존 사업을 이미 오래 하고 있어 창업지원사업의 대상이 되지 않는 사람도 폐업하고 재창업할 경우 다시금 지원을 받을 수 있도록 하는 장치들을 두었다. 이로 인해 기존에 오랫동안 지속했던 사업과 완전히 새로운 사업을 꿈꿔온 기성 사업자들에게도 기회가 열리게 되었다.

3. 디지털 기반의 창업지원사업 활성화 방향

3.1 창업지원사업 활성화 방안

창업지원사업에는 보완할 부분이 존재하는데, TIPS 프로그램을 제외하고는 실질적으로 공격적인 디지털 사업화나 마케팅에 지출할 비용이 부족하다는 것이다. 정확히는 TIPS조차 디지털 사업화나 마케팅에 사용할 돈이 부족하다고 말하는 기업들도 있다. 일반적으로 1억 원의 창업지원사업에 선정되면 실질적으로 기업이 사용할 수 있는 비용은 통상 자부담 30%는 제외해야 하고 나머지 7천만 원 중에서 심사평가점수에 따라 5~6천만 원 정도의 금액이 차등 지급된다.

여기서 문제는 해당 비용을 사용하면서 한 가지 테마에 1천만 원 이상 사용하게 되면 국가가 비교 견적서를 요청하며, 해당 비용을 쓰는 것에 대해 간섭하는 경우가 많이 발생한다. 이러한 제한은 특정 기업에 국가지원사업 비용을 몰아줌으로써 창업지원사업 비용을 편취하는 것을 방지하기 위한 취지에서 시작되었다. 취지는 충분히 이해되나 경우에 따라서는 대학교 산학협력단에서 유의미한 특허기술 인수를 위해 2~3천만 원이 들어가는 경우도 있고, 디지털 사업화를 위해 프로그램 또는 애플리케이션을 개발하는 경우도 있을 수 있다. 경우에 따라서는 스케일업을 위해 디지털 마케팅에 수천만 원을 투자해야 하는 경우도 있다. 창업지원사업 선정 기업들을 감시하는 기관으로서는 국가가 집행한 비용만큼의 서비스가 선정 기업에 제공되었는지를 감시함으로써 문제를 해결할 수도 있어 현실적으로 비용 지출이 사업 성장을 위해 합리적이라고 판단되면 크게 제한을 두지 않고 지원해주는 방향으로 가는 것이 바람직하다고 생각한다.

위에서 언급한 TIPS에 관해 조금 더 구체적으로 이야기해보면, 아래의 표에 기재된 창업지원사업 중 '민관공동 창업자 발굴 육성 사업(TIPS)'을 확인할 수 있는데, TIPS 사업은 민간 투자(1억 원)를 선행 조건으로 하여 민간 투자가 이루어진 기업에 국가가 추가로 최대 9억 원까지 지원금을 지원하는 제도다.

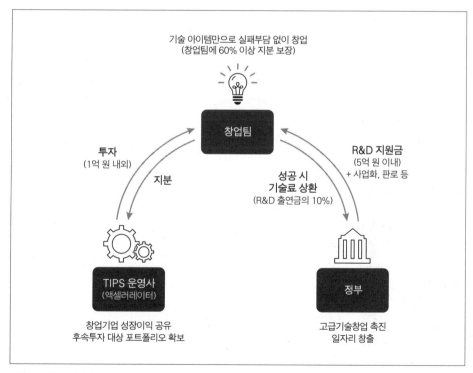

출처: http://www.jointips.or.kr/about.php

[그림 13-1] TIPS 프로세스 1

유니콘이 될 수 있는 기업에는 더 큰 성장을 위해 많은 비용이 필요한데, 좋은 플랫폼을 선점하거나 기술적으로 우위에 있는 제품을 개발하고도 추가적인 투자가 없어서 어려움을 겪는 기업에 TIPS라는 사업은 매우 유용하다. 실제로 TIPS에 선정된 기업은 단시간에 빠르게 성장하는 경우가 많아서 시리즈 A(30억 원가량의 투자)를 받는 경우가 40%가 넘는다고 한다.

여기서 TIPS의 아쉬운 부분이 있는데, TIPS 지원사업은 국가에 등록된 액셀러레이터 중에서도 TIPS 기관에서 인정받은 액셀러레이터(이하 'TIPS 주관사')들의 투자가 전제조건이라는 것이다. 대한민국에 액셀러레이터로 등록된 기관은 200개 정도 수준이며, 그중에서도 TIPS 주관사로 선정된 액셀러레이터는 몇 개 되지 않는다(2020년 새롭게 선정된 주관사를 전부 더해도 60개 정도 수준이다). 일반 기업들은 이러한 TIPS 주관사를 만나보지도 못하고 7년이 지나가는 경우가 발생하는데, 그만큼 TIPS 주관사를 만나기가 쉽지 않다는 이야기다.

TIPS 주관사인 액셀러레이터에서 특정 기업에 1억 원을 투자한다고 하더라도

출처: http://www.jointips.or.kr/about.php

[그림 13-2] TIPS 프로세스 2

<表 13-3> TIPS 지원내용

지원조건: 창업팀당 최대 10억 원 내외(최장 3년 이내)
지원내용: 엔젤투자(1억 원) + 성공벤처인의 보육 · 멘토링 + R&D(5억 원) + 추가지원 4억 원(창업자금 1억 원,
엔젤매칭펀드 2억 원, 해외마케팅 1억 원)

구분	보육 기간	창업사업화자금 엔젤투자금 (운영사)	기술개발자금(R&D) 정부출연금	민간부담금 현금	현물	추가연계지원
창업팀 (1팀 기준)	2~3년	1억 원 내외 (정부출연금 20% 이상)	최대 5억 원	민감부담금의 50% 이상	해당금액	• 창업자금 연계지원 1억 원 • 앤젤매칭펀드 2억 원 • 해외마케팅 1억 원
			기술개발자금의 80% 이내	기술개발자금의 20% 이상		

출처: http://www.jointips.or.kr/about.php

실제 관련 기관에서 TIPS 주관사로부터 1억 원을 투자받은 기업에 대해 철저한 심의를 거쳐 추가로 9억 원을 더 집행할지 여부를 결정하게 된다. 따라서 전문엔젤이나 TIPS 주관사가 아닌 액셀러레이터가 기업에 투자하더라도 관련 기관이 꼼꼼하게 심사할 수 있으며, 경쟁력 없는 기업에는 충분히 지원하지 않을 수 있다.

이러한 측면에서 볼 때 TIPS를 단순히 TIPS 주관사들만 시행하게 하는 것은 다양한 기업에 기회를 주지 못하는 점에서 아쉬움이 있다. 또한 이렇게 배타적인 TIPS 주관사들의 우월적인 지위 때문에 일부 TIPS 주관사들이 해당 지위를 악용하는 경우가 발생할 여지가 있다.

그리고 TIPS 지원 9억 원은 연구개발자금 5억 원, 사업화자금 2억 원, 매칭펀드 2억 원으로 구성되는데, 경우에 따라 TIPS에 선정될만한 기업 중 연구개발기업이 아닌 경우도 많이 있다. 이러한 경우는 무늬만 연구개발을 하는 것처럼 억지 요건을 맞춰야 하는 웃지 못할 상황이 벌어진다. 일반적으로 플랫폼 사업의 경우 연구개발보다는 디지털 사업화나 공격적인 마케팅을 통해 시장을 선점하는 것이 유니콘이 되는 길인데, R&D 비용으로 5억 원을 받을 경우 디지털 사업화 또는 마케팅이 아닌 연구

개발을 위한 세팅을 해야 하는 상황이 발생한다. TIPS 지원도 아이템에 따라 사업화 자금 비중을 높여주는 것도 TIPS에 선정된 창업기업에는 더 큰 도움이 될 수 있을 것으로 생각한다.

두 번째로 기술보증기금 등과 같은 유상 지원금에 관한 이야기를 해보려고 한다. 기술보증기금은 매출과 기술을 기초로 국가가 보증서를 끊어주어 시중 은행이 기업에 융자로 돈을 빌릴 수 있도록 창업기업을 지원해주는 제도다. 2020년 1월 제도가 개선되어 매출이 없는 신규 창업기업이라고 하더라도 최대 3억 원까지 보증서를 끊어줄 수 있다. 물론 이러한 혜택을 누리기 위해서는 6등급 이상의 신용등급과 기업 전담부서, 특허 등이 필요하다.

그리고 기술보증기금에는 '유텍(유니버시티와 테크놀로지의 앞 글자를 줄인 말)'(www.hankyung.com)이라는 제도가 있는데, 이러한 제도를 활용하면 창업기업임에도 손쉽게 30억 원까지 국가가 보증을 서준 융자를 받을 수 있게 된다. 유텍을 받기 위해서는 최소한 석사 이상의 대표이사가 대학교수와 연계하여 사업을 한다는 소명이 되어야 한다.

초기 기업이 사업을 하려고 하는데 운전자금이 없어서 어려움을 겪을 때 기술보증기금은 기업에 매우 큰 힘이 된다. 특허를 보유하고 매출까지 어느 정도 확보된 기업은 유텍이 아니더라도 10억 원 이상의 융자도 국가지원을 통해 손쉽게 확보하기도 한다.

이러한 기술보증기금도 국가 입장에서 보면 몇 가지 아쉬운 점이 존재한다. 우선 대출이 너무 쉽게 나오다 보니 부모 세대 사업자들이 자녀들에게 신규 사업자를 내도록 한 다음 기본적인 기술보증기금의 요건을 맞추어 쉽게 몇억 원을 대출받아 해당 목적과 완전히 다른 곳에 자금을 사용하기도 한다는 점이다. 이러한 부분의 혁신을 위해서는 대표의 이력, 업력과 진정성을 확인할 수 있는 프로세스가 좀 더 강화될 필요가 있다고 생각된다.

기술보증기금의 또 다른 아쉬운 점은 과거에는 법인이 융자로 받은 기술보증기금을 대표이사가 끝까지 갚도록 '연대보증'이라는 제도를 활용했는데, 2018년에 와서 이러한 연대보증제도가 폐지되었다는 점이다. 기술보증기금은 갚아야 하는 비용인데, 기업인 사이에서 '기술보증기금은 빨리 갚지 않아도 되는 돈'이라는 인식이 발생할 여지가 있다.

세 번째로 매칭펀드에 관한 이야기를 해보면, 매칭펀드는 국가에서 인정한 전문 엔젤 또는 액셀러레이터로 등록된 국가 인증 투자자가 특정 기업에 투자할 경우 국가가 투자자의 투자금액의 2배 금액으로 같은 기업에 투자하는 제도를 말한다. 여기서 재미있는 점은 국가는 국가 인증 투자자가 투자한 가치보다 2배 비싼 가치로 회사 주식에 투자하게 된다는 점이다. 쉽게 말해서 액셀러레이터가 A 기업에 1억 원을 투자하고 지분 2%(A 기업 가치를 50억 원으로 산정)를 받았다면 국가는 A 기업에 2억 원을 투자하고 지분 2%(A 기업 가치를 100억 원으로 산정)를 가져간다.

매칭펀드의 경우 기장납입 이슈만 아니면 대부분 비용이 집행되는데, 이러한 매칭펀드는 민간 투자를 장려하면서 국가도 어느 정도 신뢰할 수 있는 기업에 투자할 수 있다는 점에서 우선은 칭찬해주고 싶은 부분이 많은 제도다.

'매칭펀드'라는 제도는 앞으로 지원사업 규모를 더 늘려가면서 제도를 남용하는 블랙컨슈머들에 대한 제도를 보완하는 방향으로 진행한다면 창업자들의 성장과 관련하여 더 좋은 결과를 낳을 수 있을 것으로 판단된다.

마지막으로 창업지원사업에 대해 바라는 점이 하나 더 있다면, 성장성이 가파르거나 플랫폼 사업으로서 유저를 많이 확보한 기업에 대한 디지털 사업화 지원이나 마케팅 지원만을 위한 지원사업이 신규로 확충된다면 실질적으로 시대를 바꾸는 사업을 하는 기업들에 큰 힘이 될 것으로 확신한다.

3.2 디지털 기반의 1인 미디어 기업 스케일업 정책

최근 초등학생들에게 장래희망을 물어보면 놀랍게도 1위가 '유튜버' 또는 '유튜브 크리에이터'(이하 '크리에이터'라 한다)라고 한다. 구독자 수가 몇십만 명이 넘는 크리에이터들은 길거리에서도 수많은 팬이 사진 한 장을 찍으려고 줄을 서서 기다리는 등 연예인 못지않은 인기를 누린다. 이러한 크리에이터들 중에서 '제이플라(JFLA)'라는 유튜버는 해외에서도 큰 인기를 얻고 있다(www.youtube.com). 제이플라는 해외팝송 리메이크 영상을 꾸준히 업로드하여 구독자 수가 이미 1,600만 명을 돌파했으며, 월드 스타로서 국위선양에도 많은 기여를 하고 있다.

이렇게 성공한 크리에이터들은 연간 소득이 적게는 수억 원에서 수십억 원에 육박하는 경우도 있다. 이러한 성공한 크리에이터들의 영상은 일부 번역되어 해외 각국에 수출되기도 하며, 별도의 해외 채널이 개설되기도 한다. 지금 이 순간도 한국에는 이러한 성공한 크리에이터들을 보면서 꿈을 키워가는 1인 미디어 꿈나무들이 많다.

그런데 아쉬운 점은 대한민국에는 성공적인 크리에이터를 양성하기 위한 교육 환경이나 지원사업이 매우 부족한 실정이라는 것이다. 기존 지원사업에서는 주로 시제품 제작에 관련된 사업화 자금만 집행한다. 매년 중소벤처기업부에서 16개 부처의 창업 관련 지원금을 정리해놓은 자료에서도 1인 미디어 기업에 특화된 사업은 따로 없으며, 그나마 콘텐츠 스타트업 창업육성 프로그램에 대한 약간의 지원금 정도가 있는 수준이다.

1인 미디어 기업에 대한 적극적인 지원을 위해서는 1단계로 교육 위주의 지원 사업 개설이 필요하다. 실제로 유튜버로 진입하기 위해 배워야 하는 교육을 잘 이수할 경우 큰 비용을 들이지 않고 크리에이터 1명이 충분히 영상 촬영, 편집, 마케팅 등을 수행할 수 있다. 실제 필자와 잘 아는 유튜브 크리에이터 중 '해그린달'이라는 채널을 운영하는 크리에이터는 기존에 카페 회원 수가 수십만 명인 네이버카페를 운영해본 경험이 있어서 다른 사람들보다 온라인 생태계에 대한 이해가 높았고, 스스로 영상미를 좋게 촬영하는 촬영기법, 영상 편집 등에 관하여 오랫동안 독학한 뒤 유튜브 채널을 개설하여 2년도 채 되지 않아 구독자 수가 벌써 185만 명에 육박하는 공룡 크리에이터가 되었다. 지금도 가족분들하고만 촬영하기 때문에 큰 비용 지출 없이도 채널을 잘 운영하고 있다.

다시 말해, 1인 미디어 기업을 지원하기 위해서는 양질의 교육이 필수이며, 정부는 제2의 '해그린달', '제이플라' 등을 양성하기 위해 1인 미디어 기업 관련 교육 프로그램을 신설할 필요가 있다고 생각한다.

2단계로는 1인 미디어 기업에 특화된 자금지원사업을 신설하는 것이다. 필자도 유튜브 채널을 운영하기 위해 촬영 장비들을 대거 구매한 적이 있다. 초반에 유튜브 촬영을 하기 위해서는 장비구매를 위한 비용 지출이 필수다. 저렴하게 시작할 수 있는 장비들도 있지만, 양질의 영상을 위해서는 장비 비용을 어느 정도 지불하는 편이 훨씬 바람직하다. 또한 영상 편집과 관련해서도 개인적으로 공부해서 할 수 있는 부분도 있지만, 채널이 커지면 전문 편집자를 따로 두는 경우도 많다. 이러한 편집자들에 대한 비용도 크게 발생하는 경우가 많은데, 이는 같은 영상이라도 유쾌하게 편집할 경우 조회 수에 큰 변화를 가져오기 때문이다. 정부는 초기 1인 미디어 기업에 이러한 비용에 대해 지원해줄 필요가 있다고 생각한다.

3단계로는 1인 미디어 기업들을 위한 행사를 만들어주는 지원사업이 필요하다고 생각한다. 성공한 1인 미디어 기업인 크리에이터들 간에는 커뮤니티가 어느 정도 형성되어 있는데, 아직 자리 잡지 못한 크리에이터들을 위한 커뮤니티는 매우 부실하다. 따라서 정부가 이러한 모임의 장을 만들어 초기 크리에이터들 간 정보 교류를 할 수 있는 환경을 제공해주는 것이 바람직하다고 생각한다.

4. 기대효과

국내 창업지원사업은 시제품 제작지원사업에 집중되어 있다. 지금과 같은 창업지원사업들과 평가기준으로는 1년이 되지 않는 사업 협약 기간 내에 높은 수준의 정량적 기표들을 달성할 가능성이 큰 창업자가 선정되는 경우가 많다.

최근 1인 미디어 기업 등 다양한 디지털 기반의 스타트업들이 성장하고 있는 추세에 비추어볼 때, 이러한 디지털 기반의 비즈니스 모델 창업자에 대한 새로운 평가 방법과 평가지표, 스케일업 지원정책의 보완이 필요하다. 또한 시제품 제작지원사업의 취지에 비추어 디지털 기반의 창업자들을 고려한 시제품의 종류와 범위 확대도 모색해야 한다.

디지털 기반 창업자들의 특성을 고려하여 기업가정신, 창업에 대한 의지, 아이템과 기술의 진정성, 디지털 기반의 비즈니스 모델 창의성, 추후 사회에 미칠 긍정적인 영향력 등을 기준으로 하는 평가지표 개선이 필수다. 특히 창업지원사업 평가 현장에서 5~10분 정도의 발표 시간과 10분 정도의 질의응답 시간을 통해 이런 지표들을 평가할 수 있는 객관적인 평가지표의 고도화에 대한 연구가 필요하다.

디지털 기반의 스타트업들의 초기 사업화를 지원하고 육성함으로써 스타트업 관련 매출, 고용, 수출, 투자 같은 정량적 지표들의 개선을 기대할 수 있다. 이를 통해 사회에 첫발을 내디딘 청년들, 건강한 사회 재진입을 노리는 경력단절 여성, 은퇴예정자 등에 대한 긍정적 요소들을 기대할 수도 있다.

마지막으로 창업지원사업들의 주요 평가지표들이 매출, 고용, 수출, 투자 등과 같은 정량지표에만 너무 치중되어 있는 것은 아닌지 다 함께 고민해볼 기회가 있으면 좋겠다.

4부

균형적
글로컬 포용

14장
국가균형발전 실현 및
산학연관 생태계 활성화

임기흥 · 이서령

1. 들어가는 글

최근 정부는 코로나19 이후 글로벌 경제를 선도하기 위한 국가발전전략의 일환으로 '한국판 뉴딜'정책을 발표했다. 한국판 뉴딜은 대한민국이 포스트 코로나 시대에 글로벌 경제를 선도하기 위해 추격형에서 선도형 경제, 탄소 의존에서 저탄소 경제, 불평등에서 포용 사회로의 대전환을 위한 국가발전전략이다. 최근 지역경제에 큰 충격을 준 코로나19는 지역의 경제활동 · 심리를 위축시키고 수출 · 생산의 어려움을 가중시켰다. 대형 소매점의 판매액이 급감하고 고용률이 떨어지는 등 지역경제의 장기침체가 우려되는 상황이다. 지금은 국가적 차원에서 추진하는 한국판 뉴딜정책에 대응하여 지역경제 · 산업위기를 극복하고 지속 가능한 성장의 토대를 마련할수 있는 지역 차원의 새로운 산학연관 생태계 활성화 방안 수립이 필요한 시점이다.

한국판 뉴딜정책은 주로 단기 임시 일자리와 서비스업에 맞춰져 있어 안정적인 일자리 창출에 한계가 있다. 4차 산업혁명 시대에는 새로운 산업과 경제구조 변화에 대응하는 첨단 제조업 중심의 안정적인 일자리 창출을 위해 중후장대 제조산업의 구조 전환에 한국판 뉴딜 사업을 활용하는 정책적 보완이 필요하다. 지역 뉴딜 사업의 효율적 추진을 위해 단기적으로 정부의 디지털·그린 뉴딜 사업과 연계 가능한 사업을 발굴하고, 중장기적으로는 각 지자체를 중심으로 지자체 4차 산업의 주력사업 등을 통해 지속적인 산·관·연 국내 뉴딜정책 활용방안을 마련해야 한다. 이를 위해 산·관·연 국내 뉴딜정책은 일자리창출과 인재 뉴딜 발굴이 핵심이다. 현재 수도권에 모든 인적, 물류 인프라가 집중된 현재의 국토 공간구조하에서 추진되는 정부의 한국판 뉴딜 사업은 수도권 일극 중심을 더욱 심화시킬 것으로 예상된다. 특히 각 지역은 해마다 기업의 유출이 심화되어 청년 인재들이 급속히 빠져나가고 있다. 따라서 정부의 뉴딜정책을 효과적으로 활용하기 위해서는 지역 대학의 경쟁력 강화와 연계한 지역 인재 뉴딜(Brain New Deal) 정책이 병행되어야 한다. 각 지역 대학이 주도하는 인재 뉴딜을 중심으로 디지털 뉴딜과 그린 뉴딜의 체계적 추진에 필요한 지역 차원의 통합 거버넌스 체제를 구축하고 효과적인 업무 추진을 지원할 실무지원 기능을 강화해야 한다. 한편으로는 정부의 '한국판 뉴딜 추진단'과 연계하여 지역 내 관련 법(조례), 조직(시·도 관련 실·국 연계), 추진 주체(산·학·연·관·민), 세부 계획 등을 마련할 필요가 있다.

2. 국가균형발전을 위한 문제점과 지역경제 현황

2.1 국가균형발전의 문제점

2.1.1 소득 격차의 심화

지역의 전통 주력 산업의 경쟁력이 약화되어 지역경제의 침체가 가속화되고, 지역의 소득 격차가 커지고 있다. 2018년 수도권(서울, 경기, 인천)의 GRDP 비중은 전국 대비 51.7%로 수도권에 집중되어 있으며, 지방세(55.3%), 국세(61%) 또한 수도권에 집중되어 있다(노규성, 2019).

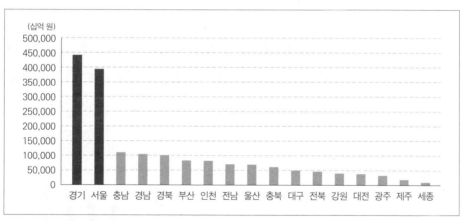

출처: 통계청, 지역소득, 2018

[그림 14-1] 2018년 지역별 GRDP

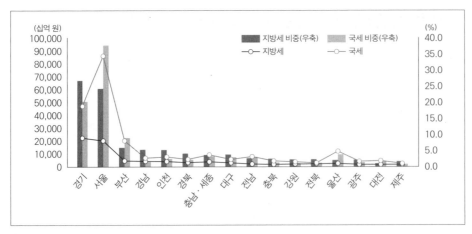

출처: 통계청, 지역소득, 2018

[그림 14-2] 2018년 지역별 지방세 및 국세

2.1.2 기업 격차의 심화

각 지역의 경제주체인 기업 또한 수도권과 비수도권 사이 격차가 확대되고 있다. 전국 사업체 수 중 수도권 소재 기업이 전체의 44.8%를 차지하고,

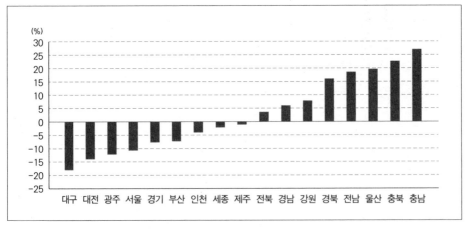

출처: 통계청, 지역소득, 2018

[그림 14-3] 전국 시 · 도별 역외유출 비중(2018년 기준)

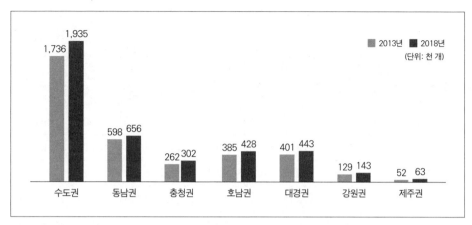

출처: 통계청, 지역소득, 2018

[그림 14-4] 전국 지역별 사업체 수 현황(2013, 2018)

2010년 대비 2015년 증가율 또한 수도권이 가장 높은 것으로 나타나고 있다. 기업은 지역 내 생산과 소비를 동시에 증가시키는 주된 경제주체이며, 지역 내 기업이 지역에 정주하지 못하는 것이 지역 경기침체로 이어지는 것으로 볼 수 있다(노규성, 2019).

2.1.3 지역 낙후도 수준

한국개발연구원(2018.2.7)의 국가 예비타당성조사에 활용하는 지역 낙후도지수는 서울 지역과 타 지역의 격차가 매우 심각하며, 서울(1위: 1.049), 울산(2위: 0.732)과 3위인 세종의 지역낙후도는 0.365로 매우 큰 격차를 보이고 있다. 2위인 울산을 포함하더라도 타 지역의 도로율, 도시적 토지이용률, 재정자립도 등 지역 인프라 여건을 평가할 수 있는 모든 항목에서 서울지역과 격차가 심각하다.

〈표 14-1〉 지역낙후도 지수 및 순위

지역 인구 증가율		인구		경제			기반시설			종합	
		노령화 지수	재정 자립도	제조업 종사자 비율	승용차 등록 대수	도로율	인구당 의사수	도시적 토지 이용률	지역 낙후도 지수	지역 낙후도 순위	
특별시 · 광역시	서울	-0.57	105.11	84.85	2.83	24.33	12.972	0.389	40.48	1.049	1
	부산	-0.31	125.37	56.27	6.14	27.59	7.238	0.306	18.69	0.116	9
	대구	-0.19	95.95	52.25	7.07	35.30	6.520	0.304	13.62	0.277	5
	인천	1.19	76.01	63.59	8.04	31.55	7.195	0.215	13.14	0.356	4
	광주	0.24	73.17	47.63	5.56	32.43	7.753	0.332	16.63	0.215	8
	대전	0.20	73.65	54.30	3.86	33.33	7.056	0.321	15.39	0.243	7
	울산	2.83	59.12	70.86	15.78	36.35	4.028	0.213	10.04	0.732	2
	세종	23.08	52.81	52.24	8.54	35.83	3.308	0.130	6.53	0.365	3
도	경기	1.22	69.19	68.20	9.65	30.75	4.063	0.213	7.70	0.257	6
	강원	0.26	133.24	27.90	3.36	32.36	1.548	0.235	1.30	-0.859	17
	충북	0.44	107.18	35.86	11.26	33.58	3.090	0.216	3.45	-0.309	13
	충남	0.02	114.42	37.40	12.79	33.57	3.318	0.215	4.76	-0.223	11
	전북	0.01	131.85	27.99	6.42	32.27	3.806	0.278	3.60	-0.593	15
	전남	-0.10	159.30	25.15	5.88	29.91	3.494	0.227	3.23	-0.849	16
	경북	0.10	140.97	30.55	11.88	34.38	2.115	0.193	2.36	-0.485	14
	경남	0.45	96.11	43.38	12.93	34.88	3.229	0.216	3.77	-0.057	10
	제주	1.79	87.82	36.04	1.61	40.82	4.669	0.230	4.06	-0.236	12

주) 지역낙후도지수: 지역 간 낙후 정도를 구성하는 요소들의 가중평균으로 나타낸 지표로서 인구증가율, 노령화지수, 재정자립도,
　　제조업 종사자 비율, 승용차 등록 대수, 도로율, 인구당 의사 수, 도시적 토지이용 비율을 조사하여 지수화한 것임
출처: 한국개발연구원, 지역낙후도 지수, 2018

2.2 지역경제 현황

2.2.1 전통 제조업의 쇠퇴

과거 20년 동안 대한민국의 성장을 주도했던 12대 전통산업은 이제 더 이상 경쟁력을 유지하기 어렵게 되었다. 풍부한 노동력과 저임금의 시대가 지나고 노동인력의 감소와 고임금 시대가 도래했다. 그동안 IMF 경제위기(1998) 등 여러 차례의 어려운 경제상황은 원자재 가격 상승, 환율 하락 및 세계 경기 침체에 따른 수출 부진 등으로 2011년부터 연평균 경제성장률이 2~3%대에 그치고 있다. 이

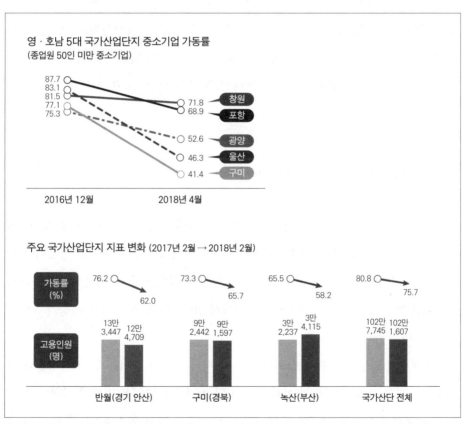

출처: (위) 한국경제(2018.7.25) (아래) 조선일보(2018.6.4)

[그림 14-5] 주요 국가산업단지 지표 변화 추이

는 자동차, 조선, 철강, 가전, 기계 등 국내 경제성장을 견인해온 우리나라 주력 제조
업의 생애주기가 성숙기 · 쇠퇴기로 접어들면서 성장한계에 도달했기 때문이다(산업
입지, 2020).

2.2.2 지역경제 공동화

산업단지의 위기는 지역경제의 공동화에 기인한다. 즉, 생산 기지의
해외이전, 산업경쟁력 약화, 인구 감소 등으로 지역 산단의 경우 경제의 공동화 현상
이 가속화되고 있다. 예를 들어, 군산의 GM과 현대중공업의 철수, 구미의 LG디스플
레이, 삼성전자의 해외 이전 등으로 지역 산업의 침체와 지역 정주여건의 악화와 맞
물려 지역 산업 생태계의 악순환이 지속되고 있다. 한편, 산업경쟁력도 그동안의 정
부 주도 추격형 산업 전략으로 인해 산업 혁신의 자율성이 떨어져 과학기술 혁신 경
쟁력이 부족해지고, 인공지능 기술 경쟁력 또한 낮은 수준(세계 최고 대비 70%, 2017, IITP)
을 보이고 있다(노규성, 2019).

2.2.3 지역 청년고용 문제 심각

지역에서의 청년고용 문제는 일자리 부족 및 미스매칭 등 악순환이
반복되고 있다. 특히, 지역에서의 청년고용은 더욱 악화되어 청년 및 기업체의 수도
권 유출로 이어지는 악순환 구조를 반복하고 있다. 청년 인구의 전반적인 감소에도
비수도권 청년 유출은 2015년 4만 2천 명에서 2017년 5만 9천 명으로 증가(관계부처
합동, 2018)하고 있다.

지역경제 발전을 위해 활성화되어야 할 지역 청년의 창업은 일자리 창출의 핵
심 동력이지만, 수도권 집중이 심화되고, 지역 청년들의 창업은 미비한 상황이다. 그
러나 전체 벤처기업 3만 6,485개 중 58.4%(2만 1,312개)가 서울 · 경기 · 인천(수도권)에
소재하고 있다.

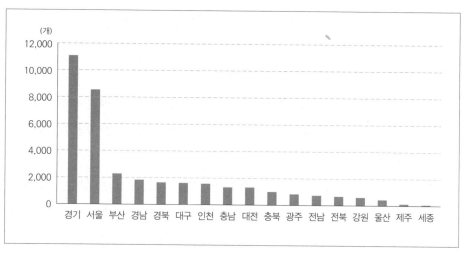

(개)

출처: 중소벤처기업부, 창업기업동향, 2018

[그림 14-6] 지역별 스타트업 · 벤처 기업 수(2018)

3. 지역 전략적 육성실태와 정책대안

행정안전부는 정부의 '한국판 뉴딜' 비전 발표와 관련하여 각 지역 특성을 살린 '맞춤형 뉴딜 사업'을 통해 지역의 경쟁력을 강화하고 포스트 코로나 시대에 대비하 겠다고 밝혔다. 정부는 한국판 뉴딜을 통해 대규모 일자리를 창출하고 고용 안전망 을 강화하여 '추격형 경제'에서 '선도형 경제'로 전환하겠다고 발표한 바 있다.

자치단체 '맞춤형 뉴딜 사업'은 '디지털 뉴딜'과 '그린 뉴딜'로 나누어 추진된다. 먼저, '디지털 뉴딜'의 경우 인공지능(AI) 인재 양성, 비대면 생활환경 구축, 온라인 홈 서비스 제공 등과 같은 사업이 지역의 특성에 맞게 추진된다. 경북 구미시는 '로봇직 업혁신센터'를 구축하여 미래 신기술 분야 인력 수요에 대비한 맞춤형 훈련을 제공한 다. 사업비는 295억 원(국비 144억 원, 지방비 151억 원)으로, 혁신센터 신축(2022) 및 장비(61 종 110대) 확보를 통해 2024년까지 전문성을 갖춘 2,100명의 인력을 양성할 예정이다.

코로나19에 따른 비대면 행정수요에 적극적으로 대응하고 있는 전라북도도 비대면 행정환경 조성 및 공공 와이파이 확대를 추진하며 디지털 뉴딜 사업에 선도적 역할을 하고 있다. 신원확인 등 절차가 단순한 재발급 여권에 대해 비대면 여권발급 시스템 구축(2020.12 시행 예정) 및 청사 밖 24시간 무인민원발급기 배치(2021.6 시행 예정)를 계획 중이며, 디지털로 만나는 미술관 운영과 경로당·공원 등 공공장소에 무료 공공 와이파이존 확대 사업을 시행할 계획이다.

세종특별자치시는 생활체육 온라인 홈서비스를 통해 코로나19 대응 스포츠 뉴딜을 선도한다. 코로나19로 운영에 어려움을 겪고 있는 체육시설 관계자들과 함께(세종시체육회 등 지역 내 3개 체육기관, 생활체육지도사 31명) 생활체육 강좌 총 200편을 제작하여 매주 배포한다. 이를 통해 바깥 활동을 할 수 없어 답답함을 느끼는 국민과 업계 모두에게 새로운 판로를 열어갈 예정이다. '그린 뉴딜'에 관련해서는 저탄소 에너지원 개발, 스마트 산업단지 조성 등 새로운 사업을 적극적으로 발굴한다는 계획이다.

경남 창원시는 2022년 말까지 400억 원(국비 261억 원, 지방비 139억 원)을 투입하여 창원국가산업단지 내 스마트 에너지 인프라 구축사업과 에너지 효율화 사업을 추진한다고 밝혔다. 중점 추진사업으로 기업에 필요한 에너지를 100% 재생에너지로 충당하자는 의미로 가치소비나 지속 가능한 생산 지표로 활용되는 RE100 실증단지를 조성할 계획이며, 지역 특화산업 기반 신재생에너지 발전소 신설, 전기자동차의 에너지를 전력망으로 재전송하는 기술인 V2G 기반 전기자동차를 활용한 그린산업단지 구현 등을 포함하고 있다.

전라북도는 그린 뉴딜을 경제회복 전환의 발판으로 활용하기 위해 새만금 산업연구용지 2지구 일원에 재생에너지 실증 연구기반 구축 사업으로 360억 원(국비 280억 원, 지방비 80억 원)을 투입할 계획이다. 재생에너지 실증 연구기반으로 버스용 수소충전소 및 출하설비, 전기·수소 버스 등 실증용 친환경 교통망, 기상 조건에 따른 발전량 변동에 대응하기 위한 에너지 저장 시스템(ESS, Energy Storage System), 재생에너지 디지털 컴퓨터에 현실 속 사물의 쌍둥이를 만들고, 현실에서 발생할 수 있는 상황을 컴퓨터로 시뮬레이션함으로써 결과를 예측하는 기술인 디지털트윈(digital twin) 기술과 그리드 통합 시뮬레이션 설비 등을 구축할 계획이다.

전라남도는 청정 자원을 바탕으로 2020년 7월부터 추진해온 '청정전남 블루 이코노미비전(블루 에너지, 블루 투어, 블루 바이오, 블루 트랜스포트, 블루 농수산, 블루시티 6개 분야)을 한국판 뉴딜과 적극적으로 연계하여 추진동력을 강화할 방침이다. 블루 에너지 부문에 포함된 한전공대 설립은 2022년 개교를 목표로 2020년 4월 교육부 학교법인 설립 허가를 받았으며, 8.2GW(기가와트) 해상풍력발전단지 조성도 추진하고 있다. 또한, 향후 5년간 3조 원의 재원을 마련하여 녹색인프라 분야에서는 조선해양 친환경 특화 기술 공유플랫폼과 광양항 수소 전용 항만 구축, 친환경 에너지 분야에서는 해양풍력 플랫폼 구축과 수소 제조 기술고도화 등에 역량을 집중할 계획이다.

충남 당진시는 향후 5년간(2020~2024) 그린 뉴딜 추진 방향을 '공공 주도 그린 뉴딜, 민간 에너지 전환 역량 강화, 에너지 융복합 산업기반 조성' 등 3대 분야로 설정했다. 이에 따라 시유지를 태양광 발전부지로 임대하여 수소 출하센터를 설치 및 확

〈표 14-2〉시·도별 주력산업(4차 산업 현황)

시·도	주력산업	시·도	주력산업
대전	바이오 기능성 소재, 로봇 지능화, 무선통신융합	대구	의료헬스케어, 첨단소재 부품, 분산형 에너지
충남	바이오 식품, 친환경 자동차 부품, 차세대 디스플레이	경북	바이오 뷰티, 기능성 섬유, 지능형 디지털 기기, 하이테크 성형가공
세종	정밀의료, 첨단수송기기 부품	부산	바이오 메디컬, 지능형 기계부품, 지능정보 서비스, 클린 에너지
충북	바이오헬스, 스마트 IT 부품, 수송기계소재 부품	울산	친환경 자동차 부품, 조선해양, 첨단화학 신소재, 친환경 에너지
광주	디지털 생체의료, 스마트 가전, 광융합, 복합금형	경남	항노화바이오, 지능형 기계, 나노융합 부품, 항공
전남	바이오 헬스케어, 첨단운송기기 부품, 에너지 신산업, 청색청정환경	강원	웰니스 식품, 세라믹 복합소재, 레저휴양 지식서비스
전북	농생명 소재식품, 지능형 기계부품, 해양설비기자재, 탄소복합 소재	제주	청정 헬스푸드, 지능형 관광 콘텐츠, 스마트그리드

출처: 한국산업기술진흥원, 지역특화육성사업, 2018

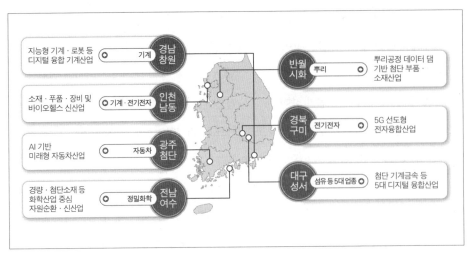

지능형 기계 · 로봇 등
디지털 융합 기계산업 — 기계 — 경남 창원

소재 · 푸품 · 장비 및
바이오헬스 신산업 — 기계 · 전기전자 — 인천 남동

AI 기반
미래형 자동차산업 — 자동차 — 광주 첨단

경량 · 첨단소재 등
화학산업 중심
자원순환 · 신산업 — 정밀화학 — 전남 여수

반월 시화 — 뿌리 — 뿌리공정 데이터 댐
기반 첨단 부품 ·
소재산업

경북 구미 — 전기전자 — 5G 선도형
전자융합산업

대구 성서 — 섬유 등 5대 업종 — 첨단 기계금속 등
5대 디지털 융합산업

출처: 산업통상자원부, 디지털 · 친환경 기반 지역경제의 신성장 거점: 스마트그린산단실행전략, 2020

[그림 14-7] 지역별 산업단지 특성화

대하고 디지털 그린 뉴딜 특구 유치 등을 적극적으로 추진한다. 지난달에는 '그린 뉴딜 시민토론회'를 개최하여 '시민과 함께 만들어가는 지역선도형 그린 뉴딜 사업'을 구체화했다.

코로나19 방역 과정에서 각 자치단체가 선제적 · 창의적인 행정으로 K-방역이 글로벌표준이 되는 데 큰 역할을 했듯이 '한국판 뉴딜정책'이 포스트 코로나 시대 대한민국의 도약을 견인할 수 있도록 자치단체에서도 적극적인 역할이 필요한 시점이다.

4. 지역별 지자체와 산 · 학 · 연 · 관 생태계 활성화 방안

4.1 산 · 학 · 관 연계 인프라 구축

4.1.1 산 · 학 · 관 연계 지역뉴딜전략이 필요한 이유

코로나19로 인한 팬데믹으로 각 지역 경제활동심리가 크게 위축되면서 수출 · 생산 등 어려움이 가중되고 있다.

지역별 소비심리 위축으로 대형소매점 판매액은 급감하고 10인 이하 소상공인이 큰 타격을 받으면서 실업대란 가능성이 고조되고 있다.

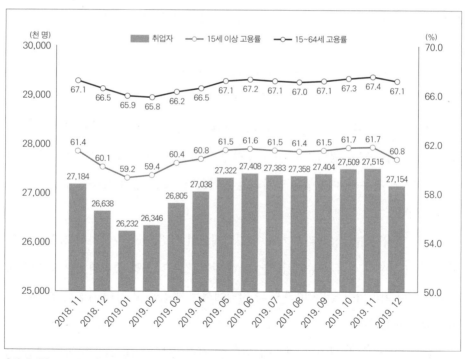

출처· 통계청, 2019년 12월 및 연간동향, 2010

[그림 14-8] 전년 대비 취업자 및 고용률 추이

4.1.2 정부 뉴딜정책에 따른 지역 차원 산·학·관의 새로운 발전전략 수립 필요

첫째, 정부는 코로나19 사태에 대응하여 미국의 뉴딜정책에 버금가는 '한국판 뉴딜'을 통해 국가적 위기를 극복하고 코로나 이후 글로벌 경제 선도를 위한 국가발전전략을 발표했다.

둘째, 코로나19는 비수도권의 소비, 생산, 수출, 일자리 등에 상당한 충격으로 작용하여 지역 차원의 새로운 산·학·관 연계 지역 뉴딜 발전전략 수립이 필요하다. 즉, 지역 제조업 공급라인 복원과 수요기반 확충 등 새로운 형태의 대타협인 빅뉴딜 정책이 필요하다.

셋째, 분권형 지역 뉴딜 산·학·관 발전정책 추진을 통해 지역산업 기반 강화, 지속 가능한 신성장 토대 마련이 필요하다. 뉴노멀 시대에 자생력 강화, 미래사회 준비를 위한 지역 대응전략을 공유하고 지역사회 공감대 형성이 필요하다.

4.1.3 산·학·관 연계 독자적 지역 뉴딜 구상

모든 인적, 물류 인프라 기반이 집중된 수도권 중심의 경제산업 구조하에서 비수도권 균형발전과 지역 토착형 디지털-그린 뉴딜정책 추진이 필요하다. 각 지역의 경우 해마다 좋은 일자리가 줄어들면서 청년인재 유출이 심화되고 있는 상황이다.

정부 디지털 뉴딜정책과 연계하여 지역제조업 기반 안정적 일자리 창출을 지향해야 한다. 정부의 한국판 뉴딜정책은 단기 일자리, 서비스업 중심의 일자리 창출로 효과는 높이 평가되고 있다. 따라서 각 지역에서는 제조업 및 지속 가능한 일자리 정책 보완이 필요하다.

4차 산업혁명 핵심기술 변화에 대응한 지역 차원의 Untact Tech & Untact Industry 기반 구축과 일자리 창출 사업 발굴을 추진해야 한다. 해외로 나간 지역 제조업 유치와 AI 기반 스마트 물류 서비스화를 촉진하고 한국판 뉴딜 사업을 지역 주력 제조업 구조전환의 계기로 활용해야 한다. 또한, 4차 산업혁명 시대, 글로벌 가치사슬(GVC)과 연계한 내실 있는 지역 산업 생태계 구축이 필요하다.

디지털 뉴딜과 그린 뉴딜을 이끌어 갈 핵심인재가 크게 부족한 상황이므로 지역 대학을 중심으로 하는 핵심인재 양성을 통한 인재 뉴딜(Brain New Deal)이 반드시 병행될 필요가 있다. 인재 뉴딜을 중심으로 디지털 · 그린 뉴딜 간 융합화를 통한 새롭고 독자적인 산 · 학 · 관 연계 지역 뉴딜사업 구상이 필요하다.

정부의 디지털 뉴딜, 그린 뉴딜의 체계적 추진을 위해서는 지역 인재가 중심이 되는 인재 뉴딜과 디지털 뉴딜, 그린 뉴딜이 통합되는 각 지역 차원의 독자적 산 · 학 · 관 연계 지역 뉴딜 기본구상 수립이 필요하다.

코로나19 이후 '세계의 리더로 도약한다'라는 큰 국정기조를 적극적으로 수용하되, 각 지역은 인재 뉴딜을 기반으로 산 · 학 · 관 연계 지역 뉴딜 정책 수립을 통해 한국판 뉴딜정책을 선도해야 한다. 예를 들어 현재 추진 중인 '휴스타(HuStar) 대경혁신인재양성 프로젝트'를 중심으로 대구시 · 경상북도 · 지역기업 · 대학 · 연구기관 간 연계를 강화하여 인재 뉴딜의 중심지로 발돋움하려는 것이 좋은 사례다.

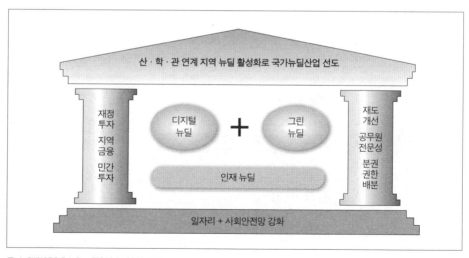

출처: 대경CEO Briefing 제619호, 2020.7.30

[그림 14-9] 산 · 학 · 관 연계 지역 뉴딜 활성화 기본구상

4.1.4 통합적 거버넌스 구축과 금융재정 지원방안

산·학·관 연계 지역 뉴딜사업의 효과적 추진을 위한 통합 거버넌스 구축 및 실무 지원기능 강화가 필요하다. 정부의 '한국판 뉴딜' 정책 추진에 부합하는 지역 내 관련 법(조례), 조직(시·도 관련 실·국 연계), 추진주체(산·학·연·관·민)에 대한 세부 계획을 마련해야 하며 정부의 '한국판 뉴딜 추진단'과 연계하여 각 산·학·관 연계 지역 뉴딜 추진단을 구성하여 사업추진 효율성을 높이고, 지역별 공동사업의 경우 사업단 중심으로 임시조직을 구성하여 추진해야 한다. 디지털·그린·인재 뉴딜 등과 관련된 다양한 분야별 전문가 지원반을 구성하여 각 지역사회와의 상생기반 구축을 지속적으로 모색해야 한다.

산·학·관 연계 지역 뉴딜정책의 효율적 추진을 위해 정부 정책펀드 연계, 지역 뉴딜펀드 조성, 지역금융과 민간투자 활성화 등 다양한 금융 및 재정지원 방안을 모색해야 한다. 산·학·관 연계 지역 뉴딜사업에 대한 우선순위를 설정하고 실질적 추진을 위해 '디지털 산업혁신 펀드'와 '그린 뉴딜 펀드' 등 다양한 금융 지원책 마련이 필요하다.

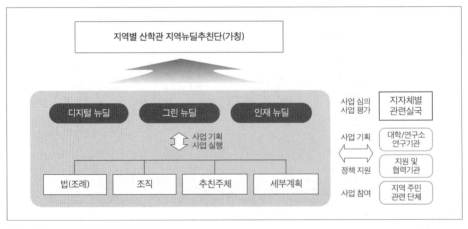

출처: 대경CEO Briefing 제619호, 2020.7.30

[그림 14-10] 지역별 산·학·관 지역뉴딜추진 거버넌스 방안

4.2 산·학·관 연계 지역 뉴딜의 성공적 추진방안

4.2.1 산·학·관 연계 지역 디지털 기반 국가혁신경제선도

디지털 신제품·서비스 창출 및 우리 경제의 생산성 제고를 위해 전 산업의 데이터·5G·AI 활용 및 융합 가속화를 위한 DNA 생태계 강화(데이터 전 주기 생태계 강화 및 데이터 컨트롤타워 마련을 위한 데이터 구축·개방·활용)가 필요하다. 디지털 전환 및 신시장 창출 촉진을 위한 1·2·3차 전 산업으로 5G·AI 융합을 확산할 필요가 있다. 즉, 5G 업무망, 클라우드 기반 공공 스마트 업무환경 구현을 위한 5G·AI 기반 지능형에 대한 정부 구성이 필요하고, 사이버보안 체계 강화 및 보안 유망기술, 기업 육성을 위한 K-사이버 방역체계 구축이 필요하다.

또한, 온·오프라인 융합학습 환경 조성을 통한 교육 인프라 디지털 전환을 촉진할 필요가 있다. 즉, 고성능 WiFi, 온라인 교수·학습모델, '온라인 교육 통합플랫폼' 구축 등 디지털 교육 인프라를 조성하고 직업훈련 플랫폼 및 가상훈련 콘텐츠 개

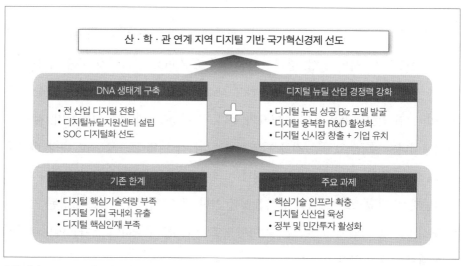

출처: 대경CEO Briefing 제619호, 2020.7.30

[그림 14-11] 산·학·관 연계 지역 디지털 기반 국가혁신경제 선도

발 등 전국 대학·직업훈련기관의 디지털 교육을 강화할 필요가 있다.

의료·근무·비즈니스 관련 비대면 인프라 구축을 통해 비대면 산업 성장의 토대를 마련해야 하며 스마트병원과 호흡기진단클리닉, 디지털 돌봄, 웨어러블기기 보급 등 스마트 돌봄 인프라 구축과 원격근무 시스템, 영상회의 품질 향상기술·보안기술, 업무관리 SW 등 중소기업 원격근무가 확산될 것으로 보인다. 또한, 온라인 판로개척과 5G 기반 스마트상점·스마트공방 구축 등 소상공인 온라인 비즈니스 지원이 활성화될 것이다.

SOC 핵심 인프라와 도시·산단·물류의 디지털화·스마트화로 연관산업 경쟁력이 제고될 것이다. 차세대 지능형교통시스템, 철로 IoT 센서, 정밀도로지도 등 핵심 인프라 디지털 관리체계 구축과 스마트시티 시범도시, 노후산단 유해화학물질 원격 모니티링 등 도시·산단의 공간 디지털 혁신이 가속화되고 스마트 공동물류센터, 항만 통합플랫폼, 식자재 거래·관리 통합플랫폼 등 스마트 물류체계가 구축될 것이다.

4.2.2 산·학·관 연계 그린 뉴딜사업으로 친환경·저탄소 전환 가속화

각 지역 노후청사 그린 리모델링, 폐교 활용 '각 지역형 그린발전소', 스마트에너지시티 조성, 광역·지방 상수도 스마트 관리체계 구축 등 도시·공간·생활 인프라 녹색 전환을 촉진하고 각 지역 시·군 중 노후건축물 대상 노후청사의 그린 리모델링을 추진할 필요가 있다. 즉 태양광, 태양열, 연료전지, 지열 등 신재생에너지 보급, 고성능 건물 단열재 보강과 각 지역 초·중·고 대상 솔라루프(Solar Roof) 구축, 폐교를 활용하여 해당 지역에 청정에너지를 보급하는 '각 지역형 그린발전소' 건립, 스마트시티 통합플랫폼 기반 구축사업 대상으로 지정된 지자체의 도시 안전망 사업에 분산전원 및 마이크로그리드를 구축하여 스마트에너지시티로 확대할 필요가 있다.

전력 + 가스 + 열 통합관리, 그룹·블록형 마이크로그리드 구축, 동·서해안 해

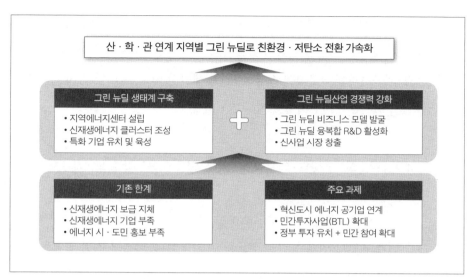

[그림 14-12] 산 · 학 · 관 연계 지역별 그린 뉴딜정책 추진 방안

상풍력발전단지 조성, 수소 생산 및 활용 중심지 육성 등으로 대구경북 저탄소 · 분산형 에너지 확산이 필요하다. 스마트 전력망 및 통합관제시스템을 구축하여 전력 + 가스 + 열 데이터분석, 전력거래 실증사업을 추진하고 노후건축물 에너지진단 및 DB를 구축하여 에너지빅데이터센터 설립을 통한 전력, 가스, 열을 통합관리할 필요가 있다.

각 지역 국가산단을 중심으로 에너지 다소비업체, 대형건축물, 공동주택 등 그룹 · 블록형 마이크로그리드를 구축하고, 가상발전소(VPP) 구축 및 신규 비즈니스 모델을 창출하여 각 지역에 맞는 그린 모빌리티 운행 사업을 추진할 필요가 있다. 즉, 전기 · 수소충전소 보급, 전기차 · 수소차(버스 포함) 운행계획을 수립해야 하며 각 지역 녹색산업 생태계 구축, 산업단지 스마트에너지 플랫폼 조성, 클린팩토리 구축, 오염물질 · 미세먼지 측정 및 감시시스템 구축 등 녹색산업 혁신 생태계 구축이 필요하다. 각 지역 산업단지 중심 그린스타트업 타운 조성, 연료전지산업, 배터리산업, 해상 및 육상 풍력발전산업 등 각 지역 녹색산업 생태계를 구축할 필요가 있다. 각 지역 노후산단 폐열 및 폐기물 재사용, 재생에너지, CCU 기술 적용 등을 통한 클린팩토리를 구축하고, 산업단지 중심 기업 간 폐기물 재활용 연계, 입주기업 에너지 진단 및 다소비 설비 교체를 지원할 필요가 있으며, 전국 각 지역의 에너지 다소비 산업단지 대상 IoT 계측기기를 적용하여 오염물질·미세먼지 배출 측정 및 감시시스템 구축, 오염물질·미세먼지 저감시설 설치를 지원할 필요가 있다.

4.2.3 산·학·관 연계 디지털과 그린 뉴딜을 이끌어갈 핵심인재 양성

지역 맞춤형 디지로그(Digilog) 창의융합 교육표준체계를 구축하여 산·학·관 연계 지역형 인재 뉴딜을 선도할 필요가 있다. 디지털 기반 언택트 교육과 아날로그 기반 온택트 교육을 유연하게 결합하는 '지역형 디지로그 창의융합교육 표준체계' 구축·운영으로 인재양성 시스템을 디지털로 전환하여 지역·계층 간 디지털 교육 격차 해소 지원을 위한 지역별 디지털교육지표(안)를 개발·보급해야 한다. '지역대학 디지털 역량 강화 기본계획' 수립·추진으로 디지털 핵심인재를 양성 및 육성할 필요가 있다.

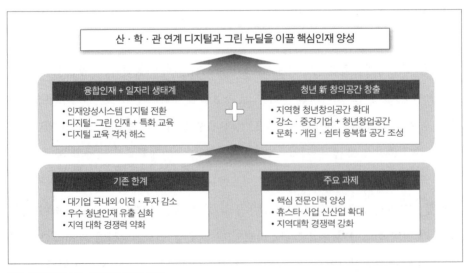

출처: 대경CEO Briefing 제619호, 2020.7.30

[그림 14-13] 산·학·관 연계 디지털과 그린 뉴딜을 이끌 핵심인재 양성

지역형 에듀테크 통합플랫폼 구축·운영으로 디지털-그린 인재를 양성하고 국가-지역-학교를 연계하는 에듀테크 기반 개인별 맞춤형 학습(Adaptive Learning) 지원 통합플랫폼 구축·운영으로 AI·SW 인재, 녹색 융합기술 인재를 양성할 필요가 있다.

지역별 디지털 공동훈련센터 구축·운영으로 미래적응형 직업교육훈련체계를 개편하고 민·관·학 협약에 의해 공동으로 인증받은 디지털 기반 직업교육 훈련을 제공해야 한다. 에듀테크 소프트랩 유치 등을 통한 에듀테크 신기술 및 콘텐츠 관련 실증 및 체험환경을 조성하고, 대학 및 전문 교육기관 간 연계로 신산업분야 융합과정을 신설하여 지역별로 시범사업화해야 한다.

지역별 디지털 리터러시(Digital Literacy: 디지털 도구와 기술의 활용, 디지털 미디어 콘텐츠에 대한 이해와 활용능력, 디지털 기술과 미디어에 대한 비판적 접근) 역량 기준 마련으로 디지털 격차 해소를 지원하고 학령기 교육과정과 연계한 디지털 리터러시 교과과정 및 교재·도구를 개발·보급하며, 교육 인프라 지원, 교원 연수, 전용교실 구축, SW 및 서비스 플랫폼 활용 역량 배양 등 지원과 디지털 평생교육 바우처 사업 시행으로 디지털 격차(Digital Divide)를 해소해야 할 것이다.

4.2.4 지역별 일자리창출과 사회안전망 강화 방안

'지역별 고용보험 가입률 60% 달성 전략'으로 사회안전망을 강화할 필요가 있다. 사업체 기초통계조사(2018) 기준 고용보험 가입 비중은 전국기준 54.1%로 이보다 낮은 지역은 지역 고용보험 가입률 제고로 노동자 사회안전망 강화를 선도할 필요가 있다.

고용보험 사각지대에 있는 자영업자와 지역 특수고용노동자에 대한 기본현황 실태조사 분석 및 생활·고용안정 지원대책을 마련할 필요가 있으며, 고용보험이 취약한 농림어업, 제조업, 도소매·숙박업에 대한 고용·산재보험을 강화할 필요가 있다. 고용보험 적용률이 낮은 취약 중장년층(40~50세)이나 고령층(60세 이상)에 대해 우선적으로 고용안전망을 강화할 필요가 있다.

소상공인, 자영업자, 특수형태고용노동자 전직지원 및 업종전환 서비스 제공, 기업가 정신 고취를 위한 교육훈련 프로그램을 개발할 필요가 있다.

자영업 이원화(전문생산 자영업과 생계형 자영업) 대책과 임금근로자로의 전직 지원, 고부가가치창출 '아웃소싱 자영업 서비스(SW 서비스, 정보기술, 연구개발, 금융 서비스 등)' 창업을 육성할 필요가 있다. 자영업 발전에 부정적 영향을 주는 비시장 기능(대기업 골목상권 침투 등) 해소 및 고부가 자영업창업지원정보(사업화·공간·상담·금융)를 통합 제공할 필요가 있다. 참고로 2020년 상반기(1~6월) 기준 취업자 대비 자영업자 비율은 전국 20.7%로 낮은 수준에 있다.

완화된 '지역형 기본소득제 도입'과 사회안전망 강화방안을 마련할 필요가 있다. 고용보험 사각지대에 중위소득별 시·군별 현황 파악과 자영업 업종별 임대료 현실화 대책을 마련하고 공적 부조를 보완 지원할 수 있는 완화된 '지역형 기본소득제 도입' 적용 근거를 마련할 필요가 있다. 기본소득 재원 확보를 위한 지역 공유자원(예: 백두대간 천연자원) 발굴과 운영방안을 검토할 필요가 있다. 예를 들면, 미국 알래스카주의 천연자원에서 발생하는 소득원천을 지역민에게 기본소득으로 배분하는 방안이 좋은 사례다.

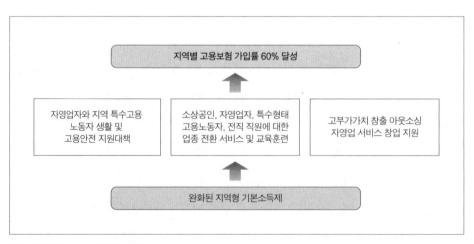

출처: 대경CEO Briefing 제619호, 2020.7.30

[그림 14-14] 지역별 일자리 창출과 사회안전망 강화 방안

5. 정책제언

산·학·관 연계 지역 뉴딜정책을 성공적으로 수립·추진하기 위해서는 다음과 같은 방법을 도입해야 한다.

첫째, 지역의 디지털 인프라를 기반으로 국가 혁신성장을 선도할 수 있도록 준비해야 한다. 현재 각 지역이 보유한 5G, 인공지능, 빅데이터 등 4차 산업혁명 핵심기술과 연계하여 각 지역의 독자적 DNA 생태계를 구축하고, 디지털 뉴딜 관련 성공 비즈니스 모델을 통해 신산업 경쟁력을 강화해나가야 할 것이다.

둘째, 각 지역의 특화된 신재생에너지 인프라를 기반으로 독자적 그린 뉴딜 사업을 발굴하여 친환경·저탄소 사회로의 전환을 선도해야 한다. 특히, 한국가스공사, 한국전력기술, 한국수력원자력 등 지역 소재 에너지 공기업과 연계하여 친환경 에너지 중심의 분산전원 계획을 구체화하고, 녹색기술·스마트기술 등과 연계하여 다양한 신재생에너지 관련 민간투자 사업을 촉진해야 한다.

셋째, 디지털·그린 뉴딜을 이끌어갈 핵심인재를 양성해야 한다. 이를 위해 각 지역 교육 혁신역량을 기반으로 디지털-그린 융합인재 양성, 혁신형 일자리 생태계 구축, 청년 신창의공간 조성 등이 필요하다. 예를 들면 현재 추진 중인 '휴스타(HuStar) 대경혁신인재양성 프로젝트'를 중심으로 대구시·경상북도·지역기업·대학·연구기관 간의 연계를 강화하여 인재 뉴딜의 중심지로 활성화하는 방안이 좋은 사례다.

넷째, 각 지역의 일자리 창출과 사회안전망 강화를 위해 고용보험 가입률 제고, 취약계층 교육훈련 지원, 각 지역에 특화된 기본소득제 도입 등을 검토할 필요가 있다. 또한 4차 산업혁명 시대 지역 산업구조 전환과 관련하여 기존 인력의 경쟁력을 강화하고, 각 지역 신산업과 한국판 뉴딜 10대 과제 간의 연계를 통해 친환경 미래 모빌리티, 스마트그린산업단지, 그린 리모델링, 스마트 의료 인프라 등 대표 과제를 선제적으로 발굴하여 추진해야 한다.

15장
남북경협 활성화

표창균

1. 들어가는 글

1.1 남북경제협력 추진 필요성 및 환경

남북 간 평화 정착과 평화통일의 수단으로서 남북 상호발전 및 북한의 경제성장을 위해 종합적인 시각에서 ICT(산업, 기술, 제도) 전 분야에 대한 육성, 협력방안 마련이 필요하며, 디지털 기반 남북경제협력을 통해 남북공동협력에 필요한 ICT 인프라 구축 등 구체적인 경제협력 방안 마련과 경제협력을 포함한 한반도 교류협력 활성화 및 향후 통일에 대비한 효율적 사회통합을 위해 미래지향적인 정책 방향과 추진체계 마련이 필요한 시점이다.

1.2 디지털 기반 남북협력의 추진 방향

디지털 기반 남북협력은 한반도를 포함한 동북아 주요국 간의 신뢰 프로세스에 따른 남북한 협력의 노력과 함께 진행되어야 할 것이다. 또한, 남북한의 당사자 문제로 해결하기보다는 오랜 시간 분단으로 고착화되어 있는 체제에 대한 이해와 상호 동질감 해소에 필요한 노력 등을 통해 상호협력 노력, 협의체 활동, 정보 공유, 기술 표준화에 이르는 단계별 추진체계를 통해 내실 있게 추진해야 할 것이다.

이를 위해 남북한이 상호발전을 위해 주요 협력 사업을 중심으로 '기술교류를 통한 협력 여건 조성', '소프트웨어 및 디지털 콘텐츠 분야 협력 재개', '남북협력지구/경제지구에서의 ICT 제조업의 비중 확대', '평양 등 대도시에 테크노파크형 소규모 협력지구 설치', '북한 정보통신 인프라 구축의 단계적 지원' 등을 제시하여 현실적인 정책 수립에 필요한 방향 제시가 필요하다.

디지털 기반의 한 축인 ICT 분야는 남북경제협력의 시발점이 될 수 있으며, 나아가 한반도 교류협력을 견인하는 데 실질적으로 기여할 수 있는 분야다. 북한의 현실적 능력을 고려하여 남한의 최첨단 정보통신 인프라와 결합하여 시너지를 낼 수 있도록 추진 방향을 제시하고, 상호 발전에 필요한 기반이 마련되어야 한다. 북한과의 디지털 기반 남북협력 및 교류는 공감대가 형성되기까지 많은 어려움에 직면해 있다. 대내외적으로 협력 여건이 어려울 때는 무엇보다 먼저 양국 간 신뢰를 구축하기 위해 ICT 분야 협력을 통한 정책적인 접근 및 다각적인 접촉이 필요하다. 아울러 북한의 변화에 유연하게 대처하면서 중·장기적으로 인내심을 갖고 지속적인 노력이 필요할 것이다. 따라서 남북 상호 교류를 위한 경제협력 정책 방향 및 이행방안 마련이 선행되어야 할 것이며, 이를 위해 남북 간 경제협력을 디지털 기반산업 관점에서 교류협력을 위한 양측의 산업 현황 및 기술, 최신 동향 등을 분석하고 정책 방향 및 추진체계를 도출하여 남북 상호발전을 위한 경제협력 정책을 마련해야 한다.

2. 남북경제협력의 실태 및 이슈

2.1 김정은 집권 후 북한의 변화 실태

2016년 5월에 열린 제7차 조선로동당대회에서 김정은 위원장은 한 중앙위원회사업 총화보고에서 "첨단기술산업은 지식경제의 기둥이다. 정보산업, 나노산업, 생물산업 같은 첨단기술산업을 대대적으로 창설해 나라의 경제발전에서 첨단기술산업이 차지하는 비중과 중추적 역할을 높여나가야 한다"라고 말했다.

핵실험과 장거리 로켓 발사 등으로 강력한 경제제재 속에 있는 북한은 IT 장비는 물론 윈도운영체제(OS) 같은 일반 SW의 공식적인 수입도 할 수 없는 상황이다. 여기에 북한 사회 특유의 폐쇄성과 낙후된 경제 상황으로 인해 북한의 IT 수준은 한국에 비해 크게 뒤쳐져 있다고 할 수 있다.

하지만 북한은 이미 김정일 시대부터 IT를 돈이나 자원이 아닌 사람을 중심으로 할 수 있는 지식 기반 산업으로 인식해 발전시키고 있다. 북한의 IT 발전전략은 북한 내 교육열과 맞물려 들어가면서 발전하는 추세다. 특히 김정은 시대의 북한은 IT 발전에 더욱 박차를 가하고 있다. 북한 선전매체들은 우수한 SW 개발자와 IT 영재들을 소개하며 IT붐을 일으키고 있다.

또한, 북한은 인공지능, 빅데이터 분석, 증강현실, 3D 프린터 등 다양한 신기술을 지속적으로 도입하며 연구하고 있다. 한국 내에서 IT가 급변하고 각종 산업을 변화시키는 것처럼 북한에서도 변화의 가능성이 있다. 물론 북한과의 IT 협력에서 사이버보안, 해킹 등의 가능성도 우려되는 상황이다.

2.2 국제사회의 제재 및 영향 분석

디지털 기반의 남북경제협력을 추진하기 위해 넘어야 할 국제사회의 대북제재 장벽은 많다. 포괄적인 교류금지 조치를 담고 있는 5.24 제재가 해제되어도 북한 노동자의 고용에 관한 국제사회 제재, 소프트웨어 제품과 기술 이전에 관한 전략물자의 수출통제 등 다양한 문제가 존재한다.

2.2.1 전략물자 수출통제와 SW

전략물자란 대량파괴무기와 재래식 무기, 이의 운반수단인 미사일의 제조, 개발, 사용 또는 보관에 이용 가능한 SW, 물품, 기술을 의미한다. 이러한 소프트웨어와 관련 기술은 이중용도품목을 포함하는데, 일반적으로는 전략물자로 사용되지 않으나 사용하기에 따라 전략물자로 이용될 수 있는 물품, SW 등을 '이중용도품목'이라 한다. 이중용도품목에는 일반적인 SW가 포함되어 있으나 국내 SW 일반기업들과 관련성이 높은 항목은 정보보안 관련 SW다.

2.2.2 북한 노동자 고용과 SW

북한 인력의 신규 해외 송출을 금지한 UN 안보리 결의 제2375호는 북한의 SW 인력 교류에 문제가 된다. 이에 따르면 북한 노동자를 한국 영토 내에서 신규 고용하는 것은 UN 안보리 결의 위반에 해당할 소지가 있다. 다만 개성공단 등과 같이 북한 지역에 경제특구를 구축하여 해당 지역에서 인력을 고용하는 것은 해외로 파견한 북한 노동인력이 아니므로 안보리 결의에 위반되지 않을 것으로 보인다.

2.2.3 시사점 및 영향 분석

ICT 분야도 인프라 구축 등 영향도가 낮은 분야이고, 북한에도 상당한 수준의 SW 인재와 기술력이 있다는 점을 고려하면 SW 분야의 남북경협은 협력사업으로 추진할 가능성이 크고, 남북한의 경제발전에도 큰 도움이 될 것으로 보인다. 다만 현재의 대북 제재는 미국의 주도 아래 UN 안보리 결의를 바탕으로 여러 국가와 공조하여 진행하고 있고, 우리나라 역시 미국과의 공조 아래 대북 제재를 독자적으로 완화하기 어려운 상황이어서 실질적인 남북경제협력을 추진하기 위해서는 많은 노력이 필요하다. 그 준비를 위한 과정으로 남북경협에서 발생할 수 있는 SW 분야의 다양한 법적 장애를 사전에 파악하여 입법 및 행정지원을 바탕으로 국내에서 해결이 가능한 부분은 장애요인을 최소화하고, 해결이 어려운 위험 요소들은 사전에 발굴하여 홍보와 지원을 통해 국내 기업들이 SW 분야 남북경협에 적극적으로 참여할 수 있도록 유인해나갈 필요가 있다.

3. 디지털 기반의 남북협력 추진 전략

3.1 디지털 기반의 남북협력 추진 방향

디지털 기반의 남북협력 추진은 남북 상호발전을 위한 경제협력을 효율적으로 추진하기 위해 ICT 분야 상호발전을 추진 전략 수립으로 ICT 융합기술의 극대화, 남북 상호발전을 위한 국내 협력 기반 구축, 남북 ICT 및 표준화 전문기관들의 협력 창구(추진체계) 구축, 국제사회의 북한 제재 수준을 고려한 단계 설정, 국민 공감대 형성과 우려 해소 등의 추진이 필요하다. ICT 신기술을 활용한 북한 주민의 삶의 질 개선을 위한 협력방안으로는 원격교육 및 진료, 한반도 질병·유전자DB와 질병지도 구축, 소프트웨어 부문 협력 강화, ICT 신기술 협력 등의 추진이 필요하다. 아울러, 북한 스스로 성장을 지원할 수 있는 제도 및 기반 구축 협력방안 수립을 위해 ICT 관련 기술인력 교류 및 양성 지원, 북한 ICT 인프라 고도화 협력 지원, 북한의 PC 생산 자립화 등 ICT 제조능력 확충 개선 등이 필요하다.

3.2 디지털 기반의 남북 상호발전 추진 전략

남북 상호발전을 위한 추진은 교류 활성화, 협력 모델 발굴을 통한 단계별 추진, 기술교류 토대 구현을 위한 표준화 활동으로 추진 전략을 마련하여 국제사회의 제재 등 환경 변화에 따라 단계별로 내실 있게 추진해야 한다. 국제사회 및 남북, 북미 등 주요 이해 당사자국 간의 이해관계 속에 지속적인 남북관계 유지와 협력을 위해 동북아 주요 국가와 연계한 다자협력체계를 구축하고, 인적교류를 포함한 기술

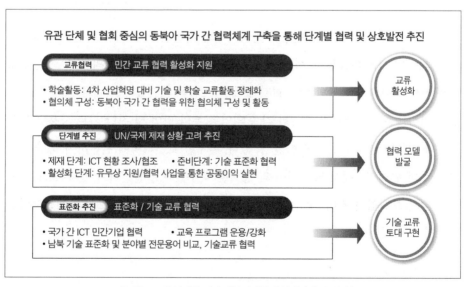

[그림 15-1] 디지털 기반 남북경제협력 활성화 추진 전략

협력이 가능한 협의체 구성 등을 통해 다양한 분야의 학술활동 등 교류 활성화가 준비되어야 할 시점이다. [그림 15-1]은 디지털 기반 남북 경제협력 활성화 추진 전략은 민간분야 유관 단체 및 협회 중심의 동북아 국가 간 협력체계 구축을 통해 단계별 협력 및 상호발전 추진이 가능할 것으로 보고, 교류협력 활성화, 남북 단계별 협력 모델 발굴, 표준화 및 기술교류 협력을 통한 기술교류 토대 구현 전략을 마련하여 남북 상호발전 추진 전략을 제시했다.

4. 세부 추진과제별 방안

4.1 북한 주민의 삶의 질 개선을 위한 디지털 기반 협력방안

4.1.1 원격교육 및 진료 기술 협력

북한은 2009년부터 평양의대와 지방 주요 도시의 병원을 연결하여 협진하는 '먼 거리 의료봉사' 시스템을 구축했고, 이후 유니세프 등의 지원을 받아 평양과 지방 소아병원 사이의 원격 화상 교육 시스템을 도입했다. 이를 통해 지방 소아병원 의사들은 국제사회가 제공한 각종 의약품 투약 방법 및 진단 키트 사용법 등을 평양과 연결된 영상을 통해 학습할 수 있다. 이처럼 보건의학에 관련하여 북한은 원격진료 및 원격교육에서 일정 수준의 능력을 갖추었다고 판단되며, 향후 ICT를 활용한 대북 보건협력 거버넌스는 우선적으로 이를 활용하는 프로그램을 개발해나갈 필요가 있을 것이다.

4.1.2 한반도 질병 · 유전자 DB와 질병 지도 구축

질병에 있어서 남북 사이에 차이가 존재하며, 면역체계의 상이성으로 인해 당장 통일이 되어 남북 주민교류가 본격적으로 이루어지면 심각한 재앙을 초래할 가능성이 있는 것으로 우려된다. 하지만 북한의 질병 양상이 과거 한국이 1980년대에 겪은 양상과 유사하다는 점에서 지금부터 남북한 질병 양상의 추이를 비교하면서 대응력을 높인다면 질병의 상이성에 의한 문제점은 어느 정도 사전에 대비할 수 있을 것이다. 장기적인 측면에서 앞서 언급한 원격진료, 전염병 핫라인, 질병 감시대응체제 등에서 대북 협력이 진행될 수 있다면 남북 주민의 질병과 유전자에 대한 데이터베이스를 구축하는 것도 가능할 것이다. 향후 AI와 빅데이터 기술을 활용하여 남북한 질병 지도를 구축하고, 이를 바탕으로 예상되는 질병 발생에 대비하고 보건환경 변화를 예측함으로써 통일 이후 남북 사회통합에 소요되는 비용을 절감할 수 있으며, 통일 이후의 질병 지도 구축에도 기여할 것이다.

4.1.3 소프트웨어 부문 협력 강화

북한에서는 소프트웨어 부문을 산업 및 경제 분야에서 생산 효율성을 높이는 수단으로서도 활용하고 있지만, 소프트웨어를 하나의 생산품으로 관리하고 경제, 사회 등 여러 부문에 필요한 소프트웨어를 개발 · 공급하고 있다. 그뿐만 아니라 외부적으로도 소프트웨어를 수출 경쟁력이 있는 하나의 산업으로 인식하고 있다. 북한은 소프트웨어 분야에서 특히 암호화, 인식기술, 애니메이션, 언어처리 부문에 집중적으로 투자와 특화를 추진하고 있다.

북한과 협력이 가능할 것으로 판단되는 소프트웨어 부문은 음성인식, 영상처리, 지문인식, 문자인식 등 각종 인식 기술에서 이미 상당한 수준에 올라 있으며, 또한 퍼지이론, 인공지능 등 각종 제어 및 자동화 분야에서도 상당한 수준의 기술 역량을 보유하고 있는 것으로 알려져 있다.

4.2 남북 동반성장을 위한 활성화 추진방안

4.2.1 ICT 관련 기술인력 교류 및 양성 지원

북한은 단기간 내 첨단 과학기술 분야 인력을 많이 육성하기 위해 새로운 대학 및 학과들을 설치함과 동시에 이공계 계통의 학과들에서 정보기술을 비롯한 첨단기술의 활용교육을 강화하도록 교육내용 개편을 진행했다. 북한의 과학기술교육은 원래 기초과학 및 인접 학문 교육을 중시하는 체계, 과학과 기술을 엄격히 구분하는 체계, 영재교육 중심 체계 등이 특징이며, 이에 대한 교류 협력과 양성 지원 분야도 남북 동반성장을 위한 활성화 추진이 필요하다.

4.2.2 북한의 ICT 인프라 고도화 협력 지원

① 기간 인프라 구축사업 협력 지원

1990년대 초반 북한은 UNDP의 지원하에 평양에서 주요 도시를 연결하는 광섬유케이블 부설에 착수하여 정보기술 산업 및 모바일 통신 산업을 위한 기간망을 구축했으며, 1992년 4월 UNDP 지원을 통해 북한 최초 광섬유케이블 공장인 '평양빛섬유 통신케이블공장' 등을 건설함에 따라 기간 인프라 구축사업 협력 지원이 필요하다.

② 빛섬유케이블 생산과 네트워크 고도화 협력 지원

북한은 1995~2002년 평양에서 전국 주요 도시까지 연결하는 광섬유케이블 네트워크 기간망을 구축했다. 초기에는 외국인 왕래가 활발한 지역 및 나진-선봉 자유무역지대 등 대외 교역 지역에서 시작되어 평양 및 대도시로 확산했으며, 현재 2.5Gbps의 광섬유케이블망이 구축되어 북한 주요 도시들을 연결하여 북한 자체 인트라넷인 '광명망' 접속과 모바일 정보 처리에 활용하고 있다.

③ 빛섬유의 통신속도 개선, 북한 전역 통신망 구축

북한이 광섬유를 개발하여 자체 생산에 성공하기는 했으나 통신 속도는 100Mbps로 기가급 2.5Gbps 통신이 가능한 광섬유 매체에 비해 현저히 떨어진다. 이를 보완하기 위해 기가인터넷망인 FTTH(Fiber To The Home)를 활용해 광섬유를 집안까지 연결하고 있으며, 이에 대한 교류가 필요하다.

④ 남북 이동통신체계 기술협력

현재 남한이 시행하고 있는 5G 통신 개발에 북한의 IT 고급인력과 남한의 기술자들이 상호 협력하는 것이다.

4.3 기술교류를 통한 협력 여건 조성

북한은 정보화에 대해 인력 육성을 강조하면서도 그 파급효과를 우려하는 이중적인 태도를 보이고 있다. 남북 기술교류 협력 단계에서는 통신 인프라 확충 등 하드웨어적인 협력보다는 정보기술의 교류를 선제적으로 추진할 필요가 있다. 또한 기초적인 기술교류와 함께 정보화의 부작용을 완화하기 위한 기술지원 등 북한의 정보화를 체계적으로 지원하는 방안도 모색할 필요가 있다.

정보통신 교육 및 훈련 지원도 북한의 ICT 교류 개발을 위한 주요한 협력사업 분야다. 북한의 대학교육에 정보통신학과, 전자계산학과 등 ICT/CT 관련 학과들이 많이 있으나 전문요원이 부족하며, 여러 가지 제약으로 충분한 실습 자재 확보가 어려운 실정이다. 따라서 북한의 4차 산업혁명 관련 ICT 학과 신설, 실습 장비 증설, 교수 요원의 훈련 및 확대 등에 대한 협력과 지원이 필요하다.

4.4 디지털 콘텐츠 및 소프트웨어 분야 협력 재개

디지털 콘텐츠 및 소프트웨어 분야는 ICT 분야에서 남북협력이 집중된 분야이며, 초기 남북협력의 성공사례로 거론된 분야이기도 하다. 남북 간의 정치·군사적 대립이 완화되고, 경제협력에 대한 전반적인 여건이 조성되면 소프트웨어 및 콘텐츠 분야의 협력을 우선적으로 재개할 필요가 있다. 이 분야는 협력을 위한 설비 투자의 필요성이나 인프라 확충이 크지 않기 때문에 단기간에 교류협력을 빠르게 진행할 수 있다. 별다른 투자 없이도 평양 등 북한의 기술인력을 확보할 수 있는 지역이면 협력을 확대할 수 있다. 뽀로로 같은 킬러 콘텐츠를 남북 합작을 통해 다시 생산해낼 수 있다면, 남북협력 사업에 대한 국민의 인식도를 제고할 수 있을 것이며, 북측의 적극적인 참여도 이끌어낼 수 있을 것이다.

4.5 북한 디지털 기반 인프라 구축의 단계적 지원

북한의 ICT산업을 육성하기 위해서는 정보통신 인프라 구축이 우선 필요하다. 북한의 전화 보급률은 인구 100명당 5회선 수준이고, 컴퓨터 보급은 1%에도 미치지 못하고 있다. 디지털 기반의 인프라 설비가 구축되지 않는다면, 북한 ICT산업의 현대화 목표 달성은 쉽지 않을 것이다.

남북 간의 신뢰 구축, 경제협력이 활성화되어 대규모 투자 여건이 조성되면 북한 내부의 디지털 기반 확충을 지원할 수 있을 것이다. 이를 위해 먼저 북한 지역 통신 인프라의 중장기적 발전계획을 마련하여 제시할 수 있어야 한다. 여기에는 북한의 현재 통신 인프라 실태 분석 및 미래 지향적인 디지털 기반 구축을 위한 전략 및 협력방안 등이 제시될 것이다. 둘째, 북한의 대외 개방과 대외 경제관계 확대를 위해 북한의 국제통신 인프라 현대화를 지원할 필요가 있다. 현재 북한의 국제통신 인프라는 극히 소수의 나라들과 연결되어 있는데, 국제통신 서비스의 수익성이 높고, 향후 무선통신 발달에 따라 북한 내에서 통신 수요도 크게 높아질 것으로 예상된다. 따라서 북한의 국제통신 인프라 구축 지원은 적은 비용으로 수익을 확보할 수 있고, 국제사회로의 개방을 도울 수 있다. 마지막으로 남북협력을 통한 북한 지역 내 연구소 및 ICT 교육센터 등의 설립·운영을 모색할 필요가 있다. 이러한 협력은 민간부문과 교육기관이 협력하여 설계되어야 하고, 북한의 대학교들과 공동 추진체계를 구축해야 한다. 공동 연구소의 역할은 북한 현지 전문인력 양성을 위해 원격교육이 진행되어야 하고, 남측에서는 관련 전문 기술교류와 인력이 파견되어 지속적인 협력관계를 유지해야 할 것이다.

16장
디지털 글로벌 협력과 해외진출 활성화

장현종

1. 들어가는 글

코로나는 국가 간 자유로운 이동의 제한뿐만 아니라 자국 우선주의에 대한 인식을 팽배하게 하는 단면을 보여주었다. 이로 인해 글로벌 공급망 등이 위축되고, 경제주체들의 위험회피 성향, 자국 우선주의 확대 등으로 글로벌 탈세계화 현상이 가속화되고 있으며, 비대면 접촉 활성화로 디지털 경제로의 전환은 불가피해졌다고 할 수 있다. 포스트 코로나 이후에 대한 다양한 시나리오가 전개되고 있지만, 언택트 비즈니스와 디지털 솔루션에 대한 글로벌 경제 의존도는 빠르게 증가하고 있다.

실질적으로 코로나 이전부터 세계 주요국들은 디지털 전환을 통해 디지털 경제에 대한 경쟁우위를 선점하기 위한 노력을 해왔지만, 코로나19로 인해 이러한 디지털 전환이 급속하게 전개되고 있다고 할 수 있다. 미국의 경우 ICT기업들이 글로벌 플랫폼을 기반으로 방대한 데이터 수집·활용과 융복합, 개방형 혁신을 통해 폭발적으로 성장하고 있다. EU·일본 등의 제조기업들도 IoT에서 발생하는 빅데이터를 활용하여 공급 가치사슬 최적화 및 제조기반 신서비스 창출을 추진하고 있다.

싱가포르의 경우에는 디지털 경제육성을 위한 국가 간 협력을 강화하고 있다. 2019년 11월 국가 간 합의 의지를 내비친 이후 2020년 6월 12일 뉴질랜드, 칠레와 첫 번째로 디지털경제동반자협정(DEPA) 서명을 완료했으며, 이어서 싱가포르-호주 디지털경제협정(SADEA)을 진행했다. 그리고 6월 22일 한국-싱가포르 디지털동반자협정(KSDPA) 협상이 개시되었다. 싱가포르 통상산업부(Ministry of Trade and Industry) 장관 찬춘싱(Chan Chun Sing)은 디지털통상협정에 대해 "디지털 통상은 싱가포르 경제발전의 원동력으로 싱가포르는 통합된 글로벌 디지털 경제를 강력히 지지한다"라고 언급했다(Kotra 뉴스, 2020.6).

이와 동시에 코로나19 사태는 디지털 기술과 관련된 막중한 도전과제 역시 재조명했다. 정확한 데이터와 정보 공유는 효과적인 감염병 대응에 필수이지만, 소셜미디어의 오용으로 인해 도리어 위험한 가짜뉴스와 인종차별적인 정보가 빠르게 확산되었다. 세계보건기구를 비롯한 병원 및 제약 연구소를 대상으로 한 사이버 공격은 인류의 생명을 위협할 뿐만 아니라 감염병 대응과 예방에 대한 중대한 장애물로 작용했다. 디지털 기술은 바깥세상과 독립적으로 존재하지 않고 긍정적인 변화를 끌어낼 엄청난 잠재력을 갖춘 한편, 현존하는 문제를 악화시키고 경제를 비롯한 여러 분야의 불평등을 심화시킬 수 있다는 것이다(UN, 디지털협력을 위한 로드맵, 2020.6). 따라서 코로나19 사태는 더욱 효과적인 디지털 기술 거버넌스 구축을 시급한 문제로 부상시켰으며, 국가 간의 공동협력을 이끌어내야 함을 상기시켜주고 있다.

2. 디지털 글로벌 협력과 도전

디지털 경제 활성화를 위한 국가 간의 공동협력은 디지털 데이터 거버넌스 구축부터 실현되어야 한다. 하지만 데이터 거버넌스에 대한 주요국의 표준화 선점에 대한 경쟁이 치열할 뿐만 아니라 실질적으로는 데이터 안보 문제가 걸려 있어 국가 간 합의가 이루어지기가 쉽지 않은 상황이다.

데이터의 초국적 이동, 개인정보보호, 국가 안보, 인공지능 관련 윤리, 저작권 등 주요 쟁점들에 디지털 거버넌스를 수립할 필요가 있다는 데 대해서는 미국과 EU 사이에 상당한 공감대가 형성되어 있지만, 각각의 패러다임을 세계표준으로 설정하기 위해 경쟁하고 있으며, 개도국들 사이에서도 일부 개도국들은 선진국의 거대 기술 기업에 대한 의존도가 심화될 것을 우려하여 단일한 입장이 형성되어 있지 않다. 중국의 경우는 '데이터 주권론'을 내세우며 자국의 데이터 관련 산업의 육성과 국내정치적 안정을 위해 데이터의 초국적 이전을 제한하는 반면, 개인정보보호에 대한 규제에는 소극적이다.

주요국들은 글로벌 디지털 거버넌스 수립을 위한 전초 과정으로서 국제 규범의 수립 과정에서 유리한 위치를 확보하기 위한 경쟁과 협력의 양면성을 보이고 있을 뿐 아니라 다양한 장을 상호 연계하는 방안을 모색하고 있다(이승주, 글로벌디지털 거버넌스의 대응전략, 2019.10).

2019년 일본 오사카에서 열린 G20 정상회담에서 개인정보, 암호화폐 등 디지털 경제 시대를 맞이해 새롭게 등장한 여러 화두에 대한 논의가 오갔다. 특히 의장국인 일본이 제안한 '오사카 트랙'은 ICT 분야에 있어 큰 의미를 지니는 것으로 해석된다. 오사카 트랙은 데이터의 자유로운 유통, 전자상거래 유통 등에 대한 규칙을 제정하기 위한 국제적 논의 '틀'이다.

이번에 오사카 트랙을 제안한 일본은 '정보은행'을 만들고 인터넷 구매 이력 같은 각종 데이터를 모아 활용할 방안을 추진하는 등 데이터 산업의 활성화를 위해 노력하고 있다. 우리나라와 미국 등 세계 각국도 자국 내에서 개인정보를 익명이나 가명으로 변형해 활용하는 방안을 적극적으로 모색하고 있다. 그러나 각국 간 의견 차이와 경계심 속에 국제적인 교류는 원활히 이뤄지지 못했다(이데일리, 2019.7). 그럼에도 코로나19로 인한 위협과 기회가 공존하고 있는 시점에서 디지털 경제 활성화와 이를 통한 국익을 위해 어떻게 고민하고 준비하며 대처해야 할지를 실행할 때다.

3. 디지털 글로벌 협력을 기반으로 한 해외진출 활성화

코로나19로 인한 비대면 경제 확대는 디지털 기반 산업에 새로운 기회를 제공하고 있고, 글로벌 공급망의 재편과정에서 무역구조 혁신의 필요성이 증대됨에 따라 서비스 산업의 해외진출 확대를 통한 성장·일자리 창출의 새로운 동력을 만들 수 있을 것이다. 첫째로 디지털 콘텐츠 시장 성장에 따른 한국의 콘텐츠 진출 기회를 확대하여 해외진출의 기회로 활용하는 것이다. 최근, 케이팝(K-pop)으로 대표되는 한류가 다양한 분야로 점점 확장되고 있다. 포스트 코로나 시대에도 지속될 신한류를 위해 부지런히 씨앗을 심고 있다. 케이팝 역사 최초로 미국 빌보드 '핫100' 차트에서 1, 2위를 동시에 달성한 BTS에 이어 최근 걸그룹 블랙핑크도 팝스타의 영향력을 보여주는 빌보드 '아티스트 100' 차트에 오르는 등 유례없던 신한류가 확산되고 있다(조선일보, 2020.12). BTS가 2020년 6월 14일 첫 유료 온라인 콘서트 '방방콘 더 라이브(The Live)'를 성공리에 마쳤다. 방방콘은 동시 접속자 수만 75만 6,600여 명이었다. 한국과 미국, 영국, 일본, 중국 등 총 107개 지역에서 공연을 관람한 것으로 집계됐다. 코로나19 사태 장기화로 케이팝은 물론 전 세계 공연 산업이 어려움을 겪고 있다. 방방콘은 이런 상황에서 수십만 명이 동시에 관람하는 유료 온라인 콘서트의 선례를 보여주었다(연합뉴스, 2020.9). 또한, 웹툰을 포함한 한국의 만화 수출액은 4,598만 달러(약 508억 원)로 전년 대비 13.6% 성장했다. 이는 콘텐츠산업 11개 업종 중 가장 높은 성장세다. 만화 불모지인 한국이 이 같은 성과를 낼 수 있었던 것은 지난해 네이버·카카오 웹툰의 글로벌 거래액이 처음으로 1조 원을 돌파한 것이 결정적으로 작용했다는 분석이 나온다. 게임산업은 지난해 콘텐츠산업 중 가장 높은 69억 8,183만 달러(약 7조 7천억 원)를 수출해 전체 콘텐츠 수출 성장을 주도했다. 이는 전년 동기 대비 8.9% 증가한 수치다. 국내 게임사들의 해외 매출 비중이 매년 꾸준히 증가한 영향이다. 국내 게임사들의 해외 매출이 지속적으로 증가하면서 콘텐츠 수출의 '첨병' 역할을 하고 있다. 넥슨과 넷마블, 엔씨소프트의 올해 상반기 해외 매출은 1조 9,454억 원으로, 3사 전체 매출의 46%(4조 1,556억 원)를 차지했다. 2020년 3분기 기준, 넥슨은 전체 매출의 36%, 넷마블은 75%를 해외에서 벌어들였다(아주경제, 2020.11).

전 세계 콘텐츠 시장이 지속적으로 성장하고 신흥 한류시장, 온라인 시장 확대로 한국 콘텐츠의 해외진출 가능성은 지속적으로 증가할 것이고, 좀 더 체계적인 전략이 필요할 때다.

둘째는 방역 및 체외진단 분야에서 확보한 한국 의료의 브랜드파워를 K-의료서비스 전반으로 확산시켜 수출산업으로 도약하는 것이다. 세계 각국에서 인구구조의 변화와 더불어 의료비 지출의 증가, 분절화된 의료체계, 의료인력 수급 불균형 등의 다양한 보건의료 문제점들을 경험하고 있는 가운데 디지털 헬스 기술은 현재의 문제점들을 해소해줄 뿐 아니라 미래 보건의료 분야 성장 동력으로 인식되고 있기 때문이다(서경화, 2020.5). 2020년 세계 의료서비스 시장 규모는 약 5조 5천억 달러로 인구 고령화, 건강수요 증가로 연 8% 이상의 높은 성장 전망을 하고 있고, 중국·아시아·CIS·중동 등 신흥국을 중심으로 의료현대화를 위한 해외 의료 자본·인력 유치 노력으로 진출 기회가 확대되고 있다(K-서비스 해외진출 활성화 방안, 2020.8).

특히나 K-방역 수출은 코로나19로 인해 폭발적인 증가세를 보였다. 이는 2020년 3월 사우디아라비아로의 첫 진단키트 수출을 시작으로 코로나19 진단의료기기, 마스크, 소독제 등 다양한 K-방역 제품을 글로벌 의료보건 시장으로 적기에 진출하여 이루어낸 결과다. 관세청에 따르면 2020년 4월 본격적으로 시작된 수출은 7월 이후부터 가파른 상승세를 보이면서 10월, 11월 연이어 최고치를 경신했다. 식약처는 "국제적으로 팬데믹 대응의 모범으로 인정받은 K-방역에 대한 인식과 우수

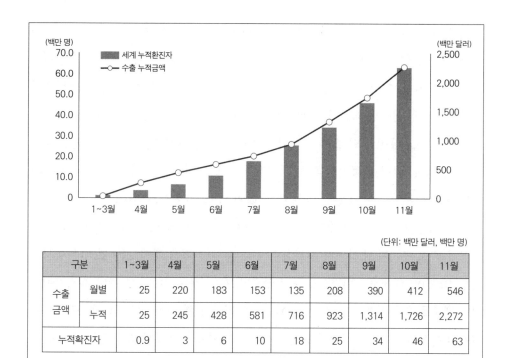

구분		1~3월	4월	5월	6월	7월	8월	9월	10월	11월
수출 금액	월별	25	220	183	153	135	208	390	412	546
	누적	25	245	428	581	716	923	1,314	1,726	2,272
누적확진자		0.9	3	6	10	18	25	34	46	63

출처: 관세청 보도자료, 코로나19 진단시약 허가 및 수출 현황, 2020.12.4

[그림 16-1] 진단시약 수출 및 코로나19 확진자 추이(누적기준)

한 인프라를 통해 개발된 국내 제품의 우수성이 함께 작용한 것"이라고 설명했다.

실제로 앞서 지난 2일 우리나라가 제안한 코로나19 등 감염병 진단기법이 국제 표준화기구(ISO)의 국제 표준(International Standard)으로 제정됐으며, 표준 감염병 진단 기법은 '유전자 증폭 방식'의 체외진단검사를 수행하는 검사실의 운영 절차 및 방법 등을 정의한 것이다. 식약처는 "이를 통해 향후 국내 진단시약의 국제 신뢰도가 한층 향상되고 국산 체외진단의료기기의 해외시장 확대에도 추진력을 받을 것"이라며 "앞으로도 K-진단시약의 경쟁력이 지속될 수 있도록 개발·허가를 적극적으로 지원해나가겠다"라고 밝혔다(Medigate News, 2020.12). 그러나 코로나19 초기 방역물품 부족 대란을 겪은 세계 각국은 자국 내 생산시스템 구축을 통한 안정적인 보건·방역 물품 공급망을 확보하고, 자국산 우선 원칙을 적용하는 등 까다로운 인허가제도 운영으로 외국기업의 자국 내 시장 진입을 제한하고 있다. 또한, 방역제품의 시장 유입 증가 및 공급과잉으로 인한 가격 경쟁 심화는 우리 기업의 해외 진출에 또 다른 걸림돌이 되고 있다. 이제 K-방역물품의 지속적인 수출 확대를 위해 세계 시장 변화의 면밀한 파악과 신속한 대응 방안이 필요한 시점이다(Kotra 해외시장 뉴스, 2020.10).

셋째, 코로나19로 인해 전 세계가 온라인 수업 등 '에듀테크' 수요를 늘릴 수밖에 없는 지금, 관련 한국기업들도 코로나19 사태를 해외진출 기회로 삼아야 한다. 코로나19가 확산하는 가운데 중국 내 온라인 교육 이용자는 2018년 말 대비 2억 2,200만 명 늘어 약 4억 2,300만 명에 달하는 것으로 나타났고, 미국에서도 대다수 지역이 휴교 조치를 내리면서 홈스쿨링에 대한 구글 검색 관심도는 코로나19 사태 이전 10~30점대에서 100점으로 치솟았으며, 현지 문구 · 완구 업체는 홈스쿨링을 위한 제품을 속속 선보였다. '디지털 네이티브'라고 일컬어질 만큼 인터넷, 모바일 등 디지털 문화에 친숙한 Z세대의 증가는 에듀테크 확산의 촉매제 역할을 할 것으로 예상된다(무역뉴스, 2020.5). 국제무역통상연구원에 따르면 우리나라 에듀테크 기업들은 수학 · 외국어 교육, 영유아 학습시장 등에서 축적한 노하우와 우수한 IT 기술을 결합한 서비스를 강점으로 내세워 해외진출을 추진 중인 것으로 알려졌다.

특히, B2B 거래 비중이 높고, 콘텐츠 제공(43.9%) 방식이 가장 많으며, 서비스(31.7%), 솔루션 제공/시스템 구축(22.5%)이 뒤를 잇고 있다. 수출 대상으로는 외국의 일반 사업체가 전체의 60%를 차지한 데 이어 교육기관, 정부 · 공공기관 등의 순이며, 이들을 대상으로 수출하는 경우가 가장 많고, 해외 현지 생산, 유통계약, 라이선싱, 프랜차이징 등의 형태로 진출하고 있다(애플경제, 2020.7). 이들에게 코로나19는 새로운 무역시장을 개척하는 기회가 될 수도 있다는 분석이다. 하지만 교육 부문의 디지털 전환에 대한 강력한 사회적 공감대 형성, 교육현장의 문제해결을 위한 에듀테크의 다양한 시도, 그리고 이를 수용할 수 있는 제도 개선이 뒷받침되지 않는다면 교육 디지털화를 선도할 수 있는 절호의 기회를 놓칠 수 있다고 전망했다(베이비타임즈, 2020.6).

넷째, 코로나19를 계기로 금융의 비대면 · 디지털화가 급부상하는 만큼 핀테크 기업의 해외진출이 원활해질 수 있도록 맞춤형 지원체계를 구축하는 것이다. 국내 핀테크 시장은 2015년을 기점으로 빠르게 성장하기 시작해 현재 국내에는 400개가 넘는 핀테크 기업이 운영되고 있다. 하지만 이 중 실제로 활발하게 활동하고 있는 기업은 시장 선점에 성공한 소수 기업인 것이 사실이다. 핀테크 기업이 급속도로 증가하던 2015년에 비해 새로운 기업이 등장하는 속도는 갈수록 더뎌지고 있다.

이런 가운데 해외 시장에서 기회를 찾으려는 기업이 늘어나는 추세다. 이성복 국내자본시장 연구원은 국내 핀테크 기업이 해외로 진출해야 할 이유를 세 가지로 꼽았다. 첫째는 국내 경제 규모다. 그에 따르면 국내 금융 발전 수준은 미국과 비슷하지만, 경제 규모가 작기 때문에 핀테크 기업이 국내에만 머물기에는 한계가 있다는 것이다. 고령화 시대에 접어든 국내 인구구조도 핀테크 기업에는 유리하지 않다. 핀테크에 익숙한 연령대는 20~40대이지만 국내는 빠르게 고령화되고 있어 디지털금융에 익숙한 연령층이 상대적으로 적다는 설명이다. 밀레니얼층이 이끌어가는 미국이나 젊은 층 인구가 국내보다 월등히 많은 동남아 같은 곳으로 진출하는 것도 하나의 방법이라고 소개했다. 핀테크 특성상 비대면으로 서비스를 이용할 수 있기 때문에 국경을 생각할 필요가 없다는 점도 해외 진출을 가능하게 하는 이유다. 과거에는 국내에서 성공한 후 해외에 진출했지만, 금융의 디지털화로 순서를 구별할 필요가 없어졌다는 것이다. 덧붙여 "디지털 금융의 특성상 해외진출이 어려운 것도 아니기 때문에 이제 해외 진출은 선택이 아니라 필수"라고 말했다(벤처스퀘어, 2019.7).

4. 디지털 글로벌 협력과 해외진출 활성화를 위한 정책방안

코로나19로 인한 언택트 시대가 도래하고, 디지털 기술의 발달과 제조업의 서비스화 등의 영향으로 서비스 교역은 계속해서 커질 전망이다. 따라서 정부는 이와 관련한 다양한 산업 분야를 지원하고 있다. 특히 유망한 콘텐츠산업, K-방역, K-에듀테크, 핀테크 등 여러 분야에서 한국기업들의 해외진출을 지원하는 정책들을 제안하고 있다. 하지만 무엇보다 우리나라 기업들이 해외진출 시 또는 이미 진출한 기업 그리고 해외진출을 준비 중인 기업들이 어떠한 어려움을 겪고 있는지 조사해보고 이에 맞는 타당한 정책들을 제시해야 할 것이다. 서비스산업 해외진출 현황과 애로요인 분석 자료에 따르면 서비스 기업들은 자체 시장 발굴 여력 부족에 대해 가장 큰 어려움을 느끼는 것으로 조사되었고, 이미 해외에 진출한 기업들은 '코로나19 사태'를, 진출 준비 중인 기업은 '해외 바이어 발굴 어려움'과 '진출 자금 조달 애로'라고 주로 응답했다. 대부분 업종에서 '해외 바이어/수요 발굴 어려움'을 가장 큰 애로

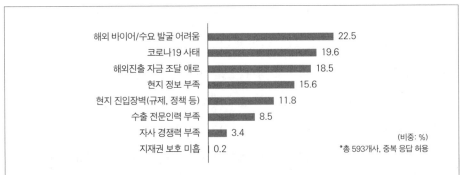

애로 요인	문화 콘텐츠	컴퓨터/ 정보	제조 관련	디자인	교육/ 에듀테크	의료/ 헬스케어
해외 바이어/수요 발굴 어려움	21.6	21.9	21.6	34.5	18.1	28.1
해외 진출 자금 조달 애로	19.5	21.6	18.2	17.9	15.3	15.6
코로나19 사태	16.5	17.2	29.5	16.7	20.8	15.6
현지 정보 부족	14.9	16.9	12.5	11.9	13.9	17.2
현지 진입장벽	11.3	12.5	9.1	4.8	13.9	15.6
수출 전문인력 부족	9.8	7.8	8.0	13.1	12.5	6.3
자사 경쟁력 부족	5.8	2.2	1.1	1.2	5.6	1.6

주 1) 표본 30개사 이상 업종만 표기
   2) 애로 요인 1, 2위 음영 표시

출처: 국제무역통상연구원, 서비스산업 해외진출과 업종별 진출 애로요인, 2020

[그림 16-2] 서비스산업 해외진출과 업종별 진출 애로요인

요인으로 지적했으며, 해외진출 확대를 위해 가장 필요한 정부지원으로는 현지 수요 개척을 위한 마케팅 지원을 언급하고 있다.

따라서 국내기업의 자체 글로벌 경쟁력 강화와 정부의 정책적 지원만으로는 해외 진출이 어려운 상황에서 기업들의 원활한 해외진출을 위해서는 해외에서 이미 경제적 네트워크를 가지고 있는 한인경제의 주축이 되는 '한상'과 해당 국가의 '한인회' 등과 협업할 수 있는 제도적·환경적 기반을 구축할 필요가 있을 것이다. 외교부가 공개한 2019 재외동포 현황에 따르면 재외동포는 749만 3,587명으로 나타나고 있다(연합뉴스, 2019.9). 한상네트워크에 대한 관심은 있지만, 한민족 상호 간에 교류와 협력을 확대할 수 있는 제도적 기반도 미약하고 유태인이나 화교처럼 체계화되어 있지 않은 것이 문제다. 따라서 정부는 제도적으로 좀 더 체계화된 글로벌 네트워크 시스템을 만들고 이를 통해 각국에 있는 한인 경제인들과 국내 기업인들이 서로 상생하고 시너지 효과를 낼 수 있는 선도적이고 현장감 있는 글로벌 진출 지원책을 제공할 수 있도록 밑거름을 뿌려야 할 것이다. 둘째, 우리나라는 OECD DAC(Development Assistance Committee, 개발원조위원회) 공여국으로서 공적개발원조를 수행할 책무를 가지고 있으며, 해마다 ODA 지원금액과 사업이 확대되어가고 있다. 특히 올해 정부는 2021년도 공적개발원조(ODA)사업에 사상 처음으로 4조 원 넘게 투입한다고 했다. 신종코로나바이러스감염증으로 심각한 위기에 처한 개발도상국의 경제회복을 위해 기존 ODA사업에 디지털 뉴딜과 그린 뉴딜을 접목하는 한편, 신남방·신북방 정책이 성과를 내는 데 ODA를 활용하고 있다. 현재 우리나라의 개발협력사업 체계는 KOICA(한국국제협력단)와 EDCF(한국수출입은행)로 이원화되어 운영되는데, KOICA는 무상 원조를 중심으로 추진하는 반면, EDCF는 기업유치를 수반하여 운영되고 있다. 따라서 KOICA와 EDCF는 소관 부처 및 사업 추진체계가 다르기 때문에 ODA사업의 효율성을 높이기 위해서는 분절적 추진체계를 단일화하고, 원조정책 수립단계에서부터 더욱 종합적이고 체계적인 정책 수립이 필요하다는 의견이 꾸준히 제기되고 있다. ODA의 외교적·인도적 목적도 중요하지만, 국가의 경제적인 실익 또한 무시할 수 없는 상황이기 때문에 현재 유·무상에 따라 분리된 기관을 통합하여 효율적인 사업을 진행할 필요가 있다. 일본의 경우 한국과 해외 개발지에서 부딪히는 경쟁국 가운데 하나다. 일본의 ODA 지원 국가는 경제성장률이 높은 동남아시아에 집중되어 있으며, 한국과 ODA 지원국이 중복되면서 현지에서 인프라 수주 경쟁이 벌어지기도 한다. 아마다 기요시 일본국제협력기구(JICA) 홍보실장에 따르면 일본이 공적개발원조(ODA) 강국인 배경에는 효율적인 행정 구조에 있다고 했고, "JICA가 ODA 단일조직으로 기능하면서 효율적으로 프로젝트를 진행할 수 있게 됐다"라면서 "특히 미얀마의 틸라와 경제협력산업단지 프로젝트를 통해 통합 효과를 확인했다"라고 말했다(이코노미조선, 2019.11). 현재 일본의 ODA 기능은 JICA가 전담하고 있다. 기존에 무상차관, 기술협력, 유상차관 기능을 각각 외교부, JICA, 국제협력은행(JBIC)이 분담했는데 2008년 통합했다. 일본 정부는 중소기업 제품의 해외수출을 지원하기 위해 ODA를 활용한 지원정책을 강화하고 있고, 해외사업 경험과 네트워크가 부족한 중소기업들이 정부의 ODA 지원을 받음으로써 해외진출을 원활하게 하며, 개도국이나 일본경제에도 기여하기 위한 정책을 꾸준히 지원하고 있다. 우리나라도 일본의 JICA 사례를 참고할 필요가 있다. 즉, KOICA와 EDCF로 이원화되어 있는 체계를 일원화하는 것이 좀 더 효율적인 해외지원사업을 운영할 수 있는 것이 아닌지 검토해야 한다. 따라서 정부는 체계적인 운영을 통해 중소기업들이 해외에 진출할 수 있도록 ODA를 적극적으로 활용해야 하며, 이를 기반으로 기업뿐만 아니라 대학도 함께 참여할 수 있도록 기반을 조성해야 한다. 대학에서는 해외에 진출하는 기업들을 위한 글로벌 경쟁력을 갖춘 인재양성을 해야 하며, 학생들이 다양한 경험을 할 수 있는 기회의 장을 제공해야 한다. 그리고 기업들은 해외진출 시 양질의 교육을 통해 글로벌 경쟁력을 갖춘 학생들에게 일자리를 제공함으로써 기업·대학·정부 모두가 상생할 수 있는 길을 만들어야 한다. 따라서 관·산·학이 하나가 되어 유기적으로 움직일 수 있도록 체계적인 접근이 필요하다. 현재, 정부기관 등에서 대학이 참여할 수 있는 해외진출 인재양성 관련 프로그램은 〈표 16-1〉과 같다.

정부는 기관별 다양한 프로그램을 운영하고 있지만, 점차적으로 대학과 함께 해외진출 인재양성 프로그램을 확대할 필요가 있으며, 장기적인 틀 속에서 운영해야

〈표 16-1〉 국제 관련 프로그램

주관	프로그램명	지원 내용
교육부	전문대학 글로벌 현장학습	전문대학 학생들에게 다양한 해외 현장학습 기회를 제공함으로써 글로벌 마인드 및 전공실무능력배양, 취업역량을 향상하도록 지원하는 프로그램
국립국제교육원	한·미 대학생 연수(WEST)	비즈니스 어학연수와 다양한 분야의 인턴십을 통해 대학생들이 글로벌 감각을 갖춘 핵심인재로 성장할 수 있도록 지원하는 정부 해외인턴 프로그램
KOICA	ODA 영프로페셔널	KOICA해외사무소 및 ODA사업수행기관 등 국제개발협력 사업현장에서 실무경험을 통해 글로벌 인재로 성장하고 취업역량을 높일 수 있는 프로그램
농촌진흥청	해외농업기술개발센터 파견 KOPOA 연구원 및 연수생	KOPIA 사업추진을 위해 아시아·중남미·아프리카 등 21개국의 KOPIA센터에 파견되어 현지에 필요한 맞춤형 농업기술연구와 지원업무를 수행하는 프로그램
법무부	청년 법조인 해외진출아카데미	청년 법조인의 국제경쟁력 강화 및 해외인턴 파견 준비를 위한 전문교육과정 프로그램
외교부	외교부 재외공관 공공외교 현장실습원	대한민국 청년들이 공공외교활동을 통해 공공외교에 대한 이해를 높이고 해외공공외교의 현장을 직접 체험할 수 있는 프로그램
기획재정부	한국수출입은행 청년인턴(EDCF 부문)	개발도상국의 경제개발 지원을 위한 대외경제협력기금(EDCF) 업무를 경험해볼 수 있어 국제기구 개발협력 전문가로 성장하기 위한 교두보가 될 수 있는 인턴프로그램
한국산업인력공단	K-MOVE, 청해진 등	청년들을 글로벌 인재로 육성하고 해외진출을 할 수 있도록 지원하는 프로그램
세계한인무역협회 (OKTA)	글로벌취업지원사업	해외 한인무역인 네트워크를 활용하여 국내 청년들을 대상으로 질 좋은 일자리를 제공하여 글로벌 인재양성 도모

출처: 한국산업인력공단, 해외취업의 모든 것, 2021

할 것이다. 동시에 해외진출을 위한 기업들과의 매칭을 통해 청년 일자리 확보와 중소기업의 인력난을 함께 해소할 수 있도록 해야 할 것이다. 이를 통해 대학에서는 선제적으로 학생들의 글로벌 능력배양을 위한 교육을 실시하고, 산업체에서는 글로벌 경쟁력을 갖춘 학생들을 적극 활용함으로써 학생들에게 일자리 기회를 제공하게 된다. 정부는 국가 간 협약과 해외네트워크를 적극적으로 지원하여 기업체가 원활하게 해외에 진출할 수 있도록 교두보 역할을 해야 한다.

5. 기대효과

정부와 산업체 그리고 대학이 함께 유기적 상호협력을 한다면 해외진출에 많은 시너지 효과를 얻을 수 있을 것이다. 무엇보다 대학에서 해외진출을 하고자 하는 학생들을 양성하여 해외인력자원으로 키운다면 미래 한국의 글로벌 네트워크의 중요한 자산이 될 수 있을 것이다. 둘째, 기업들은 정부의 해외네트워크 지원 프로그램을 통해 해외로 진출할 수 있는 기반을 조성하고, 대학으로부터는 맞춤형 우수인력을 통해 실질적인 업무를 수행할 수 있는 인적자원을 확보함과 동시에 청년일자리 문제에도 기여할 수 있을 것이다. 이러한 산 · 관 · 학의 시너지 효과를 내기 위해서는 정부의 실질적인 중심적 역할이 가장 중요하다고 판단되며, 이러한 산 · 관 · 학 협력이 우리나라가 미래 경제 강국으로 한발 앞서갈 수 있는 마중물이 될 수 있을 것이다.

5부

복지 및
재난관리
스마트화

17장
포용복지 실현

이병태

1. 들어가는 글

정부가 표방하는 '포용복지'는 혁신적 포용국가라는 국가발전전략 차원에서 제시됐다. 개별 복지정책을 넘어 사회정책으로서의 위상을 강조하면서, 경제정책과 대등하고 독자적인 역할을 강조한다. 특히 복지의 양적 확대만을 강조하는 것이 아니라 시장 중심의 공급의존을 벗어나거나 사회적 권리를 보장하는 개혁과제들을 포괄하고 있다.

부양의무자 기준과 장애등급제 폐지, 국민연금 소득대체율 인상과 사각지대 해소, 국민연금기금의 민주적 운용과 사회책임 강화, 건강보험 보장성 강화와 이를 위한 안정적인 재정구조 마련, 사회서비스 공공인프라 확충과 좋은 일자리 보장 등 주요 개혁과제들은 포용복지 실현을 가늠할 수 있는 시금석이기도 하다(이재훈, 2019). 복지정책은 기본적으로 정부 중심으로 시행되어야 하나 현대사회의 구조상 정부가 모든 국민의 복지를 부담하기에는 분명한 한계가 있다. 따라서 정부-사회-개인이 연계하여 고도의 복지를 구현해나가야 한다.

디지털 기술의 발달, 특히 4차 산업혁명 기술의 확산은 두 가지 측면에서 복지정책과 연계된다. 그 첫 번째는 이른바 '디지털 복지'로 4차 산업혁명 시대를 살아가기 위한 디지털 기술에 대한 '디지털 디바이드(Digital Divide)'를 해소하는 것이며, 두 번째는 디지털 기술을 통해 복지정책을 더욱 고도화하여 국민 삶의 질을 향상시키는 것이다. 본 제안은 포용복지의 개념을 현실화시키고, 복지정책이 사회안전망과의 연계 속에서 정책적 시너지효과를 구현할 수 있도록 하는 데 목표를 두고 있다.

2. 정책 현안과 문제점

2.1 디지털 디바이드

현대사회의 특징은 '광속변화'의 사회라고 한다. 기술은 물론이고 사회제도나 기능마저 과거와는 비교되지 않을 정도로 빠른 속도로 변하고 있다. 특히 디지털 기술의 경우 어제와 오늘이 다를 정도로 기술의 변화 속도가 빠르다.

이러한 변화 속에서 특히 높은 연령층의 국민이 갖는 소외감은 커질 수밖에 없으며, 상대적으로 젊은 층과의 단절은 더욱 심화될 것이다. 모든 국민이 갖고 있는 스마트폰도 젊은 층은 쉽게 기능에 적응하지만, 어르신들은 수많은 기능의 1%조차 활용하지 못하는 경우가 대부분이다.

특히 전대미문의 코로나19 위기는 사회 제반 영역에서 격차 확대 가능성을 증폭시켰다. 모든 위기 국면마다 극복과정에서 국민 삶의 격차가 벌어져왔다는 우려와 함께 코로나19 위기 극복과정에서 격차 해소에 대한 관심이 고조되고 있다.

소득 격차의 문제 그리고 교육 격차의 문제와 더불어 이젠 디지털 격차 문제가 부각되고 있다. 코로나19 이후 온라인을 통해 많은 업무와 활동이 이루어지는 비대면 시대를 맞이하여 정보의 격차가 삶의 격차를 좌우할 것으로 예상된다. 일례로 젊은 세대는 온라인을 통해 게릴라성 마스크 거래로 마스크를 구매하는 반면, 노년층은 발품으로 몇 시간씩 줄을 서서 구매하는 양상이 보였다. 그뿐만 아니라 재난지원금 신청에서도 간편한 신청 절차의 혜택을 누리지 못하는 계층이 있었으며, 같은 재난지원금임에도 제로페이 등을 통한 적립과 보너스 등 부가적인 혜택을 누릴 수 있음에도 고령자, 장애인 등은 그 혜택을 누리지 못하는 사례도 빈번한 것으로 나타난다(KISO, 2020).

현대사회는 빠르게 모바일 중심으로 전개되고 있으며, 모바일에 탑재되는 많은 앱은 어르신들에게는 더 큰 스트레스로 작용하게 될 것이다. 그뿐만 아니라 일반행정에서부터 가전제품, 자동차 등 생활 속의 모든 가전과 기기들이 더욱더 디지털 중심으로 전개될 것이기 때문에 정부 차원에서 '디지털 디바이드'에 대한 해소방안이 시급히 마련되어야 할 것이다.

2.2 복지행정의 디지털화

우리나라는 세계 톱 클래스의 전자정부 국가다. 수많은 행정업무가 디지털화되어 행정관청을 찾지 않더라도 집이나 사무실에서, 그리고 모바일로 업무를 처리할 수 있다. 특히 우리나라는 지난 11일 유엔이 발표한 '2020년 유엔 전자정부 평가'에서 '온라인 참여지수' 부문 공동 1위, '전자정부 발전지수'에서 2위를 달성했다(뉴시스, 2020).

사실 복지의 개념은 대단히 광범위하다. 국민을 더욱 안전하게, 편안하게 그리고 행복하게 삶을 영위하게 하는 모든 정부의 정책이 복지정책과 연결되어 있다고 할 수 있다. 정부에서 야심 차게 발표한 이른바 '한국판 뉴딜정책' 중 디지털 뉴딜 12개 분야 중 3개 분야 이상이 연결되어 있다. 특히 '사이버 K-방역체계 구축'과 '스마트 의료 및 돌봄 인프라 구축'은 디지털 복지정책의 반영이라고 볼 수 있다.

SK텔레콤이 지난해부터 중점 추진해온 인공지능(AI)을 활용한 '돌봄 서비스'가 정부 '디지털 뉴딜'사업으로 지정되어 전국으로 확산된다. 최근 코로나19 감염증 사태로 복지 현장에 비대면 돌봄 서비스 요구가 늘어나면서 민간 기업이 해온 서비스가 정부 국정 과제 사업으로 채택되는 성과로 이어진 셈이다.

SK텔레콤 AI 돌봄 서비스는 AI 스피커를 활용하여 독거노인의 생활을 돕고 치매 예방 등에 활용하는 것으로, 일종의 디지털 사회공헌이다. 또 SK그룹 차원의 정보통신기술(ICT)을 활용한 사회문제 해결 등 기업의 '사회적 가치' 실현 활동의 일환으로 도입됐다.

현재 서울 성동구, 양천구, 영등포구, 서대문구, 강남구, 경기 화성시, 대전 서구 등 전국 14개 지자체 약 3,100가구 독거노인들이 사용 중이며, 디지털 뉴딜사업으로 지정되면서 전국으로 확대되고 있다(아이뉴스, 2020). 우리는 이미 CCTV의 촘촘한 네트워크가 범죄예방, 부녀자 보호 등에 큰 성과를 거두고 있다는 사실을 알고 있다. 물론 CCTV의 개인정보 노출이라는 문제점이 지적되고 있지만 말이다.

그러나 아직도 입법화되지 않고 있는 원격진료 문제는 정부가 해결해야 할 큰 과제 중의 하나다. 많은 선진국이 이미 시행하고 있는 원격진료 문제를 아직도 이익단체의 반대에 부딪혀 입법화가 지연되고 있는 것은 국회와 정부가 대국민 복지정책을 방기하는 것이다.

우리나라가 전자정부 분야에서 세계 일류수준의 위상을 확보하고 있으나, 아직 개별적인 행정 분야의 S/W에서는 뒤처지는 분야가 많다. 120조 원을 넘어서는 복지예산이 제대로 적재적소에서 집행되고 있는지를 분석하는 S/W 개발, 소외계층을 위한 맞춤형 복지정책을 위한 시스템 개발, 그리고 무엇보다 복지행정의 디지털화를 위해서는 복지정책 디지털 시스템들이 사회안전망 시스템과의 결합을 통한 이른바 복지-재난 디지털 플랫폼이 구축되어야 한다.

현대사회의 특징은 복지와 재난에 대한 문제를 나누지 않고 연계시킴으로써 시너지효과를 상승시키는 데 있다고 할 수 있다. 협의의 복지 개념(노령, 질병, 가난, 실직 등)에서 광의의 복지 개념(협의 개념 + 개인의 적극적 권리 보장 등)으로 이행하는 과정에서 복지-재난을 융합한 사회안전망 디지털 플랫폼의 구축이 요청된다고 하겠다.

2.3 정책의 시사점

우리는 지금 4차 산업혁명 기술이라는 거대한 물결의 한가운데에서 생활하고 있다. 세계는 광속으로 변해가고 있으며, 여기서 뒤처진다면 우리는 영원히 2등 국가로 전락하고 말 것이다. 디지털 기술은 복지정책뿐만 아니라 정부의 모든 행정 분야에서 전환되어야 한다. 행정의 효율성, 낭비 요소의 제거, 예측 가능성 등을 고려할 때 '전자정부'라는 형식적 틀과 콘텐츠 서비스만으로는 부족하다.

특히 정부나 지자체는 국민의 혈세를 제대로 쓰고 있는지 스스로 분석하고 감시할 수 있는 분석 툴을 개발해야 한다. 복지 분야에서는 복지예산의 누수, 예산 중복 등 예산 운용의 효율성에 관한 시스템 개발이 요구되고 있다.

또한, 복지 분야와 사회안전망과의 연계 문제다. 앞서 언급한 바와 같이 현대사회의 사회안전망은 개념의 확대와 더불어 더욱더 촘촘하게 구축되는 특징이 있으므로 디지털 기술을 활용한 사회안전망 플랫폼과 복지 분야의 여러 시스템이 연계되어 시너지효과와 더불어 효율성 증대에 집중해야 할 것이다.

3. 맞춤형 디지털 포용복지

3.1 맞춤형 디지털 디바이스 해소 교육

3.1.1 실버세대를 위한 디지털 교육

과거 실버세대를 위한 복지정책은 대부분 보조기구 지원이나 돌봄 서비스 등 아날로그 방식이 주류를 이루었다. 그러나 3~4차 산업혁명 기술의 보급이 확산되고 사회생활의 모든 수단이 디지털 기반으로 전환되면서 디지털 교육을 받지 못한 노령세대는 더욱더 사회와 유리되면서 소외되어갔다.

이에 정부는 이들에 대한 복지정책을 1차적으로 이른바 디지털 디바이드 해소에 맞추고, 특히 유선인터넷망을 중심으로 한 정책에 주력해왔다. 인터넷에 연결된 사이트에 접속하여 정보를 찾고, 이메일을 작성하여 보내고, 인터넷쇼핑몰에서 구매하는 방법 등에 주력해오다 보니 새롭게 등장한 모바일 디바이드 문제를 간과한 측면이 있었다. 모바일의 경우 발전 속도가 빠르고 활용 방법 또한 라이프사이클이 짧아 노령세대는 지속적이고 주기적인 교육이 필요하게 되었다.

많은 지자체가 온·오프라인에서 문화강좌를 개설하고 노령세대를 위한 디지털 교육 프로그램을 강의하고 있으나 아직은 집단적 교육에 그치고 있다. 따라서 노령세대도 좀 더 촘촘히 구분하여 교육의 효율성을 높이는 맞춤형 디지털 교육이 요청되고 있다. 특히 코로나19 현상 속에서 비대면 온라인 생활이 일상화되고 각종 앱 활용도 증가하면서 더욱 강화된 디지털 교육이 요구된다.

기존 실버세대는 물론 뉴 실버세대와 액티브시니어 세대는 적극적으로 사회에 적응하기 위한 노력을 지속할 것이다. 우리나라의 노령층 취업률은 20% 초반대를 유지하고 있으며, 80%대의 노령층은 일자리를 갖고 있지 않다. 일자리를 구하기도 쉽지 않지만, 정보검색, 매치메이킹 등 노령인구를 위한 효율적이고 체계적인 DB 및

<표 17-1> 실버세대 정보화교육 세부 내용

분야	기존 실버세대	뉴 실버세대	액티브시니어 세대
자가 테스트	• 자가 테스트를 통해 스스로 어느 계층인지를 확인 후 교육 • 교육은 평생교육 포털 등을 통해 시행 • 소지하고 있는 휴대폰을 어디까지 활용하고 있는지 확인		
ICT 교육	• 기초 ICT 교육 중심 • 인터넷 검색 • 이메일 활용 • 기본 문서작성	• 기존 실버세대 교육 • 기본 S/W 활용 • 온라인 쇼핑몰 접속 및 구매기능 • Office 활용	• 뉴 실버세대 환경 • 기존의 실무 ICT 역량을 보유하고 있어 응용 S/W 등 필요 부분 교육
앱 활용	• 스마트폰 기본 앱 교육	• 스마트폰 및 웹 활용 기본 앱 교육	• 뉴 실버세대 교육 및 필요 부분 앱 교육
스마트폰 활용	• 기본적인 활용 방법 교육	• 모바일 인터넷 활용 • 메시지, 카카오톡 등 SNS 활용법 • e비즈니스 활용법	• 뉴 실버세대 교육 • 다양한 앱 활용 및 인터넷 비즈니스 활용
실버시장 진입	• 자녀의 도움을 통해 접근할 수 있는 교육	• 스스로 접근할 수 있는 교육	• 스스로 접근할 수 있는 교육

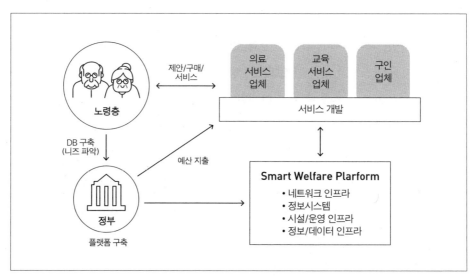

[그림 17-1] 노령인구를 위한 스마트 플랫폼 구축 다이어그램

플랫폼 구축을 통해 노령층의 정보와 니즈를 파악하여 노령층의 제2의 삶을 적극적으로 지원해야 할 것이다. 플랫폼은 비단 노령층의 재취업뿐만 아니라 교육, 의료정보 등 다양한 서비스를 제공할 수 있어 정부와 민간의 협력이 요구되고 있다.

3.1.2 소득 격차에 따른 디지털 디바이드 해소

2000년 6월 24일 KAIST에서 열린 온라인 포럼에서 교육 전문가들은 코로나19 이후 선진국과 개도국, 부유층과 저소득층, 비장애인과 장애인 등 국가, 인종, 계층에 따른 디지털 격차를 줄여 교육 불평등 해소에 머리를 맞대야 한다고 촉구했다.

레베카 윈스럽 미국 브루킹스연구소 교육센터장은 "교육 시스템은 학부모의 소득 격차에 따라 100년의 격차가 있었는데, 코로나19 이후 100년의 격차는 더욱 커질 수 있다"라면서 "케냐에 글로벌 뱅킹이 새롭게 출범한 이후 더 이상 지점을 만들지 않고 모바일로 은행 업무를 볼 수 있게 된 것을 교육 분야에도 적용해 교육 격차 해소에 활용할 수 있을 것"이라고 제안했다.

그는 이어 "교육체계는 접근성 강화, 양질의 교육, 적절한 교육 등 세 가지 단계를 밟아가면서 선진화된 교육 시스템으로 정착되는데, 이번 코로나19를 계기로 새로운 기술과 데이터를 활용해 세 가지 단계별 과제를 동시다발적으로 적용함으로써 교육 시스템 대변혁을 통해 교육 불평등을 해소해야 할 것"이라고 말했다.

강상욱 과기정통부 미래인재정책국장은 "코로나19 이후 시행하고 있는 온라인 수업의 만족도는 결국 교사와 학생 간 '디지털 리터러시' 부족에서 시작됐다"라며 "학생들에게 기기 활용방식을 알려줘 능동적 수업 참여를 유도하고, 교사에게는 장비와 콘텐츠 제공 등을 통해 디지털 리터러시 증대를 유도해야 온라인 수업 만족도와 효율성을 높일 수 있다"라고 주장했다(디지털타임스, 2020).

사실 현대사회에서 부모의 격차(소득, 학력 등)가 그대로 자녀에게 대물림되는 현상은 일상적이다. 아직도 많은 학생이 비대면 온라인 교육을 위한 환경에서 소외되고 있다. 이들에 대한 교육은 물론 디지털 디바이드 공급 등 격차 해소를 위한 정책이 시급하다.

3.1.3 기타 계층의 디지털 디바이드 해소

NIA는 보고서에서 "모바일을 통한 전자상거래와 스마트팜(Smart Farm) 운용 등 지속적으로 변화하는 디지털 환경에서 농어민이 자신이 원하는 목적에 맞게 스마트 기기를 활용할 수 있도록 하는 교육 지원이 필요하다"라며 "농어민 간 연령과 거주 지역에 따른 디지털 격차 해소를 위한 정책 지원이 필요하다"라고 강조했다. 도시에서 멀리 떨어져 있고 고령화로 심각한 인구 감소를 경험하고 있는 도서, 산림 같은 낙후 농어촌 지역은 공동체 해체 위기에 직면해 있어 디지털 격차 해소가 시급하다는 지적이다(NIA, 2020).

2018년 말 기준 농어민의 디지털 정보화 종합수준은 일반 국민 평균을 기준으로 69.8% 수준에 그치는 것으로 나타났다. 이는 장애인의 디지털 정보화 수준(74.6%)보다 떨어지는 수치다. 이 보고서는 "세계 최고 수준의 인터넷 보급률과 정부의 꾸준한 노력에도 농어민과 일반 국민 간의 디지털 격차는 지속적으로 커지고 있다"라고 진단했다.

4차 산업혁명 기술은 어느 특정한 계층만을 위한 기술은 아니지만, 교육받지 못하는 계층에게는 혜택도 주지 않는다. 평생 오프라인에서 농사만 짓던 농부가 하루아침에 스마트팜을 어떻게 이해할 수 있겠는가? 따라서 정부는 맞춤형 포용복지를 실현하기 위해서라도 계층별 디지털 교육 프로그램에 대한 체계적인 준비를 서둘러야 한다.

3.2 복지행정의 디지털화 확산

3.2.1 전자정부 플랫폼의 개선

앞서 언급한 바와 같이 우리나라는 전자정부 분야의 톱 클래스다. 세계가 인정하는 전자정부 선진국인 셈이다. 그러나 디테일 측면에서는 많이 뒤지는 모습이다. 정부24시 등 각종 정부 사이트에 접속해보면 기본적인 데이터 서비스는 그런대로 구조를 갖추고 있다고 할 수 있으나, 아직도 S/W나 프로그램 측면에서는 톱 클래스라는 말이 무색하다. 너무나 많은 정부 관련 사이트가 난립해 있고 어디에 들어가야 내가 원하는 정보를 얻을 수 있는지 알 수 없다. 따라서 이에 대한 통합적 구조로의 개선이 필요하며, 맞춤형 또는 분석기능이 현저히 떨어진다. 모든 사이트가 각자의 영역에서만 운영되고 있어 연계정보를 얻기 어려운 실정이다.

현대사회의 특징은 기술이나 경영도 융합(convergence)에 기반을 두고 있다. 통계청의 각종 통계는 나름대로 해당 분야의 통계자료를 DB화해놓았지만, 타 데이터와의 연계는 불가능하다. 또한 분석기능도 통계청에서 제공하는 서비스만 받을 수 있다.

통계청의 많은 데이터가 빅데이터로서 기능하려면 좀 더 디테일한 분석 S/W 개발이 필요하다. 그 수많은 데이터를 초보적인 DB 서비스로 사장시킬 수는 없다. 이는 비단 통계청 사이트만의 일은 아닐 것이다. 정부는 제공하는 디지털 서비스의 규모와 내용, 질을 분석하여 맞춤형 서비스가 될 수 있도록 개선해나가야 할 것이다.

3.2.2 감시기능으로서의 디지털 기술 활용

정부의 모든 정책과 정보는 국민의 요청이 있으면 공개되어야 한다. 최근 직접민주주의에 대한 국민적 요구가 높아가고 있는 현상과도 상통한다. 국회가 정부를 감시하고 감독한다고는 하나 뭐 하나 제대로 하는 것이 없다.

정부의 정책들이 상호 충돌하는 것은 없는지, 적정예산이 편성되고 집행되는지, 예산의 투입이 중복되는 경우는 없는지, 공무원이 예산을 착복하는 경우는 없는지 시스템적으로 국민이 볼 수 있도록 S/W와 프로그램을 만들어야 한다. 정부가 국회에 제출하는 형식적인 온라인 자료만으로는 이러한 감시기능을 하기 어렵다. 대부분 행정은 예산을 수반하고, 이는 국민의 혈세로부터 나온다. 국민의 알권리 차원에서도 반드시 필요한 사항이다.

최근 실시된 NIA의 조사 결과 등에 따르면, 아직까지 국내에서는 활용 수준이나 기반, 인프라와 제도 정비 등 수준에서 기대에 미치지 못하는 상황이다. 이는 빅데이터 분석을 활용해 고객만족도를 크게 향상시키고 내부 업무의 운영 효율성을 극대화하는 해외 기업들의 사례와 비교해보면, 4차 산업혁명 시대의 도래를 앞둔 시점에서 시급히 개선되어야 할 부분으로 판단된다(최재경, 2016).

3.2.3 의료분야 빅데이터 활용 및 원격진료시스템 시행

의료분야에서는 인터넷으로 내부망에 연결된 병원 내부의 정보공유 및 활용은 큰 진전이 있었으나, 빅데이터 분야는 의미 있는 발전이 보이지 않는다.

최근 국회를 통과한 이른바 '데이터 3법'이 향후 기존 데이터 활용범위를 확대하여 빅데이터 기반 제품과 서비스의 질 개선 및 신규 비즈니스 모델 발굴이 가능할 것으로 기대된다(바이오타임스, 2020).

그동안 문제가 되었던 개인정보 문제 개정안의 주요 내용은 개인정보보호 소관 부처를 '개인정보보호위원회'로 일원화하고, 중복규제를 없애는 것이다. 이 때문에 기업과 개인이 데이터를 활용할 폭이 넓어질 것으로 기대된다. 특히, 개정 전에는 개인정보와 관련된 사항만 있었으나, 개정 후에는 개인정보뿐만 아니라 가명정보와 익명정보 개념도 도입해 활용범위를 확장했다.

그러나 무엇보다 중요한 것은 원격진료시스템의 빠른 도입이다. 지금까지 매년

<표 17-2> 의료 빅데이터 활용 강화 분야

분야	의료 빅데이터 활용사례
개인 맞춤형 의료/관리	• 연령별, 지역별, 소득수준별 맞춤형 건강증진/검진 서비스, 만성질환 맞춤형 관리 • 개인의 신체 상태, 식습관, 생활패턴 등 의료 데이터를 활용하여 질병 예측 및 예방을 위한 건강 관리 　예) 셀바스AI(셀비체크업) • 유전정보 분석을 통한 미래 발병 가능 질환 예측 및 병원 · 의료진 추천 • 사업장별(단체), 근로환경별(개인) 건강위해요소 예측 및 조기경보
의료 질과 안전 향상	• 유전적 특성에 기반한 약물 효과성 분석, 예측기반 치료 최적화(맞춤약물)
임상 의사결정 지원	• 질환별 새로운 학술정보와 치료법 등을 의료진에게 통합 제공 • 영상자료, 유전정보, 투약 및 수술기록 등 데이터를 종합적으로 분석하여, 인공지능과 결합안 임상의사 결정 지원 　예) 뷰노(본에이지), 루닛(Scope), IBM(왓슨)

논의는 되고 있으나 한 걸음도 나아가지 못하고 있다. 그러나 불행 중 다행히도 코로나19 덕분에 다시 활발하게 논의가 시작되었다. 정부에서는 2020년 2월 말부터 한시적으로 전화 진료를 허용한 이후 지금까지 26만 건 이상의 처방이 이루어졌으며, 코로나19 상황이 계속되는 한 이 숫자는 계속 증가할 것이다. 정부는 비대면 서비스의 활성화를 전면에 내세우고 있으며, 여기에는 원격진료가 포함되어 있다. 최근의 한국판 뉴딜정책에는 원격진료가 제외되었으나 어차피 원격진료는 의료법이 개정되어야 하기 때문에 국회의 책임이 막중해졌다(디지털 헬스케어, 2020).

원격진료시스템은 이제 더 이상 밥그릇 싸움으로 시간을 낭비해서는 안 된다. 수많은 일자리와 국민에게 더욱 안전하게 의료서비스를 제공하고 복지정책을 시행할 수 있는 환경을 만들어가야 한다.

3.3 선진국의 사례

3.3.1 미국의 경우

미국은 특히 노령층에 대한 디지털 행정이 눈에 띈다. 노인국에서 제공하는 소셜미디어 서비스 역시 AoA를 통해 노인복지서비스 및 각종 프로그램과 유용한 정보를 서비스하고 있다. 한편 '구글 헬스'의 경우 미국 내에 거주하는 자국민을 대상으로 무료로 PHR(Personal Health Record)에 기반을 둔 개인의 건강 및 의무기록을 온라인상에서 관리하고 주치의, 가족 및 보호자가 공유하는 서비스를 시행하고 있다.

지터벅(Jitterbug)의 24시간 통화지원서비스, AT&T의 Universal Design, 치매 예방 앱인 Brainy App 등 노년층을 위한 다양한 ICT 복지정책이 시행되고 있어 선진 일류 국가의 면모를 과시하고 있다.

3.3.2 독일의 경우

독일은 ICT 정책만으로 보면 미국보다는 정밀하지 못하다. ICT 분야의 특화된 정책인 iD2010 실행계획과 IDK2020 프로그램을 통해 전체적인 ICT 정책을 조율해나가고 있다(미래창조과학부, 2017). 이 정책을 통해 의료분야 텔레매틱스 인프라 확충, 정보격차 해소 및 실버세대를 위한 다양한 복지정책이 시행되고 있다. 또한 '미래 디지털 독일 사회 구현을 위한 선언문(Shaping the Digital Future in German: 2008년 발표)'을 통해 e-헬스 및 원격진료 그리고 보건진료 시스템 구축 등 복지정책을 추진하고 있다.

3.3.3 일본의 경우

일본은 2007년부터 소위 단카이 베이비붐세대(1947~1949)가 은퇴하면서 실버산업이 크게 발전하게 되었다. 특히 고령화가 심화되면서 2020년까지 첨단 의료서비스, 헬스산업 개발, 해외시장 진출 등 전체 시장을 730조 원 규모의 시장으로 육성한다는 계획이다.

이러한 계획을 바탕으로 은퇴자 고급인력을 위한 텔레워크(Telework)를 통한 U-Work(유비쿼터스 패러다임에 따른 근무 환경) 정책을 실시하고 있다. 파나소닉은 영업직 3만 명이 재택근무를 하는 등 일본 전체 취업인구의 15%가 원격근무를 하고 있다. 또한, 2001년 허용된 원격의료시장은 2010년 이미 30조 원 규모의 시장으로 성장했고, 직간접 고용효과는 450여만 명에 이르고 있다(미래창조과학부, 2016).

3.3.4 기타 국가의 사례

영국은 'Telecare 프로젝트'를 통해 개인에게 직접적으로 제공하는 '응급체계 모니터링 원격의료' 서비스를 제공하고 있다. 이는 알람 서비스와 전화 응급체계 서비스, 라이프스타일 모니터링 서비스, 그리고 혈압 등 의료정보를 전송하는 원격의료 서비스를 포함한다. 또한 'Get Digital' 프로그램을 통해 65세 이상 노령층의 인터넷 접근성을 지원하고 있다.

핀란드는 이미 1990년대에 제조업, 서비스업과 함께 국가성장동력으로 ICT를 채택함에 따라 세계 최고의 국가경쟁력을 갖춘 정보사회의 선도국으로 부상했다. 2008년 「High-Quality Service for Older People」이라는 보고서를 통해 고령자 복지 문제를 국가 주요 어젠다로 설정했다. 이에 따라 고령자를 위한 ICT협회 창립, 고령자를 위한 디지털도서관 구축, 홈셀프케어를 지원하는 'KAKETE'를 통해 만성질환자, 치매환자 등을 대상으로 디지털 진료팀과 집에서 공동 치료가 가능하게 되었다.

〈표 17-3〉 해외 빅데이터 활용 사례

국가	사례
핀란드	국가 전자환자기록 도입, 환자는 포털을 이용해 자신의 임상기록 및 접근권한 관리
덴마크	국가에서 구축한 포털을 통해 진료기록의 99%가 병원에서 주치의에게로 전달
영국	완전한 디지털화 기반 마련 목표로 전자의무기록 등을 모두 통합한 시스템 구축 중
중국	빅데이터 기술과 기존 의료산업의 융합 추진, 빅데이터로 병원 공실률 감소
미국	민간단체에서 임상데이터 수집, 환자들의 리얼월드 경험과 결과 바탕으로 100건이 넘는 논문 발표

규제기관	사례
EMA	• 임상시험뿐 아니라 유전체, 모바일 헬스, 소셜미디어 등 빅데이터 규제 활용방안 모색 • 유럽연합 전체 의료 데이터에 접근할 수 있는 플랫폼 'DARWIN' 구축, 규제에 활용 예정
FDA	• 약물감시체계 센티넬, 시판 후 안전성 감시 넘어 활용도 높이고 외부 접근 확대 계획 • 의약품 효능 확인에 리얼월드 자료 활용 검토, RCT를 리얼월드 데이터로 대체할 수 있는지 연구 진행 중 • 제약회사의 원시자료를 직접 업로드하는 시스템 구축, 규제평가 간소화 방안 모색

출처: 323쪽 미래창조과학부, 2015년 빅데이터 글로벌 사례집, 2016

4. 사회안전망과 연계전략

인간은 역사 이래로 자연으로부터 그리고 같은 인류로부터 수많은 재난을 당해 왔다. 이 수많은 재난을 조기에 발견하고 함께 대응했더라면 수많은 생명을 보호하고 재산을 지킬 수 있었을 것이다.

인류는 역사의 시작과 함께 자연과 인간으로부터 동시에 위협을 받기 시작했다. 지진, 화산, 홍수, 전염병 등 자연재해로부터 그리고 전쟁, 각종 범죄 등 인공재해로부터 수많은 위협과 고통을 당하고 있다. 자연재해는 과학기술의 발달로 어느 정도 예측이 가능해졌으나 아직도 매년 자연재해로 수만 명의 인류가 사망하거나 재산과

터전을 잃고 있다.

사회가 고도화되고 분화 · 융합을 반복해가면서 국가의 구성원인 국민은 오히려 수많은 사회적 위험과 위협에 더 많이 노출되고 있다. 인위적 재난으로부터, 테러로부터, 잠재해 있는 대형 재난으로부터, 각종 사회악으로부터, 사회범죄로부터, 그리고 국민의 권리에 어둠의 손처럼 마수를 뻗는 썩은 권력으로부터 선량한 국민의 생명과 재산이 위협받고 있다. 이러한 위협과 위험으로부터 국민을 보호하는 것이 진정한 사회안전망이다.

대부분 국가가 고도의 복지국가를 지향하고 있지만 아직도 범죄, 각종 재해, 노령, 질병, 실업, 빈곤, 산업재해 등 기본적인 사회보장에서도 예산과 시스템의 부족 그리고 사회적 부정(기업과 공무원)으로 인해 사회안전망으로부터 효과적으로 보호받지 못하고 있다. 또한 전 세계적으로 수많은 재난이 하루도 쉬지 않고 발생하고 있다. 그러나 국가가 이 모든 재난을 예방하거나 구조할 수도 없고, 그럴 능력도 없다.

따라서 모든 국민이 보이지 않는 커뮤니케이션 네트워크(Communication Network)를 통해 스스로 하나의 거대한 네트워크를 구축하여 네트워크 속에서 거미줄을 연결하여 직접 위험을 예고하고 위협을 고발함으로써 스스로를 지켜나갈 수 있는 거대한 사회안전망을 만들어야 한다. 이제 한 나라를 넘어 전 세계가 하나의 네트워크 안으로 들어와야 한다. 세계는 이제 지구촌이다. 전 세계 어디든 이틀이면 갈 수 있다. 미국과 유럽에서 유사한 테러가 동시에 발생하고, 전염병이 일주일이면 전 세계로 번진다. 그래서 이제는 지구촌이 하나의 안전망 속에서 그 안전을 확보해야 할 시점이다.

스마트폰이나 네트워크, 디지털카메라나 CCTV 카메라, 곳곳의 IoT 센서를 통해 거미줄을 촘촘히 연결한다면, 그래서 수많은 잠재적 재난의 위험과 위협을 동영상이나 사진, 문자로 경고한다면 경찰, 소방, 검사 당국, 재난구조 당국으로 그리고 가까이 있는 민간구조대 또는 우리의 이웃에게 전파된다면 지금보다 훨씬 높은 재난으로부터 안전을 확보할 수 있을 것이다.

이러한 디지털 사회안전망이야말로 정부 단독으로 구성하기는 불가능하다. 정부와 사회, 모든 국민이 하나의 눈이 되어 촘촘한 네트워크를 구축한다면 재난이나 범죄로부터 국민이 더욱 편안하고 행복한 생활을 누릴 수 있을 것이다.

5. 맺음말

　4차 산업혁명이 공식적으로 명명된 것이 2016년 1월이다. 3차 산업혁명이 일어난 지 불과 50~60년 만의 일이다. 1차에서 2차로 그리고 3차로 이행된 산업혁명은 그 기간이 점점 단축되고 있다. 그만큼 기술의 진보가 빨라진다는 방증이다. 복지 분야든 다른 행정 분야든 디지털 기술이 접목되고 시행되는 데는 많은 시간이 소요된다. 그러나 기술의 발전 속도가 갈수록 빨라지고 있어 자고 나면 올드 버전이 되고 만다. 그만큼 정부에서는 예측과 준비, 실행에 소요되는 시간을 단축할 필요가 있다.

　현 정부가 주창하고 있는 포용복지에 디지털 기술을 접목하는 일은 이미 많은 진전이 있어왔다. 그러나 아직도 의료분야(원격진료, 빅데이터 활용 등)와 정부감시 분야 등에는 크게 진전된 상황이 없다. 불행 중 다행인 것은 최근 코로나19 상황이 비대면 서비스를 강하게 요청하고 있어 복지 분야에 디지털 기술의 접목 속도가 일정한 성과를 거둘 수 있을 것으로 기대한다.

　그룹이나 집단복지정책에서 디지털 기술을 통한 개인 맞춤형으로의 전환은 보편적 복지정책의 최종단계이기도 하다. 모든 국민이 안전하고 행복한 생활을 영위하기 위해서는 국가와 사회, 국민 개개인이 유기적인 협력을 통해 사회안전망과의 연계가 요청되는 시점이다.

　디지털 기술이 만능은 아니지만 지금까지의 성과들을 분석한 결과 과거의 방식에서 간과한 많은 부분을 조명할 수 있고, 케어할 수 있으며, 좀 더 촘촘하게 개인들의 복지에까지 손길이 미칠 수 있음을 보았다.

18장
디지털 기반 에너지 환경관리

이승환

1. 들어가는 글

　　지금까지 에너지 환경은 생산과 소비가 분리된 상황에서 운영되어왔다. 생산 주체는 오로지 생산만, 소비 주체는 소비만 담당하는 전통적인 구조를 유지해오고 있다. 국내외를 막론하고 공통으로 나타나는 현상이었으며, 최근 들어 신재생에너지가 본격적으로 개발되면서 이러한 에너지 환경 구조에 미세한 변화가 시작되었다. 지금까지 에너지 생산의 대부분을 담당했던 화석연료는 온실가스 발생으로 말미암아 지구온난화, 기상이변으로 인한 엄청난 자연재해를 불러일으키는 주범으로 인식되고 있다. 이러한 환경에서 전 세계는 화석연료 감축을 통해 온실가스 배출을 억제하고 기후변화에 적극적으로 대처하고자 유엔기후변화협약기구를 중심으로 1997년 교토의정서, 2007년 발리행동계획, 2015년 파리협약체결 등을 통해 전 지구적인 에너지 정책의 패러다임에 변화를 제시했다. 미래의 에너지 정책은 전통적인 에너지 환경을 개선해나가면서 과도기적 환경을 거쳐 미래 에너지 환경으로 연착륙할 수 있는 정책으로 입안되어야 할 것이다(환경부, 2015).

2. 국내 에너지 현황 및 문제점

2.1 국내 에너지 생산 및 소비 현황

우리나라의 에너지 구조는 대외의존도가 매우 높아 총 에너지의 95.8% (2015년 기준)를 해외 수입에 의존하고 있으며, 해마다 수입량이 증가하고 있다. 또한 국내 에너지 소비량은 매우 높은 편이다. 2014년 기준 우리나라의 에너지 수입액은 국가 총 수입액의 33.1%를 차지하고 있으며 에너지 다소비국가 5위, 1인당 석유 소비 세계 5위로 매우 높은 수준으로 이러한 추세는 지속되고 있다. 우리나라는 에너지원별 발전량에서 석탄 및 석유, 천연가스 등 화석연료에 의한 발전량이 매우 높은 편이며 원자핵 발전이 그 뒤를 이어가고 있다. 현재 주목받고 있는 친환경에너지인 신재생에너지는 매우 미비한 수준이다. [그림 18-1]에서 보여주고 있는 바와 같이 1997년부터 국내 생산량이 조금씩 증가하는 추세를 보이고 있어 수입의존도는 감소되고 있지만, 여전히 수입되는 에너지의 절대량은 계속 증가하고 있다. 세계 주요 선진국들이 탈원전 선언을 하며 원자력의 공급 증가율이 하락하고 있는데, 우리나라도 최근에 탈원전을 선언하며 핵발전소의 의존도를 점차 낮추고 있는 추세다(환경부, 2015).

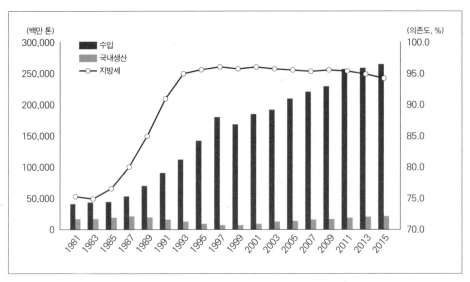

출처: 에너지 통계 핸드북, 한국에너지공단, 2015

[그림 18-1] 국내 에너지 의존율

2.2 국내 에너지 정책의 문제점

우리나라에서 주로 수입하고 있는 화석연료는 지구에 한정되어 있다. 현재와 같은 추세라면 석유는 46년, 석탄은 122년, 천연가스는 64년이면 대부분 고갈될 것으로 예측된다. 특히 에너지 소비가 지속적으로 증가하고 있기 때문에 고갈 속도는 더 빨라질 수 있다.

[그림 18-2]는 2005년부터 10년 동안 국제유가 동향을 보여주고 있다. 화석연료의 급격한 가격변동은 우리나라에 큰 부담이 된다. 아직까지 우리나라는 화석연료에 대한 의존이 높으며, 다른 선진국들에 비해 현저히 낮은 재생에너지 발전량을 보여주고 있다. 그에 따라 전 세계에서 글로벌 재생에너지산업 종사자 수가 1천만 명을 돌파했지만, 우리나라의 경우 2018년 기준으로 약 3만 5천 명에 불과했다.

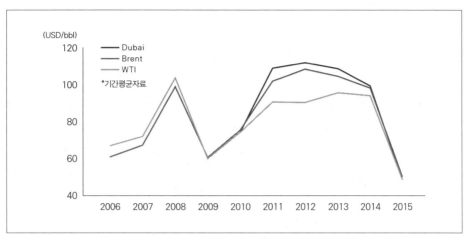

출처: Petronet, 기간평균자료

[그림 18-2] 2005~2015년 국제유가 동향(한국에너지공단)

비중이 적은 재생에너지 중에서 정책적인 논의가 전력에 치중했고 가스, 열 등 다양한 에너지원에 대한 고려가 부족하다. 2017년 기준 에너지원 단위(toe/1천 달러)는 한국 0.159, 미국 0.123, 일본 0.089, OECD 평균 0.106으로 구조적 특성에 의한 에너지 소비가 높다. 전력으로의 에너지 소비 대체현상이 지속되고 있으며, 이러한 현상은 저효율 소비구조의 지속성을 야기할 수 있다(박정순, 2018; 환경부, 2015).

3. 에너지 디지털화에 대한 국내외 적용 사례와 시사점

3.1 글로벌 에너지 패러다임의 변화

과거에는 신기술의 등장으로 새로운 에너지원이 추가되었다면 지금은 새로운 에너지원 활용이 아닌 에너지 대체, 에너지 수요관리로 변화하고 있다. 새로운 에너지원 활용이 아닌 에너지의 지속 가능성이 더 중요한 이슈가 되고 있다. 전 세계에서 신재생에너지 확대와 에너지 효율 향상을 위한 신기후체제가 출범하면서 화석연료 문제에 대한 변화가 이루어지고 있다. 유엔 경제사회이사회 특별협의지위기구인 UN SDGs에서는 자원의 지속 가능성과 보편적인 에너지 사용에 초점을 두어 에너지 부문의 국제적 협약을 이루고 있다. 그뿐만 아니라 이전에는 화석연료 자원의 확보가 중요한 가치였다면 이제는 지속 가능한 자원의 확대로 그 가치와 정책목표가 변화하고 있다. ICT, IoT, 인공지능 등 첨단기술 발달로 분산 전원방식을 확대하는 등 에너지신산업 발전이 이루어지고 있으며, 수요반응시장이 확대되고 프로슈머 활성화를 이루어 전력시장에 변화가 생겼다.

[그림 18-3]은 지난 10여 년간 OECD 국가들을 중심으로 에너지 전환이 급속도로 진행되는 추세를 보여주고 있다. 2040년까지 발전 부문 전체 투자 중 무려 72%가 재생에너지 부문이 차지하고 있는데, 이는 에너지 전환이 글로벌 경제성장의 새

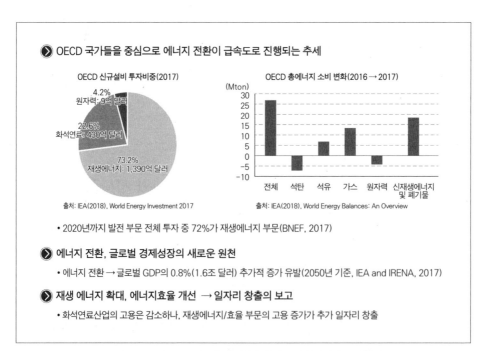

[그림 18-3] OECD 국가들의 신규설비 자 비중 및 총에너지 소비 변화

로운 원천으로 부각하고 있음을 볼 수 있다. 재생에너지 확대와 에너지효율 개선을 통해 화석연료산업의 고용은 감소하겠지만, 재생에너지와 효율 부문에서의 고용수요 증가가 추가 일자리를 창출할 것으로 보인다(임재규, 2018).

3.2 디지털 에너지 혁명 및 시사점

3.2.1 에너지 디지털화의 영향 및 시장동향

디지털화는 에너지 시스템을 포함하여 경제 전반에 걸쳐 정보통신기술 (ICT)이 점차 증가하고 있음을 나타내며 인공지능(AI, Artificial Intelligence), 사물인터넷(IoT, Internet of Things) 및 4차 산업혁명 같은 다양한 디지털 기술, 개념 및 추세를 포괄하는 의미로, 놀라울 만큼 빠르게 발전하고 있다. 오늘날 디지털 기술은 수십 년 동안 에너지 시스템을 개선하는 데 중요한 역할을 해왔으며, 최근 에너지 시스템에 디지털화를 적용하는 확산 속도는 더욱 가속화되었다. 디지털 전기 인프라 및 소프트웨어에 대한 글로벌 투자의 경우 최근 몇 년 동안 매년 20%씩 증가했으며, 가스 화력 발전 투자에 대한 증가율을 추월했다.

에너지 기업은 수년간 디지털 기술을 채택하여 화석 자원의 회수율을 높이고 생산 공정을 개선하며 비용을 줄이고 안전성을 향상시키는 데 일조해왔다. 디지털화의 가장 큰 잠재력은 에너지 부문의 발전과 소비 부문 간의 경계를 좁히고 유연성을 높이며 전체 시스템을 통합할 수 있는 기능이다. 디지털화를 통해 상호 연결된 전력 그리드에서 2040년까지 10억 가구와 110억 개의 스마트기기가 연결될 것이며, 이를 통해 기존 소비자는 에너지 시장에서 공급자가 될 수 있는 참여 기회를 얻게 된다. 〈표 18-1〉은 주요 선진국의 에너지 디지털 정책 관련 중점 추진방향과 목표를 비교하여 보여주고 있다(삼정 KPMG, 2019).

〈표 18-1〉 주요 선진국의 에너지 디지털 정책 관련 중점 추진방향과 목표(삼정 KPMG, 2019)

구분	에너지전환정책(2010년)	청정성장전략(2017년)	에너지전환법(2015년)	제4차 에기본(2014년) 제5차 에기본(2018년)
중점 추진 방향	① 통합적 에너지 전환 (Sector Coupling) ② 디지털화 (Digitalization) ③ 저탄소화(온실가스 배출 저감)	① 2025년까지 석탄 발전소 단계적 폐쇄 ② 청정, 스마트, 유연한 전력 공급 ③ 저탄소 성장 집중 투자(2021년까지 25억 달러)	① EU 기후에너지정책 준용 원전 감축 ② 재생에너지 비중 확대	① 재생에너지의 주력 전원화 ② 천연가스 역할 확대 ③ 원자력의 점진적 감축 ④ 에너지 효율 증진 도모
주요 목표	• 재생에너지 전원 비중 2030년 65%, 2050년 80%(2017년 37% 달성) • 온실가스 감축 2030년 55% 이상 감축, 2050년 80~95% 감축(1990년 대비)	• 배출집약도 매년5% 감축 • 2020년 저탄소 에너지원 비중 40%로 확대 • 온실가스 2050년 최소 80% 감축(1990년 대비)	• 2030년 1차 에너지 화석연료 소비 30% 감축(2012년 대비) • 최종 에너지 소비 2030년 20%, 2050년 50% 감축(2012년 대비) • 온실가스 2030년 40%, 2050년 75% 감축(1990년 대비)	• 2030년 전원 비중 재생에너지 22~24%, 천연가스 27%, 원자력 20~22% • 온실가스 2030년 26%, 2050년 80% 감축

3.2.2 에너지 디지털화가 수요 및 공급에 미치는 영향

디지털 기술은 자율주행 자동차, 스마트홈, 스마트공장과 같이 에너지 소비 부문에서 광범위하게 적용된다. 진화된 기술은 에너지 효율을 향상시키고 에너지 사용을 감축할 수 있도록 할 것이다. 그러나 기술 발달로 인한 에너지 효율 개선에 대한 효과는 논쟁의 대상이 되어왔으며, 총에너지 소비 관점에서 오히려 리바운드 효과를 야기한다는 시각도 존재한다. 리바운드 효과란 [그림 18-4]에서 보여주고 있는 바와 같이 에너지 효율이 높아져 자동차 주행에 필요한 연료량이 기존보다 줄어들어 지불가격이 낮아지면 소비자 입장에서는 에너지 사용 부담이 감소하여 오히려 더 쉽게 많은 에너지를 쓰게 되는 현상을 의미한다. 국가, 지역마다 상이한 리바운드의 크기에 따라 에너지 효율 향상이 가져오는 에너지 감축 효과가 달라질

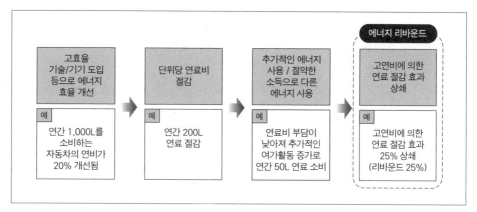

출처: '에너지 산업의 디지털화가 가져올 미래', 이슈 모니터 100호, 2019

[그림 18-4] 에너지 리바운드 효과

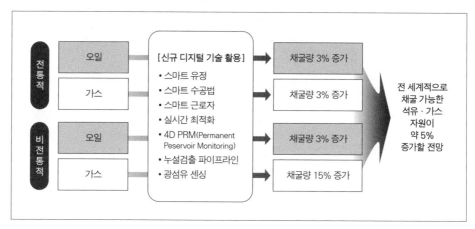

출처: '에너지 산업의 디지털화가 가져올 미래', 이슈 모니터 100호, 2019

[그림 18-5] 디지털화에 따른 채굴 가능한 자원 증가

것이다(임재규, 2018).

　화석연료 생산 부문은 디지털 분야에서 비교적 오랜 역사를 가지고 있다. 특히 업스트림 부문에서는 디지털화가 오퍼레이션을 더욱 향상시킬 잠재력이 있다. [그림 18-5]에서 보여주고 있는 바와 같이 빅데이터와 AI의 발전은 더 빠르고 정확한 분석을 가능하게 함으로써 채굴의 효율성을 높일 것이며, 이를 통해 채취 및 판매비용이 감소할 것으로 예상된다(삼정 KPMG, 2019). 디지털 기술을 활용하여 지표면에 대

한 모델링이 향상되면 재고 자원, 내부의 지질학적 특징, 유체 분배 및 흐름을 정확하게 묘사하여 생산을 최적화할 수 있다. 화석연료 채굴뿐 아니라 발전 영역에서도 디지털화가 중요하다.

3.2.3 에너지 디지털화에 대한 리스크 및 대응 방안

에너지 디지털화는 여러 가지 리스크를 가지고 있으며, 이는 에너지 시장에만 국한되는 문제는 아니다. 에너지의 디지털화에 따른 대표적인 리스크는 [그림 18-6]에서 보여주고 있는 바와 같다. 리스크의 첫 번째는 보안이다. 에너지 시장의 디지털화는 사이버 공격 같은 디지털 위험에 더 취약하게 만들 수 있다. 지역발전소가 공격을 받아 수천 개의 가정에 전력이 끊기는 일도 발생할 수 있다. 이런 리스크를 완화하기 위한 관리의 중요성은 더욱 강조될 것이다. 정부와 기업은 사이버 위협으로부터 대응하기 위해 협력해야 한다. 사이버 공격에 대한 완전한 방어는 불가능하지만, 조직이 대비를 잘하면 그 영향은 제한적일 수 있다.

두 번째는 개인 프라이버시 침해 문제다. 에너지 시장의 디지털화가 가속됨에

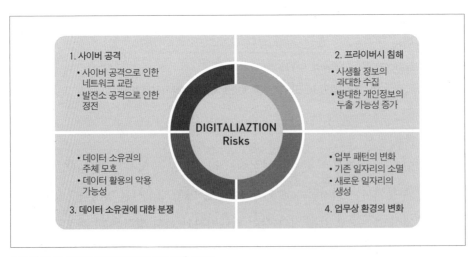

출처: '우리나라 에너지 전환정책의 현황과 향후 과제', 2018

[그림 18-6] 에너지의 디지털화에 따른 대표적인 리스크

따라 연결된 기기 수가 증가하고 스마트미터 등에서 개인에 대한 더욱 상세한 데이터가 수집된다. 그러면 언제 어디서 무엇을 하는지 알 수 있게 된다. 이에 따라 프라이버시 침해가 문제시되며, 이러한 데이터 소유권이 누구에게 있는가도 문제다. 개인 소비자는 스마트기기 및 설비에 대한 올바른 사용법을 교육받아야 하며 책임에 대해 스스로 인지해야 한다. 정책입안자는 프라이버시 침해에 대한 우려를 에너지 시스템의 디지털화를 포함하여 다른 목표들과 균형을 맞춰야 한다. 또한, 새로운 질서를 위한 정책 프레임워크를 설계하는 것이 필요하다.

세 번째는 기술 및 일자리에 미치는 영향이다. 가장 눈에 띄는 변화는 업무 패턴과 작업 방식의 변화다. 드론을 통한 탐사, AI를 이용한 데이터 분석과 보고서가 자동으로 작성된다. 이에 따라 일부 부문에서 기존의 일자리가 축소되거나 없어져 실업 문제가 대두된다(임재규, 2018). 따라서 근로자는 변화하는 업무 패턴 및 직무에 빠르게 적응해야 하며, 기업 및 정부는 기술 진보와 비용하락으로 추진되고 있는 에너지 시스템의 디지털화가 작업현장의 변화를 안전하고 지속 가능한 방향으로 이끌어내는 데 초점을 맞춰야 한다.

4. 디지털 기반 에너지 정책 방향 및 제안

에너지원 전반의 공급 최적화와 소비구조 혁신을 포함하는 디지털 기반 에너지로의 전환은 피할 수 없는 트렌드가 되고 있으며, 이에 대비한 중장기적 정책을 마련할 필요성이 있다. 이 장에서는 선행되어야 할 긴요한 주요 정책을 다섯 가지로 제시하고자 한다.

4.1 디지털 기반 에너지전환 맞춤형 인프라 확충

디지털 기반의 에너지전환에 따른 새로운 형태의 인프라 구축을 위해서는 국가 에너지 정보의 수집 및 처리, 공유체계의 에너지 통계, 에너지 빅데이터 구축, 스마트시티의 에너지 플랫폼, 에너지원 복지 전달체계의 통합적 관리와 개선을 통합시키는 방향으로 나아가야 한다. 이러한 디지털 에너지의 종합적인 플랫폼화를 위해서는 국가에서 통합 관리하는 중앙관리센터 설립을 추진하여 전반적인 에너지 정책의 신뢰를 강화할 수 있어야 한다. 이를 통해 에너지 데이터 국가 허브 구축과 함께 에너지 플랫폼 구축, 더 나아가 중장기적인 시각에서 에너지복지 확대 정책을 세워야 할 것이다.

4.2 신재생에너지 중심의 통합 스마트에너지시스템 구축

향후 국가나 기업 차원에서 신재생에너지의 효율을 향상시키기 위한 다각적인 노력이 있을 것으로 예상된다. 그중 하나가 신재생에너지 중심의 통합 스마트에너지시스템 구축이다. 전력, 열, 가스, 수송에너지를 포괄하는 지능형 에너지 시스템으로 생산, 소비, 저장의 최적화를 이루는 지능형 통합 시스템과 재생에너지의 유연성 증대, 집단에너지 인프라 개선을 통한 재생에너지와 집단에너지 보급 확대를 이루고 다양한 신재생에너지 공급시스템 혁신을 통한 안전한 에너지 공급시스템을 아우르는 스마트에너지시스템의 필요성이 대두되고 있다. [그림 18-7]은 신재생에너지 중심의 통합에너지 시스템에서의 에너지 흐름도를 제시해주고 있는데, 신재생에너지를 기반으로 기존 에너지원들과의 유기적인 연결을 활용한 시스템을 구축하는 시도가 이루어질 수 있도록 제도적인 장치를 마련해야 한다(이병태, 2017).

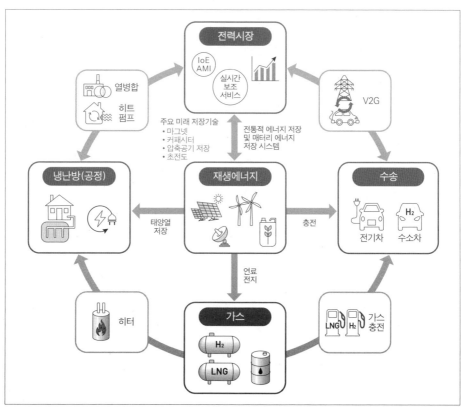

출처: 이병태, 한국전력공사, 2017

[그림 18-7] 신재생에너지 중심의 통합에너지 시스템에서의 에너지 흐름도

4.3 디지털 스마트그리드 시스템 확립

스마트그리드는 '똑똑한'을 뜻하는 스마트(smart)와 전기, 가스 등의 '공급용 배급망, 전력망'이라는 뜻의 그리드(grid)가 합쳐진 단어로 '차세대 전력망', '지능형 전력망'으로 불린다. 〈표 18-2〉는 기존 전력망과 스마트그리드를 다양한 시각에서 비교해주고 있다. 스마트그리드는 전력망에 ICT 기술을 융복합하여 에너지 이용효율을 최적화하는 첨단 전력 네트워크 시스템으로서 지능형 전력수요관리, 신재생에너

<표 18-2> 기존 전력망과 스마트그리드의 비교

구분	기존 전력망	스마트그리드
통제시스템	아날로그	디지털
발전	중앙집중형 전원	중앙집중형 + 분산형 전원
송 · 배전	단방향(공급자 위주), 비실시간	양방향(수요 · 공급 상호작용), 실시간
미터링	전자기계적 미터링	디지털 미터링, RTP 가능
전력공급원	중앙전원, 화석연료 위주	분산전원 증가(신재생, 전기차)
제어시스템	국지적 · 제한적 제어	광범위 · 자동적 제어
운전	수동 감시, 정기적 유지보수	자동 감시, 상태기반 유지보수
고장복구	수동 복구	자가 복구
구매 선택	제한적	다양
신뢰도	신뢰도 낮음 사고 파급 수동 대비	신뢰도 높음 사고 안정 또는 자동 치유 자동 대비
시스템 흐름	수지상, 정해진 방향 전력흐름	네트워크, 다양한 전력흐름

출처: 미국전기전자학회, 2018

출처: 최동배, 한국전력공사, 2018

[그림 18-8] 스마크그리드 접목 미래도시 조경도

지 보급 확대, 전기차 충전 등을 가능케 한다. [그림 18-8]은 스마트그리드의 개념도로서 이종 산업 간의 융복합을 통해 전력망 고도화, 신재생에너지 연계, 전기차 충전 인프라, 지능형 소비자, 신전력 서비스(실시간 요금) 등 광범위한 산업을 포괄하는 개념이다.

4.4 에너지저장시스템(ESS) 및 에너지관리시스템(EMS)의 확립

위에서 언급한 스마트그리드를 제대로 구축하기 위해서는 에너지저장시스템, 스마트계량기, 에너지관리시스템, 분산 전원, 신재생에너지, 양방향 정보통신기술 등이 필요하다. 이 중 핵심은 에너지저장시스템(ESS)이다. 예전에는 수요를 예측해 전력공급량을 조절해도 이미 생산된 뒤 사용하지 못한 전기는 그대로 버릴 수밖에 없었지만, ESS는 대용량 전기를 저장할 수 있게 도와준다(이성인, 2013). ESS를 이용해 전기를 저장할 수 있게 되면 태양광, 풍력, 조력, 파력 등 신재생에너지나 소규모 발전소에서 얻는 소량의 전기를 저장해 나중에 쓸 수 있다. 이렇게 저장된 에너지로 수요와 공급을 적절히 조절해 버려지는 에너지를 최소화한다.

에너지관리시스템(EMS)은 에너지 흐름과 사용의 시각화 및 최적화를 위한 에너지관리 솔루션이다. ICT 기술을 이용하여 시각화 및 제어 기술을 최적화한다. 세계 산업용 EMS 시장은 2013년 113억 달러에서 2020년 224억 달러로 연평균 10.3%씩 증가하고 있다. 세계빌딩용 EMS 시장은 2012년 18억 달러, 2020년 56억 달러로 연평균 15.2%가 증가했다. 하지만 국내 EMS 시장은 초기 단계에 불과하다. 이를 해결하기 위해 정부와 민간의 유기적 협력을 통해 시장이 조성될 때까지 정부의 체계적인 지원이 있어야 한다. 또한, 목표를 명확히 설정하여 기술적, 국내외 시장성을 고려한 중장기적 계획을 수립하여 지원해야 한다(Kotra, 2019).

4.5 디지털 기반의 수요관리 혁신을 통한 고효율 에너지 사회 구현

　　디지털 기반의 수요관리 혁신을 통한 고효율 에너지 사회를 구현하기 위해서는 디지털 에너지에 대한 객관적 검증 평가 시스템 구축으로 포괄적 맞춤형 접근을 통한 수요관리가 필요하다. 또한, 사회적 비용을 반영한 에너지 가격구조 확립과 에너지 과세체계의 공정성·효과성 제고, 에너지효율 향상 촉진 및 국민 수용성 확보를 통한 구조개선으로 합리적인 에너지 소비를 이끌어내야 한다. 에너지원별 공정한 과세체계 구축을 추진하며, 지자체에서 수요관리 역할을 강화하고, 미활용되는 에너지 활용 확대를 추진해야 한다.

5. 기대효과

　　디지털 기반 에너지 정책은 산업뿐만 아니라 가계에 이르기까지 영향을 미치는 것으로 정책 승패는 국가 경제에 엄청난 영향을 준다. 또한, 산업의 발달은 에너지 수요를 더욱더 높여간다. 늘어나는 에너지 수요는 다양한 신재생에너지 개발과 에너지 절감, 최적화된 에너지효율로 대비할 수 있을 것이다. 에너지 디지털화로 인해 에너지 산업의 경쟁력이 부존자원 중심에서 기술력 중심으로 이동하고 있다. 이는 디지털 강국이지만 자원 빈국으로 에너지 산업의 변방에 있던 우리나라에 절호의 기회가될 수 있다. 거대한 변화의 흐름을 인지하고 혁신적인 시도를 두려워하지 않는다면, 우리나라 정부와 기업들은 새로운 에너지 시장에서 새로운 가치를 창출해낼 수 있을 것이다. 현재 기술적 진보와 비용 감소로 인해 에너지 시스템의 디지털 변환이 추진되고 있으며, 디지털 변환을 안전하고 지속 가능한 방향으로 이끌어내는 데 초점을 맞춰야 한다.

19장
재난관리 지능화

표창균

1. 들어가는 글

재난이란 "자연적 혹은 인위적 원인으로 생활환경이 급격하게 변화하거나 그 영향으로 인해 인간의 생명과 재산에 단기간 동안 많은 피해를 주는 현상"으로 정의할 수 있다. 페닥(Petak, 1985)은 재난관리과정을 재난의 완화와 예방, 대비와 계획, 대응, 복구의 4단계로 구분했다. 이러한 재난관리단계는 현재 한국을 비롯한 많은 국가에서 받아들여 효율적인 재난관리를 위해 활용하고 있다.

정부는 2004년 「재난 및 안전관리 기본법」을 제정하여 통합적 재난관리체계를 법제화했으며, 재난 상황 시 컨트롤타워 기능을 청와대 국가안보실이 수행하게끔 대통령훈령인 '국가안보전략지침'에 명시했다. 「재난 및 안전관리 기본법」 중 재난관리단계 용어에서는 예방, 대비, 대응, 복구로 정의하고 있는데, 이는 페탁의 재난관리모형에 따른 것으로 이 과정들에 상호작용의 필요성이 있음을 강조한 것이다(Lee, JI, 2010).

　이처럼 국민 안전과 관련된 재난관리에서 조직 운영의 관점이 아닌 원활한 정보통신기술(ICT) 운영을 통해 지능화된 디지털 재난관리의 필요성은 AI, 빅데이터 등으로 표방되는 4차 산업혁명 시대 산업계 전반에서 변혁이 이루어지고 있으며, 효과적이고 효율적인 관점에서 지능화된 디지털 재난관리가 다양한 현장에서 다루어져야 할 필요가 있겠다.

2. 국내외 재난관리 현황 및 시사점

2.1 국가 재난관리를 위한 국내 추진 실태와 현황

　한국에서 발생한 대형 자연재난으로는 특별재난지역으로 선포된 2017년 규모 5.4의 포항지진과 2016년 규모 5.8의 경주지진이 있다. 이 외에도 2003년 태풍 '매미'는 117명의 사망·실종자와 4조 2,257억 원의 재산피해, 그리고 1만 1천여 명의 이재민을 발생시켜 전국의 14개 시·도와 156개 시·군·구 등에 대해 특별재해지역이 선포되었다. 대형 사회재난으로는 2015년 발생한 중동호흡기증후군(메르스)으로 38명이 사망하고 1만 7천여 명이 격리되었으며, 2014년에는 진도 해상 여객선(세월호) 침몰사고로 295명이 사망했다. 정부는 이러한 재난 상황에 대해 범정부적 대응이 필요함을 인식하고 관련 법 제도의 마련과 대응체계를 갖추어 지속적으로 보완하고 있다.

　그러나 예측 불가능한 재난 발생의 특성상 한계가 있어 이를 보완해줄 수 있는 대체 수단이 필요했다. 그래서 정부는 2004년 「재난 및 안전관리 기본법」을 제정하여 통합적 재난관리체계를 법제화했으며, 2014년 진도 해상 여객선(세월호) 침몰사고로 국민안전처(2017년 지금의 행정안전부와 통합)가 출범했다.

2.2 선진국의 지능형 재난관리 사례 및 시사점

선진국의 사례로 미국 피츠버그시는 교통개선을 위해 개별 신호등마다 실시간 교통 데이터를 수집 제어하는 시스템을 적용하여 자동차의 주행시간 25%, 신호 대기시간 40%가 감소하는 효과를 얻었다. 또한, 사회 난제 해결에 지능화 융합이 보편화되고 있으며, 삶의 양식과 사회 인프라의 변화 등 사회 전반에 광범위한 파급력을 유발한 미국의 도로교통안전국, 테슬라의 오토파일럿 탑재로 차량사고 위험이 40%가량 감소되었다고 발표했다. 특히 저출산과 고령화, 환경과 교통 문제 등으로 폭증하는 사회적 비용을 해결할 수 있는 공공서비스 혁신이 가능하다.

선진국에서는 과거부터 로봇 기술에 매우 높은 수준의 기술유지와 투자를 지속적으로 했으며, 고령자와 장애인 간병 로봇, 루게릭 환자 재활 로봇 활용 서비스 등에 공적 보험을 적용하고 있다. 미국과 독일을 중심으로 한 선진국들은 4차 산업혁명을 선도하는 중이며, 국가별로 대응 전략을 발표하고 있다. 또한 세계 주요 기업들은 4차 산업혁명 기술 선점에 기업의 사활이 걸려 있다고 판단하고 대규모 투자 및 합병을 확대하고 있다.

재난안전산업이 레드오션에서 블루오션으로 이동하고 있으며 스마트 재난안전에 지능화를 기반으로 한 사물인터넷, 빅데이터, 클라우드, 모바일, 자율주행 소프트웨어, 딥러닝, 무인 항공기, 로봇 등 핵심기술이 도입되고 있다. 재난안전 분야의 적용 현황을 살펴보면, 재난구조 등 위험한 일을 인간 대신 재난용 로봇이 수행 및 지원하고, 가상현실과 증강현실 실전 프로그램 기술을 통해 몸이 기억하는 각종 재난 교육과 훈련을 실시하며, 모바일 기반 예보 · 경보 서비스, 지진 · 해양재난 발생 시 신속 정확한 문자메시지 안내, 노후 주요 시설물에 대한 사물인터넷, 드론을 활용한 구호품 수송, 인공지능 기반 실시간 모니터링 및 자가진단 등에 적용하고 있다.

디지털 기반의 지능형 재난관리는 예측·예방기술, 로봇 등을 활용하여 교통체증과 환경오염 등 고질적인 사회 문제 해결이 가능하며, 신성장동력으로 연결되어 현실 세계의 대규모 데이터를 실시간 분석, 맞춤형 정밀서비스 및 사전감지, 예측·예방 서비스 제공 등을 통해 전체 시스템 효율성의 극대화가 요망된다.

3. 디지털 기반 재난관리 지능화를 위한 개선 방향

3.1 디지털 기반 재난관리 지능화 추진 방향

빅데이터, 사물인터넷(IoT), 인공지능(AI) 기술을 활용하여 디지털 기반의 재난관리 지능화를 추진하며, 위험예측 및 위험징후 모니터링, 로봇 및 무인 항공기 등을 활용한 위험지역 대응 활동, 가상현실과 증강현실 기반의 재난대비 교육과 훈련 등 다양하게 활용 및 고도화 추진이 필요할 것으로 제시했다(관계부처, 2017).

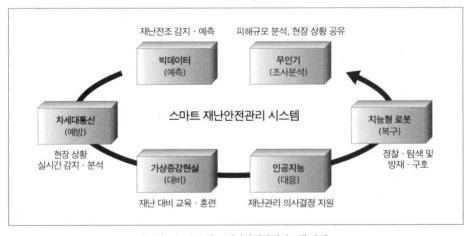

[그림 19-1] 스마트 재난안전관리시스템 사례

이를 통해 [그림 19-1]의 사례와 같이 재난 예측, 현장 상황 감지와 분석, AI를 활용한 효율적인 의사결정, 복구의 전 과정을 연계한 지능화된 재난안전관리시스템 구축을 통해 디지털 기반의 재난관리 지능화를 구체화하여 추진할 필요가 있다.

3.2 디지털 기반의 지능화 재난안전관리 추진

정보통신기술(ICT)을 적용한 디지털 기반의 지능화 재난안전관리를 위해 국가 차원의 통합적인 관리와 대응체계 마련이 필요하며, 이를 위해서는 산업현장, 취약지역, 국민 생활 현장에서 효율적으로 데이터가 수집될 수 있는 IoT, 초소형 센서 등이 5G 등 통신망에 연결되어 데이터를 실시간 수집하고, 정제 · 가공되어 분석될 수 있도록 데이터 기반의 유통체계가 선행적으로 마련되어야 한다. 이를 통해 AI 기반으로 구축된 의사결정분석 지원체계는 실시간으로 수집되는 방대한 데이터를 분석하여 최적의 조치 방안을 적기에 제안해주어야 한다.

지능형 재난안전관리를 가능하게 해주는 정보통신기술은 정부의 국가안보 전략에서 밝힌 바와 같이 효율적이고 통합적인 재해 · 재난관리를 한층 강화하는 데 충분히 기여할 것이다.

민간 및 공공 부문의 빅데이터 공유와 협력이 재난안전 분야 인프라를 확대하고, 새로운 재난정보를 창출함으로써 재난안전산업을 육성하는 데도 일조할 것으로 예상된다(최우정, 2013). [그림 19-2]의 '스마트 빅보드'는 재난관리에 필요한 정보인 과거 재난 이력 정보, 실시간 트윗 정보, 위성영상 등 각종 재난 관련 빅데이터를 분석하여 재난관리 전체 프로세스에 도움을 주는 기능이 있으며, 지능형 재난관리 사례를 제시하고 있다.

4차 산업혁명의 혜택과 이점을 극대화하고, 재난안전관리의 품질을 혁신적으로 향상시키기 위해 정보통신기술, 빅데이터, AI 기반의 지능형 재난관리체계 구축이 보편화되며, 산업 전 분야에 적용되어 필수적으로 추진되어야 한다.

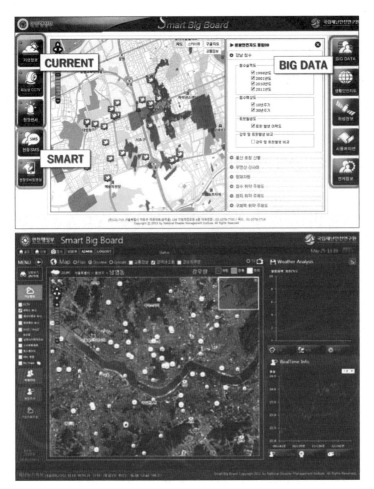

[그림 19-2] 재난 상황 대응을 위한 '스마트 빅보드' 사례

3.3 디지털 기반의 지능화 재난관리체계 정립

현장 전문가가 주도적으로 이끌어오던 정책결정 패러다임은 정보통신기술(ICT)의 발달과 함께 알고리즘 기반의 정책결정, 객관적인 사실과 데이터에 근거한 데이터 기반 정책결정, 객관적 데이터와 기계학습에 근거한 인공지능(AI) 정책결정

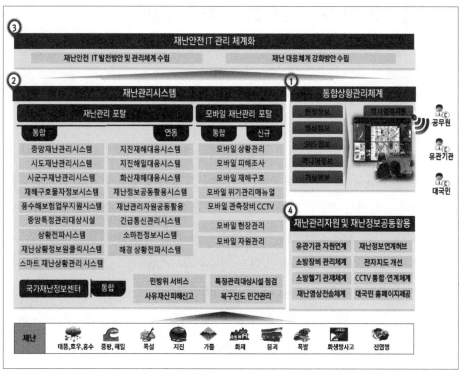

출처: 국가안전처 보도자료, 2016.4.26

[그림 19-3] 통합재난안전정보체계 구축 사례

등으로 변화할 것이다(Yun, SO, Lee, EM, and Sung, WJ, 2018). 이에 따라 [그림 19-3]의 사례와 같이 디지털 기반의 지능화 재난관리체계에 대해 운영개념 등 세부적인 방안을 마련하고 정립해야 한다.

4. 디지털 기반의 지능화된 재난관리 추진 전략

4.1. 디지털 기반 지능화 재난관리 전략

디지털 기반의 재난관리 지능화 추진은 빅데이터, IoT, AI를 활용하여 위험예측 및 위험징후 모니터링, 로봇 및 무인 항공기 등을 활용한 위험지역 대응 활동, 가상현실과 증강현실 기반의 재난 대비 교육과 훈련 등 다양한 활용 및 고도화 추진이 필요하다. 이를 통해 재난예측, 현장 상황 감지와 분석, AI를 활용한 효율적인 의사결정, 복구의 전 과정을 연계한 스마트 재난관리시스템 구축을 통해 디지털 기반의 재난관리 지능화 추진 전략을 다음과 같이 마련한다.

첫째, 이상기상 및 재난 발생을 사전에 예측하고 선제적으로 대응하는 스마트 재난대응체계 구축으로 농어가뿐 아니라 산업 전반의 피해를 최소화한다.

둘째, 인공지능 기반의 스마트 복지시스템을 구축하여 사회적 약자가 겪는 일상의 어려움을 해결하는 돌보미 로봇, 지능형 치매 관리 등을 통해 복지 사각지대 제거 및 차세대 복지산업의 동반성장 추진을 통해 재난관리와 연계한다.

셋째, 미세먼지, 수질오염 등 환경문제에 대응하여 미세먼지 정밀예보, 스마트 상하수도 시스템 등으로 쾌적한 청정국가를 실현한다.

넷째, 안전사고 및 생활범죄 등에 대응하여 사물인터넷으로 시설물 유지관리, 무인 지능형 CCTV(Closed Circuit TV), 해상 스마트 내비게이션 등 안전체계 지능화로 사고 예방과 피해를 최소화함으로써 스마트 재난안전산업 시장을 선점한다.

다섯째, 컨트롤타워와 소방대응력 향상을 위해 가상현실과 증강현실에 의한 교육과 훈련, 저가형 센서와 모바일 기반의 실시간 지진 감지 장치를 개발하여 빅데이터 기반 위험지역을 추출하고 분석을 통해 2차 피해 방지 자동화 기술을 적용한다.

4.2. 분야별 재난관리 지능화 전략

4.2.1 기후환경 변화에 대응 가능한 스마트 재난 대응체계 구축

이상기후 및 재난 발생을 사전에 예측하고, 선제적으로 대응하는 스마트 재난 대응체계 구축으로 농어가의 피해를 최소화하기 위해 해양재난 예측 시간을 2017년 12시간 걸리던 것을 2022년에는 8시간으로 단축을 추진하고 있다. 예방적 재난대응을 위해 병충해 등 지역별·품목별 2020년 재난예측지도 작성, 농장 단위의 조기경보시스템 및 적조 등 수상재난 예측 알림시스템 구축, 가축질병 예방을 위해 무인 항공기 활용, 철새 정밀예찰 및 소독약 살포 기술개발, 빅데이터 기반 구제역 조류 인플루엔자 확산 예측 및 대응 모델 개발, 태풍 등 해양 재난 대응을 위해 해양관측망 지속 확충, 사물인터넷 기반 수집체계 구축 등 재난 예측 정확도 향상 등을 추진해야 한다.

4.2.2 환경 감시 효율화 및 환경 사고 예방 강화

미세먼지, 수질오염 등에 대응하여 미세먼지 정밀예보, 스마트 상하수도 시스템 등으로 쾌적한 청정국가를 실현하기 위해 환경오염과 기후변화 대응 신산업 창출로 인공지능·사물인터넷과 빅데이터 기술을 활용, 원인 규명 및 예보 정확도 향상을 추진한다.

집중관측 데이터 및 국제공동연구를 바탕으로 발생원별 기여도 규명을 추진하고, 원격탐사 및 위성자료 등을 통해 수집된 빅데이터를 기반으로 한국형 대기질 측정과 예보 시스템 구축, 보급형 센서를 활용한 사물인터넷 기반 실시간 모니터링 시스템 구축 시범사업 실시, 국가측정망 미설치 지역 중심으로 설치 추진 및 대국민 공개 플랫폼 개발, 저비용·고성능 소재 개발 및 실증을 추진한다.

중소 사업장에 적용 가능한 미세먼지 및 원인물질 복합제거장치 개발, 사물인터넷을 활용하여 실내 미세먼지에 취약한 노인, 주부, 어린이 집단별 인체 위해성 평가 및 실내 미세먼지 농도 통합관리기술 개발, 시설 노후화 운영비 증가에 대응하여 지능화 기술 등을 접목한 미래형 스마트 상하수도 시스템 구축으로 운영 효율화 및 수질 개선, 무인 항공기와 로봇 등을 접목한 입체적 상시 환경 감시망, 환경감시 빅데이터 플랫폼 구축으로 환경감시 효율화 및 환경 사고 예방 강화 등을 추진한다.

4.2.3 생활 안전사고 및 범죄 대응 인프라 개선

먼저, 생활범죄 및 안전사고 대응을 위해 사물인터넷 시설물 유지관리, 무인 지능형 CCTV, 해상 스마트 내비게이션 등 안전체계 지능화로 사고 예방과 피해를 최소화함으로써 스마트 재난안전산업 시장을 선점하기 위해 노후 시설물에 이상 거동 신속 감지, 초동대처, 구조물 영향분석 지원, 사물인터넷 유지관리 시스템 확산, 사물인터넷 센서와 딥러닝 기반 검출 알고리즘을 이용한 시설물의 변형·변위 등 이상 거동 감지 및 예측 시스템이 개발되어야 한다.

둘째, 노후 시설물 대상 시범운영 및 실증으로 터널, 교량 등 주요 시설물 노후화에 선제적이고 체계적인 대응을 위해 지속 가능한 기반시설 관리 기본법 제정을 추진하고 범죄와 사고 예방을 위해 지능형 기술과 치안 인프라 융합 등을 통해 치안 현장의 문제 해결 및 국민 생활 안전 제고, 실종 아동과 용의자 신원확인 지능형 CCTV, 3차원 얼굴인식, 인공지능 기반 범죄분석, 온라인 음란물 차단, 무인 항공기 기반 자율순찰과 추적 등의 개발 및 범죄 발생 취약지역 대상 실증, 범죄 정보, 범인에 대한 영상 인식자료를 인공지능 기술 등을 활용해 분석하여 신속한 검거와 위험 예방을 위해 분석과 제공, 경찰·공공기관·연구기관이 치안 정보를 다양하게 분석하여 범죄예방과 치안 정책 등에 활용하도록 근거 법령 마련이 필요하다.

셋째, 해상사고 방지를 위해 해안 100km까지 공공안전통신망을 구축하고 전 선박에 최적안전항로 등을 지원하는 스마트 해상 내비게이션 확산, 선박 내 기관과 센서의 모니터링과 진단 등 초고속 해상통신망 구축 및 최적안전항로 등 해상 스마트 내비게이션 서비스 개발과 보급, 스마트 내비게이션 서비스 제공, 선박관리체계를 디지털화하는 국제해사기구 e-내비게이션 제도의 국내 수용 등을 위한 법률 제정이 진행되어야 한다.

넷째, 화학제품 위해성, 식품위조와 변조 등에 대한 과학적 분석과 평가 기술개발을 통해 생활안전에 선제적 대응, 생활 화학제품 안전정보 확인 시스템 고도화 및 인체적용물질의 통합 위해성 평가기술 개발, 불량식품의 감시와 판별, 농축산물 국산 위·변조, 유전정보 기반 수산물 품종 판별 등 식품 위조와 변조 판별 기술의 고도화, 빅데이터, 사물인터넷 등을 활용하여 차량·시설 인력 운행 등 철도 안전관리를 첨단화·과학화하여 안전과 관리효율성으로 사고 건수 30% 절감, 정시율 99.9% 향상을 목표로 한다.

다섯째, 대형 산불, 산사태, 산림병충해 확산 등에 대응하여 드론과 인공지능 등을 활용한 지능형 산림재난 대응체계를 구축한다. 산림재난 조기대응을 통한 산림피해면적을 2022년에는 10% 감축을 목표로 하고 있으며, 위성과 무인 항공기에서 촬영한 영상정보를 인공지능으로 분석하고 산불 확산에 따른 화선의 전개 예측, 헬기자원의 배치 등 사전 예측 및 신속 대응체계 확보를 추진한다.

여섯째, 도시지역 침수 예방을 위한 인공지능 기반의 예보와 경보 및 의사결정 지원체계 구축으로 국민의 재산과 인명피해를 최소화하며, 예방과 경보 정확도 두 배 향상과 대피 발령 시간 2017년 30분 전에서 2022년 2시간 전으로 4배 단축으로 향상될 것이며, 사물인터넷 기반 저가형 수위 유속 계측센서 개발을 추진하고 범람과 침수 이력이 많은 도시유역을 대상으로 2021년 시범 설치하여 검증 후 2022년부터 전국 확산 추진하고, 수자원 전용 위성 개발 및 국토관측 센서 기반 수재해 관리 체계를 2019년 구축하여 고강도 제방 건설 등 피해 저감 기술 개발하고, 분산 운영 중인 홍수피해 관측정보를 연계하여 딥러닝 분석을 통해 도시유역의 강우 패턴에 따른 홍수피해 예측 및 예보와 경보 발령 지원 등 인공지능 기반 통합의사 결정지원 체계 구축과 보급을 추진한다.

일곱째, 컨트롤타워와 재난 대응력 향상을 위해 가상현실과 증강현실에 의한 교육과 훈련, 저가형 센서와 모바일 기반의 실시간 지진 감지 장치를 개발하여 빅데이터 기반 위험지역을 추출하고, 분석을 통한 2차 피해 방지 자동화 기술을 적용하기 위해 2022년부터 기상청에서는 지진관측, 행정안전부의 활성단층지도 등 분산된 지진방재 전문정보를 연계하여 빅데이터 분석을 추진하며, 지역별 위험정보, 대피, 복구 정보제공 등 지능형 지진대응 의사결정지원체계 구축과 보급을 추진하여 지진피해 저감을 위해 인공지능과 빅데이터 기반의 위험 감지와 지능형 의사결정지원체계 마련으로 국민 안전을 확보할 필요가 있다. 아울러, 중대 재난 발생 시 재난 컨트롤타워 상황판단 및 의사결정을 실시간 지원하는 인공지능형 재난대응 표준플랫폼 개발로 과거 재난정보, 지능형 CCTV 및 센서, 인공위성, 현장채증정보, 소셜 네트워크 서비스 등 빅데이터 융합과 재난대응 실패를 최소화하기 위해 핵심 상황판단 사항을 표출하는 인공지능 기반 표준플랫폼을 지속적으로 발전시키고, 안전한국훈련 등 2021년까지 실증을 통해 전 중앙부처 및 지자체로 2022년부터 확산 보급할 필요가 있다.

5. 정책제언

국민의 생활 및 안전과 직접적으로 관련이 있는 재난관리업무는 더 나은 지능화된 디지털 기반 재난관리 마련을 위해 인공지능과 지능정보기술의 융복합을 통해 예측과 위험성 평가 및 저감 활동 등 프로세스별 재난위험의 통합적 관리인 예방 중심의 재난예방으로 스마트한 재난안전관리 시스템으로의 패러다임 변화가 필요하다. 아울러 천재지변뿐 아니라 생활 속에서 국민안전과 관련 있는 안전관리 등 다양한 분야에 예방이 제한된 경우에도 신속하고 안전하게 대응 및 복구가 가능하도록 디지털 기반 재난관리 지능화는 중요한 요소가 되었다.

디지털 기반 재난관리 지능화는 안전한국의 중추적인 역할을 수행하고, 산업 전 분야, 국민 생활 모든 영역에서 관리 및 지원이 될 수 있도록 전략과 대응 방안을 마련하여 추진되어야 할 것이다. 이러한 디지털 기반 재난관리 지능화를 위해 효율적인 정책을 제언하면 다음과 같다.

1. 빅데이터, IoT, AI를 활용하여 디지털 기반 지능화 재난관리 전략 마련
2. 기후 환경변화에 대응 가능한 스마트 재난 대응체계 구축
3. 환경 감시 효율화 및 환경 사고 예방 강화
4. 생활 안전사고 및 범죄 대응 인프라 개선
5. 신속한 재난대응과 관리를 위한 컨트롤타워 역할 정립 및 재난대응 훈련의 정기적 시행

6부

스마트 정부와 공공혁신

20장
디지털 정부혁신 4.0:
4P 정부론

조경호

1. 새로운 세계가 오고 있다

4차 산업혁명과 더불어 코로나바이러스감염증-19(이하 코로나19)의 쓰나미가 전세계를 엄습하면서 정부의 행정환경에 큰 변화가 일어나고 있다. 20세기를 지배했던 베버(Weber)의 이념형 관료제 모델과 경제성장의 + 관계 가설의 수정이 필요하다는 주장이 조금씩 고개를 들고 있다(문명재, 2020: 11; 조경호 · 김형성, 2020: 25). 베버의 이념형 정부 관료제는 합법성과 권위를 바탕으로 정부의 목표를 가장 능률적으로 달성할 수 있는 기제라는 주장에서 출발한다(Weber, 1947). 정부 정책수행 과정의 과학적 관리, 권한의 위임과 위계 시스템을 통한 조직 통제, 그리고 공식화와 표준화에 기반을 둔 업무처리는 산업혁명 이후 20세기 정부 시스템을 지배해왔다.

이념형 정부 관료제 가설의 견고함이 무너지기 시작한 시점은 케이든(Caiden,

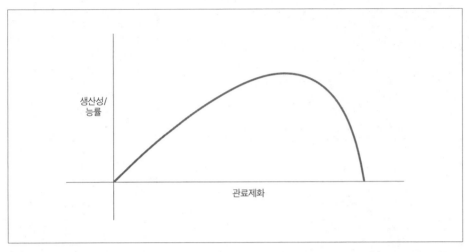

출처: Caiden, 1969

[그림 20-1] 공공 관료제화와 생산성에 대한 케이든의 가설

1969)의 피터 관료제 가설이 대두된 이후다. 관료제가 심화될수록 생산성이 감소된다는 주장이다. 관료제의 특성은 상황에 따라 능률적이기도 하고 비능률로 흐를 수도 있기 때문에 4차 산업혁명과 코로나19의 쓰나미를 겪으면서 노동과 조직에 대한 패러다임 변화가 요구되고 있다([그림 20-1] 참조).

　　케이든의 공공 관료제화에 따른 생산성 하락에 대한 피터 가설은 스위스 장크트-생갈렌대학교(Univ. of St. Gallen)의 2015년 보고서에서 재확인되고 있다. 이 보고서의 요체는 4차 산업혁명 시대가 도래함에 따라 미래 노동환경이 급격히 변화하면서 조직 간의 물리적 경계가 흐려져 전통 관료제 조직의 급격한 해체가 일어날 수밖에 없으며, 절대적인 근무시간보다 창의적 업무 성과를 중시하는 유연한 인사관리가 발전하게 된다는 것이다(〈표 20-1〉 참조).

　　케이든의 피터 관료제 가설은 정부조직의 혁신과 공무원의 인재상 변화를 요구한다. 임용 1년 내 26.5%가 이직하는 우리나라 공직사회는 과도한 의전문화와 유연성이 떨어지는 업무방식의 영향 때문인 것으로 파악되고 있다(경향신문, 2020.11). 대학생과 취업준비생 전체의 37.4%가 공무원시험을 준비하고 있는 현실을 볼 때(세계일보, 2020.10), 임용 1년 내의 높은 이직률은 정부 내의 일하는 방식과 조직문화가 속도감

〈표 20-1〉 4차 산업혁명 시대 이전과 이후의 새로운 관료 시스템 특징 비교

구분	이전의 관료제 특징	미래의 관료제 특징
역량 강조점	일반관리 역량	전문역량, 덕후 우대
인사구조	순환보직	전문가 우대, 개방형
조직문화	위계적 문화	수평적 유연성 강조
의사결정	톱다운 방식	Peer-to-Peer
조직 간 관계	높은 칸막이	개방적 교류와 학습

출처: University of St. Gallen(2015), Arbeit 4.0.

있게 바뀌어야 함을 단적으로 보여주고 있다. 감성경영이 중요해지고 있고, 개인의 개성을 존중하는 다양성 관리가 어느 때보다 중요해졌다.

공직사회에 대한 신뢰 적자도 심각하다. 우리나라 정부의 정보공개나 인프라 투자는 세계 최고 수준인데 정부규제, 노사관계, 투명성 등 제도 운용과 관련된 소프트웨어는 하위권에 머물고 있다. 공직사회에 대한 시민의 불신이 깊다는 것은 사회적으로 매우 비싼 비용을 치르고 성장해나가야 한다는 것을 의미한다. OECD 주요국들이 열린 정부를 추구하면서 정부 신뢰를 최우선 정책목표로 설정하고 나아가고 있다는 것을 감안한다면, 우리나라도 정부 신뢰의 소프트웨어를 새로 장착하고 혁신과 포용의 성장 전략을 추진해야 할 것이다.

2. 지능형 정부혁신 전환의 필요성

2.1 4차 산업혁명의 핵심기술과 정부혁신

4차 산업혁명은 디지털 혁명에 기반을 두고 정부 관료제의 물리적 공간, 디지털 공간 및 생물학적 공간의 경계가 희미해지는 기술융합의 시대를 의미한다. 대표적으로 7대 핵심기술이 거론된다. 〈표 20-2〉는 관련 전문가와 기관이 중요하게 생각하는 4차 산업혁명 핵심기술의 연관성을 나타낸 것이다. 관료제 연관성이 깊은 4차 산업혁명의 핵심기술은 로봇, 인공지능, 빅데이터, 사물인터넷, 클라우드 등으로 파악되었다. 로봇은 공공서비스 분야에서, 인공지능과 빅데이터는 공공 의사결정 분

〈표 20-2〉 4차 산업혁명의 핵심기술

테마(기술)	클라우스 슈밥	거쉰펠트 외 26인	가트너 그룹	통계청	특허청	핵심 테마	관료제 연관성
자율주행차	✓	✓		✓	✓	✓	
로봇	✓	✓		✓	✓	✓	✓
인공지능	✓		✓	✓	✓	✓	✓
빅데이터	✓	✓		✓	✓	✓	✓
사물인터넷	✓	✓	✓	✓	✓	✓	✓
3D 프린팅	✓	✓		✓	✓	✓	
블록체인	✓		✓	✓		✓	
가상현실			✓	✓			
핀테크		✓		✓			
드론				✓			
클라우드		✓			✓		✓
신소재, 에너지	✓						

야에서 관료제와 연관성이 높은 것으로 파악되었다.

〈표 20-2〉의 핵심기술 중 일부는 이미 범용기술로 작용하면서 생산성 개선을 통한 산업고도화에 기여하고 있다. 아울러 이들 기술은 업무 전 과정의 디지털화를 촉진하고 있다. 여기서 지능형 정부의 1차적 정의를 도출할 수 있다. 지능형 정부는 AI 등 4차 산업혁명의 핵심기술 등 디지털 기반을 활용하여 비대면 맞춤형 정부 서비스를 제공하며 일 잘하고 문제를 잘 해결하는 정부를 말한다.

인공지능, 빅데이터, 사물인터넷, 클라우드 등 ICT 기술의 정부관료시스템 활용도가 높아지면서 더욱 많은 사용자가 플랫폼 생태계에 참여할 수 있는 환경이 조성되고 있고, 이에 따라 많은 사용자가 플랫폼에 직접 참여하여 데이터를 지속적으로 생성

지능형 정부
1차적 정의는 디지털 기반의 유능한 정부를 의미하는데, 지능형 정부의 또 다른 축은 열린 정부, 활동을 잘하는 정부를 말한다. 특히 데이터경제가 중시되면서 지능형 정부는 정부와 공공기관의 혁신성장의 매우 중요한 이론적 근거를 제공하게 되었다. 여기서 데이터경제는 디지털 공간에서 펼쳐지는 경제활동이 물리적·사회적 공간의 경제활동과 상호작용하고, 디지털 형태의 데이터와 ICT가 시장과 제도의 열린 정부 활동(예: 데이터거래소, 리빙랩/정책랩/해커톤 등)을 거쳐 사회경제적으로 혁신화 과정, 상업화 과정, 정책화 과정을 촉진하거나 생태계 전반의 전환을 일으키는 활동이다(이태준, 2020).

하는 동시에 활용하는 구조를 형성하고 있다. 데이터와 핵심기술이 결합한 지식자원의 중요성이 확대되고 있으며, 이러한 경향에 따라 이들을 보유한 혁신적인 기업이나 정부 부처가 주요 의사결정 파워를 주도할 수 있다. 기업의 경우 이윤 창출로 이어지며, 정부의 경우 지배적 오피니언 리더로서 정부의 주요 정책결정에서 주도적 역할을 하게 될 것이다(Rousseau, 2012; Muro and Andes, 2015).

세계경제포럼(WEF) 2016 미래의 직업 보고서에 따르면, 4차 산업혁명은 정부 관료제의 복합문제 해결능력과 인지능력 제고를 요구하게 될 것이라고 보고 있다(WEF, 2016). 정부 관료들은 기본적으로 업무수행을 위해 컴퓨터/IT 분야 지식을 갖추어야 하고, 새로운 역할과 환경에 적응할 수 있는 유연성을 갖추고 학제 간 학습을 적극적으로 해나갈 수 있어야 한다. 예를 들어, 로봇이나 기계를 다루는 직업 노하우를 ICT와 접목할 수 있는 역량과 더불어 다양한 지식의 활용을 기반으로 소프트 기술(설득력, 감화력 등) 습득도 필요하다고 보고 있다.

한국행정학계의 연구주제들도 4차 산업혁명의 핵심기술과 지향 이념에 기반을 둔 정부혁신 방향성 설정에 집중되고 있다. 2010년 이후 정부혁신과 직간접적으로 관련된 한국행정학보 게재 논문들과 학술대회 발표논문들의 키워드는 열린 정부혁신, 지능형 전자정부, 분권 정부, 탈관료제화, 적극행정 등에 집중되고 있다. 예를 들어 전통적으로 정부혁신의 핵심 키워드인 열린 정부의 정책목표는 정부 정보공개와 중요 정책결정에 대한 시민 참여 촉진을 강조하는 단계를 넘어 디지털 형태의 데이터와 ICT가 공공제도의 혁신화 과정을 촉진하는 정부 생태계 전반의 전환을 지향하고 있다.

2.2 코로나19와 정부혁신

세계경제포럼(WEF)은 코로나19의 국가경쟁력 위험요소와 정부혁신 방향을 제시하고 있다(WEF, 2020). 코로나19는 무경계 위험사회의 전형을 보여주었으며, 정부의 위험예측과 위험감수 관리 역량 제고가 중요함을 보여주었다. 동 보고서는 시민의 적극적인 참여와 정부 대응 역량이 코로나19 대응 성과의 핵심 변인으로 나타났다고 보고했다(WEF, 2020). 동 보고서는 포스트 코로나 정부혁신 모형으로 F.A.S.T를 제시했다(F.A.S.T=Flatter, Agile, Streamlined, Technology-enabled)[WEF, 2020].

첫째, 플래터(Flatter) 정부혁신은 복합적 난제(Complex Wicked Problems)에 다수의 이해관계자가 관련된 경우 효과를 발한다. 현장의 문제를 제대로 포착하고 최적의 대안을 찾아가는 정부혁신을 말하며, 시민과의 소통을 중시하는 열린 정부를 지향한다. 둘째, 에자일(Agile) 정부혁신은 빠른 의사결정과 유연성 강화를 통한 서비스 제공을 지향하는 정부를 지향한다. 우리나라 정부가 코로나19의 대유행을 늦추고 추가적인 대유행을 막기 위해 확진자 동선을 공개하고 접촉자들에게 자발적으로 진단검사를 받도록 한 것은 방역 성공에 큰 역할을 했다는 평가를 전 세계로부터 받고 있고 에자일 정부의 전형을 보여준 케이스로 평가받고 있다(조경호 · 김형성, 2020). 에자일 정

<표 20-3> 4차 산업혁명 시대 부처 간 협력 거버넌스 유발요인과 위협요인

구분		평균	표준편차
협업증진요소	협력의 유용성 인지	3.78	.884
	신뢰	3.88	.776
	책임 있는 구성원	3.90	.688
	약속을 지키는 역량	3.74	.696
	정보 공유	3.68	.762
	광범위한 참여	3.72	.719
	명확한 역할 구분	3.66	.889
	적정한 행동계획 수립	3.63	.814
	명확한 목표 설정	3.79	.898
	공유 비전	3.89	.867
	합리적 예산 배분	3.84	.886
	리더십 확보	3.89	.905
협업제약요소	절차의 복잡성	3.72	.691
	강한 제도적 규율	3.71	.838
	전문성 부족	3.82	.919
	리더십 부족	3.67	.978

평균은 5점 척도, 4차 산업혁명 관련 업무수행 9개 부처 담당자 91명 설문조사
출처: 이선영 외(2019)에서 재인용

부혁신은 적극행정의 구현과 맥을 같이한다. 적극행정은 전통 이념형 관료제 모형의 복지부동 한계를 실질적으로 극복하는 매우 중요한 정부혁신의 동인이 된다. 셋째, 간소화(Streamlined) 정부혁신은 일하는 방식 개선과 협업이 자연스럽게 활성화되는 정부를 지향한다. 부처 간 개방성을 높이고 일을 중심으로 서로 협동하는 공직사회를 말한다(이선영 외, 2019). 이때 정부혁신은 협업을 제약하는 요소를 제거하는 활동과 협력을 증진하는 데 기여하는 활동을 제고하는 활동 모두를 포함한다(〈표 20-3〉 참조). 마지막으로 기술지원(Technology-enabled) 정부혁신은 디지털 기반 행정업무 효율화

를 말한다. 우리나라 정부의 정부혁신 종합추진계획에서도 강조된 바 있다(관계부처 합동, 2020).

3. 지능형 정부혁신 방향

정부혁신의 방향은 주장하는 사람의 수만큼 많기 때문에 이를 모두 포용할 수 있는 키워드 분석을 통해 4개 핵심 지향점을 도출했다. 핵심 지향점 도출은 4차 산업혁명 시대 도래와 코로나19 이후 정부 환경변화에 주안점을 두고 이루어졌다. 첫째는 적극행정으로 국민이 체감할 수 있는 행정의 질적 변화를 이끌어내자는 것인데, 이는 공무원이 적극적 문제해결자로서의 역할을 수행하여 혁신가가 되어야 한다는 점을 강조한다. 둘째, 데이터 기반 근거 중심 행정으로 공정행정과 신뢰행정의 기반을 공고히 하고자 하는 것이다. 데이터 기반 근거 중심 행정으로의 전환은 정부 업무의 투명성을 높여 정부의 신뢰적자를 극복하는 데 기여한다. 셋째는 업무 분야별 전

〈표 20-4〉 4대 지능형 정부혁신의 방향과 미래정부

정부혁신의 방향	미래 정부	기반 가치
적극행정 혁신	Positive Government (포지티브 정부)	개방성, 분권성, 탈관료성
데이터 기반의 근거 중심 정책혁신	Predictive Government (프리딕티브 정부)	객관성, 융합
전문가 중심 혁신	Professional Government (프로페셔널 정부)	전문성, 창의성
디지털 기반 플랫폼	Participative Government (파티시페이티브 정부)	인간중심, 참여, 디지털서비타이제이션
정부혁신 4.0: 4P 정부론		

출처: 필자가 한국행정학보 게재논문 및 발표논문(2010~2020) 키워드 분석에 기초하여 도출함

문가를 우대하는 직무 중심의 공직 분류체계를 강화하여 정부 역량을 업그레이드하자는 것이다. 직무 중심의 공직 분류체계 강화는 공직사회에 널리 퍼져 있는 계급 중심의 의식과 업무 문화를 일 중심 합리적 업무 문화로 전환하는 데 기여한다. 넷째는 디지털 기반의 플랫폼 정부로의 조속한 전환을 말한다.

4. 지능형 정부혁신 방안

4.1 포지티브 정부: 적극행정 혁신 정부

적극행정의 개념과 기반 이념은 주장하는 학자들만큼이나 다양하다. 적극행정을 창의행정으로 보는 관점도 있고(김호균, 2019), 공공가치의 창출 그 자체로 보는 관점도 있으며(Bozeman, 2007), 유연한 조직문화 혁신으로 간주하기도 한다(박정호, 2019).

"일하다 접시를 깨는 일은 인정할 수 있어도 일하지 않아 접시에 먼지가 끼는 것은 용납할 수 없다"(2020년 1월, 정세균 국무총리 취임사에서 발췌)

그동안 적극행정이 무엇인지에 대한 구체적인 논의 없이 적극행정을 통해 발생하는 법적 문제점에 대해 공무원의 면책을 보장하는 방안을 위주로 정책이 추진되어왔다. 적극행정에 대한 면책제도 외에도 지능형 정부혁신의 방향에 맞게 적극행정 가이드라인을 새로 만들어야 한다는 주장이 일고 있다(오영균 외, 2017). 이론적으로 적극행정은 [그림 20-2]와 같이 네 가지 범주로 이해되고 있다(박윤, 2019). 적극행정은 개인의 적극적 업무수행 태도, 행동 결정 기준의 정립, 업무수행 과정에서의 적극적 행동, 그리고 적극적 문제해결의 결과로 구분하여 설명되고 있다.

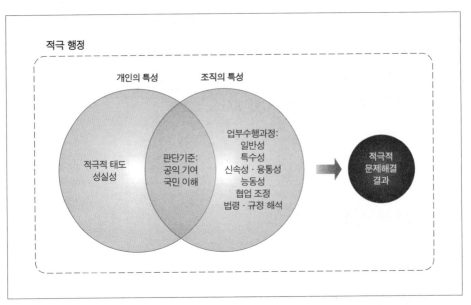

출처: 박윤(2019: 279) 그림 재인용

[그림 20-2] 적극행정의 범주

현재 적극행정은 사전 컨설팅, 면책제도, 활성화 사업 등을 중심으로 전개되고 있으나 현장 공무원들에게 피부에 와 닿지 않고 있다는 평가가 강하다(조태준 외, 2020). 적극행정을 통해 정부혁신을 하려면 적극행정을 수행하는 공무원 보호, 징계단계에서의 적극행정의 면책 활성화, 적극행정을 장려하는 조직문화 조성이 필요하다는 의견이 강하다(조태준 외, 2020).

적극행정을 전 정부에 즉각 확산하고 구현하기 위해서는 전 정부적 포지티브 정부혁신이 필요하다. 포지티브 정부혁신을 실현하도록 하는 적극행정의 제도화를 위해서는 적극행정의 개념을 명확하게 정의하고, 적극행정에 대한 판단을 현장 공무원들이 용이하게 수행하도록 「국가공무원법」과 「지방공무원법」 등에 명확하게 법적 근거를 마련할 필요가 있다(박영원, 2020).

예를 들어 공무원이 복종하는 대상은 상관이지만, 그 복종의 목적이 대국민 봉사자의 의무를 다하기 위한 것임을 명확하게 해야 한다는 것이다. 따라서 「국가공무원법」 제57조(복종의 의무)를 개정하여 공무원 스스로 수행하는 업무에 대해 적극적인

6부. 스마트 정부와 공공혁신

372

공직가치를 고민할 수 있도록 해야 한다. 즉 헌법 제7조1항에서 "공무원은 국민에 대해 책임을 져야 한다"라고 규정하고 있기 때문에 직무상 명령에 대한 복종 의무는 그 한계 내에서 해석할 필요가 있음에도 이에 대한 고려가 아직 미흡하다(이계수, 2009)는 것과 현행법들(공직자윤리법, 부패방지및국민권익위원회의설치와운영에관한법률, 형법 등)은 국가공무원법에서 제시한 의무조항을 더욱 구체적으로 규정하고 있지만, 공무원의 잘못한 행위를 제한하기 위한 소극적 공익실현을 목적으로 하고 있다는 점을 염두에 두고 적극행정 혁신을 도모해야 할 것이다. 구체적으로 「국가공무원법」에 하위규정인 대통령령, 국무총리령으로 규정된 공무원 윤리헌장(예: 창의성, 전문성을 바탕으로 한 업무처리 의무)과 공무원윤리헌장 실천 강령에서 더욱 적극적인 행동을 요구하는 규정들이 제시되어 있으므로 이를 법령사항으로 끌어올려 제도화할 필요가 있다.

　　적극행정의 활성화는 공무원의 자율적 책임성의 발휘 여부에 달려 있다. 지능정보사회에서 정부는 국민이 필요로 하는 서비스를 자율적으로 제공하며, 실시간으로 서비스의 과정과 결과를 모니터링하여 행정의 투명성을 제고하는 데 주력해야 한다. 이와 같은 '신유목정부'(임혁백, 2005: 98-100)는 공무원의 자율적 책임과 자율통제의 직업윤리를 강하게 요구한다. 지능정보사회에서 공무원들은 내부통제에 익숙해야 하고, 정부는 스스로 비리 예방 활동을 효과적으로 수행할 수 있는 내부통제시스템을 구비할 필요가 있다.

4.2 프리딕티브 정부: 데이터 기반 근거 중심 정부혁신

　　프리딕티브 정부는 데이터 기반의 근거 중심 정부혁신을 촉발한다. 지능형 정부에서는 현장의견 반영이 인공지능, 빅데이터, 블록체인 기술의 조합으로 이루어진다. 빅데이터 분석의 목적은 다양한 정책 자료의 분석을 통해 시민의 정서분석, 시민의 의견수렴, 미처 예측하지 못한 결과들을 추출하는 데 있다. 빅데이터를 분석하기 위해서는 정부 내부 역량이 갖춰져 있어야 하고, 빅데이터 분석이 정책수립 전 과정에서 활용되어야 한다.

　구체적으로 현행 행정절차법에 근거 기반 행정을 명시할 필요가 있다. 머신러닝
과 딥러닝 등 인공지능 기술의 급속한 발전은 분석대상과 목표가 사전에 잘 수립된
구조화된 문제와 그렇지 않은 전략적이고 비구조화된 문제의 분리를 필요로 한다.
따라서 정부는 근거 기반 정책결정이 가능한 정책유형과 그 과정에 대한 가이드라인
을 조속히 마련할 필요가 있다(Rousseau, 2012).

　근거 중심 정부 또는 근거 중심 행정은 공무원들이 일회적 경험에 의존하여 업
무를 처리하는 것이 아니라 근거를 확인하고 재빠르게 합리적 대안을 도출하여 추진
할 수 있도록 도와준다. 근거 중심 행정은 인공지능 정부로 가는 경로에서 매우 중요
한 활동이 될 수 있으며, 이는 프리딕티브 정부혁신의 완성도를 높여 행정에서 공정
과 신뢰를 높이는 데 크게 기여한다. 정책과정에서의 빅데이터의 활용을 늘리는 활

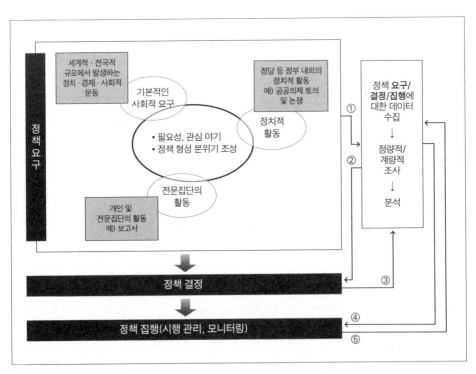

출처: 김정미 · 윤미영, 2012, 2쪽

[그림 20-3] 정책과정에서 빅데이터의 역할

동은 프리딕티브 정부로 가는 지름길이다([그림 20-3] 참조).

4.3 프로페셔널 정부: 전문가 중심 직위분류제 공직구조 실현

우리나라 공직 분류체계는 폐쇄적 계급제에 가깝다. 즉, 우리나라의 계급제 기반 공직 분류체계는 업무처리에서 일반 행정가를 우대하고 다양성보다는 획일성을 강조한다. 4차 산업혁명 시대의 도래, 데이터 경제와 혁신성장의 강조, 그리고 열린 정부 혁신이 고도화되고 있는 시대에 우리나라의 현행 공직 분류체계의 옷은 어울리지 않는다.

공직을 분류하는 단일한 기준은 없다. 다만 우리나라는 제3공화국의 현대적 인사행정제도를 전면 도입한 이후 계급제 중심의 공직 분류체계를 고수해오고 있다. 2006년 고위공무원단제도 시행으로 반짝 개방형 구조로 전환되는가 했지만 이명박, 박근혜 두 보수 정부가 집권함으로써 고사 직전에 이르게 된다. 정부 규모가 커지고 기능이 세분화됨에 따라 합리적인 인력관리의 필요성이 높아지고 있고, 전문가 중심의 공직구조 혁신이 필요하다는 주장은 그간 꾸준히 제기되어왔다(박천오 외, 2020; 조경호 외, 2005; 하태권 외, 2000). 계급제 공직구조는 일반 행정가를 양성하여 한 명의 공무원이 다양한 업무를 수행하도록 하는 매우 효율적인 체제임에는 분명하나 뉴노멀 시대 복합적이고 예상치 못한 다양한 문제에 효과적으로 대응하는 데는 한계에 이르렀다는 평가가 강하다.

일반직 공무원의 계급체계는 9계급체계로 계급 수가 과소하여 승진 기회가 지나치게 제약될 뿐만 아니라 계급과 직위가 일치하지 않아 담당직무의 실질적인 차이를 계급구조에 반영하기 어렵고, 담당직무의 난이도와 책임도에 따른 보직관리, 보수관리가 불가능하다는 문제점이 계속 지적되고 있다. 따라서 같은 계급인 직위 간에도 책임도와 난이도가 서로 달라 동일 직급 간의 이동에 대해서도 '영전'이나 '좌천'이나 하는 평가가 나오고 있다.

복수직급체계의 문제점도 많다. 1994년부터 중간관리층의 직무능력을 강화하고 승진 기회를 확대하는 등 중간관리층의 근무의욕을 고취하기 위해 복수직급제를 도입했으나, 이 제도는 직급마다 획일적으로 일정 비율을 할당함으로써 경력순으로 운영되고 있다는 지적이 많다.

행정직과 기술직 간 그리고 동일 직군 내의 직렬 간 승진 기회의 불균형 역시 직급체계와 관련된 문제점으로 지적되고 있다. 직무 내용에 대한 과학적인 분석 없이 직급을 설정함으로써 고위직의 행정직 과점 현상이 지속되고 있으며, 동일 직군 내에서도 직렬 간 승진 가능 직급에 실질적인 차이가 벌어져 과학기술 및 이공계 관련 직렬의 승진이나 인사 수월성이 매우 제한되는 문제점이 있다.

지능정보사회에서 거의 모든 정책의 수립은 일반적인 지식과 경험만으로는 불가능하다. 공직 전반에 대한 이해에 기반을 두고 해당 분야 전문지식을 갖춘 공무원들이 많이 등용될 수 있도록 하는 공직 직군/직렬, 직급체계가 마련될 수 있도록 계속 노력할 필요가 있다.

예를 들어 연공급의 부작용을 해결할 수 있는 대안으로 떠오르는 직무급 시스템이 정착할 수 있도록 하는 공직구조 혁신이 필요하다. 즉 공직 전문성 제고 차원에서 업무별 성격을 면밀하게 파악하여 미래지향적 행정환경에 적합하도록 직종의 틀을 새로 짜고, 형평성 차원에서 유사한 성격의 직무는 유사한 조건에서 유사한 대우를 받을 수 있도록 하는 제도 개혁이 이루어져야 한다.

4.4 파티시페이티브 정부: 디지털 기반 플랫폼 정부혁신

공공데이터의 개방 수가 증가하면서 정부와 시민의 공동생산 서비스도 늘고 있다. 정부와 시민의 공동생산 서비스의 체감 성과를 올리기 위해서는 기존에 운영 중인 시스템의 전환 전략의 마련이 시급하다(최창혁, 2019: 33). 인터넷을 통해 제공하는 8천 개가 넘는 정부서비스를 시민의 참여로 활용도가 높은 것부터 정비하는 노력이 뒤따라야 한다.

읍 · 면 · 동 단위의 전자적 방식의 주민총회, 마을계획 수립, 지역사회 현안 조사와 대안 마련, 대안 실천의 전 과정을 추진하고 교류하는 플랫폼이 증가하고 있는 것은 파티시페이티브 정부의 새로운 면모를 보여주고 있다. 지능형 정부혁신은 자치 분권의 실천을 통해 이루어져야 한다. 실천적 대안을 실현하는 도구로서 리빙랩(Living Lab)을 통한 주민 역량 배양이 중요하게 되었다. 연구실이나 사무실에서만 진행되는 정책연구가 아니라 시민이 직접 참여해 함께 지역의 문제를 풀어나가고 결과물을 만드는 개방형 실험실을 정부가 적극적으로 지원하고 관련 규제를 과감히 풀어나가는 지혜가 필요하다.

디지털 기반 플랫폼 정부혁신 시스템들은 시민 직접 참여 애플리케이션으로 확장되고 있다. '나주시민참여' 플랫폼은 시민이 직접 위험하거나 불편하다고 판단한 장소를 공유하도록 도와주는 안전지도 앱으로 잘 알려져 있으며, '바이크맵'은 주변의 자전거 도로 및 멋진 자전거 경로 찾기 및 GPS로 자전거 경로 매핑을 지원하는 앱이다. '시민투표 세종의 뜻' 등 모바일 시민참여 애플리케이션도 제공되고 있고, 행정안전부가 제공하고 있는 '안전디딤돌'과 부산광역시와 부산시민이 함께 꾸려나가고 있는 '시민안전제보' 앱도 있다. 공공데이터 개방이 가속되면서 공공서비스의 공동생산 애플리케이션이 날로 늘어나고 있다.

이에 그치지 않고 시민참여 플랫폼은 정부 부처나 지방자치단체 내의 공론화위원회, 시민참여위원회 등으로 확산되고 있다. 영국의 'CoRWM'(2003년 출범 방사선폐기물관리위원회), 프랑스의 'C.N.D.P'(1997년 설립) 등 성공사례를 모델링하여 우리나라도 상설 사회적 합의 공론화 기구를 법제화해야 한다는 의견이 강해지고 있다(채종헌, 2018). 파티시페이티브 정부를 지향하는 디지털 기반 플랫폼 정부혁신은 사회 전체 관점에서 정부 신뢰 제고, 공동체 회복, 그리고 갈등관리 역량 제고에 기여하여 궁극적으로 시민의 정책 수용성을 높여 정부 경쟁력을 높일 것이다.

5. 정책제언

　디지털 뉴딜은 정부와 시민 간의 사회적 관계의 생태계를 변화시킨다. 디지털 뉴딜은 공무원 업무과정의 디지털 전환과 정부행정서비스와 관련된 제반 산업의 육성뿐만 아니라 우리나라 정부시스템의 대혁신을 추구한다.

　4P 정부를 지향하는 정부혁신 4.0은 그리 생소하지만은 않다. 그러나 4차 산업혁명과 코로나19의 쓰나미는 그동안 우리가 개념적으로만 알고 있던 4P 정부로의 과감하고 도전적인 이행을 명령하고 있다. 이제 이전 정부들이 주창했던 각종 구호성 정부혁신이 아닌 우리나라 공무원 사회의 DNA를 속도감 있게 대전환할 수 있는 국민체감형 정부혁신을 추진해야 한다.

　이제 정부 제도는 물론, 구성원의 행태와 업무구조의 실질적인 변화가 일어날 때다. 디지털 전환에 대비한 정부의 생존을 위한 변화 전략이 필요하다는 말이다. 정보기술로 인한 지능형 정부 전환이 생각보다 빠른 속도로 진행되고 있지만, 공무원에게 필요한 역량 모델링이 시급히 이루어져야 하고, 구성원 간 공감대(소통) 형성을 통한 공직제도 혁신과 혁신성장 정책 마련이 선결되어야 한다. 변혁적 리더십이 어느 때보다 필요한 시점에 왔다.

21장
공공거버넌스 혁신

조병우 · 이정욱

1. 들어가는 글

산업화와 정보화 혁명은 21세기 정부의 개념과 역할에 대한 급격한 패러다임의 변화를 가져왔다. 산업화, 도시화, 정보혁명 등을 통한 급격한 사회변화는 불평등, 환경오염, 고령화 등 기존에는 상상할 수 없었던 사회적 난제들(wicked problems)을 불러왔다(장용석, 2019). 이에 대한 대응책으로 정부, 민간기업, 시민단체, 일반 시민 등 다양한 활동 주체가 함께 문제를 해결해나가는 행정방식인 거버넌스(governance)가 주목을 받기 시작했다(Kettl, Donald F., 2002). 정부 혼자의 힘으로 사회적 난제를 해결할 수 없게 된 상황에서 민간기업, 시민단체, 일반 시민 등 다양한 사회구성원들과의 수평적 협력을 바탕으로 문제를 해결해나가야 한다는 것이다. 이에, 하나 혹은 그 이상의 공공기관이 공공문제를 해결하기 위해 민간기업, 시민단체, 일반 시민 등 민간 부문 이해관계자들과의 다자적 상호작용과 양방향 의사소통을 통해 의견일치를 추구하고, 집합적 의사결정을 내린 뒤 함께 정책을 집행하는 방식의 행정 활동이 확산되었다(Ansell, C. & Gash, A., 2008).

정부 3.0의 등장 같은 전자정부 시스템의 전환과 4차 산업혁명의 도래 같은 다양한 행정환경 변화는 디지털 거버넌스에 대한 논의로 이어졌다. 박근혜 정부는 '정부 3.0'이라는 개념을 제시하면서 "공공정보를 적극 개방·공유하고, 부처 간 칸막이를 없애 소통·협력함으로써 국민 맞춤형 서비스를 제공함과 동시에 일자리 창출과 창조경제를 지원하는 새로운 정부 운영 패러다임을 구축"하고자 했다(이정욱, 2013). 이를 통해 "소통하는 투명한 정부, 일 잘하는 유능한 정부, 국민 중심의 서비스 정부"를 구축하고자 한 것이다. 문재인 정부도 효율성과 민주성을 동시에 지향하고, 국민을 협업의 대상으로 삼으며, 공공가치를 만들어나가는 창조적 주체로서의 정부를 내세운 정부 3.0의 가치와 노력을 강조했다. 또한, 2017년에는 혁신성장을 위한 사람 중심의 4차 산업혁명 대응계획을 제시하며 민간주도 혁신의 '조력자'로서 정부상(像)을 제시했다(관계부처 합동, 2017). 2019년에는 4차 산업혁명 관련 정책의 컨트롤타워를 강화하는 한편 부처의 자체적 혁신 노력을 지원하고, 부처 간 협력을 통한 시너지를 내기 위한 새로운 거버넌스 방식을 수립할 것을 촉구하는 대통령 직속 4차 산업혁명위원회의 대정부 권고안이 발표되었다(4차 산업혁명위원회, 2019). 이는 2020년 한국판 뉴딜의 일환으로 제시된 디지털 뉴딜의 목표로 이어졌다.

이처럼 디지털 기반 공공거버넌스 혁신에 대한 관심과 요구는 하루가 다르게 늘어가고 있다. 하지만 그에 대한 개념 정의는 물론 구체적인 추진 목표나 세부 전략에 대한 논의는 부족한 상황이다. 따라서 이 장에서는 디지털 공공거버넌스의 개념과 주요 추진목표를 제시하고, 이를 달성하기 위한 세부전략을 제안하고자 한다. 먼저, 2020년 7월 발표된 한국판 뉴딜 종합계획을 중심으로 디지털 거버넌스의 개념과 현황을 제시한다(관계부처 합동, 2020). 다음으로 디지털 거버넌스를 달성하기 위한 세 가지 추진목표(디지털 거버넌스를 지탱하는 플랫폼으로서의 정부, 민간주도의 혁신을 후원하는 조력자로서의 정부, 그리고 정부와 민간의 접점을 넓히고 모세혈관 단위에서 적극적으로 시민의 삶의 질을 높여주는 서비스를

<표 21-1> 연구의 구성

순서	내용
개념 정의	• 한국판 뉴딜과 디지털 뉴딜 • 디지털 공공거버넌스의 개념과 현황
추진목표	• 디지털 공공거버넌스를 위한 플랫폼 정부 • 디지털 시민참여를 활성화하는 조력자 정부 • 모세혈관 단위까지 서비스를 제공하는 포용정부
추진전략	• 플랫폼 정부의 조력자가 되기 위한 정부 조직개편 • 포용정부 구축을 위한 디지털 이·통장 제도 수립

제공하는 포용정부)를 제시한다. 이어서 이 목표들을 달성하기 위한 구체적인 세부전략을 제안한 후, 기대효과와 성과를 논의할 것이다.

2. 디지털 공공거버넌스의 개념과 현황

디지털 거버넌스 논의는 그 용어가 적용될 행정환경과 사회환경의 맥락에 따라 다르게 진행되고 있다. 실제로 디지털 거버넌스(digital governance)에 대한 논의를 이끌고 있는 다양한 학자들은 디지털 거버넌스를 다르게 이해하고 적용하고 있다(Milakovich, 2019). 하지만 거버넌스에 '디지털'이라는 형용사를 붙여 '디지털 거버넌스'라는 개념이 생성된 만큼 사회적 난제의 해결과 다양한 주체의 협력을 중심으로 개념 정의가 이루어져야 할 것이다. 따라서 ① 디지털 기술을 활용하여 사회적 난제를 파악 및 해결방안을 도출하는 것과 ② 디지털 기술을 활용하여 다양한 주체가 더 효율적으로 협업하는 방법을 찾아내는 것을 함께 논의해야 한다.

2020년 7월 발표된 한국판 뉴딜 종합계획은 한국판 디지털 공공거버넌스를 논하는 데 꼭 필요한 배경지식을 제공한다. 현 정부는 4차 산업혁명에 대비하기 위해 "추격형 경제에서 선도형 경제로, 탄소 의존 경제에서 저탄소 경제로, 불평등 사회에서 포용 사회로 도약"하겠다는 비전을 내세우고 있다. 한국판 뉴딜 계획은 새로운 사회 문제에 접근한다는 측면에서는 환경 문제와 관련한 더 깊은 고민을, 그리고 사회 변화로 인해 도태되는 사람이 없도록 하는 사회안전망 강화의 문제를, 그리고 이러한 사회 문제를 해결하기 위해 Digital, Network, AI라는 DNA 기반의 문제 접근방식을 수립하는 것이 필요하다고 강조하고 있다. 또한, 디지털 기술을 활용하여 더욱 효율적인 협업 방식을 개발하기 위해 우리의 강점인 ICT 기반을 활용하여 정부, 민간, 시민 등 다양한 주체가 더욱 긴밀하게 협조할 수 있도록 하는 동시에, 상대적으로 ICT 활용에 대한 지식이 부족하여 협업에 참여하기 어려운 시민에게 ICT 및 디지털 기술을 활용한 더 쉬운 접근 수단과 기술을 제공해야 한다는 목표를 제시한다.

디지털 뉴딜정책의 방향과 세부 과제는 이러한 목표를 실현하는 실마리를 보여준다(관계부처 합동, 2020). 정부가 추구하는 경제 전반의 디지털 혁신 및 역동성 촉진과 확산을 추구하는 '디지털 뉴딜'은 시민이 사회 문제를 스스로 제기하고 그 문제를 해결하는 과정에도 직접 참여할 것을 요청한다. 이는 '시민주도의 문제 발굴 및 해결'이 디지털 거버넌스의 중요한 한 축이 되는 것과 밀접하게 연관되어 있다. 또한, '사람 중심의 포용국가'라는 정책 방향은 디지털 거버넌스를 추구하는 과정에서 ICT 및 디지털 기술을 활용하여 지금까지 협업과 협력에 참여하지 못하고 자기 목소리를 내지 못하던 사람들도 거버넌스에 참여할 수 있도록 하는 것과 직접적인 관련이 있다. 따라서 정부와 민간이 만나는 접점에서 디지털 혁신이 이루어질 수 있도록 하는 것이 디지털 거버넌스의 성공적 구축에 큰 영향을 끼칠 것으로 보인다.

한국판 뉴딜 중 디지털 거버넌스 관련 분야별 세부 과제는 데이터 댐의 구축, 지능형 정부 서비스의 도입, 그리고 이를 통한 사회안전망 구축이라고 할 수 있겠다. 첫째 과제는 'DNA 강화'를 통해 국민 생활과 밀접한 분야의 데이터를 구축하고 개방하여 시민이 자유롭게 활용할 수 있도록 하는 것이다. 같은 맥락에서 '5G·AI 기반 지능형 정부'를 구축하겠다는 계획도 추진 중이다. 시민이 혁신적으로 문제를 파악하고 나름의 해결책을 제시할 수 있게 하려면 ① 디지털 거버넌스의 장에서 공공데이터를 바탕으로 활발한 논의가 이루어질 수 있도록 하고, ② 시민이 더 효율적이고 편안하게 협업 과정에 참여하며, 그 과정에서 각자의 의견을 더 효과적으로 전달할 수 있게 하는 ICT 및 데이터 플랫폼을 제공해야 한다는 것이다. 이 두 가지 전략을 통해 정부는 디지털 거버넌스를 통한 문제 해결에 참여하고자 하는 모든 사람이 더 효율적이고, 효과적이며, 선제적으로 문제를 발굴하고 데이터에 근거한 해결책을 모색할 수 있도록 데이터와 기술 플랫폼을 제공하는 조력자의 임무를 수행해야 한다. 이러한 내용은 고용사회안전망과 관련된 '함께 잘 사는 포용적 사회안전망 강화'와 사람투자와 관련된 '농어촌 취약계층의 디지털 접근성 강화'와도 밀접하게 연관되어 있다. 디지털 거버넌스의 중심에서 사회 문제 해결을 위한 민간주도의 적극적ㆍ혁신적 접근이 활발하게 이루어지는 것이 중요하며, 정부는 그들이 아무런 불편함 없이 편안하게 혁신 아이디어를 펼쳐나갈 수 있게 하고, 그 과정에서 소외되는 사람들이 없도록 하는 것이 중요하다. 디지털 공공거버넌스의 확산을 통해 이제까지 파악하지 못했던 실생활 속의 사회 문제를 파악하고, 각 개인의 상황에 맞는 맞춤형 정부 서비스를 제공할 가능성이 열릴 것으로 기대된다.

3. 디지털 공공거버넌스 구축을 위한 세 가지 목표

디지털 공공거버넌스는 ① 디지털 기술을 통해 사회적 문제를 발굴하고 접근하는 방식을 바꾸는 동시에, ② ICT와 디지털 기술을 활용하여 협업을 통한 사회 문제 해결 과정을 더욱 효과적이고 효율적으로 개선하는 한편, ③ 협업 과정에서 소외된 사람들을 포용하고 그들을 향한 맞춤형 문제 해결 방안 및 서비스를 제공할 수 있도록 하는 것을 의미한다. 이를 위해 정부는 디지털 공공거버넌스가 잘 운영될 수 있도록 하는 플랫폼을 제공하고, 시민이 문제해결에 참여할 수 있도록 지원하며, 그것을 토대로 개발되는 서비스를 모세혈관 단위까지 제공하여 소외되는 사람이 없도록 하는 포용정부를 추구해야 한다.

3.1 디지털 공공거버넌스를 위한 플랫폼 정부

'플랫폼 정부'라는 개념 역시 하나로 정착되지 않고 다양한 의미로 사용되지만, 플랫폼 정부에서의 정부는 문제를 직접 해결하는 것이 아니라 문제해결에 참여하는 다양한 민간 주체들과 공공의 주체를 연결하고 후원하는 중개인의 임무를 수행하여 혁신적인 문제해결 방식을 도출할 수 있게 한다는 점에는 이의가 없을 것이다(O'Reilly, 2011). 플랫폼 정부가 구체적으로 실현된 사례는 아직 많이 발굴되고 있지 않지만, 많은 국가가 운영하는 디지털 서비스팀(digital service teams)은 플랫폼 정부와 비슷한 역할을 하며 디지털 거버넌스의 장을 열고 있다고 볼 수 있다. 디지털 서비스팀은 중앙집중형과 분산형 최고정보관리자실의 중간쯤에서 IT 거버넌스 구축을 위한 제3의 영역을 개척하는 조직으로, 전자정부 서비스를 더 빠르게 제공하고, 기존의 전자정부 시스템을 사용자(시민) 중심으로 개선하는 것을 목표로 하고 있다(Mergel, 2019). 영국의 Government Digital Service(GDS), 미국의 18F와 United States Digital Services(USDS), 이탈리아의 Team Digitale(TD), 핀란드의 D9, 캐나다의 Canadian Digital Service(CDS) 등 다양한 국가가 디지털 서비스팀을 운영하고 있다.

대표적인 디지털 서비스팀인 미국의 USDS는 오바마 정부 시절 오바마 케어를 제공하기 위한 HealthCare.gov 온라인 페이지를 개설·운영하는 과정에서 겪은 실패를 극복하기 위해 설치되었다(https://www.usds.gov). USDS의 표어는 "정부의 디지털 서비스를 온라인에서 책을 주문하는 것과 같이 쉽게" 만드는 것이다. USDS의 2020년 성과보고서(Impact Report)는 문제 파악(challenge)-해결방안 도출(solution)-성과와 변화(impact)-현황(update) 순으로 문제해결 중심의 일 처리를 추구하는 독특한 업무수행 방식을 잘 보여준다(Digital Services Impact Report, 2020). USDS는 정부 공무원이 아닌 민간 전문가들(디자이너, 엔지니어, 제품관리자 및 디지털 정책 전문가)을 모집하고, 이들을 보훈처(Department of Veterans Affairs), 의료보조 및 의료보장센터(Centers for Medicare and Medicaid Services), 법무부(Department of Justice) 등 협업을 요청해오는 다양한 부서의 공무원과 연결하여 대상 부처의 문제를 함께 해결하도록 한다.

한국의 중앙정부 체계에는 미국의 USDS 같은 조직은 존재하지 않지만, 행정안전부의 디지털정부국과 과학기술정보통신부의 정보통신정책실, 그리고 정부산하기관인 한국지능정보사회진흥원이 비슷한 임무를 수행하고 있다. 행정안전부 디지털정부국은 전자정부의 구현과 운영에 초점을 맞추고 있다(www.mois.go.kr). 이 기관의 최우선 목표는 온라인 기반의 효율적인 디지털 정부를 구현하는 것으로, 혁신의 플랫폼을 제공한다기보다는 정부의 행정업무를 온라인을 통해 처리하는 데 중점을 두고 있다. 행정정보 공개와 공유를 통한 행정의 생산성을 높이는 것을 목적으로 하지만, 협력과 협업에 관한 내용은 찾아보기 어렵다. 과학기술정보통신부의 정보통신정책실 정보통신정책관은 정보통신정책 전반에 대한 지원부서다(www.msit.go.kr). 디지털 기반 공공거버넌스 혁신을 위한 주요 정책 방향을 제시하지만, 실질적인 플랫폼 정부를 구축·운영하는 임무를 수행하기는 어렵다. 과학기술정보통신부 산하단체인 한국지능정보사회진흥원의 공공데이터 활용팀과 공공데이터 뉴딜팀(www.nia.or.kr)은 디지털 거버넌스의 기반이 될 공공데이터를 개방하고 다양한 주체가 이를 활용할 수 있도록 하는 전략을 마련하는 연구조직이다. 이들은 미국의 USDS가 추구하는 정부 관료제 밖에서의 새로운 대안 마련이라는 가치를 성취하는 것과 가장 가까운 성과를 낼 가능성이 있다. 하지만 아직은 본격적으로 그러한 활동을 할 수 있는 인적·물적 자원이 부족하며, 권한도 미비한 상황이다.

지방정부 차원에서는 제주도에서 운영하는 미래전략국의 미래전략과와 디지털융합과(www.jeju.go.kr)가 외국의 디지털 서비스팀과 비슷한 역할을 한다고 볼 수 있다. 기존의 공무원 조직에 있던 인물들이 아닌 임기제 공무원으로 공직에 입문한 인력들을 활용하여 민간 출신 개방형 공무원과 행정 경험이 풍부한 정통 공무원이 함께 성과를 만들어내는 '미래형 조직'을 표방하는 미래전략국은 ICT와 AI, 빅데이터 같은 디지털 기술을 활용하여 행정서비스 혁신은 물론 지역의 주요 산업인 관광산업의 성과 증진과 신사업인 에너지전환 정책 효율성 증대 등의 성과를 이루어냈다.

디지털 거버넌스를 위한 플랫폼 정부를 위해서는 미국의 USDS, 제주특별자치도와 같이 민간의 전문가가 정부조직 내에 들어와서 융화될 수 있도록 하여 디지털

<표 21-2> 플랫폼 정부 구축과 관련한 사례, 현황 및 과제

구분	내용
해외 사례	해외 각국은 디지털 서비스팀 운영을 통해 디지털 거버넌스의 장을 열고 있음[예: 영국의 Government Digital Service(GDS), 미국의 18F와 United States Digital Services(USDS), 이탈리아의 Team Digitale(TD), 핀란드의 D9, 캐나다의 Canadian Digital Service(CDS) 등]
한국 현황	중앙정부에는 디지털 서비스팀이라고 부를 만한 조직이 없음(유관 기관으로 행정안전부의 디지털정부국, 과학기술정보통신부의 정보통신정책실, 그리고 정부산하기관인 한국 지능정보사회진흥원이 있음) 지방정부 차원에는 제주도 미래전략국이 비슷한 역할 수행 중
과제	중앙정부 차원에서 디지털 기술 전문성과 행정서비스 전문성이 만나 시너지를 발휘할 수 있도록 하는 조직을 구축하는 것이 필요함

기술 전문성과 행정서비스 전문성이 만나 시너지를 발휘할 수 있도록 하는 조직을 구축하는 것이 중요하다. 이 둘이 만나서 혁신역량이 발휘될 수 있는 환경을 만든 후 민간이든, 시민이든, 아니면 디지털 혁신을 통해 서비스를 개선하고자 하는 정부 기관이든 다양한 주체가 그 안에서 서로 소통할 수 있도록 해야 한다. 이 과정에서 함께 문제를 발굴하고 대안을 제시하며 혁신적인 해결책을 마련하는 것이 디지털 거버넌스의 모습이라고 할 수 있다.

3.2 디지털 시민참여를 활성화하는 조력자 정부

디지털 거버넌스 혁신을 위해서는 플랫폼 정부의 구축에 이어 정부의 도움과 지원을 바탕으로 플랫폼을 마음껏 뛰어다니며 새로운 혁신을 끌어낼 주체가 될 시민과 민간 부문의 참여를 활성화하고 지원할 '조력자'인 정부의 역할이 필요하다. 2020년 2월에 있었던 마스크 대란을 해결하기 위해 힘을 합쳤던 정부, 기업, 약국, 시빅해커들의 협력 사례는 정부가 조력자로서 어떤 역할을 해야 하는지를 잘 보여준다. 시빅해커는 "컴퓨터를 이용하여 문제들을 프로그래밍하고 해결하는 전문가"라는 '해커'라는 단어에 도시와 도시인, 시민권이라는 개념을 가진 '시빅(civic)'이라는

참여 분야 / 참여 유형	정치참여	행정참여
협의 & 동반자 관계	• 의원들의 소셜미디어 정보 모음	• 자전거정책 제안 • 지역개발정책 제안
	• 한국 사례: 해당사항 없음	• 한국 사례: 해당사항 없음
상설감시	• 선거과정 및 결과정보 • 예산정보의 시각화 • 의정활동 감시	• 행정/재정(세금사용처 정보) • 개발계획(공사 및 개발정보) • 사법/공공안전(도로안전 감시) • 환경 및 공중보건 • 주거 및 기반시설
	• 한국 사례: "내가 낸 세금은 어디에 쓰일까?", '19대 국회의원 성적표', '국회는 지금', '대한민국 정치의 모든 것'	• 한국 사례: '고위공직자 재산공개', Transparency Korea, '우리 지역 채무 탈출', '지방정부 재정자립도', '건설재정통계'
소비자 선택 & 직접 참여	• 선거에의 직접 참여 • 지역 공공데이터정책 및 법안 수립	• 종합행정정보 서비스 • 도로/교통안전 서비스(대중교통 정보안내 서비스, 도보/자전거 정보, 주차 정보) • 도시 정보 안내 서비스 • 사법/안전 정보 안내 서비스 • 교육/문화/예술 정보 안내 서비스 • 산업 정보 안내 • 식품/보건/복지 정보 서비스 • 관광/여가 정보 서비스 • 기반시설 관리 서비스
	• 한국 사례: '애정선거', '나는 서울시장이다'	• 한국 사례: '알뜰 서울의 발견', 'Seoul A to Z', '도시소음지도', 'share your light'

출처: 조병우 · 윤상오, 2017

단어가 합쳐지면서 등장한 용어다(조병우 · 윤상오, 2017). 이들의 활동을 '시빅해킹(civic hacking)'이라고 부르는데, "공공데이터를 이용하여 웹/앱 어플리케이션을 개발하는 방식으로 시민사회의 문제점을 해결하고 정부 서비스의 품질을 개선하는 것을 목표로 하는 시민참여의 한 형태"라고 정의할 수 있다.

시빅해킹은 2000년대 초부터 세계적인 현상으로 급부상했다. 코드포아메리카(Code for America), 오픈 스테이트 파운데이션(Open State Foundation), 대만의 지오브이(GOV), 한국의 코드나무(CodeNamu)와 코드포코리아 등 다양한 시빅해킹 그룹이 활동하고 있다. 이들은 행정서비스 문제해결을 위한 자원 활동은 물론 자전거정책제안, 지역개발정책 제안, 세금, 환경, 주거, 선거, 도로교통 및 안전, 도시정보, 사법 정보 등 사회 전반에 걸쳐 발생하는 다양한 문제를 해결하기 위해 시빅해킹 활동을 수행하고 있다.

2020년 2월 코로나가 발발하고 급속하게 확진자가 늘어날 때, 시빅해커들은 시민이 알고 싶은 정보를 일목요연하게 정리해서 보여주는 코로나 감염 정보 및 확진자 이동 경로를 보여주는 앱을 만들어 공개했다(KBS뉴스. 2020.8.28). 정부가 해야 할 정보 제공 역할을 시민이 먼저 수행한 것이다. 앱을 제작하는 데는 큰 어려움이 없었지만, 정부가 코로나 관련 정보를 기계판독이 가능한 형태(machine-readable)로 제공하지 않아 자료 확보에 큰 어려움을 겪었다. 예를 들어, 앱 제작을 위해 필요한 자료를 수집하기 위해 각 자치단체가 시민에게 발송하는 문자 메시지를 모아서 수작업으로 가공하는 작업을 수행해야 했다. 이 앱들은 사용이 편리하고 표와 도표를 사용하여 정보를 알기 쉽게 제공한다는 장점을 가졌지만, 손으로 수집한 자료를 사용해 앱을 만들었기 때문에 부정확한 정보가 제공되는 문제가 발생할 위험이 있었다. 이 문제를 해결하기 위해 시빅해커들은 자발적으로 의견을 모아 정부에 '코로나19 데이터 공개'를 청구했다(조병우, 2020). 정부가 감염병 심각 경보를 발령한 2월 23일 바로 다음날인 24일 시빅해커들은 온라인을 통해 모였고, 26일에는 공개제안서 초안을 만들었으며, 최종 제안서를 2월 28일 완성하여 다양한 채널을 통해 정부 관계자들에게 발송했다. 제안 배경, 핵심 가치, 요청 데이터에 대한 상세 설명, 데이터 작성 정책에 관한 제안 등을 포함한 제안서의 수준도 높았다. 데이터와 관련된 전문가인 시민의 제안서에는 정부의 선제적 데이터 공개로 인한 이익과 공공데이터 제공의 핵심 가치, openAPI를 통한 배포방식 및 필요로 하는 데이터 목록까지 실무자가 바로 활용할 수 있을 정도의 상세한 요청이 포함되었다.

데이터 공개 활동을 통해 시빅해커들과 정부가 만나자 '마스크 대란 해결'이라는 목표를 달성하기 위한 협력이 이루어졌다. 3월 2일 문재인 대통령은 마스크 대란과 관련한 대국민 사과를 발표하고, 상황 개선을 위한 노력을 촉구했다. 이에 정부는 공적 마스크 대응반을 구성하여 공적 마스크 수급과 중복구매 방지 시스템을 구축하기 위한 논의를 본격적으로 진행했다. 3월 5일 정부가 소집하여 열린 마스크앱 서비스를 위한 긴급회의에서 정부는 공적 마스크 관리를 위한 시스템을 직접 만들거나, 외주를 주거나, 시빅해커들과의 협업을 통해 만들겠다는 세 가지 대안을 가지고 고민했다(과학기술정보통신부, 2020). 이 자리에 참석한 시빅해커들은 민관 협력을 추진할 것을 강력하게 요청했다. 정부가 공공데이터를 개방해주기만 하면 여러 시빅해커가 자유롭게 데이터를 활용해 공적 마스크 정보 웹/앱 어플리케이션을 제작할 수 있어 양질의 서비스를 빠르게 제공할 수 있다고 강조한 것이다.

이 의견이 받아들여지면서 정부는 데이터를 구축하는 업무를 담당하고, 시빅해커들이 제작한 웹/앱 어플리케이션이 잘 동작할 수 있게 하려고 과학기술정보통신부가 구축한 개방형 클라우드 플랫폼인 파스타(PaaS-TA)에 참여하는 기업들이 클라우드 인프라를 무상으로 지원하는 결정을 내릴 수 있도록 협조를 요청했다. 또한, 마

2/23(일)	2/24(월)	2/25(화)	2/26(수)	2/27(목)	2/28(금)	2/29(토)
감염병 심각경보	공동대응 제안 1차	제안서 작성	제안서 작성 전달	공동대응 제안 2차		공공데이터 제안서 전달
3/1(일)	3/2(월)	3/3(화)	3/4(수)	3/5(목)	3/6(금)	3/7(토)
제안서 전달	제안서 전달	광화문 1번가 개시	API 개방 계획 확인	공적마스크 정책 발표	API와 앱 동시 개발 시작	API 피드백 개발가이드 서비스 개발
3/8(일)	3/9(월)	3/10(화)	3/11(수)	3/12(목)	3/13(금)	3/14(토)
개발 완료 배포 대기	보완개발 배포 대기	API 및 앱 개발 공표	앱 동시 출시	API 서비스 개선	API 서비스 개선	API 서비스 개선

출처: 조병우, 모두가 함께한 공적마스크 이야기, 2020

[그림 21-1] 마스크 앱 개발 과정

스크를 배포하고, 그 정보를 효과적으로 관리하기 위해 건강보험심사평가원, 약사회, 그리고 일선 약사들을 대상으로 업무협조를 부탁하는 등 조력자 역할을 잘 수행했다. 그 과정에서 각 주체 간 갈등을 관리하고 문제해결을 위한 협력을 도모하는 등 중개자 역할에 충실했다. 그 결과 마스크 대란 대책회의가 열린 3월 5일부터 마스크 재고 현황 자료가 공개되고 앱이 사용되기 시작한 11일까지 일주일도 되지 않는 시간에 문제를 해결해낼 수 있었다. 이처럼 이른 시일 안에 문제를 해결해낼 수 있었던 데는 조력자의 역할을 충실하게 해낸 정부의 공이 크다. 정부는 시민주도의 혁신 노력이 잘 발휘될 수 있도록 다양한 민간 기구와 정부 기구가 협력할 수 있는 장을 제공했고, 그 위에서 시민이 자발적으로 문제 해결에 뛰어들어 해결책을 발견해낼 수 있었다.

디지털 거버넌스를 위해 정부는 DNA 플랫폼을 제공하고 그 위에서 기업 및 다른 사회 주체들이 서로 협조할 수 있는 환경을 마련하는 데 집중해야 한다. 이러한 디지털 거버넌스 체제의 조력자 역할을 충실히 수행할 때 시빅해커와 시민이 이를 활용하여 사회적 난제 해결을 위한 혁신적인 디지털 솔루션을 제공할 수 있을 것이다. 시빅해킹은 이전부터 있었고, 각 정부 부처는 물론 지방 정부들까지 해커톤을 개최하는 데 뛰어들었다. 하지만 정부 주도의 해커톤은 시민을 모아놓고 뭔가를 만들어내겠다는 정부의 의도가 앞서고, 행사 자체를 수행하는 데 급급했다. 해커톤을 통해 나온 아

〈표 21-4〉 조력자 정부 구축과 관련한 사례, 현황 및 과제

구분	내용
해외 사례	해외에서는 2000년대 초부터 공공데이터를 이용하여 웹/앱 어플리케이션을 개발하는 방식으로 시민사회의 문제점을 해결하고 정부 서비스의 품질을 개선하는 것을 목표로 하는 시빅해킹 활동이 시작됨[예: 미국의 코드포아메리카(Code for America, 대만의 GOV, 한국의 코드포코리아 등]
한국 현황	2010년대 초 시빅해킹 활동이 등장했으나 활성화되지 못함 2020년 코로나 마스크 앱 개발 과정에서 정부가 시빅해커들과 협력하는 과정에서 조력자 정부 역할 수행의 경험 얻음
과제	플랫폼 정부 위의 커뮤니티 구축을 돕는 '조력자'의 역할을 확대 강화할 필요가 있음

이디어는 제대로 활용되지 않았으며, 해커톤을 통해 참석한 시민을 모아 이후의 활동을 위한 네트워크를 구축하지도 못했다. 이러한 한계를 극복하기 위해 정부는 시민과 민간기업 등 다양한 사회 주체가 느슨하게 연결되어 있을 수 있게 하는 임무를 수행해야 한다(Granovetter, Mark S., 1974). 플랫폼 정부 위의 커뮤니티 구축을 돕는 '조력자'가 되어 시민이 지역사회 문제해결의 주체가 될 수 있도록 지원해야 한다.

3.3 모세혈관 단위까지 서비스를 제공하는 포용정부

디지털 거버넌스는 정보통신기술을 통해 그동안 거버넌스에 참여하지 못한 사회적 약자들을 거버넌스의 장으로 불러오는 것을 의미하기도 한다. 이러한 맥락에서 2020 한국판 뉴딜 종합계획이 농어촌 및 취약계층의 디지털 접근성 강화를 주요 목표 중 하나로 내세우고 있는 것은 매우 고무적이다. 정부는 디지털 접근성 강화를 목표로 1,200개 농어촌 초고속 인터넷망 구축, 공공 와이파이 5만 9천 개 보강, 전 국민 대상 '디지털 역량센터' 운영(6천 개소)이라는 전략을 제시했다. 하지만 이미 스마트폰을 통해 전국 어디서든 인터넷에 접속할 수 있는 상황에서 기반시설을 중심으로 하는 접근성 강화정책은 실효성이 부족하다. 디지털 거버넌스 체제를 수립하여 지금까지 거버넌스에서 소외된 사람들을 포용할 방법은 무엇이 있을까? 그리고 이들을 거버넌스의 장으로 불러들이면서 사회적 취약계층이 가지고 있는 드러나지 않은 사회 문제를 파악하고, 긴밀하게 정부 서비스를 공급할 수 있도록 하는 포용정부의 역할을 어떻게 강화할 수 있을까? 이런 질문을 던지는 것이 중요하다.

정부 서비스와 거버넌스에 대한 디지털 접근성은 전통적 차원에서의 거버넌스 및 행정서비스 접근성에 대한 논의와 함께해야 한다. 딜로이트(Deloitte)는 「Government Trends 2020」 보고서를 통해 서구 국가들을 중심으로 진행되는 디지털 시민증명(digital citizen identification)에 관한 논의를 소개하고 있다(Deloitte Insights, 2020). 정부가 디지털 서비스를 통해 시민과 기업의 신원/신분을 쉽게 증명하고 확인할 수

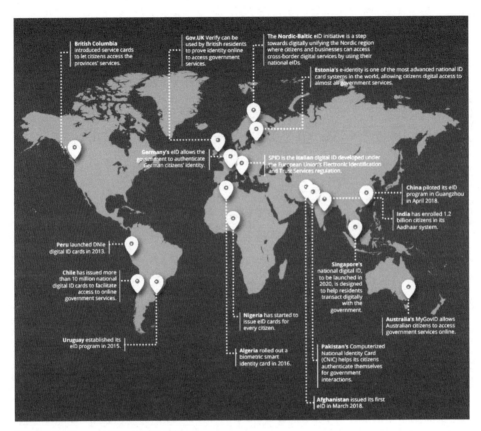

출처: Deloitte, Government Trends 2020, 2020

[그림 21-2] 세계적 디지털 신원확인 제도 도입 노력

있다면 서비스의 질을 획기적으로 개선하고, 서비스의 효율성을 높일 수 있으며, 접근성의 부족으로 이제까지는 서비스를 받을 수 없었던 시민을 대상으로 지금까지 놓치고 있었던 건강보험, 교육 및 다른 유형의 정부 사회보장서비스를 제공할 수 있다는 것이다. [그림 21-2]는 디지털 신원확인과 관련한 세계 각국 정부의 노력을 보여준다. 에스토니아의 전자시민증부터 중국 광저우의 eID, 노르딕-발틱 eID, 페루의 DNIe, 칠레의 digital ID cards 등은 디지털 기술을 활용하여 시민과 연결되기를 원하는 정부의 노력을 잘 보여준다.

한국은 디지털 신원확인과 밀접한 서비스 제공 측면에서 이미 강력한 접근성을 가지고 있다. 주민등록번호를 바탕으로 한 시민권 관리와 이·통장 제도를 통한 마

〈표 21-5〉 포용정부 구축과 관련한 사례, 현황 및 과제

구분	내용
해외 사례	해외에서는 최근 들어 디지털 신원확인을 통한 정부 서비스 제공에 대한 관심이 높아지고 있음(예: 에스토니아의 전자시민증, 중국 광저우의 eID 등)
한국 현황	한국은 주민등록제도가 이미 구축되어 있음
과제	기존의 주민등록제도를 디지털화하고 모세혈관 단위의 서비스를 제공하기 위한 서비스 전달체계 구축이 필요함

을 단위의 정부 서비스 제공 체계가 수립되어 있다는 점에서 전통적 차원에서의 행정 접근성이 매우 높은 국가라고 할 수 있다. 이런 점에서 디지털 거버넌스 혁신을 준비하는 한국은 기존의 시스템이 가진 강력한 접근성을 디지털 기술을 통해 혁신하는 방향으로 접근해야 한다. 디지털 거버넌스를 통해 더 많은 시민이 거버넌스의 장에 참여할 수 있도록 하고, 정부 서비스의 소외계층이 생기지 않도록 하는 모세혈관 단위의 생활환경을 배경으로 시민의 삶과 긴밀하고 밀착된 정부 서비스가 제공되어야 한다.

4. 세부 과제별 추진전략

4.1 추진전략 1: 플랫폼 정부의 조력자가 되기 위한 정부 조직개편

플랫폼 정부의 구축과 플랫폼을 사용하는 다양한 주체의 활동을 돕는 조력자 역할을 성공적으로 수행하기 위해서는 중앙정부 차원에서 데이터 관리 및 데이터 서비스 구축을 전담하고 플랫폼의 활용을 촉진하며, 플랫폼 위에서의 다양한 정부 부처 또는 정부 기구, 기업, 시민 간 협업을 지원할 조직을 수립해야 한다. 이는 현

중앙정부 체계에서 산발적으로 작동하고 있는 행정안전부의 디지털정부국과 과학기술정보통신부의 정보통신정책실, 그리고 정부산하기관인 한국정보화진흥원이 수행하고 있는 디지털 혁신과 공공정보 활용·협력 기능을 통합적으로 수행할 수 있는 조직을 의미한다. 또한, 이 조직은 정부 전 부처에 영향력을 끼칠 수 있는 상위 기구에 설치해야 한다.

먼저 이 조직이 위치해야 할 기구로 국무조정실을 제안한다. 플랫폼 정부라는 정책 목표는 어떤 특정 부서가 담당하기에는 너무 광범위한 역할을 담당하는 데다가 이를 실현하기 위해 다양한 정부 부처는 물론 민간 부문의 협력을 도모해야 하기 때문이다. 국무조정실은 국무총리 직속 기관으로 "각 중앙행정기관의 행정의 지휘·감독, 정책 조정 및 사회위험·갈등의 관리, 정부업무평가 및 규제개혁에 관하여 국무총리를 보좌"(정부조직법 제20조)하는 것을 목적으로 한다. 국무조정실이 가지는 가장 큰 사무는 정책 조정이다. 따라서 국무조정실 국무1차장 산하에는 국정운영실, 정부업무평가실, 규제조정실과 같이 행정부의 효율적인 운영과 평가, 그리고 정부 전반에 걸친 규제개혁을 담당하는 기관들이 있고, 국무2차장 산하에는 경제문제 및 사회문제를 다루는 경제조정실과 사회조정실이 있으며, 그 외에 사회 전반에 영향을 끼치는 정책 분야에 대한 다양한 추진단(녹색성장지원단, 청년정책추진단, 세월호 피해자지원추모사업지원단, 생활SOC추진단 등)이 있다. 앞서 설명한 코로나 마스크 앱 개발 사례에서는 국무조정실이 아무런 역할을 하지 못했다. 과학기술정보통신부가 작성한 마스크앱 백서에는 국무조정실이나 국무총리에 관한 내용은 하나도 없었다. 그 대신 과학기술정보통신부와 청와대 과학기술보좌관 산하의 디지털혁신비서관실이 관련 업무를 담당했다. 일회성의 긴급한 사건대응을 위해 청와대가 임무를 수행하는 데 대해서는 정당성을 부여할 수 있겠지만, 플랫폼 정부의 구축과 운영을 담당하는 실무조직을 설치하는 데는 국무조정실과 같이 실질적인 업무를 수행하는 조직이 더 적절하다고 할 수 있다.

플랫폼 정부를 구축·운영하는 실무조직이 수행해야 하는 가장 중요한 기능은 플랫폼 정부 시스템을 활용할 수 있는 다양한 정부와 민간 주체들을 확보하여 그들의 협력을 도모하는 것이다. 플랫폼 정부를 위한 전자정부 시스템과 그곳에 사용될 공공데이터의 정보인프라는 과학기술정보통신부나 행정안전부를 통해 구축될 수 있다. 물론 국무조정실이 과학기술정보통신부나 행정안전부가 가진 정부 기능을 가지고 올 수도 있지만, 그보다는 각 부처가 구축하는 시스템에 대한 방향성을 논의하는 자리에 국무조정실이 참여하는 것이 더 효율적이고 바람직할 것으로 보인다. 그 대신에 국무조정실은 플랫폼 정부를 통해 해결해야 할 사회적 난제를 파악하고, 그에 대한 해결책을 시민과 민간 부문의 주체들과 함께 도출해나가는 임무를 수행해야 한다. 이러한 역할은 두 가지 방식으로 운영될 수 있는데, 하나는 미국의 challenge.gov와 같이 정부가 가지고 있는 사회적 난제의 해결을 위해 시민과 민간 부문의 아이디어와 협력을 요청하는 형태로 운영하는 것이다. 또 다른 하나는 시민이나 민간 부문에서 제시한 사회적 문제를 해결하기 위해 플랫폼 정부 시스템과 공공데이터를 활용하는 것이다. 이에 관한 실질적인 모형은 찾아보기 어렵지만, 중앙정부 차원에서 이 기능을 활성화하고 플랫폼 정부를 성공적으로 운영하기 위해서는 국무조정실이 가지는 조정 역할에 충실한 조직이 구축·운영되어야 할 것이다.

4.2 추진전략 2: 포용정부 구축을 위한 디지털 이·통장 제도 수립

디지털 거버넌스를 통해 모세혈관 단위의 서비스를 제공하는 '포용정부'라는 목표를 달성하기 위해 디지털 이·통장 제도 수립을 제안한다. 리와 통은 지방자치법에 근거한 지방 행정의 하부조직이다(한국지방행정연구원, 2016). 리 제도는 1949년, 통 제도는 1975년부터 지금까지 유지되고 있는 오래된 제도이며, 이·통장들은 정부 공권력의 최하부 지원조직으로 시민과 밀접한 관계를 맺고 있다. 정부 서비스의 모세혈관 단위에 있다고 해도 과언이 아니다. 이들은 공무원은 아니지만, 읍·면·동장의 감독하에 행정 보조적인 임무를 수행하며 지역사회에 녹아있다. 2015년 12월 기준으로 이장은 3만 6,742명, 통장은 5만 6,665명에 이른다. 그동안 리와 통의 기능도 시대에 맞게 조정되어왔고, 이장과 통장의 역할과 처우도 개선되었다. 하지만 농촌 인구 감소, 도시 지역의 밀집, 공동 주거 형태의 일반화, 그리고 정보통신매체의 발달에 따른 행정행위의 효율화를 통해 이·통장들의 역할이나 제도의 타당성에 대한 논의가 제기되고 있다. 기존 이·통장의 역할은 전통적인 공동체 안에서 직접 대면을 통한 접촉의 중심이었다. 도시화한 지역의 이·통장들은 이러한 직접 대면이 어려운 상황에 부닥쳐 있으나, 수행하는 업무의 방식에는 변화가 거의 없으므로 제도 자체가 유명무실해질 수 있다.

하지만 이·통장 제도에 디지털 혁신을 접목하여 4차 산업혁명 시대에 맞는 이·통장의 역할을 새롭게 조명하고 그에 맞는 역할을 재정립할 필요가 있다. 사회 전반적인 복지 서비스 확대에도 사각지대는 여전히 남아 있으며, 개인화되고 파편화되어가는 사회에서 어려움에 처한 한계 가정을 발굴하는 데는 가까운 거리의 이웃으로 생활하는 이장과 통장의 역할이 매우 중요하다. 또한, 최근 강조되는 생활 자

〈표 21-6〉 법령상 이·통장의 주요 기능

근거 법령	내용
민방위기본법 제18조	• 지역의 민방위대장으로서 평상시에는 민방위대원의 교육·훈련 및 소집통지서를 전달 • 교육훈련 면제 또는 유예 결정에 따른 사실 확인 • 교육훈련 및 민방위사태 발생 시 민방위대원의 동원 및 통솔
주민등록법, 주민등록법 시행령	• 주민등록, 전입신고 내용의 사실 여부 확인 • 연 2회 주민등록 일제 조사업무 보조
국민연금법 시행규칙	• 농어업인 여부 확인
긴급복지지원법 시행규칙	• 긴급지원 대상자의 신고
공직선거법, 공직선거관리규칙	• 거소 투표를 위한 부재자 신고 시 중대 장애로 거동할 수 없는지 확인
도시와 농어촌 간의 교류촉진에 관한 법률	• 농어촌 체험·봉사 활동자에게 도농교류 확인서 발급
초·중등 교육법 시행령	• 다음 해에 만 6세가 되는 초등학교 취학 아동의 명부 작성 지원 등

출처: 한국지방행정연구원, 지방자치단체 이·통장 운영현황 분석 및 제도개선 연구, 2016

치를 활성화하고 지역에서의 혁신과 삶의 질 개선을 위해 관과 민의 영역을 매개하는 이·통장의 역할은 아직도 의미가 있다. 이를 위해서는 다른 누구보다 먼저 이·통장들을 대상으로 하는 디지털 교육과 역량 강화 프로그램이 필요하다. 현재 이장의 52%, 통장의 33%가 60대 이상으로 디지털 기술에 대한 접근성과 이해도가 다른 젊은이들에 비해 약할 것으로 예상한다. 디지털 행정서비스와 거버넌스 도구를 활용할 수 있을 정도의 디지털 문해력(digital literacy)를 키워주고, 모바일 기기를 지원하여 사각지대에까지 디지털 접근성을 높이는 것이 필요하다. 이러한 혁신을 통해 디지털 이·통장 제도가 자리를 잡는다면, 법이 정하는 이·통장의 주요 기능 중에서 재난에 대비하는 지역 민방위대장으로서의 역할과 긴급복지지원 대상자를 신고하는 역할 등의 역할을 더욱 효율적으로 수행할 수 있을 것이다.

5. 기대효과

디지털 거버넌스는 디지털 기술을 활용하여 사회적 난제를 파악하고 해결방안을 도출하며 다양한 주체가 더 효율적으로 협업하는 방법을 찾아내는 것을 목표로 한다. 이를 위해 플랫폼 정부, 조력자 정부, 포용정부라는 세 가지 목표를 달성해야 한다. 플랫폼 정부 구축을 위한 국무조정실 중심의 조직 개편안이나 포용정부 구축을 위한 디지털 이·통장 제도 활성화 같은 혁신적인 대안에 대한 열린 토론과 구체적 실천계획 마련이 필요한 시점이다.

디지털 거버넌스의 목적을 추구하고 세부 정책을 수행해나가는 과정에서 다음 사항을 고려해야 한다. 첫째는 디지털 거버넌스의 적용 대상을 세분화하는 것이다. 궁극적으로 디지털 거버넌스는 정책 전 분야와 정책 과정 전반에 도입될 것으로 기대된다. 하지만 디지털 거버넌스를 도입하는 데 있어 어떤 정책 분야에서 디지털 거버넌스가 쉽게 도입될 수 있을지, 그리고 더 큰 효과를 불러올 수 있을지에 대한 고

〈표 21-7〉 디지털 거버넌스를 위한 정책 목표, 추진과제 및 제언

세부 정책목표	추진과제 및 제언
플랫폼 정부	• 플랫폼 정부를 구축하고 조력자 정부의 역할을 강화하기 위한 중앙정부 차원의 조직개편이 필요함
조력자 정부	• 다양한 부처는 물론 민간 부문의 협력을 도모해야 한다는 점에서 정책조정 역할을 수행하는 국무조정실 중심의 플랫폼 정부 수립 지원 조직을 구축할 것을 제언함
포용정부	• 모세혈관 단위의 서비스를 제공하기 위한 촘촘한 정부 서비스 전달망의 구축이 필요함 • 기존의 이·통장 제도에 디지털을 접목하여 디지털 이·통장 제도를 구축할 것을 제언함

려가 필요하다. 같은 맥락에서, 정책 의제 설정, 정책 수립 및 결정, 집행 및 관리와 평가의 단계 중 어떤 단계에 디지털 거버넌스를 우선적으로 도입해야 할지를 고려해야 한다.

다음으로 정부와 외부 인사들의 협력으로 인해 발생할 수 있는 문제점들에 대한 대비가 필요하다. 개방직 인사의 확대는 오랫동안 추진되어온 정부 조직 유연화를 위한 개혁 전략 중 하나다. 하지만 개방직 인사들이 정부 조직의 구성원으로 들어오거나 밀접한 협력 대상으로 활동하게 되는 경우 어떻게 하면 기존의 직원들과 원활하게 협력할 수 있을 것인가에 대한 문제는 아직도 해결되지 않고 있다. 디지털 거버넌스 추진 과정에서 기존 구성원들과 새로운 인력들이 서로 도우며 효율적·효과적으로 문제해결을 추진할 수 있도록 도와줄 시스템을 구축하고 조직문화를 형성하는 것이 필요하다.

또한, 민·관 협력 과정에서 외부의 조직이나 인사가 정부 서비스의 제공 역할을 담당하게 될 때 행정의 책임성(accountability)을 어떻게 달성할 수 있을지에 대한 고려가 필요하다. 정부가 해야 할 일을 민간에 떠넘긴 채 책임성을 외면하는 일이 있어서는 안 된다. 정부는 할 수 있는 일과 해야 할 일을 정확히 규정하고 디지털 거버넌스 구축을 위해 정부가 추구해야 할 역할을 적극적으로 모색해나가야 한다. 디지털 거버넌스 구축 과정에서 실제 사회에서 활용되고 있고 실시간으로 개발되고 있는 최고·최신 기술이 정부 행정에 도입될 수 있도록 민첩한 의사결정 역할이나 정부가 반드시 수행해야 할 필수 역할들, 예를 들어 디지털 혁신의 실패를 보완하고 정보격

차로 인한 시민 사이의 격차가 발생하는 것을 방지하는 등의 적극적 역할을 동시에
수행해야 한다.

22장
지역균형발전을 위한
지자체 디지털 역량 강화

김영미

1. 들어가는 말

1.1 지역정보화의 개념

지역정보화는 1980년대 말 당시 정보통신부(현 과학기술정보통신부), 행정자치부(현 행정안전부), 산업자원부(현 산업통상자원부), 과학기술부(현 과학기술정보통신부), 농림무(현 농림축산식품부) 등 중앙부처와 지방자치단체, 민간 부문에서 개별적으로 시행되다가 1996년 광역자치단체와 일부 기초자치단체에서 지역정보화사업계획을 수립하면서 본격적으로 추진되었다. 이후 정보통신부의 정보화촉진기금과 행정자치부의 특별교부세를 재원으로 시책사업이 진행되었다. 1997년은 지역정보화가 본격적으로 추진된 해로, 이를 계기로 지방자치단체의 정보화추진체계가 정비되기 시작했다.

지역정보화란 특정 지역을 대상으로 정보자원을 활용하여 해당 지역의 발전을 도모하는 통합적 활동을 의미한다(김현성, 2001). 해당 지역의 행정 및 산업, 생활 전반에 걸쳐 정보통신기술을 적용하여 지역발전을 도모하며, 특히 지역경제발전과 주민의 삶의 질을 향상시키는 데 목적을 두고 추진되었다. 지역정보화는 지방자치단체에 사회간접자본의 인프라를 확충하고, 새로운 고용창출 효과 제고 및 정보화를 통한 행정의 효율성과 지역발전의 새로운 패러다임으로 기대감을 갖고 본격적으로 진행되었다.

정보화는 국가 차원에서 주도적으로 추진되며 사회 전반에 걸쳐 확장성을 높여가고자 주력했다. 수평적 확산을 넘어 수직적 확산 차원에서 지방과 개별조직 및 개인으로까지 촘촘히 망을 확대하는 과정에서 지역정보화 개념이 구조화되었다.

1.2 지역정보화의 의의

2001년 마련된 지역정보화촉진시행계획에서는 지역정보화의 기본목표를 수준 높은 지역정보화정책의 추진을 통해 지역주민의 삶의 질을 향상시키는 것이라고 제시하고 있다. 첫째, 지역사회 네트워크 구축을 통해 구성원의 참여를 촉진시키며 주민의 일상생활과 밀접한 생활기반의 정보화를 추진하여 지역주민의 삶의 질을 향상시킨다는 점을 강조했다. 둘째, 지방행정의 정보화를 통해 행정능률성을 높이고 대민서비스를 개선하여 지방행정의 생산성을 제고하고자 했다. 특히 주민의 민원행정의 불편함을 덜어주기 위한 접근성 제고 차원에서 원스톱(One-stop), 논스톱(Non-stop) 행정서비스 제공을 위한 새로운 접근이 시도되었다.

지역정보화는 지역 간 격차로 인한 불균형 발전형태가 정보격차로 이어진다는 우려를 불식시키고자 노력했다. 지역 간 정보격차((Digital Divide) 해소를 통해 지역균형발전을 이루겠다는 적극적 목표로 전환했고, 지역의 경쟁력을 강화하여 수도권과 지방 간 정보화 불균형을 해소하고, 나아가 지역균형발전을 도모하는 인프라 수단으로 활용하고자 했다.

1.3 지역정보화의 추진내용

1.3.1 지방행정전산화단계(1970년대 말~1980년대 중반)

지방행정의 전산화는 1970년대 후반 서울시청, 부산시청, 충북도청을 시범지역으로 하여 지방세 등을 전산화하면서 시작되었다. 이후 지방행정전산화가 1980년 내무부 훈령을 근거로 추진규정이 제정되면서 본격화되었다. 토지기록 전산화, 정기분 지방세 처리, 각종 공과금 등 자체업무를 처리하고 산하 시 · 군 · 구의 전산업무를 지원하는 내용을 담고 있다.

1.3.2 국가기간전산망계획에 따른 행정전산망사업 추진(1987~1996)

국가기간전산망은 행정망, 공안망, 국방망, 금융망, 교육망 등 5개 망으로 이 중 행정전산망사업을 추진하면서 지역정보화의 기초를 구축했다. 행정전산망사업은 1단계에서 5개 부처 6개 사업이 관련되어 주민등록관리, 부동산관리, 자동차, 고용, 통관, 경제통계 등을 포괄적으로 반영했다. 주민등록관리 행정전산망이 구축됨으로써 전국 읍 · 면 · 동에 온라인 등 · 초본 발급서비스(1994.7)가 시작되었고 부동산관리 행정전산망을 통해 전국 시 · 군 · 구 온라인 토지대장 등본발급서비스(1991.2)가 제공되었다. 2단계에서는 정보통신부의 지원을 받아 주민등록 전 · 출입신고 통합관리시스템이 구축되었다. 전출 · 전입신고를 전입신고 1회 3분 이내에 온라인으로 업무를 처리할 수 있게 되어 민원서비스의 새로운 접근을 시도했다. 국토종합정보시스템 구축은 전국 토지자료, 공시지가자료, 주민등록자료 등을 통합적으로 관리할 수 있는 기반을 마련하는 계기가 되었다.

1.3.3 지방행정정보화의 추진(1993년 이후)

1993년 '지방행정전산화 중·장기 기본계획'이 수립되었고, 지역정보센터와 연계되어 지방행정종합정보망 구축 및 확장, 전자문서관리시스템의 설치가 이루어졌다. 또한 공무원 1인 1PC 보급 등으로 인해 행정업무의 전산화가 본격적으로 추진되었다. '시·군·구 행정종합정보화' 사업은 광주 서구 등 4개 시·군·구를 시범사업지역으로 하여 주민행정 등 10개 분야 종합정보화로 이어졌고, 2000년부터 전체 시·군·구로 확대되었다.

1.3.4 지방자치단체의 지역정보화

「정보화촉진기본법」을 통해 정보화추진위원회 및 지방자치정보화분과위원회가 구성되었고, 자치단체장의 지역정보화추진의무가 규정(법 제11조)됨에 따라 '정보화촉진기본계획'이 수립되었다. 「정보화촉진기본법」 및 동법 시행령은 1996년 1월 1일 시행되었다. 국가정보화촉진 10대 과제에서 지역균형발전을 위한 지역정보화 지원이 포함되었는데, '지역정보화촉진시행계획'은 지역정보화추진체계 확립, 지역정보센터 설립 등 기반조성을 주요 내용으로 담았다. 자치단체 정보화를 위해 '자치정보화지원재단'이 설립되었는데, 이는 서울을 제외한 15개 시·도 지방자치단체에서 30억 원을 출연한 비영리재단법인으로서 1999년부터 자치단체 연간 회비 및 서비스 수수료로 운영되고 있다. 현재는 한국지역정보개발원으로 성장하여 지자체의 정보화 지원업무를 중심으로 수행하는 역할을 하고 있다.

2. 지역의 위기

2.1 지역 현황

저출산으로 인한 인구감소는 최근 '지방소멸'이라 불리며 각종 지표를 통해 위기로 감지되고 있다. 지방에서 대도시로 이동하는 인구가 세계 주요 국가보다 높은 것으로 나타났고, 지역의 젊은 층 인구 유출 현상에 대해 지자체는 대책의 필요성을 제기하고 있다.

최근 국토연구원이 발표한 「인구로 보는 OECD 국가의 지역·도시」보고서에 따르면 국내 지방 인구유출 속도는 경제협력개발기구(OECD) 국가 평균보다 2배가량 높다고 제시하고 있다. 2015~2018년 OECD 소속 30개국에서 거주지를 옮긴 인구는 전체의 2.5%였던 반면, 한국은 전체 인구의 4.8%가 지역 간 이동을 한 것으로 나타났다. 이동 인구 대부분은 대도시로의 유출 현상이 두드러진다고 분석했다. 이 보고서는 "OECD 국가 전체 이동 인구 중 청년층(15~29세)의 약 53%는 교육·직업을 위해 대도시권으로 이동했고 나머지는 지방 중소도시로 이전했다"라며 "한국의 경우 거주지를 옮긴 청년층의 90% 이상은 대도시권에 집중됐다"라고 설명하고 있다. 인구감소 및 인구유출을 '지방의 위기'로 보고 범정부 차원의 신속한 대책이 필요함을 지적하고 있지만, 단기간에 해결될 수 있는 사안이 아니므로 다각적인 시각에서 접근할 필요가 있다. '지방의 위기'가 가속화됨에 따라 범정부 차원에서 이에 대응할 신속한 대책이 마련돼야 한다는 지적이 제기되고 있다. 이러한 현상은 한국에서만 나타난다기보다는 세계 여러 나라에서 흔히 볼 수 있으며, 유사한 점이 많음도 특징이다.

프랑스는 수도권 인구집중 현상을 체험한 이후 인구분산정책을 적용하여 균형을 유지하고자 노력했다. 일본은 우리와 매우 유사한 현상을 보여주고 있어 예의주시하게 되는데, 총리 직속의 '지방창생본부'를 설치하여 범정부 차원의 지방활성화를 적극적으로 주도했다. 마스다보고서는 지역의 인구감소를 '소멸'이라는 용어를 지칭하면서 사회적 관심을 불러일으켰다. 젊은 청년층이 지역을 빠져나가 대도시권으로 유입되고, 지역의 고령화가 가속화되면서 지역의 존재 여부가 위협받는 현상이 여러 곳에서 다발적으로 나타나는 점을 지적하고 있다. 이는 지역의 존립을 위해 최소한의 인구가 유지되어야 하는데, 기본이 흔들리면서 지자체의 생존에도 위협을 가하는 상황으로 이어질 수 있음을 표명하고 있다. '지방소멸'이란 일본 마스다 히로야(增田寬也, 전 일본 총무장관, 현 도쿄대 교수)가 처음 창안한 용어로 국토연구원, 한국지방행정연구원 등 국책연구기관의 보고서에서 활용했다. 마스다 히로야는 65세 이상 고령인구 대비 20~39세 여성 인구가 차지하는 비율로 소멸을 측정했다.

　국가는 물론 지역의 인구감소와 인구유출 현상은 노동력 감소와 세원 불균형을 초래하여 지역의 기반이 위축되거나 붕괴될 수 있어 그 심각함이 크다. 또한 의료·대중교통 등의 공공서비스 지원이 한계에 봉착하고 빈집 현상이 가속화되면서 지역의 전반적인 상실이 지역의 인구유출을 더욱더 가속화하는 요인이 될 수 있다. 최근 행정서비스를 규모에 맞게 적용할 수 있는 콤팩트 시티의 대안도 모색되고 있지만, 무엇보다 근본적인 문제해결의 기반을 강화하는 데 주목할 필요가 있다.

　저출산·고령화 현상, 지역인구의 감소 및 청년인구의 유출 문제는 어제오늘의 현상은 아니고 이미 산업화가 팽창했던 1970년대부터 꾸준히 제기된 문제이기도 하다. 또한 인구감소 현상만으로 지역의 위기상황을 한정하고 지방소멸로 연결하는 것은 다소 소극적인 접근이라고 할 수 있다. 위기를 기회로 재전환하기 위한 또 다른 시도가 필요한 시점이다.

2.2 지역산업정책의 주요 변화

　우리나라 지역산업정책의 변화를 시기별로 보면 1990년대 들어 정부는 지역 R&D 혁신기반을 구축했고, 테크노파크조성사업을 추진했다. 1999년부터 균형

발전을 도모하고 지역의 경제 및 산업기반 조성을 위해 지역산업진흥사업을 추진했다. 2008년에는 지역전략산업육성사업을 추진했고, 광역경제권 선도산업 육성사업, 지역의 특화 발전을 위한 지역산업정책을 추진하는 등 정부별로 특화하여 추진했다. 대체로 정부의 국정 방향에 맞춰 지역산업정책의 지원형태 및 내용이 다양하게 변화하고 있는 점이 특징이다.

한국 지역정책의 핵심적인 문제 중 하나는 수도권과 비수도권 간의 불균형문제를 제기하며, 특히 인구감소를 기준으로 지역 내 총생산의 비중도 감소하는 점을 주목했다. 지역산업정책 측면에서는 테크노파크, 혁신센터 등을 구축·운영하여 연구개발, 정보교류, 교육·훈련, 창업보육, 기술·행정, 시험생산 등 지역산업을 육성하는 이슈 중심으로 접근했다. 최근에는 경제활동의 공간적 불일치로 인한 산업발전의 비효율성을 인지하고 4차 산업혁명 기반의 혁신생태계를 구축하고자 방향성을 전환했다. 스마트 특성화 전략을 위해 지역의 여건에 적합한 혁신생태계 구축을 통해 효율적이고 가시적인 성과창출을 모색하는 데 주력하고 있다.

2.3 지능정보기반의 전환

신종코로나바이러스(COVID-19)의 발생은 뉴노멀(new normal) 현상을 야기했고, 생활의 변화는 물론 산업 전반에 걸쳐 확대되고 있다. 코로나19로 일상생활의 패턴이 변화되고 물리적·사회적 거리 두기를 실행하다 보니 '비대면 언택트(untact)'가 보편화되고 있다. 전 세계 188여 개국에서 많은 학생이 등교를 일시 중단하고 원격수업으로 전환되었고, 온라인과 오프라인 병행 교육인 하이브리드 방식이 혁신모델로 부각되었다. 의료계도 이전에 논의된 원격진료를 진지하게 재고하는 모습을 보여주고 있다. 원격진료의 실효성을 중심으로 시행 가능성 중심의 접근을 시도하며, 재택근무의 실효성을 되짚어보고 있다. 채용에서도 비대면 방식을 채택하고 AI 시험과 면접방식을 전면 반영하는 등 다양한 사례가 등장하고 있다.

세계적인 석학과 전문가들이 제언하는 미래 사회현상은 코로나19 팬데믹
[pandemic: 세계보건기구(WHO)가 선포하는 감염병 최고 경고 등급을 의미하며 세계적으로 감염병이 대유행
하는 상태를 지칭한다]이 어느 정도 가라앉거나 벗어나더라도 세계 질서는 이전과 다르게
진행될 것이라고 전망하고 있다. 무엇보다 산업 분야가 급격히 재편되고 새로운 방
식의 구조조정을 통해 지능정보 기반의 패러다임 전환이 가속화될 것으로 보고 있
다. 전통 제조업과 대면 서비스업의 과감한 변화와 디지털을 기반으로 하는 비대면
기반 산업, 스마트 산업 중심의 진행이 이미 시작되고 있다.

3. 디지털 전환과 지역

3.1 스마트네이션

'스마트네이션'은 도시와 농·어촌을 IoT와 국가정보통신망으로 연결하고,
독거노인 스마트케어, 주민안전 강화, 실시간 재해예방 등의 다양한 서비스를 전국
어디서나 언제든 제공받고, 주민생활과 밀접한 각종 문제를 해결하는 지능정보사회
를 구현하는 데 중점을 두고 있다. 행정안전부는 2017년 스마트네이션 기본계획을
수립하고, 지자체 업무 분야에서 파급효과가 높은 핵심서비스를 발굴하여 시범운영
안을 도출했다. 대구시 민원상담 챗봇, 서울 은평구 AI 기반 대형폐기물처리 등의 사
례를 통해 일부 효과성을 검증했고, 지역 기반의 실질적인 생활밀착형 서비스 개선
을 위한 새로운 접근방식으로 주목받았다.

지방자치단체 정보화 성과공유대회에 제출된 강남구의 사례는 정보화 담당자
간 공유를 통해 확산효과를 제고하고자 했다. 서울 강남구의 강남봇은 AI 기반의 실
시간 불법주정차 단속 민원서비스로, 구청이나 누리집(홈페이지) 방문 없이 카카오톡

을 통해 손쉽게 접근할 수 있으며 실시간으로 자동상담, 단속요청, 민원접수 등의 기능이 가능한 내용을 담고 있다. 특히, 악성 민원에도 친절한 대화를 이어갈 수 있다는 점과 업무가 종료된 야간시간에도 민원상담이 가능한 점 등은 긍정적으로 평가되었다. 이 외에도 기능 중심의 문제해결 사례로 상수도 원격검침, 스마트주차의, 실시간 교통정보서비스 등 구축 내용, 운영 효과 등을 중심으로 스마트네이션의 추진을 지속적으로 시행할 수 있는 틀을 마련했다.

3.2 지역균형 뉴딜

문재인 대통령은 한국판 뉴딜의 중점을 '지역균형 뉴딜'에 두겠다고 강조하면서 지역 차원의 디지털 혁신을 가속화하고자 했다. 한국판 뉴딜을 지역으로 확산하고 국가균형발전 정책과 연계해 지역을 혁신하는 것을 목표로 한다. 팬데믹 현상에 따른 경기침체와 지역경제 회복을 위한 발판으로 삼고, 중장기적으로는 국가균형발전과 연동하여 완성도를 높이기 위한 계획안을 제시하고 있다. 지역균형 뉴딜은 지역의 산업성장을 위한 R&D 연구기관과 연계되어 환류체계가 작동될 때 가속도가 붙을 것으로 보고 있다.

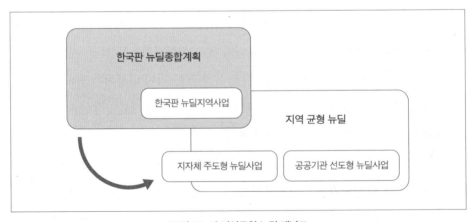

[그림 22-1] 지역균형 뉴딜 개념도

지역 기반의 제조업체(기계·금속, 전기장비 등) 중심 주력산업단지는 이와 연관성이 높은 공공 연구기관 및 지역산업과 시너지 효과를 창출할 수 있고, 인근 지자체와 동반 성장해 국가균형발전의 기틀을 만들 수 있도록 하는 균형발전의 새 접근방식이 필요한 시점이다. 이는 팬데믹 상황에서 항공, 관광 등 서비스업이 치명적인 타격을 받은 반면 반도체, 조선, 철강, 자동차 등 제조업은 상대적으로 위험요소가 덜하고 기대 이상의 분전현상을 보여주었다. 정부도 이러한 중요성을 인식하고 제조업을 살리기 위한 지원을 강화하고자 했다.

기존의 전통 제조업체를 기반으로 지능정보 신기술의 연계효과를 높이기 위한 지자체의 역할이 중요하고, 지역균형 뉴딜의 실효성을 높이기 위한 선도적 모델이 지속적으로 요구된다.

3.3 싱가포르의 스마트네이션

싱가포르의 스마트네이션은 국가정책적 비전을 반영한 대응방안의 일환으로 추진되었다. 주요 내용을 보면 ICT, 네트워크 및 데이터를 활용하여 고령화, 도시 집중으로 인한 에너지 부족 등 도시문제에 대응하고 나아가 경제적 가치를 창출하고자 했다. 궁극적으로 삶의 질을 개선하고 경제적 기회를 창출하기 위한 목표를 명료화하고 기술중심의 접근방법을 통해 문제해결을 적극적으로 수행해나가고자 했다. 특히 인구를 관리하는 국가적 돌파구의 확보 차원에서 주목을 받았다.

도시국가인 싱가포르는 스마트 국가 건설과 경쟁력 있는 정보화 능력에 집중했고, 정부 조직개편을 통해 디지털 서비스를 개발하고 핵심 솔루션과 플랫폼을 제공하는 등 스마트네이션 구축과 추진에 적극적인 자세를 취했다.

4. 디지털 지역 역량 강화하기

4.1 지역균형발전의 논의

지역균형발전의 화두는 지역의 정보화와 지방정부의 주도적 역할에 따른 정보화 전략의 접근성 등이 강화되는 단초를 만들기도 했다. 정보화는 빠른 기술발전에 힘입어 성장세를 거듭했고, 지역의 행정문화는 물론 제반 환경변화를 유도하는 데 많은 영향을 미쳤다. 신기술 지능정보 기반은 지금까지와는 다른 변화의 방향을 유도하고 있고 기대와 우려가 동시에 작동하고 있다.

지자체는 지역문화 시설과 프로그램 개발, 건강관리를 위한 생태계 조성 및 맞춤형 서비스 프로그램을 실행하고자 노력하고 있다. 그러나 이러한 노력에도 저출산·고령화 현상으로 인해 지역의 커뮤니티 활성화에 걸림돌이 되고 있고, 자연적으로 발생하는 고령층의 감소와 이로 인한 빈집의 증가는 지역의 한계점을 보여주는 예다. 인구이동과 신기술 전환에 따른 지역기업의 쇠퇴, 지역대학의 위기는 패키지로 연계되어 지역을 한층 어렵게 만들고 있다.

지방자치단체는 지역균형발전을 위한 디지털 역량을 통해 이러한 난제를 풀어가고자 한다. 최근 지자체는 대학과 기업을 지원하는 조력자로서 상생협력 네트워크를 구축하고자 아이디어를 모으고 있다. 기업의 새로운 기술기반으로의 전환을 지원하고 이를 위해 필요한 인프라 지원 및 인력양성을 위한 기반 강화 등 상생 네트워크 체계 구축을 통한 지자체의 역할을 새롭게 모색하고 있다.

4.2 스마트기술의 동향

행정안전부는 〈표 22-1〉에서 보는 바와 같이 2017년부터 2019년까지 전자정부 10대 유망기술을 제시하고 있다. 주요 분야는 AI, IoT, Cloud, Date, Security 등의 분야로 구성되어 있고, 코로나19로 인해 이러한 환경은 더욱 가속되고 있다. 특히 사각지대 없는 촘촘한 보안과 인프라 기술에 블록체인 플랫폼과 인공지능 자동보안 및 5G 기반 시설을 포함하고 있다. 빠른 서비스 제공과 보안 강화를 통해 신뢰받는 지능형 서비스를 제공하는 정부의 역할을 강조하고 있다. 보안의 중요성이 확대되면서 블록체인기술이 주목을 받고 있고, 데이터 및 정보를 안전하고 효율적으로 관리하는 수단으로 블록체인 플랫폼을 통해 전자정부 서비스 지원 기반을 강화하고자

〈표 22-1〉 전자정부 10대 유망기술

구분	2017년	2018년	2019년
AI	강력해진 인공지능	대화형 인공지능 플랫폼	감성 인공지능
	상황인지 로보틱스		
IoT	사물인터넷 트랜스포메이션	스마트시티 사물인터넷	반응형 사물인터넷
Cloud	멀티 클라우드	클라우드 플랫폼	멀티 클라우드
Data	빅데이터와 니치 데이터	온디맨드 빅데이터	비정형 데이터 분석
Security	지능형 보안 아키텍처	지능형 자동보안	인공지능 자동보안
		비접촉 생체인식	
기타 신기술	가상현실과 증강현실	혼합현실	확장현실
	블록체인	블록체인 네트워크	블록체인 플랫폼
	차세대 이동통신 5G	초고속 5G	5G 인프라
	스마트시티 그리드	공공 멀티드론	엣지컴퓨팅
			인공지능 윤리

출처: 행정안전부/한국정보화진흥원, 2019.2

한다.

4.3 스마트시티

   2017년 4차 산업혁명에 선제적으로 대응하고, 신성장동력 발굴을 위해 8대 혁신 성장 선도사업을 선정해 추진했는데. 스마트시티, DNA(데이터 · 네트워크 · 인공지능), 핀테크, 미래차(전기 · 수소차 · 자율차), 드론, 에너지신산업, 스마트팜, 스마트공장이 이에 해당한다. 분야별 육성을 위한 정책방향 수립 및 성장기반을 마련했고, 8대 선도사업에 대한 재정투자도 확대했다. 데이터경제, 인공지능, 수소경제 등 3대 전략 투자 분야 및 공통분야로 U-City 구축, 시스템 연계, 스마트시티, 혁신인재양성 등 8대 선도사업과 연계해 추진하는 방안을 제시했다.

   스마트시티 정책은 2013년까지 제2기 신도시 및 행복도시 · 혁신도시 등 택지 개발사업에 고속 정보통신망 · 시스템(ICT) 구축사업을 결합했다. 스마트시티는 기존의 시스템 연계를 통해 스마트인프라 활용을 극대화하고자 했으며, 특히 공공을 중심으로 추진한 점이 특징이다. 2018년부터 스마트시티의 본격화를 위해 4차 산업 혁명 신기술의 테스트베드, 리빙랩, 혁신생태계 등 새로운 개념을 포괄하는 정책으로 확대하고자 했다. 〈표 22-2〉는 스마트시티의 발전단계로 영역별 쟁점의 단계별 진전내용을 볼 수 있다.

   〈표 22-3〉에서 보는 바와 같이 스마트서비스가 논의된 초반인 2014년도에는 방범 · 방재(35%), 교통(32%) 등 2개 분야 중심으로 특정분야에 집중되었는데, 최근에는 방범 · 방재(24%), 교통(22%), 행정(15%), 환경 · 에너지 · 수자원(15%), 시설물관리(8%), 보건 · 복지(7%) 등으로 다양하게 분포하고 있다.

   지속적으로 스마트시티는 기존 인프라 구축 중심에서 탈피해 데이터 중심의 플랫폼 구축과 신산업 창출과 연계된 혁신공간으로의 전환에 주력하는 방향으로 진행 될 것이다.

<표 22-2> 스마트시티 발전단계

구분	1단계(~2013)	2단계(2014~2017)	3단계(2018~)
목표	건설 · 정보통신산업 융복합형 신성장 육성	저비용 · 고효율 서비스	도시문제 해결 혁신 생태계 육성
정보	수직적 데이터 통합	수평적 데이터 통합	다자간 · 양방향
플랫폼	폐쇄형(Silo 타입)	폐쇄형 + 개방형	폐쇄형 + 개방형(확장)
제도	U-City법 제1차 U-City 종합계획	U-City법 제2차 U-City 종합계획	스마트도시법, 4차 산업 위 스마트시티 추진전략
주체	중앙정부(국토부) 중심	중앙정부(개별) + 지자체(일부)	중앙정부(협업) + 지자체(확대)
대상	신도시(165만m² 이상)	신도시 + 기존 도시(일부)	신도시 + 기존 도시(확대)
사업	통합운영센터, 통신망 등 물리적 인프라 구축	공공 통합플랫폼 구축 호환성 확보, 규격화 추진	국가시범도시 조성 다양한 공모사업 추진

출처: 국토교통부

<표 22-3> 스마트시티 사업 추진 중 지자체의 서비스 현황(2018.10)

서비스 분야	응답 지자체 전체	1개 지자체 평균	비율(%)
방범 · 방재	102	1.5	24
교통	91	1.4	22
행정	63	1.0	15
환경 · 에너지 · 수자원	64	1.0	15
시설물 관리	32	0.5	8
보건 · 의료 · 복지	28	0.4	7
문화 · 관광 · 스포츠	20	0.3	5
근로 · 고용	10	0.2	2
물류	4	0.1	1
교육	4	0.1	1
주거	5	0.1	100
계	423	64	

출처: 국토교통부

5. 지역균형발전을 위한 디지털 전환

5.1 지역의 디지털 전환이 우선

스마트의 중심은 기술이 아니라 사람이다. 지역에서 주민과 함께하는 정부 혁신의 새로운 사례가 만들어질 수 있는 중요한 시기다. 이번에 추진하는 대부분의 뉴딜사업이 지역을 중심으로 추진되는 점을 감안할 때 중앙과 지방 간 협업이 절실하다. 포스트 코로나 시대 선도국가로 도약하기 위한 국가발전전략의 일환으로 추진되는 한국판 뉴딜은 지역의 자발적 혁신이 중요하다. 한국판 뉴딜 투자계획 중 실질적인 지역사업 규모도 비중이 상당히 높아(약 47% 수준) 지역주도형 뉴딜의 역할에 기대가 크다. 특히 코로나19 사태로 인한 경기침체를 극복하고 경제 · 사회구조 전반의 대대적 변화에 대응하기 위해서는 지역 차원의 뉴딜이 절실한 상황이다.

지역주민이 느끼는 체감효과를 높이고 지속 가능한 뉴딜의 추진이 작동되기 위해서는 무엇보다 지역별 특성에 맞는 양질의 창의적인 뉴딜사업이 발굴되고 확산되어야 할 것이다. 나아가 균형발전의 효과를 높이기 위한 차원에서도 한국판 뉴딜의 성과를 전 지역이 공유할 수 있는 지역균형 뉴딜이 우선해야 하는 과제다.

지역의 위기를 탈피하기 위해 새로운 전략과 접근이 필요하다. 지능정보 신기술(AI)의 기초인 데이터를 기반으로 하는 데이터경제로의 전환이 빠르게 정착되어야 한다. 2020년 데이터 이용 관련 규제혁신과 함께 개인정보보호체계 정비를 위한 각계의 의견수렴을 통해 데이터 3법안이 통과 및 시행되었다. 데이터 3법은 개인정보의 가명처리, 개인정보보호를 위한 거버넌스 체계의 효율화 및 개인정보처리자의 책임소재 강화와 개인정보 여부의 기준을 명확하게 하는 내용 등을 주요 골자로 하고 있다. 3법안은 '개인정보보호법', '정보통신망 이용촉진 및 정보보호 등에 관한 법률(정보통신망법)', '신용정보의 이용 및 보호에 관한 법률(신용정보법)' 등 세 가지 법률의 명칭을 따 일명 '개망신법'이라고도 불린다.

최근 급부상하고 있는 '마이데이터' 개념을 보면 금융위원회에서는 '마이데이터'를 "개인이 정보 관리의 주체가 되어 능동적으로 본인의 정보를 관리하고, 본인의 의지에 따라 신용 및 자산 관리 등에 정보를 활용하는 일련의 과정"이라고 제시하고 있다. 지역 기반의 일상생활 데이터는 지역주민의 '마이데이터'를 연계하여 맞춤형 서비스로 지원될 수 있는 실천의 장이 될 수 있다.

유럽연합은 2016년 4월, 유럽연합 일반 데이터 보호 규칙(General Data Protection Regulation, GDPR)을 채택함으로써 전 세계적으로 마이데이터 움직임을 선도하고 있으며, 싱가포르의 Myinfo는 개인이 공공기관에 저장된 데이터 사용에 동의할 경우, 온라인 거래 시 개인정보를 반복적으로 제공할 필요 없이 자동으로 데이터를 제공하는 서비스를 실행하고 있다.

우리도 지자체에서 리빙랩을 통한 지역문제 해결 및 산·학·연의 다양한 연계 모델이 구축되고 있다. 디지털 전환이 체계적으로 진행되고 안착되기 위한 데이터 인프라부터 초석이 마련되어야 한다. 무엇보다 생활밀착형 서비스의 기초인 지역을 중심으로 마이데이터의 확장성이 필요하다(김영미, 2021).

5.2 기대효과

지능정보기술은 우리 생활의 변화는 물론 사회 전반적으로 새로운 생태계를 구성하는 방향으로 진전되고 있다. 이러한 부분은 정부의 변화를 수반하여 지역정책에도 실질적인 영향을 미치게 될 것이다. 지역에서 나타나는 현상은 지능정보기술에 의해 오히려 대도시 중심의 집중이 나타날 수도 있고, 지역 중심의 분권 형태가 유리하다면 방향성의 새로운 변화가 올 수도 있다. 주 요인이 무엇인지, 어느 요소가 더 강하게 작동하여 현상을 유발하게 되는지에 대해서는 정확한 분석이 어렵다. 그러나 상호 역동적인 과정을 거쳐 영향을 미치게 되며, 다각적인 접근을 고려해야 할 것이다.

정부 내부적으로는 합리적이고 과학적인 증거기반의 정책 결정, 일하는 과정에서의 효율성과 효과성을 배가하기 위한 차원에서 단계를 올리는 데 주목하고 있다. 외부적으로는 공공서비스의 효과적 전달체계 확보와 시민 참여, 시민이 주도하는 서비스 패러다임의 재편 등 빠른 변화를 수용하고 시도하고 있다. 기술과 서비스는 별개가 아닌 상호 연계성을 중심으로 통합적 접근이 필요하다. 미래 우리 사회의 모습은 다양하게 상상해볼 수 있을 것이다. 공공서비스 플랫폼으로서 모바일을 통해 접근하고, 생애주기별 맞춤형 복지서비스가 연계될 수 있다는 점도 특별히 놀랍지 않다. 디지털세대인 미래고객을 위해 다양한 시나리오가 필요하다. 좀 더 혁신적 차원의 접근과 시도를 과감하게 던져야 할 때다.

나가는 글:
디지털 혁신으로 이루는 미래를 그리며

노규성

디지털 뉴딜의 꿈

'한국판 뉴딜'의 핵심은 디지털 뉴딜이다. 4차 산업혁명과 비대면을 관통하는 기술들이 모두 디지털에 있기 때문이다. 또 우리 경제 구조를 디지털로 대전환하게 하여 선도형 선진국가를 달성하도록 할 것이기 때문이다. 디지털은 그 자체로 혁신이다. 이는 경제적 약자들을 포함하여 모든 경제주체가 디지털로 무장하여 강한 경쟁력과 높은 생산성을 이루고 좋은 일자리를 창출하여 결국 사람 사는 좋은 세상을 만드는 데 기여할 것이다.

그래서 디지털 뉴딜이 지향하는 목표는 '모두가 더불어 사는 사회, 성장의 과실이 골고루 돌아가는 경제' 실현이다. '포용성장과 혁신성장'을 미래지향적으로 결합해야 하기에 낡은 성장 동력과의 결별을 과감히 선언한다.

이렇듯 디지털 뉴딜이 지향하는 목표는 혁신적 포용성장을 실현하는 데 있다. 그간 정부는 여러 제약 속에서 주간 노동시간을 52시간으로 줄이고 최저임금 수준을 높여 노동현장에서 포용성장을 이루고자 했다. 그러나 이를 뒷받침해야 할 기업의 생산성 향상은 미미한 수준이었다. 특히 생산성 향상의 가장 확실한 대안인 디지털화가 미흡했다.

디지털화를 통해 생산성을 제고하면서 임금도 올린 사례는 독일의 인더스트리 4.0에서 쉽게 찾을 수 있다. 독일은 초고령화 사회 등에 의해 기술개발과 자동화 설비 투자 및 노동력 감소를 노동자 교육 강화를 통한 고령자 일자리 창출 기회로 삼았다. 이를 위해 추진하기 시작한 것이 '인더스트리 4.0'이다. 이는 사실상 노동친화형, 숙련친화형, 지능형 제조업의 함축적 표현이다. 재교육을 통해 기술숙련공이 된 고령자들은 상당히 높은 임금을 보장받았다. 노동시간이 단축되었는데도 오히려 생산성은 높아졌다. "공급은 그 자체의 수요를 창출한다"라는 세이의 법칙(Say's law)이 독일 경제에 스며들었다. 일하는 사람들의 수입이 늘면서 여타 재화나 서비스에 대한 수요가 살아났고, 그와 더불어 그러한 재화나 서비스를 공급하는 일자리도 회복되었다(노규성, 2020).

그 결과 독일은 초고령 사회의 리스크를 극복하고 평균 2.1%의 성장률을 기록

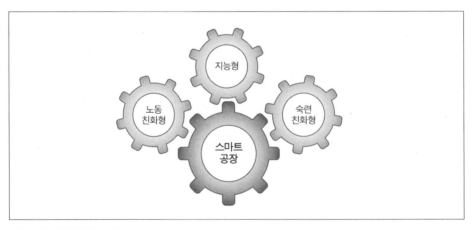

출처: 노규성, 디지털 뉴딜, 2020

인더스트리 4.0

하게 되었다. 독일의 사례에서 볼 수 있듯이 디지털 전환은 실업을 야기하는 재앙이 아니다. 인구감소에도 생산성을 올리면서 경제성장을 유지할 수 있는 대안이다. 우리나라의 경우에는 양질의 일자리 창출 및 소득구조의 양극화 개선, 중소기업의 경쟁력 강화, 대기업에 편중된 산업구조의 개편 수단이 될 수 있다. 디지털 뉴딜이 최적의 대안인 셈이다.

정부의 디지털 뉴딜은 스마트 공장 구축 지원을 크게 넘어서는 디지털 전환에 관한 대대적인 투자다. 다만 한국판 뉴딜은 2020년 코로나19 팬데믹으로 인한 경제 위기 극복과 새로운 기회 모색 차원에서 시급하게 추진되었다는 점 때문에 부문별로 여러 가지 개선 과제를 안고 있다. 이에 이 책은 한국판 디지털 뉴딜의 과제를 현장의 시각에서 개선하기를 바라는 '디지털 혁신으로 이루는 미래 비전' 정책안을 제안했다. 이 제언은 한국판 디지털 뉴딜의 지속적 발전 방향에 긍정적인 영향을 미칠 것으로 기대된다.

결론적으로 '디지털 혁신으로 이루는 미래 비전'은 다음 정부로까지 이어지면서 더욱 고도화되어 국가 경제사회 전반에 디지털 대전환을 추진하게 하여 디지털 초격차를 만들어내고, 이를 기반으로 디지털 초강국을 실현하게 함으로써 모두가 함께 잘 사는 따뜻한 포용국가를 실현할 최적의 대안이 될 것이다.

디지털 혁신으로 이루는 미래 비전

디지털 뉴딜은 경제(산업, 기업, 일자리 등) 살리기에만 집중하는 뉴딜로 인식되기 쉽다. 그러나 내용을 잘 들여다보면, 경제를 살리고 경쟁력을 강화하면서 국민을 위한 정부와 국가 인프라를 강화하고 국민의 삶의 질을 향상시키기 위한 사회, 문화의 선진화가 포함되어 있음을 알 수 있다. 정부가 추진하는 디지털 뉴딜의 핵심 사업인 DNA(데이터, 네트워크, 인공지능) 생태계 강화, 교육 인프라 디지털 전환, 비대면 산업 육성 SOC 디지털화가 그것을 말해주고 있다. 또한 교육에 대한 대대적인 투자와 취약계층에 대한 디지털 격차 해소 사업도 이를 잘 말해준다.

이렇듯 디지털 뉴딜은 제대로만 추진된다면, 우리 경제를 선도형 혁신경제로 탈바꿈시키면서 양질의 일자리를 창출할 것이다. 아울러 정부와 국가를 스마트화하여 국민에 대한 서비스를 향상시키며 궁극적으로 취약한 서민까지 함께 삶의 질을 높이도록 하는 포용국가를 지향한다는 점에서 중요한 의의를 갖는다.

기존 산업의 대전환과 신산업의 부상

우리 경제는 세계시장에 많이 의존해 있다. 그간 대기업이 이끌어온 우리의 주력 산업은 품질이나 가격 면에서 양호한 국제 경쟁력을 확보해왔다. 그러나 상황이 바뀌고 있으며, 더군다나 많은 중소기업은 그렇지 못하다. 품질 면에서는 어느 정도 경쟁력을 갖추었다 할지라도 가격 면에서는 중국 등 개도국에 비해 경쟁력을 갖추기가 쉽지 않은 상황이다. 그래서 저임금의 노동력 확보를 위해 동남아 국가로 공장을 이전하거나 외국인노동자를 채용해왔다. 그러나 ILO(International Labour Organization, 국제노동기구)의 권고에 의해 외국인노동자 채용을 통한 저임금의 혜택을 보지 못하고 있으며, 동남아 공장에서도 지속적인 임금인상으로 애로를 겪고 있다.

이처럼 어려워진 글로벌 시장 지위를 회복하기 위해서는 지금까지와 다른 우리 산업의 대대적인 구조 전환과 혁신이 필요하다. 때마침 세계적으로 전개되는 4차 산업혁명이 더없이 좋은 대전환의 기회로 작용할 수 있다. 그런데 다수의 산업, 특히 그 허리를 담당하고 있는 우리 중소기업의 4차 산업혁명 준비도, 특히 디지털 전환도는 매우 저조한 실정이다. 그리고 이는 그 기업들의 낮은 생산성으로 귀결된다. 그런가 하면 코로나19 대응 과정에서 보았듯이 이제 모든 산업이 서둘러 디지털 전환을 추진해야 하는 상황을 맞이하게 되었다.

이와 같은 여건을 종합해볼 때 국제 경쟁력을 회복하기 위한 전략과 대안으로 디지털 기반의 생산성 향상을 떠올리게 된다. 생산성 향상은 노동 등의 투입을 줄이거나 생산량 등을 높이는 방법으로 가능하다. 우리 산업과 기업의 디지털 전환은 요소 투입을 줄이면서 산출량을 늘리는 매우 시의적절한 생산성 향상 대안이다.

한국판 디지털 뉴딜은 이러한 상황을 간파하고 제조업을 비롯한 주요 산업 내 중소기업의 디지털 전환을 우선적으로 추진하고 있다. 나아가 섬유·의류산업, 자동차산업, 서비스산업 등 전 산업 현장에 5G 및 AI 기술을 접목하는 융합 프로젝트를 추진하여 각 산업의 경쟁력을 제고할 뿐 아니라 신산업 출현을 적극 장려한다. 신산업은 기존 산업과 디지털 기술의 접목, 기존 기술과 디지털 기술의 융합을 통해 출현할 것이고 새로운 양질의 일자리를 대량으로 만들어낼 것이다.

이러한 신산업의 출현으로 인해 전통적인 산업 역시 혁신과 구조개혁을 가속화할 것이다. 이와 같이 디지털에 의한 융합 현상이 가속화되면, 전통적인 산업 분류 체계가 붕괴되기에 이른다. 예를 들어, 전통적인 농업에 디지털 기술이 적용되는 스마트팜은 1차 산업인가, 4차 산업인가? 또 식품과 디지털 기술이 결합된 푸드테크(Food-Tech)는 어느 산업에 속하는가? 이와 같이 에듀테크, 헬스케어, 핀테크, 모빌리티, 스마트홈, 스마트수산 등 다양한 디지털 기반 복합 산업군이 속속 등장하고 있다. 그리고 디지털은 사양산업의 부흥을 일으키기도 할 것이다. 예를 들어 섬유산업처럼 오랫동안 효자산업이었던 산업들이 국제적으로 경쟁력을 잃어버리거나 공장들이 해외로 이전하게 되면서 사양산업으로 전락했다. 그런데 의류나 섬유에 웨어러블 기술을 입히면 첨단소재가 되거나 고부가가치 의류로 탈바꿈하게 되어 섬유산업은 고부가가치산업으로 재탄생하게 된다.

이처럼 디지털 전환으로 인해 전개되는 전 산업의 대대적인 구조조정과 생산성 및 경쟁력 강화 현상은 국가 경제 및 산업 구조의 대전환을 촉진하게 할 것이다. 그리고 그 결과 국민소득 4만 달러 조기 달성을 위한 혁신성장 기틀이 마련되고, 이를 토대로 한 포용국가 실현이 가능하게 될 것이다.

디지털로 무장한 강소기업

우리나라 대기업과 일부 중견기업들은 디지털 기술 활용 역량이 충분하다. 그리고 현재 이 방향으로 잘 가고 있다. 문제는 중소기업이다. 우리나라 중소기업의 디지털 역량은 제조와 물류, 심지어 고객관리에 필수적인 소프트웨어 활용이 선진국 대비 3분의 1 수준에 불과할 만큼 낮다. 이는 중소기업의 낮은 생산성 수준을 말해주는 지표이기도 하다. 결국 우리 중소기업의 생산성 향상 및 경쟁력 강화를 위해서는 디지털화가 필수적으로 추진되어야 한다. 따라서 디지털 뉴딜은 이들 기업의 디지털화를 통한 생산성 배가 및 경쟁력 강화에 큰 기회로 작용할 것이다.

그간 정부가 추진한 중소기업의 스마트공장 지원사업이 대표적인 예다. 많은 중소기업은 스마트공장을 도입한 이래 생산 공정을 완전히 체계화함은 물론 연구개발, 마케팅, 운영, 판매, 고객관리 전반을 디지털 기술 기반으로 전환해 업무 효율성과 생산성을 크게 향상시켰다. 또 제품이나 부품 및 서비스를 디지털 기술과 결합(융합)하여 신제품을 출시하거나 기존 제품의 성능이나 품질을 크게 높여 고객 신뢰도를 확보하고 공장을 증설하면서 회사를 성장시켜가고 있다. 정부는 한국판 디지털 뉴딜을 통해 중소기업의 디지털화를 확산하는 데 대대적인 투자를 추진하고 있다.

앞으로는 디지털 활용 여부가 기업의 운명을 좌우할 것이다. 디지털 역량은 생산성 제고는 물론 경쟁력을 판가름하는 척도가 되었기 때문이다. 이는 대기업과의 임금 격차 해소의 지름길이며, 우수한 인재를 확보하는 선순환 구조의 기반이다. 규모의 경제 시대는 스피드 경제의 시대로 바뀌고 있다. 그래서 디지털 역량이 중요한 자산이다. 디지털 뉴딜은 고령자의 업무효율 제고, 장애인과 일반인의 생산성 격차 축소, 여성 노동력 역량 증대, 남녀 간 임금 격차 해소 등 혁신성장 기반 포용성장의 완성을 추구한다.

소상공인의 스마트화

정부는 코로나19 극복 과정에서 국민재난지원금을 통해 단기간이지만 국민의 삶과 소상공인들의 사업 유지를 위한 마중물을 주었다. 이를 시행하면서 국민에게 지역 디지털 화폐(카드)로 지급하여 지역 상권의 어려움을 해소하고자 했다. 중소기업의 절대다수이며 서비스업과 서민경제의 근간인 소상공인들 역시 디지털 혁신의 흐름에 대응해야 살아남는다.

최근 들어 다수의 자영업 소상공인들이 앱을 통해 미리 주문받는 시스템을 도입하고 있다. 고객 입장에서는 뒤에서 기다리는 사람의 눈치를 볼 필요가 없다. 또 예약한 시각에 가서 매장에서 먹을 것인지, 아니면 수령해갈 것인지, 차량에서 픽업할 것인지 선택할 수 있다. 시스템이 사람의 일을 대신하면서 생산성이 높아졌다. 또한 시스템으로부터 확보한 데이터를 기반으로 매장별 피크타임을 요일별·시간대별로 분석해 인력을 효율적으로 분산 배치하기도 한다. 이런 시스템으로 인해 많은 소상공인이 경쟁력을 회복하고 있다.

패스트푸드 업체를 중심으로 퍼져나가고 있는 키오스크도 디지털화의 한 사례다. 모바일앱과 마찬가지로 키오스크를 통해 주문과 결제가 이루어지면 수집된 데이터를 영업에 활용하는 것이 가능하다. 요일, 날짜, 시간 단위별 매출 패턴과 날씨 혹은 계절 변화에 따른 매출 변화를 파악하기 쉽다. 개인별 구매 데이터가 쌓이면 재방문 시 선호하는 메뉴를 추천하는 서비스도 할 수 있다.

노령자에게는 사람과 접촉 없이 주문하고 결제하는 낯선 방식이지만, 키오스크는 은행 ATM(Automated Teller Machine)기를 개량한 것이다. 은행의 지점들이 ATM기로 탈바꿈한 것처럼 키오스크 역시 편의점 같은 소매 영역에서 확산되고 있다. 특히 코로나19의 확산 방지를 위해 비대면이 요구되므로 키오스크는 널리 확산될 전망이다. 키오스크를 도입하면 생산성이 향상됨에 따라 이익을 개선할 수 있고, 주 52시간 노동시간과 최저임금 인상에 탄력적으로 대응할 수 있다.

따라서 디지털 뉴딜의 또 다른 과제는 소상공인들에게 디지털과의 접목, 디지털 활용에 따른 신시장 창출의 기회를 열어주는 것이다. 이 점에서 정부는 발 빠르게 시범사업을 전개했다. 정부는 소상공인의 디지털 추진을 더욱 확산하기 위해 '바우처 프로그램'을 대대적으로 추진할 필요가 있다. 이때의 바우처(Voucher)는 소상공인이 정부로부터 발급받아 공급업체로부터 필요한 디지털 기술을 수혈받고 그 대가로 공급자에게 주면 공급자는 정부에 그 증서를 제시하여 정부로부터 공급 대가를 받도록 하는 증서다. 일종의 상품이나 서비스를 구매할 수 있는 증서로서 소상공인이 원하는 디지털 전환 대응에 사용하도록 한다.

가령 종이에 스탬프를 찍거나 쿠폰을 지급해 재구매나 재방문을 유도하는 아날로그식 마케팅을 해오던 소상공인에게는 디지털 기반 고객관리 프로그램이 필요하다. 이 프로그램은 이미 전화주문이나 매장방문 즉시 고객을 등록해 적립, 신메뉴 출시, 할인 행사 안내, 등급별 멤버십 서비스, 매장 및 재고 관리까지 가능하도록 진화하고 있다. 오프라인과 온라인을 이어주는 O2O(Offline to Online) 기술이 필요한 곳은 많다. 동대문 복합쇼핑센터처럼 비콘(Beacon: 비접촉 동시다발 원거리 통신으로 적립 및 할인정보 제공, 매장안내 등이 가능한 기술)을 적용해 상권 활성화를 유도할 수 있는 곳도 있다. 수요자인 소상공인들은 어떤 디지털 기술인지는 몰라도 무엇이 필요한지 잘 안다. 직접 찾도록 하고 이를 지원해준다면 소상공인의 디지털 전환은 더욱 빠르게 확산될 것이다(노규성, 2020).

밀려오는 좋은 일자리

미래학자 제러미 리프킨은 미래에는 현재 노동력의 95%가 필요 없는 시대가 된다고 예측했다. 이 말은 노동의 95%가 사라져 95%가 실업자가 된다는 의미가 아니다. 지금 노동 중 95%의 개념과 형태가 완전히 달라진다는 말이다. 산업혁명의 역사에서 볼 수 있듯이 생산성 혁명으로 인해 전통적인 일자리는 축소되었지만 다른 일자리가 생겨난다. 오히려 혁신으로 인해 다양한 새로운 산업이 출현하고 성장하면서 무수히 많은 새로운 일자리가 생겨났다.

세계경제포럼 회장 클라우스 슈밥은 2016년 다보스포럼에서 4차 산업혁명의 전개를 주창하면서 대량 실업의 우려를 경고했다. 사실 4차 산업혁명의 시초는 독일의 인더스트리 4.0(Industry 4.0)이라 해도 과언이 아니다. 그런데 이 인더스트리 4.0의 추진 결과는 슈밥의 실업 예견과 다른 모습으로 나타났다. 미국의 보스턴컨설팅그룹(BCG)은 독일의 인더스터리 4.0에 의한 일자리 변동을 분석했다. 이에 따르면 산업 현장 일자리는 61만 개가 줄어들었다. 반면 데이터분석, 엔지니어링, 디지털 기술 활용 같은 좋은 일자리가 새롭게 96만 개나 창출되었다. 기술혁신은 생산성을 높이는 방향으로 진행하기에 노동집약적 고용을 축소하는 것처럼 보인다. 하지만 좋은 일자리를 늘리는 효과도 나타난다. 즉 기술 진보에 따른 구조적 실업을 피할 수는 없지만, 대규모 실업은 과장된 게 사실이다. 4차 산업혁명의 전개 양상을 제대로 파악하고 이에 대해 잘 준비한다면 오히려 좋은 일자리를 더 많이 만들어낼 수 있다.

디지털 기술을 적용하면 양질의 일자리가 창출되는 사례를 살펴보자. 우리나라에서 앞서 디지털화를 추진한 포스코가 이를 잘 보여준다. 산업화 초기 포스코는 여느 기업과 마찬가지로 거의 모든 것을 사람에게 의존했다. 스마트공장을 도입하기 전에는 2시간마다 한 번씩 접촉식 온도계로 쇳물 온도를 측정했고, 하루 3회 이상 사람이 직접 표본검사를 했다.

그러다가 2016년 디지털 기반 스마트화가 이루어지면서 사람의 개입이 최소화되었다. 원료인 철광석은 이미지 데이터화를 통해 실시간으로 분석되고, 쇳물의 온도 역시 용광로에 붙어있는 30개의 고화질 카메라와 수백 개의 센서에 의해 실시간으로 파악되었다. 과거에는 숙련자의 직관에 의존했던 코크스(연료) 양은 인공지능이 미리 계산해준다. 스마트공장이 되면서 각 공정 사이의 데이터 연계와 분석, 활용이 가능해진 덕에 원인을 알 수 없던 불량과 돌발 상황에 대한 대처를 신속히 할 수 있게 되었다(노규성, 2020).

스마트공장이 도입된 이후 일자리에도 변화가 생겼다. 철광석 분석 및 쇳물 온

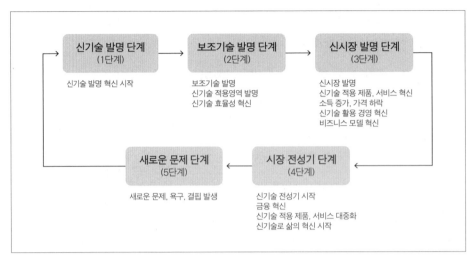

출처: 최윤식, 『미래학자의 일자리 통찰』, 2020

신산업이 형성되는 5단계

도를 측정하는 단순노동직은 줄었다. 반면 디지털 정보의 해석 및 현장 적용 인력은 오히려 늘었다. 부문별 자동화로 계속 줄던 직원은 스마트화를 시작한 이후 늘어 2019년 현재 1만 7,195명이다. 스마트공장 완성도에 따라 매년 1,500명의 인력이 산업 현장에 필요한 것으로 추정된다. 안전사고는 줄어들고 생산성은 비약적으로 향상되었지만, 일자리는 늘어났다(노규성, 2020). 그리고 이 일자리는 생산성 향상, 경제성장에 기여한 만큼 적정 임금을 받는 좋은 일자리다. 스마트공장 추진 결과 생산성 향상, 품질 제고 및 일자리의 진화 또는 창출 사례는 국내 중소기업들에서도 쉽게 찾아볼 수 있다.

한편 새로운 일자리는 신산업 출현과 성장을 통해서도 만들어진다. 최윤식 박사는 『미래학자의 일자리 통찰』에서 '신산업이 형성되는 패턴'을 제시했다. 이 패턴에서 1~2단계는 시장의 욕구나 문제를 해결하기 위한 '새로운 기술과 혁신'이 출현하여 시장 수요를 충족할 상황에 이르는 단계다. 이어 3단계는 신기술이 주도하는 '신시장 발명'이 일어나는 단계다. 이 단계에서는 시장 선구자나 창의적 기업가가 등장하여 시장을 형성해간다. 4단계는 '시장 전성기' 단계다. 신시장이 빠르게 성장하면서 다양한 신제품과 서비스가 크게 증가하는 단계다. 마지막으로 5단계는 '새로운 문제, 욕구, 결핍이 발생'하는 단계다. 시장이 성숙기에 들어가면서 새로운 문제, 욕구 등이 발생하여 새로운 혁신을 요구하는 단계다(최윤식, 2020).

그리고 최 박사는 이 '신기술-신시장의 5단계'마다 미래의 일터나 일자리, 직업도 각기 다르게 만들어지는 패턴을 보인다고 했다. 1~2단계 혹은 3단계 초기까지는 스타트업(Startup)이나 혁신적 기업가의 도전과 사고 전환에 의한 창조적 파괴가 요구된다. 그래서 성공하게 되면 새로운 일, 일터, 시장이 만들어지고 난 후 특정 직업군이 자리를 잡고 일자리가 대량으로 양산된다.

이를 디지털 신산업 출현과 관련되는 일자리에 준용해보자. 1~2단계 혹은 3단계 초기까지는 AI, 빅데이터, 블록체인, 5G망, 로봇, 사이버·물류시스템(CPS, Cyber Physical System) 등의 디지털 기술 관련 전문가와 엔지니어, 이러한 디지털 기술을 활용할 수 있는 혁신적 기업가나 스타트업 등이 필요할 것이다. 그러다가 4단계에 들어서면 새로 형성된 산업에서 일할 다수의 사람이 필요하게 되고 이 산업으로 인한 신시장에서 물류, 유통, 판매, 유지보수, 서비스 관련 일자리가 대대적으로 창출될 것이다. 5단계를 거치면서 각 산업은 또 다른 혁신을 통해 신산업과 시장을 형성하고 일자리 진화와 탄생이 지속될 것이다.

4차 산업혁명은 AI 및 응용 산업, 데이터 산업, 5G 융합 산업, 3D 프린팅 관련 산업, 자율주행차 산업 등 수없이 많은 신산업을 출현케 할 것이다. 여기에 새로운 일자리 창출 기회가 많다. 유럽 1위 채용사이트 뤼드그룹의 제임스 리드 회장은 인공지능, 데이터관리, 사이버보안, 가상현실, 재테크, 그린에너지 기술, 생명공학, 의학 연구, 정신건강 등의 분야에 새로운 일자리 기회가 증가할 것을 전망했다.

급격한 변화의 시대, 모두가 스스로 역량을 키워서 새로운 좋은 일자리를 찾아갈 수 있다면 얼마나 좋을까? 그러나 대다수 많은 기업과 사람들은 능동적이고 선제적으로 변화에 대응할 수 없다. 특히 코로나19의 충격을 이겨내며 디지털 시대에 맞게 스스로 (재)교육할 수 있는 이들은 많지 않다. 그래서 일자리 전환에 대한 준비를 국가가 지원하는 것이 필요하다. 이에 우리 정부는 사람에 대한 투자에서 해법을 찾

나가는 글: 디지털 혁신으로 이루는 미래를 그리며

427

았다.

한국판 뉴딜을 통해 제조업이나 서비스기업에 재직 중인 사람들은 스마트공장 운영이나 고객 요구 분석 같은 회사의 디지털화에 필요한 교육을 받고 적절한 일자리를 찾게 된다. 또 헬스케어나 에듀테크, 드론이나 핀테크 같은 신산업 분야 관련 교육을 받은 인재는 이 분야에서 창업이나 취업을 하게 될 것이다. 특히 AI 엔지니어나 SW 개발자, 데이터분석 전문가 등의 몸값은 당분간 지속적으로 상승할 것으로 보인다.

그러나 모두가 이러한 일자리 변화에 잘 적응할 수 있는 것은 아니다. 어떤 사람은 변화에 적극적으로 대응하지 못하거나 기회를 놓쳐 결국 실업의 어려움을 겪어야 할지 모른다. 실업은 생계나 건강관리를 위협하는 등 삶의 질을 극도로 악화시킨다. 이에 정부는 우선적으로 고용시장에 대한 신규 진입을 지원하여 청년 등의 일자리를 마련했다. 아울러 실업의 어려움에 처한 취약계층을 보호하고 사각지대를 해소하기 위해 기초생활을 보장하는 등 함께 잘 사는 포용적 사회안전망 강화를 추진하고 있다.

스마트한 정부, 함께하는 국가

코로나19를 극복하는 과정에서 속도를 더해가고 있는 4차 산업혁명은 대대적인 디지털 변화를 가속화하고 있다. 그럼 대한민국이라는 국가가 이 방향으로 잘 대응해가도록 하려면 어떻게 해야 할까? 물론 앞장서서 끌어가야 할 주체는 국민이고 기업이다. 그러나 방향타를 잡고 국민과 기업의 목소리를 듣고 필요한 정책을 제대로 개발해내야 하는 곳은 당연히 정부일 것이다. 정부가 이런 플랫폼 역할을 잘하기 위해서는 스마트해져야 하고, 공직 부문의 디지털 역량이 강화되어야 한다. 아울러 디지털 대전환으로 인해 국민의 삶이 윤택해지고 더불어 함께 가기 위해서는 국가적

인프라와 사회적 자본이 디지털 기반으로 튼튼해지고 스마트해져야 한다.

정부는 공공부문의 혁신을 위해 한국판 디지털 뉴딜을 통해 ① 국민 생활 관련 데이터 구축·개방·활용, ② 5G·AI 기반 지능형 정부 구현, ③ 공공서비스의 지능화, ④ 국가 SOC의 디지털화 등 네 가지 방향의 사업을 추진하고 있다. 이러한 한국판 디지털 뉴딜을 통한 정부의 혁신 방향은 디지털 시대를 대비하는 국가 기반 확충과 국민 서비스 관점에서 시의적절하다. 특히 다음과 같은 내용 면에서 잘 전개해가면 소기의 성과를 거둘 수 있을 것이다.

첫째, 지역별 데이터 댐을 구축하기 위해 광역 지자체별로 적어도 1개소 이상의 통합 데이터융합센터를 구축할 필요가 있다. 통합 데이터융합센터는 지역별 공공데이터의 활용도를 높일 뿐만 아니라 관련 산업 부흥과 일자리 창출로도 이어진다. 데이터 산업은 부동산, 건축, ICT 장비 제조업, 컨설팅 기업 같은 전방산업에서뿐만 아니라 시설물 유지관리 및 호스팅과 관련된 후방산업에서도 고용을 창출할 수 있다.

둘째, 지능형 행정서비스를 더욱 촘촘히 개발할 필요가 있다. 시범사업으로 추진 중인 과제의 범위를 넘어 응급환자 현장대응 서비스, 온라인 운전면허 갱신 서비스, 화재와 범죄 예방 서비스, 전염병 관리 서비스, 핀테크 기반 지능형 세정 서비스 등 다양한 지능형 서비스가 가능하다. 이는 민간 데이터 혹은 AI 사업자와의 민관협력방식(PPP, Public Private Partnership)으로 추진될 경우 최상의 행정 서비스가 가능할 뿐 아니라 지속 가능한 신사업과 일자리가 대량으로 만들어진다.

셋째, 디지털 뉴딜이 진정한 뉴딜이 되기 위해서는 무료 공공 WiFi 인프라를 대폭 확충할 필요가 있다. 대부분의 정보 선진국들은 네트워크에 대한 접근 권한을 보편적 서비스로 규정한다. 누구나 저렴한 가격에 이용하도록 하고, 경제적 이유로 소외되는 사람이 없어야 하는 공익적 서비스가 된 것이다. 이 사업은 PPP 방식으로 추진하는 것이 바람직하다. 뉴욕시와 정보통신업체연합 시티브릿지가 협력하여 추진한 '링크NYC'처럼 공공 와이파이를 광고 플랫폼으로 활용하는 방안이 대안이 될 수 있다.

넷째, 국가의 디지털 전환 방향타를 쥐고 있는 공직사회의 디지털 역량 강화가 절대적으로 필요하다. 노무현 전 대통령이 정부혁신을 추진하면서 공직사회의 혁신 역량을 강화한 것처럼 공직사회의 디지털 역량 강화가 요구된다. 이를 위해 무엇보다 중앙정부, 지자체 및 공공기관 등 전 공공부문에 걸쳐 대대적인 디지털 혁신 역량 강화 교육이 선행되어야 한다. 공직사회의 디지털 혁신 역량은 국가의 디지털 역량과 직결된다 해도 과언이 아니다. 참여정부 시절 공직사회로부터 시작된 대대적인 혁신 역량 강화 결과, 우리나라는 UN 전자정부 평가 1위, 국가 IT 경쟁력 3위, 디지털산업의 성장 발전 등 큰 성과를 이룰 수 있었다.

마지막으로, 한국판 뉴딜은 지역 중심의 뉴딜이어야 한다. 문재인 대통령은 2020년 7월 21일 국무회의를 통해 "한국판 뉴딜의 핵심 투자처는 지역이다. 정부가 직접적으로 투입하는 114조 원의 재정 대부분이 지역에 투자된다"라고 밝혔다. 정부는 한국판 뉴딜 사업에 2025년까지 총 160조 원을 투자해 190만 개의 일자리를 창출하겠다고 했다.

이러한 한국판 뉴딜의 재정을 지역에 투자하면, 새로운 산업과 지속 가능한 일자리가 지역에 만들어지고, 지역 주민의 삶의 질이 획기적으로 변화되어 전국이 고르게 발전하도록 하는 데 크게 기여하게 될 것이다. 데이터 댐, 그린 스마트 스쿨, 스마트 그린 산업단지 등 한국판 뉴딜의 간판이 되는 대표 사업들이 지역 변화의 상징이 되고, 혁신도시는 균형발전 뉴딜의 거점으로 다시 힘을 얻을 수 있을 것이다.

각 지방정부는 디지털 뉴딜을 통해 지역의 경제 생태계를 복원해야 하며, 지역 산업과 기업은 이 생태계 속에서 생산성을 향상시켜 자체적인 경쟁력을 갖춰야 한다. 이로 인해 좋은 일자리가 지역에 생겨나 청년을 비롯한 사람이 모여들고 사회 생태계도 살아나도록 해야 한다. 지금이 디지털 뉴딜을 통해 지역 격차를 해소하고 지역발전을 이룰 적기다.

조화로운 삶의 질

코로나19 팬데믹으로 인한 행동 제약은 사실상 우리의 삶의 질 저하를 야기하고 있다. 반면 이를 극복하는 과정에서 나타난 온택트(ontact) 등 디지털 전환은 제약 속에서 삶의 질을 향상시키는 방향으로 전개되고 있다. 정부의 한국판 디지털 뉴딜에 포함된 국민의 생활을 더욱 편리하도록 하는 사업들은 (앞에서도 소개한 바 있지만) 국민 생활 관련 데이터 댐 구축, 실감콘텐츠 제작, 지능형 정부 구현, 교육인프라 디지털 전환, 스마트 의료 및 돌봄 인프라 구축, SOC 디지털화, 공공 WiFi 신규 설치, 전 국민 디지털 역량 강화 등이다. 우리의 삶의 질과 관련한 디지털 뉴딜에 의한 변화는 크게 ① 가정과 일터의 조화, ② 어디서나 자유로운 교육 환경, ③ 문화가 있는 삶, ④ 건강한 일생, ⑤ 언택트(untact)와 컨택트(contact)의 조화 등으로 나누어볼 수 있다.

가정과 일터의 조화

가정과 일터의 조화는 삶의 질 제고에 필수적이 될 것 같다. 코로나19로 인해 어디에서나 일하는 스마트워크 등 기업문화가 빠르게 변화할 것으로 예상된다. 미국, 유럽 등에서는 이미 스마트워크 체제가 50% 이상 도입되고 있다(이은영, 2020). 코로나19 확산을 계기로 우리나라 역시 스마트워크 도입이 빠르게 전개되고 있다. 스마트워크 중 가장 많이 도입되고 있는 것은 재택근무다. 원격으로 일하지만 실제로 만나서 일하는 느낌을 주는 메타버스(metaverse) 기술은 물론 재택업무를 관리하는 기술도 등장하고 있다.

재택근무가 보편화되면서 집에서 육아와 업무를 동시에 하게 될 것이다. 워킹맘의 경우 힘든 일이 되겠지만, 피할 수도 없다. 그러면 생산성을 높이는 방향의 새로운 대안 모색이 필요하다. AI와 가상현실 공간의 도움을 받으면 얘기는 달라진다. 가

사업무는 전문가에게 맡기고, 육아는 AI와 가상현실 기술의 도움을 받는다. 로봇이
나 홀로그램 선생님과 놀이를 할 수 있는 유아용 가상현실 체험방이 생기고 부모는
일하면서도 아이의 상황을 실시간으로 전달받을 수 있게 될 것이다. 가상현실 공간
은 육아는 물론 업무, 여가, 학습, 쇼핑 등 다방면으로 나누어 활용할 수도 있다(최종화,
2020).

또한 언택트 문화의 빠른 확산으로 오프라인 쇼핑보다 생필품/식료품의 온라인
쇼핑과 배송 서비스가 확대되고 있다. 또한 외식보다 가정을 중심으로 한 내식으로
식생활 문화가 바뀌고 있다. 비대면에 적응된 사람들은 내식을 위한 HMR(가정간편식,
Home Meal Replacement)이나 밀키트 제품 구매, 배달외식, 온라인 신선식품 구매를 일상
화하고 건강·면역력을 고려한 식품 소비패턴을 보인다.

어디서나 자유로운 교육 환경

어디서나 마음 놓고 공부할 수 있는 환경이 절실해졌다. 그간 우리는 코로나
19의 확산으로 인해 너나 할 것 없이 학교가 아닌 곳에서 공부해야 하는 상황을 맞
이했다. 그리고 디지털 인프라가 덜 갖추어진 상황에서는 공부하기가 어렵다는 것을
알게 되었다. 이제 디지털 뉴딜에 의해 디지털 교육 인프라가 잘 갖추어질 것이고, 플
랫폼을 통해 누구든지 양질의 다양한 교육 콘텐츠를 접할 수 있게 될 것이다.

낡은 교육 패러다임이 혁신적으로 바뀌는 가운데 미래의 교육은 '교육하는 시
대'에서 '학습하는 시대'가 될 것이다. 교육이 '의무'였던 시대에서 학습이 '권리'인 시
대로 변화할 것이다. 전통적인 교육 방식에 머물러 있던 학교 현장에서 코로나19를
계기로 디지털 기술 등을 접목한 교육이 이뤄지면서 에듀테크(Education + Technology) 활
성화가 본격화될 것이다(오재호, 2020).

나아가 세계의 청소년과 대학생들이 온라인으로 모여서 학습하는 '세계학교'가

활성화될 것으로 예상된다. 사이버학교에서 소통하고 공부하며, 범지구적인 프로젝트를 함께 수행할 것이다. 국가별로 다르게 진행되던 학령 과정과 교육 내용이 국제적인 융합 과정으로 변화하게 될 것이다(최종화, 2020).

문화가 있는 삶

디지털 기반의 문화가 있는 삶이 전개될 것이다. 이제 사람들은 집에서 일하는 재택근무의 수준을 뛰어넘어 집에서 일상의 모든 것을 할 수 있다고 생각하기 시작했다. 개인 공간에서 하는 활동(TV 시청, OTT 시청, 재택근무, 홈트레이닝, 온라인 구매 등)이 앞으로 더욱더 증가할 것이다.

무엇보다 문화생활과 소비패턴이 변화될 것이다. 극장, 콘서트 대신 OTT(Over The Top Service)를 이용한 미디어 소비가 주목받고 있다. 대표적인 OTT 업체인 넷플릭스는 코로나19 격리 기간으로 인해 구독자가 폭발적으로 늘어났다(정재욱, 2020). 국내 서비스 업체인 wavve, 티빙 등의 구독자 수도 날로 증가하고 있는 추세다. 이제 미디어 콘텐츠는 언제 어디서나 소비될 수 있는 디지털 콘텐츠로 확산될 것이다. 또한 온라인 공연 문화도 확산될 것이다. 영화, 연극, 뮤지컬, 콘서트 등도 비대면으로 '무관중 생중계'를 통해 간접적으로 공연을 접하는 장에서 제공되고 있다.

축구와 야구, 농구 등 전통적인 스포츠 종목들의 국내외 대회가 코로나19 여파로 열리지 않자 e스포츠가 대안으로 급부상하고 있다. 특히 e스포츠는 경기가 열리는 구장을 직접 찾아가지 않고 유튜브나 트위치 같은 인터넷 라이브 스트리밍 플랫폼을 통해 장소나 시간에 구애받지 않고 시청할 수 있어 각광받고 있다. 기존의 스포츠 행사와 달리 e스포츠는 온라인으로 쉽게 전환할 수 있다. 물리적인 스포츠 행사는 디지털로 보완되는 하이브리드 스포츠로 확대될 것이 예상된다(김은중, 2020).

건강한 일생

더 좋은 환경에서 의료서비스를 받게 되어 더 건강한 일생을 보내게 될 것 같다. 코로나19의 창궐은 의료서비스 패러다임을 디지털 기반 의료로 바꿀 전망이다(한국무역협회, 2020). 한국판 디지털 뉴딜은 감염병 대응, 국민 편의 제고 등을 위해 스마트 병원 구축, 호흡기전담클리닉 설치, AI 정밀의료 개발 등을 추진하고 있다. 이 사업은 전염병에 의해 오프라인 의료 환경이 제한되면서 더 힘을 받을 것이다. 원격의료는 원거리 방문, 진료실 대기, 전염병 환자 접촉 등으로부터 자유롭다. 시골에 거주하는 사람들도 비대면 진료 서비스를 통해 더욱 자유롭게 진료를 받을 수 있게 되고, 멀리 있더라도 건강 데이터를 통해 가족의 건강 상태를 실시간으로 체크하고 원격으로 도울 수 있게 된다.

이와 더불어 원격 환자에 대한 모니터링도 활발해질 것이다. 이는 센서, 웨어러블을 활용해서 병원 밖의 환경에 있는 환자의 활력징후 등의 상태를 모니터링하는 것을 뜻한다. 예를 들어, 코로나19 상황에서는 자가 격리 중인 환자의 체온, 산소포화도, 호흡수 등을 IoT 센서, 웨어러블 디바이스 등으로 측정하고, 의료진이 원격으로 모니터링할 수 있다. 감염병 환자 숫자가 늘어나면, 의심 환자를 모두 병원에 입원시켜 관리하기 어려울 수 있다. 이때 자가 격리 중인 환자를 원격 모니터링으로 상태를 관찰하면서 증상이 심해지거나 상태가 나빠지는 것을 파악할 수 있게 될 것이다(폴인, 2020).

언택트와 컨택트의 조화

언택트(untact)와 컨택트(contact)의 조화가 요구된다. 언택트는 사람이 직접 만나지 않고 디지털 수단을 통해 의사를 소통하고 거래할 수 있는 기술이다. 코로나 이후 활용도가 높아지고 있는 온라인 거래, 화상회의가 대표적인 예시다. 최근에는 언택트 서비스의 소비층이 확대되는 경향을 보이고 있다.

언택트 서비스에 밝은 면만 있는 것은 아니다. 원격진료의 경우 코로나19 대응을 위해 한시적으로 허용했으나, 의사협회가 오진의 위험성을 이유로 반대하고 있다. 화상회의 역시 재택근무자와의 의사소통에 제약을 갖는 면이 있다. 특히 언택트는 대면 서비스로 효율성이 떨어지는 단순 업무나 불가피한 상황에서 사용하는 것이지 진정한 인간관계를 대신해주지는 못한다. 인간은 일반적으로 관여도가 낮은 것에는 비대면으로 효율성을 추구하고, 반대로 관여도가 높은 것들은 직접 대면하길 원한다. 따라서 언택트와 콘택트의 조화를 어떻게 이룰 수 있을지가 중요하다. 예를 들면 음식 주문을 키오스크로 처리하는 와중에도 점원의 서비스는 다른 방식으로 이루어져 전체적인 서비스의 품질이 올라가야 한다는 이야기다. 기업의 예를 들면 정기보고와 행정절차는 언택트로 진행하고 신사업 의사결정이나 새로운 아이디어 브레인스토밍 같은 것들은 대면회의를 통해 하는 것이 효과적일 수 있다.

언택트 서비스를 도입하는 이유는 단순하고 반복적인 업무 과중을 덜고, 그 대신 대면접촉의 질을 한층 높일 수 있게 하려는 취지다. 그러나 인간의 욕구와 업무에 대한 이해가 없는 무분별한 언택트 확산은 인간소외를 불러올 뿐이다. 만나고 체험하며 접촉하고자 하는 욕구가 더 커질 수 있다. 어떤 인간관계에서건 필요한 만큼의 거리 두기가 진정한 지혜다. 우리 사회에 진정한 콘택트를 위한 언택트의 지혜가 요구되는 시점이다(유호석, 2020).

사람 중심, 선진 대한민국을 향해 가다

국가 경제가 1인당 국민소득 2만 달러를 달성하는 수준으로 성장하게 되면 국민의 의식수준도 높아지면서 새로운 문제가 대두된다. 그것은 다름 아닌 소득 불평

등이다. 이를 해소할 수 있는 것은 재분배와 복지다. 전례를 보면, 국민소득 2만 달러 미만인 나라에서는 삶의 만족도가 소득에 비례해 상승하지만 그 이상부터는 비례하지 않는다. 소득이 높아져도 삶의 질이 나아졌다고 느끼지 못하기 때문이다. 실제 미국과 유럽, 일본의 경우 50년간 성장해왔지만 국민은 행복하다고 느끼지 않았다.

이러한 선진국의 길을 교훈 삼아 우리나라는 다른 길을 걸을 수 있었다. 1인당 국민소득 2만 달러를 달성한 시기부터 소득 불평등 문제를 고민했어야 했다. 그러나 우리는 성장만을 향해 달렸다. '헬조선'이라는 말이 우리 삶의 만족도 수준을 말해주고 있다. 상위 10%가 국가 전체 부의 42.7%를 차지한 2012년 국민행복지수는 OECD 34개 국가 중 32위였다. 가처분소득, 경제적 불평등, 주관적 건강상태, 사회 안전성, 국가기관의 신뢰도, 외부인에 대한 관용 등 모든 항목에서 (최)하위권이었다.

국민이 행복해지려면 국민소득 외에 사회적 자본도 뒷받침되어야 한다. 사회 안전성 등 위에 열거된 항목들이 개선되어야 한다. 특히 교육과 주거비용이 대폭 낮아져야 한다. 환경 문제도 개선되어야 하고 공동체 사이의 신뢰도 축적되어야 한다. 세계에서 가장 행복한 국가 1, 2, 3위인 국가는 GDP의 50% 이상을 공적 영역에 투입하는 핀란드와 덴마크, 노르웨이다. 우리가 왜 포용성장을 추구해야 하는지를 이들 국가가 보여주고 있다.

2010년 유럽 정상회의가 저성장과 고실업, 노령화를 극복하기 위해 내세운 경제발전 전략 '유럽 2020'의 3대 정책 방향은 '혁신성장', '포용성장', '지속 가능한 성장'이다. 그들은 이 세 가지 성장전략을 실현하기 위해 연구개발, 디지털 활용, 새로운 숙련과 고용 창출, 중소기업 창업과 육성 지원, 기후변화 대응 및 친환경 에너지 개발 등의 정책 과제를 추진하고 있다.

이는 사실상 디지털 혁신으로 이루는 미래 비전의 전략과도 맥을 같이한다. 디지털 기술을 활용해 새로운 혁신동력을 창출하고 기존 산업과 중소벤처에 디지털을 접목해 고부가가치 신산업으로 전환하려는 우리의 전략은 '혁신성장'이다. 이 과정에서 양질의 일자리가 나와 모두가 함께 잘 살고 성장의 과실을 공평하게 나누며 최소한의 인간 존엄을 지킬 수 있는 사회를 만들어가는 것이 '포용성장'이다. 포용과 혁신은 '지속 가능한 성장'을 이루는 두 개의 동력이다(노규성, 2020). 여기에서 제안한 대안이 이러한 선진형 성장을 이끄는 국가 정책으로 거듭나기를 바란다.

참고문헌

들어가는 글

관계부처 합동, 「한국판 뉴딜 종합계획」, 2020.7.14.

김은중, 『코로나19 이후 글로벌 9대변화 예측』, 생명공학정책연구센터, 2020.

노규성, 『디지털 뉴딜』, 비앤컴즈, 2020.

오재호, 『코로나19가 앞당긴 미래, 교육하는 시대에서 학습하는 시대로』, 경기연구원, 2020.

유호석, 『포스트 코로나, 콘택트(Contact) 위한 언택트(Untact)』, 월간SW중심사회, 2020. 3.

이은영, 『코로나19가 가져올 구조적 변화: 디지털 경제 가속화』, 삼일회계법인, 2020.

정재욱, 『모든 것을 바꾼 코로나19, 코로나19 이후의 시대』, 한화생명, 2020.

최윤식, 『미래학자의 일자리 통찰』, 김영사, 2020.

최종화, 『코로나 이후 국민이 바라는 일상의 미래』, 과학기술정책연구원, 2020.

폴인, 『코로나 이후의 뉴 노멀, 헬스케어의 세 가지 새로운 트렌드』, 중앙일보, 2020.

한국무역협회, 「코로나19가 가져올 7대 분야, 30개 트렌드」, 2020.

한국생산성본부, 「포용적 혁신성장을 위한 디지털 뉴딜 포럼」, 2019.

1장

과학기술정책연구원, 「지역 위기 극복과 새로운 성장을 위한 혁신플랫폼의 과제」, STEPI Insight Vol. 245, 2020. 1.

관계부처 합동, 「2020년 하반기 경제정책방향」, 2020.

――――, 「한국판 뉴딜 종합계획」, 제7차 비상경제회의, 2020. 7.

노규성, 「구미스마트산단활성화를 위한 한국판 뉴딜정책방향」, 국회정책세미나, 2020.

노규성 외, 「국가균형발전을 위한 디지털 뉴딜 전략 수립」, 국가균형발전위원회 연구보고서, 2019.

산업통상자원부, 「디지털 · 친환경 기반 지역경제의 신성장 거점: 스마트그린산단실행전략」, 2020.

일자리위원회, 관계부처 합동, 「일자리창출과 제조업혁신을 위한 산업단지 대개조 계획」, 2019.

전지혜, 「국내외 그린 뉴딜 정책과 산업단지의 역할」, 『산업입지』, No. 12, 2020, 9쪽.

──────, 「산업단지 회복력 제고를 위한 정책 방향」, 『산업입지』, No. 5, 2020, 2쪽.

주영섭, 「구미상공회의소 CEO포럼: 4차산업혁명 시대 기업혁신전략」, 2019.

2장

강진우, 「[新문물의 탄생] 농업에 4차 산업혁명을 꽃피우다: 스마트팜(Smart Farm)」, 법원사람들, 2020.4.3.

곽수일 · 김연성, 「스마트공장과 생산전략의 발전 방향」, 『學術院論文集: 人文 · 社會科學篇』 58(1), 2019, 519-602.

국회예산정책처, 「4차 산업혁명 대비 미래산업 정책 분석 Ⅳ [산업 분야별 육성 및 고도화 정책 분석]」, 2017.

권경석, 「ICT 융복합 기술을 이용한 축산 스마트팜 연구 개발 및 추진 현황」, 『한국농공학회지』 59(2), 2017, 38-45.

권인영 · 김태호, 「교육 수요 조사를 통한 스마트 수산 양식 분야의 융합형 인재 양성 교육 프로그램 개발 방향 설정을 위한 탐색적 연구」, 『수산해양기술연구』 56(3), 2020, 265-276.

김관모, 「언택트 시대의 스마트팩토리, 최신 트렌드 담는 솔루션에 집중하라」, 『FA저널』, 2020.9.4.

김대윤, 「4차 산업혁명과 스마트 농산물 유통혁신」, 『농사로』, 2020.9.14.

김명화, 「온실가스 · 에너지 절감 '스마트팜'의 지속가능성」, 『환경미디어』, 2020.12.8.

김문연 · 강영훈 · 황진호 · 김상우 · 박재영 · 김상락, 「제4차 산업혁명과 울산의 대응 방향」, 『울산발전연구원』, 2017, 4-225.

김상철, 「4차 산업혁명과 스마트팜 기술 개발」, 『한국농공학회지』 59(2), 2017, 10-18.

김윤영 · 이석환, 「농어촌 취약계층의 사회서비스 수요탐색과 정책함의」, 『한국콘텐츠학회논문지』 20(12), 2020, 332-345.

김진하, 「제4차 산업혁명 시대, 미래사회 변화에 대한 전략적 대응 방안 모색」, 『KISTEP R&D Inl』 15호, 2016, 45-58.

농민신문, "[사설] 주목해야 할 농업의 4차 산업혁명 물결", 2020.7.15.

──────, "韓 식량안보 '취약'… 자급 능력 키워야", 2020.8.31.

농림축산식품부, "그린바이오 융합형 신산업 육성방안", 보도자료, 2020.9.21.

동아닷컴, "한국 콘텐츠 산업, 탈중앙화로 지역 균형 발전에 기여한다", 2020.2.13.

박재완, 「코로나19 팬데믹에 따른 식량안보 영향과 전망」, 『한국과 국제사회』 4(5), 2020, 183-202.

배정은, 「제4차 산업혁명으로 인한 직업의 소멸과 생성」, 『미디어경청』, 2017.11.15.

비피기술거래 · 비피제이기술거래, 「국내외 ICT기반 스마트농업관련 주요기술동향분석 및 시장전망과 기업종합분석」, 『비비타임즈』, 2020.

산업연구원, 「4차 산업혁명이 한국 제조업에 미치는 영향과 시사점」, 2017a.

──────, 「첨단업종 개정 및 제도개선 연구」, 2017b.

_____, 「우리나라 4차 산업혁명 수준, 선진국에 4년 뒤져」, 2017c.

_____, 「4차 산업혁명의 글로벌 동향과 한국산업의 대응전략」, 2017d.

_____, 「한국 제조업의 4차 산업혁명 대응 현황과 평가」, 2017e.

산업일보, 「공작기계 한 형태였던 로봇, AI·IoT 기술 활용 지능형 로봇으로 진화」, 2017.6.17.

윤병선, 「세계적 식량위기와 한국농업의 대응과제」, 『사회경제평론』, 제31호, 2008, 109-138.

이세용, 「클라우드 기반 스마트팜 기술」, 『한국통신학회지(정보와 통신)』 34(1), 2016, 51-57.

이지훈, 「기상이변의 경제학」, 『기상기술정책』 제3권 제1호, 2010, 4-10.

임태호, 「스마트양식을 위한 인공지능 기술 동향」, 『한국통신학회지(정보와 통신)』 37(4), 2020, 39-45.

전창후, "[건강한 먹거리, 기술과 만나다] ③ "최적의 '빛 레시피' 만들기 위해 삼성과 협업했죠"", 삼성 뉴스룸, 2019.4.29.

조형익, 「농업계 '4차 산업혁명' 인간의 경험 뛰어넘는 새로운 농업 예견」, 『농기자재신문』, 2017.6.2.

지식산업정보원 편저, 「그린바이오 5대 유망산업 전망과 스마트팜/농기계 기술동향 분석」, 『R&D정보센터』, 2020, 3-628.

최봉선, 「농산어촌 교육 활성화 방안」, 『포럼&이슈』, 2018.10.4.

최주원·이종섭·김영애·신용태, 「미래 스마트 양식 플랫폼의 구축방안에 대한 연구」, 『정보처리학회논문지/컴퓨터 및 통신 시스템』 9(7), 2020, 157-164.

포스코 뉴스룸, "제조업에 부는 4차 산업혁명의 바람: AI 기술의 적용", 2017.10.13.

한국산업단지공단, 「제4차 산업혁명과 산업단지의 미래」, 2017.

Michela Coppola, Thomas Krick, & Julian Blohmke, "Feeling the heat? Companies are under pressure on climate change and need to do more", Deloitte Insights, 2019, 38-48.

기상청 날씨누리 홈페이지,
    http://www.kma.go.kr/weather/observation/currentweather.jsp.

산업통상자원부 산업·통상·자원 주요통계(산업통계 분석시스템) 홈페이지,
    https://istans.or.kr/su/newSuTab.do?scode=S111.

3장

김규리, 「미국 인공지능(AI) 관련 최신 정책 동향」, NIA, SPECIAL REPORT 2019-6, 2019.6.

노설현, 「토픽모델링을 활용한 인공지능 관련 이슈 분석」, Journal of Digital Convergence, Vol. 18, No. 5.

매경이코노미 제2002호, 박형철 머서코리아 사장, 2019.5.

문준환, 「빅데이터 분석을 통한 미래 예측 연구: 정보화 사회 기술 분석 및 블랙스완 예측」, 서강대학교 박사학위논문, 2019.6.

박설민, "AI 경쟁력 뒤처지는 한국… 2020 'AI 코리아' 가능할까", 시사위크, 2020.1.

산업연구원, 미래전략산업 브리프 제7호, 2019.6.
    https://www.statista.com/statistics/607716/worldwide-artificial-intelligence-marketrevenues.

"세계 인공지능 시장 급성장 2025년까지 연평균 38% 성장", 연합뉴스, 2020.12.

오정근, The Banker, Vol. 759, 2017.6.

이정태, "AI가 광고 마케팅에 활용되는 5가지 모델, Digital Marketing Korea", AI타임스.

「인공지능(AI) 국가전략」, 과학기술정보통신부, 2019.12.

AI가 노동생산성에 미치는 영향, https://www.accenture.com/lv-en/acnmedia/PDF-33/ Accenture-Why-AI-is-the-Futureof-Growth.pdf.

「AI 경쟁력 비교 사례: 국가 AI 전략 중심」, ETRI Insight, 2020.11.

"Analysis of the Current and Future of the Artificial Intelligence in Financial Industry with Big Data Techniques", GLOBAL BUSINESS & FINANCE REVIEW, Vol. 25, Issue. 1.

https://zdnet.co.kr/view/?no=201907 31145155.

https://www.cbinsights.com/research/artificial-intelligence-top-startups.

THE ECONOMIC IMPACT OF AI,

https://www.accenture.com/lv-en/_acnmedia/PDF-33/ Accenture-Why-AI-is-the-Futureof-Growth.pdf.

4장

관계부처 합동, 「한국판 뉴딜 종합계획」, 2020.7.14.

국가균형발전위원회, 「균형발전모니터링 이슈 Brief」, 제6호, 2020.12, pp.17~27.

사이언즈타임즈, "테슬라 자율주행 시스템의 강점은 주행데이터와 독자적 기술", 2020.12.15.

소프트웨어중심사회, 「온라인을 넘어 오프라인으로 확대되는 플랫폼 전략」, Vol. 81, 소프트웨어정책연구소, 2021.3.

European Commission, Building a European Data Economy, 2017.

Federal Ministry for Economic Affaris and Energy, Federal Ministry of Education and Research (2019.10) Product Gaia-X.

IT동아, "기대와 우려가 교차하는 데이터 댐 구축", 2020.08.01.

Tapscott, D. The digital economy: Promise and peril in the age of networked intelligence, New York: McGraw-Hill, 1996.

World Economic Forum, "Platforms and Ecosystems: Enabling the Digital Economy", White Paper, 2019.5.25.

5장

고삼석, "5G 초연결사회 완전히 새로운 미래가 온다", 메디치미디어, 2019.

과학기술정보통신부, 「업무계획」, 2019, 2020.

김현욱, 『5G 이동통신 기술과 서비스』, 동일출판사, 2019.

노규성, 「포용적 혁신닝장과 일사리 상출을 위한 디지털 뉴딜 전략에 관한 연구」, 『디지털융복합연구』, 18(1), 23-33, 2020.

노규성 외(2019), 『미래예측 2030』, 광문각.

이준회 · 박지웅, 『5G와 AI가 만들 새로운 세상』, 갈라북스, 2019.

이호성 외, 『4차 산업혁명 에센스』, 행복에너지, 2020.

장설철, 『4차 산업혁명의 패러다임』, 모아북스, 2019.

전창범, 『5G 이동통신 입문』, 홍릉과학출판사, 2018.

정우기, 『5세대 이동통신』, 복두출판사, 2019.

카메이 타쿠아, 『5G 이동통신 비즈니스』, DK로드북스, 2020.

ETRI 5G 사업전략실, 『미래를 사는 기술 5G 시대가 온다』, 콘텐츠하다, 2017.

Hassan Sinky, Bassem Khalfi, Bechir, Ammar Rayes, Responsive Content-Centric Delivery in Large Urban Communication Networks: A LinkNYC Use-Case, 2018.

Julio Navío-Marco, Raquel Pérez-Leal, Luis Manuel Ruiz-Gómez, (International Telecommunications Society) Analysis of the WiFi4EU Initiative as a Potential Instrument to Correct Digital Divide in Rural Areas in the EU, 2019.

Mike Hodson, Julia Kasmire, Andrew McMeekin, John, Urban Platforms and the Future City: Transformations, 2020.

Nunes Silva, Carlos, A Digital Single Market for Europe: Commission Sets Out 16 Initiatives to Make it Happen, 357 page in the book of 'New Approaches, Methods, and Tools in Urban E-Planning', 2018.

Patrick McGeehan, NYT, Free Wi-Fi Kiosks Were to Aid New Yorkers, An Unsavory Side Has Spurred a Retreat, 2016.

Patrick T. I. Lam, Wenjing Yang, Factors influencing the consideration of Public-Private Partnerships (PPP) for smart city projects: Evidence from Hong Kong, 2020.

6장

과학기술정책연구원, 「디지털헬스케어 혁신 동향과 정책 시사점」, 『과학&기술정책』, ISSN 2383-6458, 2018.6.20.

김기봉, 「4차 산업혁명시대의 디지털헬스케어산업에 대한 연구」, 융합정보논문지, 2020 Vol. 10, No. 3, pp. 7-15.

김용균, 「디지털 헬스케어 최근 동향과 시사점」, 정보통신기술센터 『주간기술동향』, 2018.5.16.

대한의사협회 의료정책연구소, 「디지털 헬스의 최신 글로벌 동향」, 2020.5.

문승권 · 권이승, 『보건의료정책학』, 가톨릭관동대학교 출판문화원, 2019.9.

박정원, 「디지털헬스케어 발전을 위한 규제 개선방안에 관한 연구」, Vol. 25, No. 1, pp. 60-81, 2018.

보건복지부, 「보건의료빅데이터 활용을 위한 기본계획수립」, 2015.11.

산업통상자원부, 「스마트 헬스케어산업 활성화 방안」, 2015.1.30.

식품의약품안전처 식품의약품안전평가원, 「스마트 헬스케어 의료기기 기술 · 표준전략 보고서」, 2018.8.

씨킹 알파(Seeking Alpha), 「헬스케어를 위한 사물인터넷의 시사점」, 재구성, 2015.

유승준 · 문세영, 「한국 경제의 지속 성장을 위한 바이오 · 헬스산업의 진단과 전망」, 한국과학기술기획평가원, ISSUE PAPER 2016-13, 2016. 12.

윤승주, 「디지털 뉴딜 시대의 스마트헬스케어의 역할과 발전방안 모색」, 한국스마트헬스케어협회, 고려대학교 안암병원, 2020.11.6.

윤한이, 「디지털 헬스케어 전망」, 투이컨설팅, 2017.6.9.

이승관, 「글로벌 디지털 헬스케어 기술 동향과 과제」, 정보통신기술진흥센터 주간 『기술동향』, 2017.12.13.

이택균, 「소셜미디어 데이터에 기반한 디지털헬스케어연구 동향」, 한국콘텐츠학회논문지, 2020, Vol. 20, No. 3, 515-526.

정보통신산업진흥원, 「스마트 헬스케어 서비스 분야 도입사례 분석집」, 2017.11.

───, 「디지털 헬스케어 동향 및 시사점」, 2019.

───, 「품목별 보고서-헬스케어」, 2019.9.

주지영, 「디지털 헬스케어 시장 동향」, BTIC View 동향 리포트, 생물학연구정보센터, 2000.8.25.

질병관리본부, 「ICT 기반의 스마트 검역 시스템」, 2016.

최윤섭, 『디지털 헬스케어: 의료의 미래』, 클라우드나인, 2020.8.13.

한국과학기술정보연구원, 「글로벌 디지털 헬스케어 기술 동향」, 2019.2.8.

한국무역협회, 「일본 헬스케어 산업의 해외진출 및 이노베이션과 시사점」, TRADE FOCUS 2018년 17호, 2020.5.

한국보건산업진흥원, 「디지털-헬스케어 융합산업 동향」, 보건산업브리프 Vol. 162, 2015.2.2.

───, 「주간 보건산업 동향」, 2015.12.28.

───, 「보건산업 분야 융합기술 활용 실태 및 동향 분석」, 보건산업 브리프 Vol. 282, 2019.4.9.

───, 「2017년 디지털헬스케어 진출 지원 사업보고서」, 2019.5.

한국보건산업진흥원 · 대한의료정보학회 · 한국디지털헬스산업협회, 「디지털 헬스케어 기반 수요자 중심의 건강관리 체계 구축 방안」, Agenda 2050, 2019.7.

한국행정연구원 규제연구센터, 「디지털 헬스케어, 어떻게 대응할 것인가? 규제 대응 과제와 논의」, ISSUE PAPER, 통권 59호, 2017.

한지아 · 김은정, 「스마트 헬스케어」, 한국과학기술기획평가원, KISTEP 기술동향브리프, 2020-13호, 2020.

Statista, "Global digital health market", 2016.9.

2017 Medical connected healthcare forum, 2017.11.13.

https://www.ces.tech/

https://allofus.nih.gov/

KT 경제경영연구소, 「ICT와 디지털 뉴노멀이 만드는 코로나 이코노믹스」, 2020.9.

Standing M, Hampson E., "Digital health in the UK: an industry study for the office of life sciences. Monitor Deloitte". 2015, Figure.

7장

과학기술정보통신부, 방송통신위원회, 「2020년 방송산업실태조사」, 2021.

서영준, "지난해 IPTV 매출 처음으로 지상파 추월했다", 파이낸셜 뉴스, 2020.12.

서울대 산학협력단, 「OTT동영상 서비스 실태조사 기획 및 구성에 관한 연구」, 2020.

장슬기, 「누가 언론사 목에 디지털을 달 것인가」, 한국기자협회, 2021.4.

주대우, 「英 오프콤, 공영방송에 대한 시청자 인식과 태도 조사: 가장 가치 있는 서비스 B는 BC와 넷플릭스」,
        KBS공영방송연구소, 2020.8.

한국방송통신전파진흥원, 「글로벌 방송환경 변화에 따른 방송산업 중장기 발전방안 연구」, 2019.

현우진, 「뉴미디어의 시작과 넷플릭스의 모듈화」, 2019.

ETRI, 「국내 UHD 서비스 현황 및 경쟁력 평가」, 2020.

8장

교육부, 「제6차 교육정보화기본계획」, 2019.

_____, 「2021년 교육부 업무계획」, 2021.

기획재정부, 「한국판 뉴딜 종합계획」, 2020.

유비온 미래교육연구소, 「코로나19 이후 K-12 온라인 학습 글로벌 대응 현황」, 2020.

이주호 외, 『AI 교육혁명』, 시원북스, 2021.

임재환, 「그린 스마트 스쿨의 성공조건」, 2020.

정보통신산업진흥원(NIPA), 『2011~2012 이러닝 백서』, 2013.

_____, 『2019년 이러닝산업 실태조사』, 2020.

코로나19 대응 및 미래교육체제 전환을 위한 에듀테크 산업진흥 TF, 「코로나19 대응 및 미래교육체제 전환을
        위한 에듀테크 산업진흥 정책보고서」, 2020.

HolonIQ, "Global EdTech Market to reach $404B by 2025, 16.3% CAGR", 2020.8.6.

_____, "Global EdTech Unicorns", 2021.1.2.

_____, "$16.1B of Global EdTech Venture Capital in 2020", 2021.1.5.

METAARI, "The 2019 Global Learning Technology Investment Patterns", 2020.

OECD, What Students Learn Matters, 2020.

UK MOE, Realising the Potential of Technology in Education: A strategy for education providers
        and the technology education, 2019.

9장

국방부, 「18~'22 방위산업육성기본계획」

뉴데일리, "절충교역으로 중소기업 530만 달러 방산수출", 2013.10.10.

아시아경제, "방사청, 2000억원대 절충교역 장터 열었다", 2015.5.28.

윤태복, 「인공지능 동향과 기술 서비스 사례」, 『주간기술동향』, 1938호, 2020, 2-12.

장원준·안영수, 「청년 실업자의 6%, 방위산업 절충교역으로 해소 가능」, 산업연구원, 2013.2.

SIPRI, "TIV of arms imports to the top 10 largest importers", 2010-2015.

10장

과학기술정보통신부, 「2019 국외 디지털콘텐츠 시장조사」, 2019.

관계부처 합동, 「콘텐츠산업 경쟁력강화 핵심전략」, 2018.

──, 「콘텐츠산업의 일자리 창출 및 안전망 강화방안」, 2020.

문화체육관광부, 「콘텐츠 산업 중장기 정책비전」, 2017.

──, 「2019 콘텐츠산업 통계조사 보고서」, 2019a.

──, 「2019 해외 콘텐츠시장 분석」, 2019b.

──, 「2020 해외 콘텐츠시장 분석」, 2020.

정책위키, 「콘텐츠산업 3대 혁신전략」, 대한민국 정책브리핑,
        https://www.korea.kr/special/policyCurationView.do?newsId=148866166

한국문화관광연구원, 「코로나19가 문화예술분야에 미친 영향 및 정책대응방안 연구」, 2020a.

──, 「콘텐츠 산업 트랜드 2025」, 2020b.

한국저작권위원회, 「국내 콘텐츠산업의 저작권 현황」, 2011.

한국콘텐츠진흥원, 「코로나19와 콘텐츠 이용: 변화와 전망」, 2020.

──, 「2020 콘텐츠산업 중장기 시장전망 연구」, 2020.

──, 「2020년 이야기산업 실태조사」, 2021.

11장

교육부, 「과수정융합 종합계획」, 2020.5.

──, 「인공지능시대 교육정책방향과 핵심과제」, 2020.11.20.

유정수 외 14인, 「초중등 인공지능 교육 내용체계 탐색적 연구 이슈보고서」, 한국과학창의재단, 2020.

https://educationaltechnologyjournal.springeropen.com/articles/10.1186/s41239-019-0171-0

Monahan, Torin, "Flexible Space & Built Pedagogy: Emerging IT Embodiments", Inventio 4(1),
        pp. 1-19, 2002.

Olaf Zawacki-Richter, Victoria I. Marin, "Melissa Bond and Franziska Gouverneur, Systematic
        review of research on artificial intelligence applications in higher education; where are the
        educators?", International Journal of Educational Technology in Higher Education, pp16-
        39, 2019.

Yotam Hod, "Future Learning Spaces in Schools: Concepts and Designs from the Learning

Sciences", Association for Educational Communications & Technology, 2017.

12장

이원주, 「효과적인 대학의 SW · AI 교육 개선 방향 제안(Proposal of Effective University SW/AI Education Plan)」, 소프트웨어정책연구소(SPRi) 월간 『SW중심사회』(ISSN 2586-5021), Vol. 71, No. 11, pp. 62-69, 2020.

천성현, 「시니어 직원들도 디지털 인재로 변신할 수 있을까?」, POSRI 이슈리포트, 포스코경영연구원, 2018.05.

최봉 · 김범식 · 조권중 · 김묵한 · 이준영, 「서울시 디지털산업 육성방안」, 서울연구원.

한국생상성본부, 「전국 산업별 사업체 AI 활용역량 강화 사업」, 2020.10.

Gislter, P., Digital Literacy, 1997.
   https://www.chosun.com/site/data/html_dir/2018/03/25/201803250 1145.html

https://www.msit.go.kr/SYNAP/skin/doc.html?fn=ebe8e14bf80b027fd67d7b05ca1f05eb&
   rs=/SYNAP/sn3hcv/result/

https://www.msit.go.kr/SYNAP/skin/doc.html?fn=c8dcd7ded2522a37433
   4431d03850160&rs=/SYNAP/sn3hcv/result

https://innovationacademy.kr/

https://www.topuniversities.com/university-rankings/university-s

https://www.inf.ethz.ch/studies/summer-research-fellowship.html

https://www.comp.nus.edu.sg/programmes/ug/project/urop/

https://www.msit.go.kr/SYNAP/skin/doc.html?fn=9702ca11ee7de587ae5c0ca1dc4a76a9&
   rs=/SYNAP/sn3hcv/result/

https://swmaestro.org/sw/main/contents.do?menuNo=200002

https://swmaestro.org/sw/main/contents.do?menuNo=200004

Won Joo Lee, "A Study on the Improvement Scheme of University's Software Education," Journal of The Korea Society of Computer and Information (ISSN 1598-849X), Vol. 25, No. 03, pp. 243-250, March, 2020.
   https://www.swuniv.kr/condition

https://twitter.com/demainlaveille/status/656041428854943744/ photo/1

https://NCS.go.kr/index.do

https://stat.spri.kr/posts/view/23014?code=stat_manpower

https://stat.spri.kr/posts/view/23013?code=stat_manpower

https://biz.chosun.com/site/data/html_dir/2020/06/15/202006150 1140.html

https://stat.spri.kr/posts/view/23016?code=stat_technology

14장

관계부처 합동, 「한국판 뉴딜 종합계획」, 제7차 비상경제회의, p. 29, 2020.7.

노규성, 「디지털 뉴딜」, 비앤컴즈, 2020.

「한국판뉴딜대구경북은 일자리와 인재뉴딜에 집중하자」, 대경 CEO Briefing, 2020.7.

「한국판뉴딜」, 대한민국 정책브리핑, 2020.7.

산업통상자원부, 「디지털·친환경 기반 지역경제의 신성장 거점: 스마트 그린산단실행전략」, 2020.

한국판뉴딜 관계장관회의, 「디지털 기반 산업혁신전략」, 2020.2.

15장

김철완 외, 「북한 ICT부문 및 남북 ICT교류협력 현황보고서(1)」, 정보통신정책연구원 용역사업보고서, 정보통신정책연구원, 2007.

노규성, 「디지털 뉴딜」, 비앤컴즈, 2020.

이춘근·김종선·남달리, 「남북 ICT 협력 추진 방안」, 과학기술정책연구원, 2014.

임강택, 「북한의 경제정책 변화와 남북 경제협력」, 『국토』 제443호, 한반도 국토·인프라 발전방향, 통일연구원, 2018.

표창균 외 4인, 「4차 산업혁명 대비 남북상호 발전을 위한 경제협력 정책방향 및 추진체계 수립」, 2018.

표창균 외 3인, 「북한 정보통신 정책·기반·서비스·인력 현황 연구」, 2019.

표창균 외 3인, 「남북교류 활성화를 위한 정보통신분야 남북 국가표준 비교·분석 연구」, 2020.

16장

고희진, 「제4차 산업혁명을 논하다」, 다보스포럼, 경향비즈(2016.01.20.)

과학기술정보통신부, 「코로나19 대응 ICT산업 지원방안」, 2020.2.

관계부처 합동, 「K-서비스 해외진출 활성화 방안」, 2020.8.

김윤명·박태형·이현승, 「소프트웨산업진흥법개정연구」, 방송통신정책연구 15-진흥-019.

무역뉴스, "코로나19에 '에듀테크' 수요급증-한국기업에 기회", 2020.5.

베이비타임즈, "비대면 에듀테크 지속 성장 위해 정부 지원 절실", 2020.6.

벤처스퀘어, "핀테크 기업, 해외 진출 혼자서는 힘들어", 2019.7.

서경화, 「디지털 헬스의 최신글로벌 동향」, 의료정책연구소, 2020.5.

아주경제, "K웹툰·게임, 新한류 이끈다", 2020.11.

애플경제, "'코로나' 덕분, '에튜테크' 강국으로 부상", 2020.12.

연합뉴스, "전세계 재외동포 749만 명… 2년 전보다 6만 명 증가", 2019.9.

──── , "'BTS 방방콘 또 한번'… 정부, 온라인 K팝 공연장 만든다", 2020.0.

이데일리, "개인정보의 국제유통, 자유로와지나… 일본, '오사카 트랙' 제안", 2019.7.1.

이승주, 「글로벌디지털 거버넌스의 대응전략」, 동아시아연구원, 2019.

이코노미조선, "개도국에 ODA 연 13조 원 투자… 기업 수주로 이어져", 2019.11.

정보통신산업진흥원, 「이러닝산업 실태조사(2014-2018)」.

조선일보, "블랙핑크, 빌보드 '아티스트100' 1위-핫100 2곡 차트인… K팝 걸그룹 최초", 2020.10.

최봉현·김홍석·김중현, 「소프트웨어 산업의 비즈니스 모델분석」, 산업연구원, 2005.

코트라해외시장 뉴스, "K-방역, 타킷시장 세분화로 수출활로 개척", 2020.10.

현대경제연구원, 「신 한류도약을 위한 기회와 도전 과제」, 2020.9.

KOTRA, "싱가포르, 디지털 통상 글로벌협력확대", 2020.6.26.

Medigate news, "코로나19 진단시약 170여개 2.5조 규모… K-방역 성과로 신규수출시장 창출", 2020.5.

UN사무총장 보고서, 「디지털협력을 위한 로드맵」, 2020.6.

17장

2015 Elderly Statistics, "Statistical Office Social Statistic Division Planning and Social Statistics", Sep 24, 2015.

김꽃마음, 「스마트워크 활성화 방향」, TTA Journal Vol. 134, TTA, 2014.

김성동·류호경·민선정, 「고령친화형 정보서비스의 현황과 시사점」, PD ISSUE REPORT MAY 2013, Vol. 13-5, KIET, 2013.

뉴시스.

두산동아, 동아출판사, 2011.

미래창조과학부, 「2015년 빅데이터 글로벌 사례집」, 2016.

서울시, 「스마트워크 설치 및 이용현황」, 2015.

성균관대학교, 「국제기구 및 외국정부의 실버 ICT 복지정책 연구」, 미래창조과학부, 2013.

유영성, 「지자체의 공공 빅데이터 사례연구」, GRI 정책연구 2014-52, 경기개발연구원, 2014.

이병준, 「인생 100세를 준비하는 노인평생교육의 방향과 과제」, 제31호, 국가평생교육진흥원, 2015.

이재훈, 「문재인 정부 포용복지의 전망과 과제」, 2019.

전자신문, 전자신문사.

정보통신산업진흥원, 「2015 국가정보화 백서」, 2016.

최재경, "빅데이터 분석의 국내외 활용 현황과 시사점", 02 R&D InI, SK, 2016.

허원회·조정길, "실버세대의 사용성 향상을 위한 앱 UI 디자인 연구", Asia-pacific Journal of Multimedia Services Convergent with Art, Humanities, and Sociology Vol. 6, No. 10, HSST, 2016.

NIA, 「공공부분 Wi-Fi 확산계획 및 추진전략」, 2014.

NIPA, 「세계 5개국의 ICT 기반 헬스케어 정책 사례」, 2015.

www.smartwork.go.kr

18장

박정순, 「우리나라 에너지전환 정책의 방향」, 2018.

삼정KPMG 경제연구원, 「에너지 산업의 디지털화가 가져올 미래」, 엄이슬, 장진영, 임두빈 이슈 모니터 제100호, 2019.

에너지경제연구원 미래전략팀 이호무 연구위원, 「에너지 전환 시대의 에너지 산업 전망」, http://www.iea.org/publications/freepublications/publication/DigitalizationandEnergy3.pdf〉

이병태, 「ICT 융합을 통한 친환경 에너지 체계 구축」, 2017.

이성인, 「에너지관리시스템(EMS) 산업 육성 방안」, 에너지경제연구원, 2013.

임재규, 「우리나라 에너지 전환정책의 현황과 향후 과제」, 에너지전환정책연구본부, 에너지경제연구원, 2018.

최동배, 「스마트그리드의 기본 개념과 최근 동향」, 2018.

환경부 국가환경교육센터, 「우리나라 에너지 현황과 문제점」, 2015.

GE리포트 코리아, 「고압직류송전(HVDC) 기술과 신재생 에너지」

Kotra 대한무역투자진흥공사, 「스마트그리드 시장동향 및 해외시장 진출전략」.

Journal of the Electric World, 「미래를 선도할 10대 청정에너지 기술」.

19장

강희조, 「4차 산업혁명 기반 스마트 재난안전관리 대응체계 구축」, 2018.

관계부처, 「혁신성장동력 추진계획」, 2017. 12.

관계부처 합동, 「한국판 뉴딜 종합계획」, 2020.7.14.

국민안전처, "모든 재난상황정보 하나의 시스템으로 '쏙': 현장중심의 통합재난안전정보체계 구축 완료", 2016.4.22.

김종학 외 3인, 「모바일 빅데이터를 활용한 재난대응방안」, 『국토정책』 Brief, 2016.

노규성, 「디지털 뉴딜」, 비앤컴즈, 2020.

정영철 외 2인, 「사회안전을 위한 빅데이터 활용의 재난대응 정책」, 한국정보통신학회논문지, 2016.

최우정 외 2인, 「국립재난안전연구원 재난안전 '스마트 빅보드 개발 착수: 재난관리 3.0을 선도하는 새로운 플랫폼」, 『물과 미래』, 제46권, 제9호. pp. 73-78, 2013.

최원상, 「인공지능 기반의 지능형 재난안전관리체계 구축에 관한 연구」, 2020.

Lee, JI, "Research about recognition of government officials regarding Korean disaster management system in charge. Journal of Korean Institute of Fire Science & Engineering", Vol. 24, No. 5, pp. 10-25, 2010.

Ministry of the Interior and Safety (MOIS), "E-government, investing 65.5 billion won to start 'intelligent government' on a full-scale basis" (January 22, 2018, Press release), 2018.

Petak, W. J., "Emergency management. A challenge for public administration," Public Administration Review Vol. 45, No. Spoolal Issue (Jan.), pp. 3-7, 1985.

Yun, SO, Lee, EM, and Sung, W. J., "Types and issues of policy decision making using artificial

intelligence," Journal of Korean Association for Regional Information Society, Vol. 21, No. 1, pp. 31-59, 2018.

20장

경향신문.

관계부처 합동, 「정부혁신 종합 추진계획」, 2020.

김병섭 외, 『휴먼조직론』, 대영문화사, 2008.

김병조·은종환, 「행정-정책 의사결정에서 머신러닝 방법론 도입의 정책적 합의」, 『한국행정학보』, 54(1), 2020.

김정미·윤미영, 「국민 공감형 정책시행을 위한 빅데이터 활용 시나리오」, IT & Future Strategy 14, 2012.

김호균, 「적극행정과 공공가치(public values)의 실현」, 『한국인사행정학회보』 18(4), 2019.

문명재, 「포스트 코로나19 정부혁신 방향과 거버넌스」, 한국행정학회 하계학술대회 발표논문, 2020.

박영원, 「적극행정의 주요 내용과 향후 과제」, 『이슈와 논점』 N(ARS) 1652호, 2020.

박윤, 「적극행정의 개념에 관한 연구」, 『한국인사행정학회보』 18(4), 2019.

박정호, 「조직행태이론이 적극행정에 주는 시사점」, 『한국인사행정학회보』 18(4), 2019.

박천오 외, 『인사행정론』, 법문사, 2020.

세계일보.

오영균 외, 「경기도 사전컨설팅감사제도 발전 방안 연구」, 용역보고서, 2017.

이계수, 「공무원의 복종의무의 내용 및 한계에 대한 규범적, 행정법 사회학적 연구」, 『민주법학』 40.

이선영 외, 「4차 산업혁명시대의 정부부처 간 협력에 관한 연구」, 『디지털융복합연구』 17(6), 2019.

이태준, 「포스트코로나19 시대 열린 정부를 위한 HRD 혁신전략」, 한국행정학회 동계학술대회 발표논문, 2020.

임혁백, 「21세기 IT기반 정치행정 메가트랜드」, 정보통신정책연구원 정책보고서 05-02, 2005.

조경호, 「공직구조 재설계 방안 연구: 직종, 직렬체계를 중심으로」, 『행정논총』 43(1), 2005.

조경호·김형성, 「지능정보사회의 공무원 윤리·복무체계 개선방안」, NARS 정책용역보고서, 2020.

조경호 외, 『공공조직행태론』, 대영문화사, 2014.

조태준 외, 「적극행정에 대한 평가와 발전방안 연구: 공무원의 인식을 중심으로」, 『한국인사행정학회보』 19(2), 2020.

채종헌, 「공론화 절차 활성화를 통한 정책수용성 제고 및 사회통합 증진에 관한 연구」, 한국행정연구원 보고서, 2018.

최창혁, 「4차 산업혁명, 차세대 지능형 전자정부가 답이다」, 『행정포커스』 142, 2019.

하태권 외, 「한국정부 공직분류체계의 실태분석 및 대안모색」, 『한국정치학회보』 34(3), 2000.

행정안전부, 「지능형 정부 기본계획」, 2017.

Bozeman, B., Public values and public interest: Counterbalancing economic individualism, D.C.: Georgetown Univ. Press, 2007.

Caiden, G. E., Administrative Reform, Chicago: Aldine, 1969.

Evans, P., "Bureaucracy and growth," American Sociological Review 64(5), 1999.

Muro, M. & S. Andes., "Robots Seems to Be Improving Productivity, Not Costing Jobs," Harvard Business Review, June, 2015.

Rousseau, D. M., The Oxford Handbook of Evidence-Based Management, Oxford University Press, 2012.

University of St. Gallen, Arbeit 4.0: Megatrende Digitaler Arbeit der Zukunft, 2015.

Weber, M., The Theory of Social and Economic Organization, Translated by A. M. Henderson & Talcott Parsons, Oxford Univ. Press, 1947.

WEF, The Future of Jobs, 2016.

_____, COVID 19 Risks Outlook: A Preliminary Mapping and its Implications, 2020.

21장

과학기술정보통신부, 『2020 마스크앱 백서』, 2020.

관계부처 합동, 「한국판 뉴딜 종합계획: 선도국가로 도약하는 대한민국 대전환」, 2020.

_____, 「혁신성장을 위한 사람중심의 4차 산업혁명 대응계획」, 2017.

대통령직속 4차 산업혁명위원회, 「4차 산업혁명 대정부 권고안」, 2019.

명승환 · 허철준 · 황성수, 「스마트사회의 정부: 플랫폼형 정부 모델을 중심으로」, 한국행정학회 동계학술발표논문집, 2011, 1-31.

이정욱, 「정부 3.0의 분석과 과제」, 한국정책학회 동계학술발표논문집, 2013(0), 257-273.

이지형 · 박형준 · 남태우, 「네트워크 거버넌스의 진화? 플랫폼 정부 모델과 전략 분석: '광화문 1번가'를 중심으로」, 『한국행정연구』, 2020, 61-96.

장용석, 「사회적 가치를 통해 본 한국 사회 난제풀이: 공공가치 융합과 사회혁신전략」, 하연섭 외, 『한국사회와 한국행정: 새로운 도전과 정부의 역할』, 다산출판사, 2019.

조병우, 「모두가 함께 한 공적마스크 이야기」, Digital Social Innovation Jam 기조강연, 2020.10.30.

조병우 · 윤상오, 「열린 정부 시대의 시민참여: 시빅해킹의 유형 분류 연구」, 한국정책학회보, 2017, 26(1):177-203.

한국지방행정연구원, 「지방자치단체 이 · 통장 운영현황 분석 및 제도개선 연구」, 2016.

Ansell, C. & Gash, A. "Collaborative Governance in Theory and Practice," Journal of Public Administration Research and Theory 18(4), 2008, pp. 543-571.

Chen, Yu-Che., Managing Digital Governance, Boca Raton: Routledge, 2017.

Deloitte, "Government Trends 2020," Deloitte Insights, 2020.

Eggers, W. D., Government 2.0: Using Technology to Improve Education, Cut Red Tape, Reduce Gridlock, and Enhance Democracy, Rowman & Littlefield, 2005.

Granovetter, Mark S., "The Strength of Weak Ties," American Journal of Sociology, 1973, 78(6):1360-1380.

Kettle, Donald F., The Transformation of Governance: Public Administration for Twenty-First Century America, Johns Hopkins University Press, 2002.

Mergel, Ines., "Digital Service Teams in Government," Government Information Quarterly 2019, 36(4): 101389.

Milakovich, Michael E., Digital Governance: New Technologies for Improving Public Service and Participation, New York: Routledge, 2012.

O'Reilly, T., "Government as a Platform," Innovations: Technology, Governance, Globalization, 2011, 6(1): 13-40.

U.S. Digital Services, "Impact Report," 2020.

Zinnbauer, Dieter., "Digital Governance: What role could OGP play?," Open Government Partnership, 2019.

22장

건축도시공간연구소, 「스마트 녹색연구단」, 2019.

김미림, 「싱가포르의 성장전략 추진 현황과 시사점」, 대외경제정책연구원, 2018.

김민영 · 김준형 · 이사빈 외 1인, 「지속가능한 스마트시티 운영을 위한 조직관리 방안에 관한 연구」, 『한국조직학회보』, 한국조직학회, 2021.1, 17(4), pp. 65~97.

김선기, 「지역종합정보센터의 설립 · 운영모형」, 한국지방행정연구원, 1998.

김성태, 『행정정보체계론: 정보정책론과 전자정부론』, 서울: 법문사, 1999.

김영미, "재난안전관리 거버넌스 구축을 위한 데이터관리정책 방향에 관한 소고", 『디지털융복합연구』, 한국디지털정책학회, 2019.12, 17(12), pp. 83~90.

_____, "지역의 새로운 거듭나기와 디지털전환", 『지역정보화』 3-4호, 한국지역정보개발원, 2021.4.

김현경, 「정보사회에 있어서 '안전국가' 법규의 정립방향에 관한 소고」, 한국IT서비스학회지, 한국IT서비스학회, 2013.9, 12(3), pp. 151~163.

김현성, 「지역정보화, 한국행정학회 행정학용어집」, 한국행정학회 홈페이지, 2001.

박정수 · 김현성, 「지역정보화와 국가정보화의 효율적 연계방안 연구」, 정보통신부, 「정보통신학술연구과제 연구보고서」, 2001.

스마트네이션 홈페이지 https://www.smartnation.sg/ (2019.3.30 방문)

신영진, 「안전한 지능형 정부 구현을 위한 개선방안 연구: 인공지능기술 적용에 따른 역기능 방지 및 개인정보보호를 중심으로」, 『한국범죄정보연구한국사회』, 안전범죄정보학회, 2020.12, 6(2), pp. 135~162.

「싱가포르 스마트도시 관련 정책 · 제도」, 2019.

싱가포르 총리실 홈페이지, https://www.pmo.gov.sg/ (2019.4.1 방문)

양윤민 · 박순태 · 김용민, 「IoT 환경의 비식별 개인 민감정보관리 강화에 대한 연구」, 한국콘텐츠학회논문지, 한국콘텐츠학회, 2020.8, 20(8), pp. 34~41.

윤범진, "'스마트네이션' 국가 비전 선포 미래형 도시국가 건설에 착수", C「hindia plus」 포스코경영연구원, 2016.

정진우, 「우리나라 지역정보화 추진현황과 개선방안에 관한 연구: 추진과정, 조직, 예산, 정책을 중심으로」, 한국지역정보화학회지, 한국지역정보화학회, 2019.12, 22(4), pp. 65~86.

조소연, 「지능정보사회에서 인격권의 새로운 보호체계 검토」, 『공법학연구』, 한국비교공법학회, 2020.8, 21(3), pp. 109~129.

Brian Nicholls, "Singapore: Towards a Smart Nation," GIM international (등록일 2017.2.5).

GovTech, https://www.tech.gov.sg/

_____, "Grab Launches GrabShuttle, An Affordable Shuttle Service for Commuters" (등록일 2017.3.2).

IDB, International Case Studies of Smart Cities, 2016.

Lee Kuan Yew School of Public Policy at the National University of Singapore, "Singapore's Smart Nation Initiative: A Policy and Organisational Perspective," 2017.

MAS, "MAS Proposes a "Regulatory Sandbox" for FinTech Experiments," 2016, http://www.mas.gov.sg/

나가는 글

관계부처 합동, 「한국판 뉴딜 종합계획」, 2020.7.14.

김은중, 「코로나19 이후 글로벌 9대변화 예측」, 생명공학정책연구센터, 2020.

노규성, 「디지털 뉴딜」, 비앤컴즈, 2020.

오오마에 겐이치, 노규성·박세정 옮김, 『코로나 쇼크 이후 세계의 변화』, Book Star, 2020.

오재호, 「코로나19가 앞당긴 미래, 교육하는 시대에서 학습하는 시대로」, 경기연구원, 2020.

유호석, 「포스트 코로나, 콘택트(Contact) 위한 언택트(Untact)」, 월간 『SW중심사회』, 2020.3.

이은영, 「코로나19가 가져올 구조적 변화:디지털 경제 가속화」, 삼일회계법인, 2020.

정재욱, 「모든 것을 바꾼 코로나 19, 코로나19 이후의 시대」, 한화생명, 2020.

최윤식, 『미래학자의 일자리 통찰』, 김영사, 2020.

최종화, 「코로나 이후 국민이 바라는 일상의 미래」, 과학기술정책연구원, 2020.

폴인, "코로나 이후의 뉴 노멀, 헬스케어의 세 가지 새로운 트렌드", 『중앙일보』, 2020.

한국무역협회, 「코로나19가 가져올 7대 분야, 30개 트렌드」, 2020.

저자소개

노규성 선문대학교 경영학과 교수로 재직 중이며, 디지털혁신라운드 수석공동 의장으로 활동하고 있다.
한국외국어대학교에서 경영정보학 박사학위를 받았다. 한국디지털정책학회 회장, 대통령 직속 4차산업혁명위원회
위원, 한국생산성본부 회장을 역임했다.

김동성 금오공과대학교 전자공학부 교수로 재직하고 있으며, 서울대학교 전기 및 컴퓨터공학부에서 박사학위를 받았다.
현재 대학의 산학협력단 단장과 ICT융합특성화연구센터 센터장 및 과학기술정보통신부 민간 자문위원을 맡고 있다.

김승환 평택대학교 피어선칼리지 조교수로 있으며, 인하대학교에서 경영학 박사학위를 취득했다. 한국관광레저학회와
한국산업정보학회 이사를 역임했다. 현재 한국취업진로학회 상임이사이며, 기술혁신형 창업기업지원사업 운영위원,
창업진흥원 전문위원, 법무부 취창업 교정위원으로 활동하고 있다.

김영미 상명대학교 행정학부 교수로 재직 중이며, 한국외국어대학교에서 행정학 박사학위를 받았다. 한국정책과학학회장,
한국지역정보학회장, 대학재정지원사업 LINC + 사업단협의회 전국회장을 역임했고, 한국지역정보개발원
이사장으로 활동 중이다.

김준연 소프트웨어정책연구소에 재직 중이며, 한양대학교에서 국제학(기술경제 분야) 박사학위를 받았다. 현재 외교부와
행안부의 정책자문위원으로 활동 중이며, 공동 집필한 『디지털파워 2021』, 『한국경제대전망 2021』, 『비대면사회』
등 다수의 디지털 전환 분야 저서가 있다.

김진화 서강대학교 경영학과 교수로 재직 중이며 위스콘신 매디슨대학교에서 석 · 박사학위를 받았다. 지능정보시스템학회
회장을 역임했다. 연구분야는 인공지능과 빅데이터이고, 강의 분야는 인공지능, 빅데이터, 창의성, 미래학이며, 이
분야의 다수 논문과 저서가 있다.

김 협 넥스컨텔레컴의 대표로 재직 중이며, 성균관대학교에서 통신공학 박사학위를 받았다. 현재 성균관대학교
정보통신대학원 겸임교수로 한국IBM, 액센츄어, 삼성, KT 등에서 IT와 통신 관련 현업 업무와 컨설팅 업무를
수행했으며, 4차 산업혁명의 무선인프라인 5G 통신과 차세대 와이파이 분야를 전문으로 하고 있다.

문승권 다산경영정보연구원 원장으로 있으며, 서울대학교 보건대학원에서 보건학 석사, 광운대학교에서 경영학 박사학위를
받았다. 한국보건산업진흥원 책임연구원을 거쳐 한국복지경영학회 부회장 및 서울대학교 보건대학원 동창회
부회장을 맡고 있다.

박강민 소프트웨어정책연구소에 재직 중이며, KAIST에서 전산학 전공 후 서울대학교 기술경영학 석사와 KAIST 기술정책 박사과정에 있다. 디지털파워 2021 등 디지털 전환 분야를 연구하고 있다.

서평강 상상특허법률사무소 대표변리사로 있으며, 아주대학교 글로벌제약임상대학원에 재학 중이다. 특허청 심사관 대상 특허법교육 전문교수, 국제지식재산연수원 지식재산 전문교수, 대한민국 리더스포럼 지식재산권담당국장, 대한민국과학기술인총연합회 이사를 역임했다. 현재 대한변리사회 정회원이며, 전문엔젤 투자자로 활동 중이다.

안재광 금오공과대학교 ICT융합특성화연구센터 책임연구원으로 있으며, 금오공과대학교 경영학 박사학위를 받았다.

유정수 전주교육대학교 컴퓨터교육과 교수로 있으며, 충남대학교에서 이학박사(인공지능 전공)를 취득했다. 한국정보과학회 회장과 한국과학창의재단 미래혁신인재단 단장, 대통령직속 4차산업혁명위원회 위원을 역임했다. 현재 대통령 직속 정책기획위원회 한국판 뉴딜국정자문단 자문위원, 한국정보처리학회 상임부회장 등을 맡고 있다.

이건웅 (주)차이나미디어 대표로 있으며, 한국외국어대학교에서 문화콘텐츠로 박사학위를 받았다. 글로벌사이버대학교 융합콘텐츠학과와 건국대학교 대학원 겸임교수로 있으며, 콘텐츠문화학회 회장을 맡고 있다.

이병태 (주)퓨처네트웍스 대표이사로 재직 중이며, 중앙대학교 철학과를 졸업했다. 코엑스에서 근무했고, 한림국제대학원 대학교에 출강했으며, (주)퓨제스 대표이사, (주)태림코리아 대표이사를 역임했다.

이서령 국회사무처 정책연구위원(1급)으로 재직하면서 산업, 에너지, 중소기업 정책분야에서 오랫동안 활동했다. 이후에는 대통령직속 지방분권추진위원회 위원을 역임했고, 과학기술연합대학교 대학원 초빙교수, 서울과학종합대학교 대학원 겸임교수를 거쳐 현재 선문대학교 경영학 겸임교수로 재직 중이다.

이승환 국립금오공과대학교 환경공학과 교수로 있으며, 호주 시드니공과대학교(UTS)에서 환경공학 박사학위를 받았다. UNEP 국제자문위원을 역임했으며, (사)대한상하수도학회 부회장을 맡고 있다.

이승희 국립금오공과대학교 경영학과 교수로 있으며, 성균관대학교에서 경영학 박사학위를 받았다. 경북구미스마트그린산단 사업단장과 (사)한국디지털정책학회 수석부회장 및 (사)대한산업경영학회 수석부회장을 맡고 있다.

이웅규 백석대학교 관광학부 관광경영전공 교수로 재직 중이며, 한양대학교에서 관광학 박사학위를 받았다. 한국도서(섬)학회 수석부회장 및 한국예술경영연구협회 사무총장을 맡고 있다.

이원주 인하공업전문대학교 컴퓨터정보과 교수로 재직 중이며, 현재 (사)한국컴퓨터정보학회 수석부회장과 (사)소프트웨어교육혁신센터 센터장을 겸직하고 있다.

이정욱   미국 University of Illinois-Springfield 조교수를 거쳐 현재 연세대학교 행정학과 교수로 재직 중이며, 미국 the University of Georgia에서 행정학 박사학위를 취득했다. 현재 연세대학교 국가관리연구원 원장직을 수행 중이다.

이주연   아주대학교 산업공학과 교수로 있으며, 인하대학교에서 경영학 박사학위를 취득했다. Oracle 전략솔루션 실장(상무급), SK C&C 전략마케팅본부장, POSCO ICT 그린사업부문장(전무), 산업통상자원부 산업융합촉진 국가옴부즈만(차관급)을 역임했고 한국빅데이터서비스학회 회장, 한국산업정보학회 회장을 역임했다. 현재 중소기업 4차산업혁명위원회 위원장, 아주대학교 과학기술정책대학원 책임교수(원장)를 맡고 있다.

임기흥   광주여자대학교 서비스경영학과 교수로 정년퇴직했으며, (주)지에이치 종합컨설팅 상임이사로 근무하고 있고, 중앙대학교에서 경영학 박사학위를 받았다. 광주도시공사 이사회 의장과 (사)산학협동연구원 부원장, (사)디지털정책학회 상임고문, (사)대한경영학회 부회장을 맡고 있다.

임재환   (주)유비온 대표로 있으며, 연세대학교에서 경영학을 전공하고 한신대학교 대학원에서 경제학 석사학위를 받았다. 한국이러닝기업연합회와 한국에듀테크산업협회 회장을 역임했다.

장현종   백석대학교 관광학부 교수로 재직 중이며, 세종대학교에서 호텔관광경영학 박사학위를 받았다. 호텔리조트학회 부회장, 천안시 정책자문위원과 충남경제진흥원 경영컨설팅 위원 등으로 활동하고 있다.

조경호   국민대학교 행정학과 교수로 있으며, 미국 the University of Georgia에서 행정학 박사학위를 취득했다. 한국인사행정학회 회장과 서울행정학회 회장을 역임하였으며, 한국행정학회 연구 및 전략부회장을 역임했다. 현재 한국지방행정연구원 초빙연구위원을 겸직하고 있다.

조병우   건국대학교 행정학과 조교수로 재직하고 있고, 미국 University of Nebraska at Omaha에서 행정학 박사학위를 취득했다. 연세대학교 미래정부연구센터 전임연구원을 역임했고, 현재 코드포코리아 메인테이너로 활동하고 있다.

표창균   한국정보통신산업연구원 산업정책실장으로 재직 중이며, 숭실대학교에서 IT정책경영학 박사학위를 받았다. 한국기술사회, 한국정보통신기술사협회 평생회원 및 한국기술거래사회 이사를 맡고 있다. 한국소비자보호원 비상임위원, 대한상사중재원 중재인, 90회정보처리기술사회 회장으로 활동하고 있다.

현우진   글로벌사이버대학교에서 융합콘텐츠학을 강의하고 있으며, 미래자원연구소 소장을 맡고 있다. 성균관대학교 동양철학 학사, 서강대학교에서 영상미디어 석사학위를 받았다.

황동현   한성대학교 교양학부 교수로 재직 중이다. 서울과학기술대학에서 IT정책전문대학원 정책학 박사학위를 받았다. 한국정보기술응용학회 및 동북아공동체 ICT포럼의 이사를 맡고 있다. 한국 SW · CT 총연합회 임원 및 소비자주권시민회의 통신소비자위원회 위원장으로 활동 중이다.